新
해양경찰학개론

김석균

박영사

저자가 재직하는 대학의 해양경찰학 전공 학생들을 가르칠 교과서를 직접 써야겠다고 마음먹고 시작한 것이 이 책을 저술한 계기이다. 해양경찰 재직 시의 경험을 바탕으로 해양과학, 해양경찰 조직체계, 임무와 역할, 해상법집행, 국제해양법을 중심으로 학생들이 보다 쉽게 해양경찰을 이해할 수 있도록 교과서를 써보자는 하는 것이 목표였다.

해양경찰은 해양법집행을 비롯해 해양주권 수호, 해양안전, 해양안보, 국경관리, 재난관리, 해양자원보호, 해양환경관리, 국제협력 등 육상이라면 개별적인 여러 기관에서 수행하는 업무를 해양에서 다기능적으로 수행한다. 따라서 해양경찰학 교과서에 담아야 할 내용도 일반경찰학의 내용을 비롯해 해양경찰의 전문분야까지 그 내용이 매우 다양하고 광범위할 수밖에 없다.

해양경찰은 보통해양경찰기관으로서 해상법집행기관이기 때문에 해양경찰업무의 많은 부분이 형사법을 비롯해 해사법 등 법집행과 관련된다. 따라서 해양경찰은 경찰작용의 근거가 되는 「경찰관 직무집행법」, 「해양경비법」 등 해양경찰 작용법, 「해양경찰법」, 「경찰공무원법」 등 신분과 임무에 관한 법과 「형법」, 「형사소송법」 등 형사사법, 해양이용질서를 규율하는 수산, 해운, 해사안전, 항해, 해양환경관리 등 각종 해사법규에 대한 지식과 이해가 필요하다.

해양경찰의 업무는 우리가 생활하는 공간인 육상에서 이루어지는 경찰업무와 달리 '해양'이라는 '특수공간'에서 수행되기 때문에 해양학에 대한 지식은 필수적이다. 해양경찰의 임무는 해상에서 함정과 항공기와 그 밖의 여러 특수 장비를 운용하여 이루어지고, 임무수행은 해상기상의 영향을 절대적으로 받는다. 해양경찰의 임무 수행을 위해서는 해양, 항해, 선박, 항공 및 통신, 항해, 오염방제 장비 운용에 대한 기본 지식을 갖추어야 한다.

세계 각국은 해양을 통해 연결되어 있고, 선박은 국경을 넘어 항해하기 때문에 해양경찰 업무의 많은 부분이 국제적 성격을 띠고 있다. 국제사회는 인류의 공유재산인 해양의 평화롭고 질서 있는 이용과 깨끗한 해양환경 보전을 위해 「유엔해양법협약」(UNCLOS)을 비롯한 수많은 국제협약과 조약을 채택하고 있다. 해양경찰이 매일 현장에서 수행하는 임무는 이러한 국제협약이나 조약의 집행과 관련된다. 해양경찰의 업무에서 국제해양법이 차지하는 비중이 크기 때문에 이에 대한 지식 또한 갖추어야 할 요건이다.

저술을 시작하면서 내용을 최대한 간결하게 하여, 해양경찰학을 처음 접하는 학생들의 부담감을 줄여주겠다는 생각이었으나, 의도와 달리 책의 분량이 상당히 늘어나고 말았다. 다양하고 복합적인 해양경찰 업무를 모두 담아야 하기 때문이기도 하지만 가르치는 사람으로서 해양경찰을 희망하는 학생들에게 하나라도 더 알려주고 싶다는 의욕도 한몫했다고 생각한다.

이 책은 해양경찰학 개론서로서 해양경찰 조직과 업무 전반에 관련된 다양한 영역을 다루고 있지만, 특히 다음 사항에 중점을 두고 있다.

첫째, 해양경찰학의 배경 학문인 해양학과 해양과학에 대한 기본 내용을 담고 있다. 해양경찰학을 공부하기 위해서는 해양경찰의 존재 이유이자 임무 수행의 공간인 '해양'에 대한 이해가 선행되지 않으면 해양경찰의 업무를 온전히 이해하기 힘들기 때문이다. 특히 해양분야를 처음 접하는 학생들에게 해양과학의 기본 지식을 제공하여, 해양경찰학을 공부할 수 있는 토대를 갖추도록 하고 있다.

둘째, 해양경찰의 임무 중 해양오염 예방·방제에 대한 부분을 두 개의 장에서 자세히 설명하고 있다. 「정부조직법」에서 해양경찰청의 목적을 "해양에서 경찰과 해양오염방제 사무" 수행으로 정하고 있는 바와 같이 해양오염 예방·방제와 해양환경관리는 해양경찰의 임무에서 큰 비중을 차지하고 있다. 해양오염 예방과 방제 업무는 성질상 인접 국가와 긴밀히 협력해야 하고, 국경을 넘어 항해하는 선박의 특성상 해양환경에 관한 여러 가지 국제협약의 적용을 받고 있다. 이러한 점을 고려하여 해양환경 보전과 관리를 위한 국제법의 발전, 해양오염 예방과 방제를 위한 국제협약과 국내 방제체계에 대하여 자세히 소개하고 있다.

셋째, 코스트 가드에 대한 상세한 비교론적 고찰이다. 한국 해양경찰은 세계 각국에 존재하는 「코스트 가드」(Coast Guard) 기관의 하나이다. 존재 유형에 따라 임무와 권한에 차이가 있지만, 코스트 가드는 해양에서 법 집행과 해양안전을 주 임무로 한다는 공통점이 있다. 다양한 존재 형태를 가진 세계 각국 코스트 가드의 유형을 분류하고 공통적인 임무와 역할을 설명하고 있다. 오늘날 코스트 가드의 역할과 임무 비중이 커지는 요인을 분석하고, 유형별 대표적인 미국, 일본, 중국, 캐나다 코스트 가드에 대한 고찰을 하고 있다.

넷째, 항해와 선박구조론의 기초가 되는 내용을 담고 있다. 해양경찰의 업무를 위해서는 선박과 항해론에 대한 이해는 필수적이다. 이에 따라 해양경찰이 되고자 하는 학생들이 기초지식으로 알아야 할 선박과 항해에 대한 내용을 담고 있다. 이 부분은 육상경찰의 경찰학과 비교하여 가장 뚜렷이 구분되는 해양경찰학 교과서의 특징이기도 하다.

다섯째, 해양이용 질서를 규율하는 국제해양법에 대한 고찰이다. 국제성 업무가 중요한 비중을 차지하는 해양경찰 업무는 국제해양법에 대한 이해가 없이는 제대로 수행되기 어렵다. 국내 해사법도 대부분 국제협약을 국내법 체계로 수용한 것이다. 특히 '바다의 헌법'이라 불리는 유엔해양법협약에서 규정하고 있는 「해양제도」(Ocean Regimes)에 대해 상세하게 설명하고 있다.

해양경찰학 개론서의 성격을 고려하여 분야별로 너무 전문적이고 구체적인 내용을 다루기보다는 개념을 쉽게 이해할 수 있도록 하는 데 중점을 두었다. 해양경찰학 교과서를 집필하면서 한 가지 고민은 대학에서 해양경찰학을 공부하는 학생들을 위한 교재로서의 성격과 해양경찰 시험을 준비하는 학생들을 위한 수험서로의 성격 사이에 어떻게 적절히 균형을 맞출 것인가 하는 것이었다. 서두에 밝혔듯이 본서는 해양경찰학 전공 학생들을 위한 교과서를 목적으로 하고 있지만, 해양경찰학을 공부하는 대부분의 학생들이 해양경찰 시험을 준비한다는 현실적인 사정도 무시하기 어려웠다. 이에 따라 본서는 교과서로서 본래 목적과 함께 수험서로서도 이용될 수 있도록 내용을 구성하였다는 점을 밝힌다.

본서는 저자가 해양경찰에 몸담으면서 경험한 것과 지금껏 독립 연구자로서 연구하고 발표한 논문과 출간한 저서의 내용을 정리한 결과물이라 할 수 있다. 본서가 출간되는 데 많은 분들로부터 도움을 받았다. 먼저 집필을 격려해 주시고 성원해주신 한서대학교 함기선 총장님과 동료 교수님들에게 감사드린다. 출간 기회를 마련해 주신 박영사 안종만 회장님을 비롯한 관계자에게 감사드린다. 그리고 항해와 선박론의 집필을 도와준 해양경찰청 해양오염방제국의 이종남 서기관에게도 감사를 표한다. 끝으로 이 책을 통하여 독자들이 해양경찰을 보다 더 잘 이해하고, 해양경찰이 되고자 하는 꿈을 이루는 데 도움이 되었으면 하는 것이 저자의 바람이다.

한서대학교 인곡관 연구실에서
2022년 5월

목차 | CONTENTS

PART 01
해양과 해양경찰의 이해

목차 | CONTENTS

PART 02
해양경찰의 역할과 책임

CHAPTER 05 해양경찰의 경찰임무 I • 159

PART 03
선박·항해, 코스트 가드론

PART 04
해양경찰 법집행론

PART 05
국제해양법론

PART

01

해양과 해양경찰의 이해

CHAPTER
01

해양의 이해

SECTION 01 해양의 형성

① 들어가는 말

　해양경찰은 바다에서 국민의 생명과 안전을 보호하고 재난을 관리하는 역할을 하는 기관이다. 해양경찰은 함정과 항공기를 운용하여 바다라는 특수한 공간에서 주어진 임무를 수행한다. 바다는 해양경찰의 존재 이유이자 업무수행의 공간이다. 그러므로 바다라는 특수한 공간의 특성과 그곳에서 일어나는 자연현상에 대한 이해 없이는 해양경찰의 업무를 온전히 이해하기 어렵다. 해양경찰관이 되고자 하거나 해양경찰학을 공부하는 많은 학생들이 바다에 대한 이해가 부족한 것을 종종 발견하게 된다. 해양에 대한 올바른 이해 없이 해양경찰학을 공부하는 것은 지식의 모래성을 쌓은 것과 같다고 할 수 있다. 이 장에서는 해양경찰학을 공부하기 위해 알아야 할 해양에 대한 기본 지식을 먼저 설명하고자 한다.[1]

② 바다, 생명체의 원천

　지구가 우주에 존재하는 수많은 행성들과 구별되는 가장 뚜렷한 특징은 「푸른 바다」가 존재한다는 것이다. 화성에서도 물의 흔적이 발견되고 있지만 태양계에서 푸른 바다를 가진 행성은 오직 지구 하나뿐이다.

　지구상의 거의 모든 생명체는 바다에 '생명의 기원'을 두고 있다. 태고적 바다에서 탄생한 생명체들이 수십억 년에 걸친 진화과정을 통하여 오늘날 지구상의 생태계를 이루고 있다. 바다의 푸른 물은 대기 순환과정을 거쳐 지구 생태계가 생명을 이어나가는 데 필요한 물을 공급해 주고 있다.

　또한 바다는 지구 생태계 조절자로서 생명을 유지하는 데 필요한 적절한 기

1　이 장의 내용은 저자의 저서 「바다가 우리의 미래다」(오션 & 오션, 2017)에서 발췌한 것임을 알려둔다.

온과 습도, 환경을 유지시켜 주고 있다. 바다가 없었다면 지구는 다른 행성과 같이 혹한이나 고온으로 생명체가 존재하기 어려운 환경이 되었을 것이다. 푸른 바다는 지구상의 생명체의 원천이자 생태계의 조절자이면서 지구 환경을 지켜 주는 지킴이 역할을 하고 있다.

③ 바다의 기원

우리 삶의 또 다른 공간인 바다는 '지구 표면에서 함몰된 지역을 채우고 있는 소금기 있는 물 덩어리'라고 정의될 수 있다.[2] 바다의 가장 큰 특징은 짠물로 이루어져 있다는 것이다. 지구 표면의 71%는 바다이다. 3억 6천km²의 지구 표면이 바다로 덮여 있다. 지구 표면 전체를 평편하게 하여 그 위에 바닷물로 채운다면 2,686m의 두께로 전 지구를 덮을 수 있는 양이다.

태초에 바다의 물은 외부로부터 온 것이 아니고 지구 생성기에 지구 내부로부터 생겨난 것이다. 바다의 기원을 설명하기 위해서는 먼저 지구의 기원을 살펴보아야 한다. 바다는 지구의 공간으로서 지구가 생성되는 과정에서 출현하였기 때문이다. 한 발 더 나아가 지구의 생성에 관한 이해는 우주의 기원으로 거슬러 올라가야 한다. 우주의 기원과 지구의 생성은 맞닿아 있기 때문이다.

지구는 끝을 알 수 없는 우주의 한 부분이다. 무한의 우주도 그 시작이 있었다. 약 137억 년 전 우주의 '대폭발'이라 불리는 「빅뱅」(Big Bang)이다. 우주의 팽창이 시작되는 순간 우주의 모든 질량과 에너지는 한 지점에 집중되어 있었다. 집중되어 있던 에너지가 팽창하면서 한순간 어떤 힘에 의하여 대폭발을 일으켰다.

초기의 우주는 상상할 수 없을 만큼 뜨거웠지만 시간이 지나면서 식어갔다. 빅뱅 후 100만 년 정도가 지나면서 에너지와 입자들로부터 원자가 형성되었다. 이 물질들은 빅뱅 후 약 10억 년 뒤 첫 번째 은하와 별들로 응결되었다. 우주 공간에 존재하던 거대한 가스 집합체인 「태양 성운」(Solar Nebular)이 중력에 의해 수축하기 시작하였고 동시에 회전하기 시작하였다. 회전 속도가 빨라지면서 성

---

2 Tom Garrison(이상룡 등 번역), 「Essentials of Oceanography」, 3th ed.(Gengage Learning, 2012), 2면.

운 가스체는 원판 모양을 띄게 되었다. 이 가스 집합체의 일부는 분리되고 수축되면서 먼지와 파편들이 큰 덩어리로 응집되었다. 이러한 강착단계를 거쳐 새로운 행성이 형성되었다. 응집이 클수록 중력이 커지며 더 많은 물질들을 끌어들였다. 소행성은 자신의 중력으로 인하여 다른 소행성과 합쳐져서 더 큰 행성을 이루었다. 이런 과정을 거쳐 태양계를 형성하며 46억 년 전 지구 행성도 태양계의 한 식구가 되었다.[3]

▶ 그림 1 푸른 바다를 가진 지구

초기의 지구 표면에는 대기와 바다가 존재하지 않았던 것으로 추정된다. 초기 균질하였던 지구의 밀도는 외계로부터 떨어진 소행성, 유성 또는 다른 우주 파편들로 인해 가열되었다. 이 열은 지구 내부에 축적되어 지구 내부를 녹였다. 지구가 형성되는 과정에서 중력 작용으로 철과 같은 밀도가 무거운 물질은 속으로 끌려 들어가 「핵」(Core)이 되고, 실리콘·마그네슘·알루미늄 등 가벼운 물질

---

3 박용안, 「바다의 과학: 해양학 원론」(서울대학교 출판문화원, 2011), 67면.

은 바깥으로 떠올라 지각을 형성하였다. 이것을 「밀도성층」(Density Stratification)이라 한다. 이 과정은 1억 년 정도 지속되었다.

밀도 차이에 의한 물질의 재배치 과정에서 활발한 화산활동이 일어났다. 화산활동에 의하여 지구 내부의 수증기가 대기 속으로 방출되었다. 뜨거운 수증기가 상승하여 차가운 상부 대기층에 구름으로 응집되었다. 수백만 년 후 상부 구름층이 식으면서 방출되었던 수증기가 물이 되어 지구 표면으로 떨어졌다. 지구 표면이 식으면서 낮은 곳으로 물이 모여들었고 암석들에서 여러 가지 광물들이 녹아내렸다. 이때 염소 성분이 녹아들면서 바다는 짠물이 되었다.

물의 일부는 계속 증발 되었다가 식어서 다시 떨어지기를 반복했다. 이러한 과정은 2500만 년 정도 계속되었다. 그 후 수백만 년 동안 화산분출로 수증기와 기체의 방출이 계속되었고 바다의 깊이도 깊어졌다. 오늘날과 같은 바다는 40억 년 전에 형성되었고 지금까지도 아주 천천히 해양의 형성이 계속되고 있다. 화산분출과 혜성에 묻어온 물에 의해 바닷물은 매년 $0.1km^3$씩 증가하고 있다.[4]

4 생명의 기원

바다는 지구상 모든 생명체의 기원이다. 지구상의 모든 생명체는 '공통성'과 '다양성'을 함께 가지고 있다. 다양성은 지구상에는 수억이나 되는 서로 다른 종류의 생물이 있다는 것이다. 공통성은 각종들의 기초 생명 유지과정은 모두 한 가지 같은 생명현상으로 이루어지고 있다는 사실이다. 물은 지구상 생물들의 가장 기본을 이루는 물질이다. 약 십 수억 년 전에 물이 있는 바다에서 생명체가 탄생하였다.

바다의 생물이 산소를 만들어 내면서 약 4억 년 전에 육상 생물이 생겨났고 뒤이어 동물이 탄생하였다. 지구 생물의 약 90%는 바다에 살고 있으며 1,000만 종 이상으로 추정되고 있다. 육상 생물의 대부분은 바다에서 진화한 것이다. 모든 생물들은 세포 속에 화학물질을 용해시키고 운반하는 매체로 염분이 포함된 물을 갖고 있다. 이것이 지구상 생명의 기원이 바다였다는 사실을 뒷받침하고

---

4 Tom Garrison(이상룡 등 번역), 전게서, 10면.

있다.

바닷물은 밀도가 크고 물질을 잘 녹일 수 있다. 수온이 거의 변하지 않고 엄청난 양의 열을 흡수할 수 있는 물리적 특성을 갖고 있다. 이러한 특성으로 인해 다양한 종류의 생명체가 바다에서 생명을 유지할 수 있다. 바다 환경은 세포가 비교적 쉽게 생명을 유지할 수 있는 곳이다. 생물이 살기가 좋은 곳이다. 즉 바다는 생명체의 유토피아인 것이다.

⑤ 대양의 이해

우리말 '바다'는 '받다'와 '들이다'가 결합된 합성어에 어원을 두고 있다. 큰 강물이나 지류에서 흘러드는 작은 물도 구별 없이 받아들여 큰 물을 이룬다는 의미에서 유래된 것으로 해석된다. 한자 바다 '海'는 물(水)이 항상(每) 많이 고여 있는 곳을 의미한다. 영어 'Sea'는 '많은 양의 물'을 의미하는 고대 영어 'Sæ'에서 유래했다.

바다 중에서 거대한 바다는 「양」(洋)으로 불린다. 영어의 「Ocean」이다. 양으로 불리는 바다는 태평양·대서양·인도양의 세 개의 큰 바다이다. 'Ocean'은 큰 강이라는 의미의 그리스어 '오케아노스'(Okeanos)에서 유래했다. 강에만 흐름이 있다고 생각했던 그리스인들은 지중해 바깥에서 해류가 북쪽에서 남쪽으로 흐르는 것을 알아냈다. 이들은 건너편이 보이지 않으므로 엄청나게 큰 강이라고 믿었다.

전 세계를 의미하는 5대양 6대주를 말할 때 5대양은 태평양, 대서양, 인도양의 3대양에 더하여 남극해와 북극해를 포함한다. 19세기 영국이 세계를 지배할 때 "대영제국은 7개의 바다를 지배한다"(Britannia rules the Seven Seas)라고 했다. 이때 7개의 바다는 북태평양, 남태평양, 북대서양, 남대서양, 인도양, 남극해, 북극해를 가리킨다. 이 말은 영국의 해운과 해운력이 세계 전체의 바다를 실질적으로 지배하고 있다는 것을 의미했다.[5] 큰 바다를 가리키지만 양(洋)과 구별되는 「해」(海)는 대륙의 주변에 있는 연해(베링해, 동해 등)와 두 개의 대륙 내지 거대

---

5 무라타 료헤이(이주하 옮김), 「바다가 일본의 미래다」(청어, 2008), 26면.

한 육지로 둘러싸여 있는 지중해(유럽과 아프리카 사이의 지중해, 흑해, 카리브해, 홍해 등)가 있다.[6]

지구 표면의 바다 면적은 약 3억 6천km²이며 평균 수심은 약 3,800m이다. 제일 수심이 깊은 곳은 태평양의 마리아나 해구로서 수심이 10,924m이다. 육지와 바다의 비율은 위도에 따라 다르다. 육지의 약 68%가 북반구에 편중되어 있으며 남반구는 약 2배의 바다로 덮여 있다. 이로 인하여 남반구와 북반구는 전반적으로 다른 기후 차이를 나타낸다.[7]

지구상에 존재하는 물(약 14억 km³)의 약 98%가 해수이다. 나머지 2%의 물은 육지와 대기 중의 물이다. 이 중 빙하가 약 1.8%, 지하수 0.4%, 호수와 강이 0.04%, 대기 중의 수증기가 0.001%를 차지한다. 매년 바다로부터 증발되는 물의 양은 425조 톤, 육지로부터 증발되는 물은 71조 톤(계 496조 톤)이다. 바다에 내리는 비와 눈은 385조 톤, 육지에 내리는 비와 눈은 111조 톤으로서 증발되는 물의 양과 동일하게 496조 톤이다. 지구 전체에 존재하는 물의 양은 불변이다.[8]

▌표 1 대양별 수계 분포

대양	면적(106km²)	면적비(%)	평균수심(m)
태평양	165.246	32.4	4,282
대서양	82.441	16.2	3,926
인도양	73.443	14.4˙	3,963
3대양	321.130		4,117
북극해	14.090	2.8	1,205
지중해 + 흑해	2,966		1,429
북해	0.575		94
전 해양	361.059		3,795

6 전게서, 27면.
7 박용안, 전게서, 77면.
8 무라타 료헤이, 전게서, 25면.

유엔 회원국은 가장 최근(2011년 7월) 회원국이 된 남수단(South Sudan)을 포함해 2022년 현재 193개국이다. 이 중 바다를 접하고 있는 연안국은 150개국이다. 바다를 접하지 않은 내륙국은 43개국이다. 이 중에서 국경을 두 개를 넘지 않으면 바다에 닿을 수 없는 국가는 중앙아시아의 우즈베키스탄뿐이다. 「유엔해양법협약」에서는 내륙국의 해양이용 권리를 규정하고 있다(제125조).[9] 내륙국 43개국 중 7개국이 상선대를 가지고 있다. 이것은 제1차 세계대전 후에 체결된 「베르사유조약」 및 다른 조약에서도 확인되고 있다. 내륙국 중 상선대를 갖고 있는 국가는 오스트리아, 스위스, 헝가리, 체코, 볼리비아, 파라과이, 우간다 등 7개국이다.

　바다는 특정 지역과 국가의 발전과 깊은 관련을 맺고 있다. 역사적으로 유럽의 발전은 유럽 자체가 유라시아 대륙의 끝에 위치한 반도로서 내륙부에서 바다에 대한 접근이 비교적 용이하였기 때문에 문화·기술의 교류 및 수송비용의 절감이 발전의 중요한 요인이었다.[10]

9　유엔해양법협약 제125조: "내륙국가도 공해의 자유와 인류의 공동유산에 관한 권리를 비롯하여 협약상의 권리를 행사하기 위한 해양출입권을 가진다. 내륙국은 모든 수송수단에 의하여 통과국의 영토를 지나는 통과의 자유를 향유한다."

10　무라타 료헤이, 전게서, 32면.

SECTION 02　해양과 기상

① 해양과 대기

지구 표면의 71%는 바닷물로 덮여 있고 지구의 바깥은 대기로 둘러싸여 있다. 지구의 대기와 해양은 서로 물과 기체와 에너지를 주고받는 상호작용을 통해 영향을 미친다. 해양으로부터 대기로 들어가는 기체들은 기후에 중요한 영향을 미친다. 해양에서 증발되는 수증기는 대기 속으로 들어가 바람을 타고 움직이며 지구 표면의 온도변화를 작게 하며 농업에 필요한 물을 공급해 준다. 해양에서는 양자의 상호작용이 바닷물의 흐름에 큰 영향을 미치며 파도와 해류를 일으킨다.

우리의 일상생활에 막대한 영향을 주는 날씨(Weather)와 기후(Climate)는 대기와 해양이 접목되는 곳에서 만들어진다. 지구를 감싸고 있는 대기는 고도가 높아질수록 압력을 작게 받게 되어 팽창된다. 반대로 해수면에 가까운 공기는 높은 대기압 때문에 압축되면서 따뜻해진다. 공기가 계속 상승하고 차가워지면 공기 안의 수증기는 물이나 눈으로 응결된다. 이렇게 대기의 상승－확장－냉각－하강－압축－가열의 순환을 하면서 날씨와 기후에 영향을 미친다.

지구는 세 개의 거대한 대기순환 세포에 둘러싸여 있다. 적도 양쪽에 있는 열대 세포는 발견자의 이름을 따서 「해들리 세포」(Hadley Cell)라 부른다. 적도 부근의 북위 15°와 남위 15° 사이에서 적도 방향으로 일정하게 부는 바람을 「무역풍」(Trade Winds)[11] 또는 「편동풍」(Easterlies)이라 한다. 무역풍은 아열대 무풍지대에서 적도 무풍지대 쪽으로 표면을 따라 연중 일정하게 동쪽에서 서쪽으로 부는 바람이다. 북반구에서는 북동무역풍이며 남반구에서는 남동무역풍이다. 무역풍은 대서양에서 가장 뚜렷하게 나타난다. 콜럼버스가 신대륙을 발견할 때 북

11　바람의 명칭은 바람이 불어오는 방향에 따라 이름을 붙인다. 서풍을 서쪽에서 동쪽으로 부는 바람이고 북동풍은 북동쪽에서 남서쪽으로 부는 바람이다. 무역풍은 '지속적으로 부는 바람'을 가리키는데, 고대 영어에서 「Trade」는 '지속적'으로 또는 '일정하게'라는 의미가 있다.

동무역풍을 타고 대서양을 횡단했다.

위도 30°와 50°～60° 사이에서는 다른 대기 순환의 고리가 만들어진다. 「페렐 세포」(Ferrel Cell)라고 불리는 대기순환 세포이다. 이 고리에서는 연중 서쪽에서 동쪽으로 부는 바람인 「편서풍」(Westerlies)이 분다. 편서풍은 북위 45°와 남위 45°에 중심을 두고 아열대 무풍지대로부터 북반구와 남반구의 극지대로 부는 바람이다. 대항해시대에 유럽의 선원들은 약간 남쪽으로 내려가 무역풍을 타고 신세계로 항해했으며 돌아올 때는 북쪽으로 항해하여 편서풍을 이용하여 유럽으로 돌아왔다.

다른 하나는 「극세포」(Polar Cell)이다. 극지방에서 차가워진 공기는 표면을 따라 적도 방향으로 움직이면서 서쪽으로 휘게 된다. 각 반구의 위도 50°～60° 사이에서 이 공기는 다시 상승할 정도의 열과 습기를 받아들인다. 높은 고도에서 극지방으로 이동한 공기는 세 번째 대기순환 세포를 만든다. 각 대기순환 세포 내의 대기의 흐름은 위도의 차이에 따른 태양의 불균등한 가열로부터 에너지를 받는다. 또한 「코리올리 효과」(Coriolis Effect)[12]라 불리는 지구 자전의 영향을 받는다.

▶ 그림 1 대기의 대순환

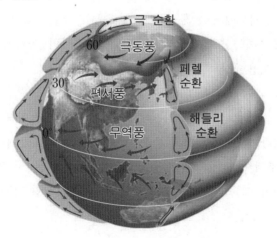

---

12 「코리올리 효과」에 의하여 북반구에서는 오른쪽(시계방향), 남반구에서는 왼쪽(시계반대방향)으로 휘게 된다. 북반구에서 적도를 향해서 발사된 물체는 시계방향인 오른쪽으로 편향되어 날아간다. 이것을 지구의 자전으로 인하여 표적 자체가 움직이는 「코리올리 효과」때문이다. 코리올리 효과는 바람자체를 일으키는 것이 아니고 바람의 방향에만 영향을 준다.

2 몬순

계절풍 또는 몬순(Monsoon)은 계절에 따라 바람이 바뀌는 대기 순환의 한 유형이다. 몬순은 겨울과 여름의 대륙과 해양의 온도가 상이하여 발생한다. 겨울에는 해양보다 비열(比熱)[13]이 작은 대륙은 해양보다 더 빨리 냉각된다. 이로 인해 대륙 위의 공기는 극도로 냉각되어 밀도가 높아지며 고기압부를 형성하며, 대륙보다 온도가 높은 해양에서는 저기압부가 발생한다. 대륙의 고기압부로부터 해양 위의 저기압부로 한랭한 기류가 흐르는 것이 겨울의 계절풍이다.

여름에는 반대의 현상이 일어난다. 대륙과 해양의 온도차는 여름철보다 겨울철이 현저하기 때문에 겨울의 계절풍이 여름보다 훨씬 강하다. 대륙과 해양사이에는 어디든 계절풍이 불지만 지역에 따라 차이가 있다. 계절풍이 현저한 지역은 극동, 동남아, 인도지역이다. 한국에서는 겨울에 북서풍이 불고 여름에 남동풍이 두드러지게 부는 것은 이런 계절풍의 영향 때문이다.

고대에 아랍인들은 인도양과 동아시아 바다에 현저하게 부는 계절풍을 이용하여 동아시아지역과의 해상무역을 주도하였다. 이들은 계절풍을 이용한 항해지식을 유럽인들에게 전파하였다. 아랍 상인들은 남동풍이 불기 시작하는 4월에 아라비아를 출발하여 인도양과 동남아를 거쳐 중국, 일본, 한반도로 항해했다. 중국의 광저우나 푸저우에서 교역을 한 후 10월부터 부는 북서풍을 이용하여 아랍으로 돌아왔다. 「해양실크로드」라 불리는 동아시아와 아랍지역의 해상무역 루트는 계절풍을 이용한 항해였다.

몬순의 영향을 받는 지역은 대개 여름에 습하고 겨울에 건조하다. 아프리카와 아시아에서는 20억이 넘는 인구가 식수와 농업을 위해서 여름에 내리는 몬순비에 의존하고 있다. 가장 강력한 몬순은 아시아에서 생긴다. 거대한 아시아 대륙은 인도양으로부터 엄청난 양의 따뜻하고 습한 공기를 끌어온다. 남풍은 이런 습한 공기를 아시아 대륙으로 몰아가고 거기서 상승하며 압축되어 몇 달씩이나 지속되는 대홍수를 만든다.

---

13 어떤 물질 1g의 온도를 1°C 올리는 데 필요한 열량이다. 비열은 물질에 따라 다르다. 예를 들어 1g의 물을 1°C 올리는 데 필요한 열량은 1cal이지만 1g의 구리를 1°C 올리는 데 필요한 열량은 0.0924Cal이다.

③ 해수

바닷물이 담수와 구별되는 가장 큰 특징은 짠맛을 느끼게 한다는 것이다. 해수의 짠맛은 해수에 녹아있는 소금(Salt)에 의한 것이다. 바닷물에 녹아있는 소금의 총량을 염분(Salinity)이라 한다. 미세한 차이의 중요성을 감안하여 일반적으로 천분율(‰)단위로 나타낸다. 바닷물의 염분을 백분율로 환산하면 증발과 강수 및 육지에서 흘러드는 민물의 양에 따라 3.3~3.7% 범위 내에서 달라지지만 평균 3.5%로 알려져 있다. 이것의 이론적 의미는 바닷물 100kg을 가열하면 3.5kg의 소금이 남아야 한다는 것이다. 전 세계 해양은 약 5조 톤에 달하는 소금을 함유하고 있다. 바닷물이 모두 말라버린다고 가정하면 지구는 약 45m 두께의 소금으로 덮이게 될 것이다.[14]

바닷물의 염분은 지각 암석의 풍화와 지구 내부로부터 녹아 나온 물질이 혼합되어 만들어졌다. 바닷물에 녹아있는 염분은 지리적으로 다소의 차이를 보인다. 일반적으로는 담수의 영향이 큰 연안의 해수는 외해의 해수에 비하여 다소 낮은 염분을 갖는다. 증발량이 크고 수심이 낮은 페르시아 만에서는 4.0%의 염분이 관찰되기도 한다.[15]

위도에 따라서 적도와 고위도 지방의 해역에서 대체로 낮은 비율의 염분을 보여준다. 적도해역에서는 높은 강수량이 그 원인이고 고위도 해역에서는 빙하가 녹은 물에 의해서 희석되는 데 원인이 있다.[16] 북반구의 해수는 남반구에 비해 낮은 염분을 가진다. 이러한 사실은 북반구에 더 많은 대륙이 분포하고 있으며 많은 양의 담수가 대륙으로부터 유입되기 때문이다.

④ 해류

바닷물은 한 곳에 머물지 않고 일정한 방향으로 끊임없이 이동하고 있다. 이러한 바닷물의 흐름을 「해류」(Current)라 한다. 해양에는 크고 작은 해류들이 있

---

14 Tom Garrison(이상룡 등 옮김), 전게서, 124면.
15 박용안, 전게서, 86면.
16 전게서, 87면.

고 이들 해류에 의하여 바닷물의 순환이 일어난다. 해류는 해양생태계에 중요한 영향을 미친다. 어장의 형성과 해운에도 밀접한 영향을 미치고 있다. 해류는 인류를 대해의 멀리 떨어진 섬까지 이동하여 살게 했고 문명의 교류와 전파에서 아주 중요한 역할을 했다.

해류는 무엇보다 열대의 열을 전 세계로 분배하여 고위도 해역과 저위도 해역 및 지구의 전체적인 열적인 균형을 이루게 한다. 해류에 의하여 적도 부근의 따뜻한 물이 고위도로 이동하여 식으면 다시 저위도로 흘러서 열을 흡수하는 순환을 한다. 이러한 해수의 흐름과 열의 교환은 날씨와 기후에 여러 가지로 영향을 미친다. 북위 50°~60° 사이의 고위도에 위치한 스코틀랜드, 아일랜드, 영국은 멕시코만류에 의하여 수송되어 온 열대 태양에너지에 의하여 겨울에도 따뜻한 해양성 기후를 가진다. 샌프란시스코의 여름이 시원한 것은 캘리포니아 해류가 북쪽의 찬물을 운반하여 샌프란시스코 해안 부근까지 오기 때문이다.

해양의 상층부인 수심 400m까지 수평적으로 흐르는 해수를 「표층 해류」 (Surface Current)라 한다. 표층 해류를 일으키는 주된 에너지는 바람이다. 바람은 해양표면 위를 당김으로써 대량의 물을 수송한다. 바람 외에 태양에너지, 코리올리 효과, 중력 등의 요소가 합쳐져서 바닷물의 순환을 일으킨다. 바닷물은 수평으로 뿐만 아니라 아래위로 움직이는 해류로 이동한다. 바닷물의 밀도 차이에 의하여 밀도가 큰 물이 아래로 이동하고 밀도가 작은 물이 위쪽으로 이동하면서 연직 방향으로 움직이는 해류가 나타난다.

「코리올리 효과」는 해류에 밀접한 영향을 미친다. 북반구에서 해류는 바람 방향의 오른쪽인 시계방향, 남반구에서는 해류는 바람 방향의 왼쪽인 반시계방향으로 흐른다. 대륙과 해저지형은 지속적으로 흐르는 해류의 흐름을 방해하여 물이 원형 형태로 돌게 한다. 표층 해류들이 연결되어 거대한 해수의 순환 고리를 만드는데 이것을 「환류」(Gyre)라 한다. 전 해양에는 6개의 큰 해류의 회로가 있다. 이들 환류는 북태평양 환류, 남태평양 환류, 북대서양 환류, 남대서양 환류, 인도양 환류, 남극 순환류이다.

▶ 그림 2 전 세계 해류도

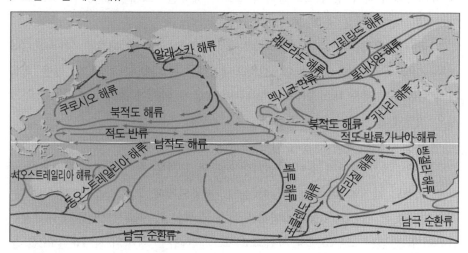

각 환류 내부에는 지형적 특성이나 그 밖의 요인에 의하여 생성되는 여러 개의 지역 해류들이 있다. 북태평양 환류에는 북적도해류, 쿠로시오해류, 캄차카해류, 알래스카해류, 캘리포니아해류 등이 있다. 「북적도해류」(North Equatorial Current)는 무역풍에 의하여 형성되고 캘리포니아 남부와 멕시코 북부 근해에서 시작하여 적도 부근을 따라 태평양 서쪽으로 흐른다. 총연장이 1,200km이고 유속은 0.5~1노트, 두께는 약 200m 정도이다. 북적도해류는 필리핀 동쪽해역에서 「쿠로시오해류」(黑潮, Kuroshio Current)[17]로 전환되고 일부는 적도반류로 연결된다.

쿠로시오해류는 필리핀의 루손 섬 해역 동쪽으로부터 대만 동쪽 해안을 지나 일본열도 동쪽으로 흘러간다. 쿠로시오해류는 일본열도로 접근하면서 점차 빨라져 오키나와 해역에서는 시속 2~5km에 달하고, 일본 동쪽 해역에서는 시속 8km 이상의 속도로 흐른다. 쿠로시오해류의 폭은 80km, 두께는 400m 정도이다. 일본열도의 동쪽을 지난 쿠로시오해류는 확산되고 느린 속도로 이동하면서 「북태평양해류」(North Pacific Current)로 전환된다. 쿠로시오해류가 일본 큐슈 해

17 일본어로 흑조(黑潮), 쿠로시오라 한다. 해수의 색이 암흑색으로 보이는 것에서 이름이 유래했다. 난류인 쿠로시오해류는 영양염과 식물성 플랑크톤, 혼탁물이 적어 바닷물이 매우 맑기 때문에 태양빛 중 청남색을 많이 투과시켜 검게 보이는 것이다.

역 남서쪽에서 북쪽 방향으로 갈라져 흐르는 해류를 「쓰시마해류」라 한다. 쓰시마해류는 대한해협을 통해 동해로 흘러들어간다.

미국 서해안 캘리포니아 근해의 북에서 남으로 흐르는 해류를 「캘리포니아해류」(California Current)라 한다. 캘리포니아해류는 1,000km 정도의 넓은 폭을 가지며 유속은 시속 1km 이하로 서안강화 작용에 의하여 유속이 빨라지는 쿠로시오 해류에 비하여 느리게 흐른다.

해류는 수온이 높은 난류와 낮은 한류로 구분된다. 지구의 위도에 따라서 흡수하는 태양복사 에너지 차이로 인하여 적도와 가까운 저위도 해역은 극지에 가까운 고위도 해역에 비하여 수온이 높다. 저위도에서 고위도로 흐르는 해류는 적도의 따뜻한 해수를 이동시키면서 난류를 형성한다. 쿠로시오해류가 대표적인 난류이다. 반면에 고위도에서 저위도로 흐르는 해류는 극지의 차가운 해수를 운반하기 때문에 수온이 낮아 한류를 이룬다. 우리나라 동해에는 쿠로시오 난류에서 갈라져 나와 흐르는 '동한 난류'와 북쪽에서 내려오는 '북한 한류'가 흐른다.

한류에는 산소가 많이 녹아있으며 영양류가 풍부하게 함유되어 있다. 난류와 한류가 만나는 해역을 「조경수역」(潮境水域)이라 한다. 조경수역은 물고기의 먹이가 되는 플랑크톤이 풍부하고 난류성 어종과 한류성 어종이 모여들어 좋은 어장이 형성된다. 동해안에서는 여름에는 동한 난류가 북상하여 청진 앞바다, 겨울에는 리만 한류(북한 한류)가 남하하여 포항 앞바다에서 각각 조경수역이 형성된다.

5 엘니뇨

통상적인 해류의 흐름에 이상이 생기는 경우가 종종 있다. 앞에서 보았듯이 해양은 기상에 직접적이고 절대적인 영향을 미친다. 따라서 해류가 통상적인 패턴에서 벗어나 흐르면 당연히 기상도 특이 현상을 일으킨다. 대표적인 기상이변이 바다의 이상 고온으로 인한 「엘니뇨」(El Niño) 현상이다. 이와 대조적으로 바다의 이상 저온현상을 '소녀'라는 의미를 가진 「라니냐」(La Niña)현상으로 부른다.

엘니뇨를 설명하기 위해서는 다시 통상적인 해류의 흐름을 살펴보아야 한다.

열대 태평양의 표층 해류는 일반적으로 동쪽에서 서쪽으로 흐른다. 무역풍은 통상 고기압 지대인 동태평양(중남미 지역부근)에서 안정적인 저기압 지대인 서태평양(호주 동쪽)으로 분다. 그러나 아직 밝혀지지 않은 원인으로 이러한 기압대는 3∼8년 주기로 불규칙하게 위치를 바꾸어 형성된다. 즉 고기압대가 서태평양, 저기압대가 동태평양에 자리 잡게 된다. 이에 따라 바람도 서에서 동으로 불게 되어 무역풍도 약해지거나 방향이 바뀐다. 이러한 현상을 「남방진동」(Southern Oscillation)이라 한다.

무역풍에 의하여 서쪽으로 흐르던 따뜻한 해류의 흐름도 느려지다 멈추게 된다. 이렇게 되면 태평양 서쪽의 세계 해양 중 가장 따뜻한 물은 적도를 따라 중남미 해안으로 돌아갈 수 있다. 동쪽으로 흐르는 따뜻한 물은 남미 해안에 크리스마스 시기에 도착하게 된다. 페루의 어부들은 이 특이한 따뜻한 해류를 「아기 예수의 해류」(Corriente del Niño)라는 의미의 「엘니뇨」라 불렀다. 남방진동 효과와 결합된 「엘니뇨 효과」(ENSO)[18]는 태평양에서뿐만 아니라 각 반구의 무역풍대에 있는 모든 바다가 영향을 받게 된다. 바다의 이상 고온 현상은 전 세계적인 기상이변 현상을 낳고 있다. 엘니뇨 현상은 1950∼1983년 사이 일곱 번 반복되어 평균 3년 주기로 일어났다.

20세기에 가장 심각한 「ENSO 현상」이 1982∼1983년과 1997∼1998년에 걸쳐 두 번 일어났다. 1998년 8월 우리나라에서는 70년 만의 집중호우가 내려 1조 원 이상의 재산피해와 10여 명의 사망자가 발생했다. 중국 양쯔강 상류지역에서는 홍수로 수십만 명의 인명피해와 막대한 재산피해를 발생시켰다. 그러나 반대로 아프리카 남서부와 파푸아 뉴기니에서는 비가 거의 오지 않아 극심한 가뭄피해를 입었다.

⑥ 파랑

바다에 가면 제일 먼저 바닷물이 일렁이는 모습을 볼 수 있다. 일반적으로 파도라 하지만 해양학에서는 이런 파동 현상을 「파랑」(Wave)이라 한다. 매개물

---

18 엘니뇨 현상은 남방진동과 밀접한 연관이 있기 때문에 이 용어들은 엘니뇨/남방진동(El Niño /Southern Oscillation)의 약자인 ENSO로 쓰인다.

질 속에서 에너지 이동으로 생기는 교란 현상을 '파'라고 하는데 파랑도 이런 파의 한 종류이다.[19]

바다에서 파도가 치는 모습을 관찰해보면 언덕처럼 보이는 모습이 형성되었다 꺼지고 일정한 간격을 두고 다시 만들어지는 것을 볼 수 있다. 언덕 모양을 이룰 때 가장 높은 부분은 「마루」(Crest), 가장 낮은 부분은 「골」(Trough)이다. 마루와 골 사이의 높이는 「파고」(Wave Height)이다. 마루와 마루 또는 골과 골 사이의 수평거리는 「파장」(Wave Length)이다.

바다에서 파랑은 대부분 바람에 의하여 발생한다. 파랑은 해수 표면뿐만 아니라 수중에서도 존재하지만, 중요한 파동은 대기와 바다의 경계면에서 발생하는 「표면 파랑」이다. 큰 풍랑이 일어날 가능성이 가장 큰 해역은 강한 바람이 끊임없이 불어 남극환류를 일으키는 남극해역이다. 이 해역에서는 11m 높이의 파랑이 자주 일어난다.

바람에 의하여 형성될 수 있는 최대 파고는 30m 이상으로 알려져 있다. 지금까지 알려진 최대의 파도는 1933년 2월 7일 미 해군 유조선 라마포호에 의하여 관측된 34m의 파도이다. 보통 4~5m의 파도가 치면 통항에 위협이 되는 것을 감안하면 상상을 초월하는 실로 엄청난 크기의 파도라 할 수 있다. 아주 큰 파도를 흔히 '집채만 한 파도'라고 한다. 그 정도 크기의 파도라면 바다가 통째로 솟아올랐다 뒤집히는 듯한 모습으로 '산만한 파도'라고 할 수 있을 것이다.

파랑은 바람이 부는 풍역 지대를 벗어나면 비교적 고른 파로 전환되는데 이를 「너울」(Swell)이라 한다. 「해일」은 태풍이나 전선 폭풍 등이 해안으로 접근할 때 수반되어 오는 갑작스런 해면 상승으로 생기는 큰 파도이다. 「쓰나미」(津波)는 파랑 중에서 에너지가 가장 크며 가장 파괴적이다. 해저에서 지진, 해저 사태나 화산폭발 등 급격한 지각변동으로 인해 해수면의 갑작스런 상승이나 하강으로 발생한다. 2011년 일본에서 발생한 쓰나미에서 볼 수 있듯이 그 위력은 가공할 만하다. 3월 11일 일본 동북쪽 해안으로부터 179km 떨어진 해저에서 규모 8.9의 지진이 발생하면서 10m 이상의 파도가 해안지역을 덮쳤다. 이 결과 1만 8천여 명이 사망하거나 실종되었고 22여만 명의 이재민이 발생했다.

---

19 Tom Garrison(이상룡 등 옮김), 전게서, 178면.

７ 조석

조석은 달과 태양 그리고 지구의 운동에 의하여 주기적으로 해수면이 변동하는 현상이다. 우리가 바닷가에서 볼 수 있는 바닷물이 일정한 시간대별로 빠졌다가 들어오고 하는 현상이다. 조석은 지구와 달 사이에 작용하는 만유인력과 원심력에 의하여 발생한다. 지구표면의 어느 지점에서의 '원심력'과 '만유인력'이 불균형을 이루며 이때 조석이 이루어진다. 조석은 태양과 달의 위치에 크게 영향을 받는다. 지구 자전효과, 지역에 따른 위치, 즉 위도 또는 해안선의 형태 및 해저지형에 따라 다르게 나타난다.[20]

조석에 가장 큰 영향을 미치는 달은 24시간 50분을 주기로 지구를 공전하면서 두 번의 「만조」(High Water)와 두 번의 「간조」(Low Water)를 일으킨다. 태양, 달 및 지구가 일직선으로 위치하는 그믐과 보름은 조석을 일으키는 힘인 「기조력」(Tide Generating Force)이 최대가 된다. 이때를 「대조」 또는 「사리」(Spring Tide)라 한다. 사리는 만조와 간조의 수위 차이인 「조차」(Tide Range)가 가장 큰 때이다. 달, 지구, 태양의 위치가 직각이 되는 때는 기조력이 최소가 된다. 이때를 「소조」 또는 「조금」(Neap Tide)이라 한다.

조차는 해역에 따라서 큰 차이를 보이고 있다. 평균조차가 2m 미만인 경우를 「소조차」(Microtidal Range), 2～4m인 경우를 「중조차」(Mesotidal Range), 4m 이상인 경우를 「대조차」(Macrotidal Range)라 한다. 해역에 따라 차이가 크지만 중조차 해안이 가장 많이 분포되어 있다.[21] 캐나다의 동해안 펀디 만, 잉글랜드 서해안 브리스톨 해협, 프랑스 북부 해안, 알래스카 남쪽 해안 등이 조차가 큰 해역으로 유명하다. 우리나라의 서해안은 대조차 해안으로 세계적으로 조차가 큰 해안의 하나이다. 남해안은 중조차 해안, 동해안은 조소차 해안에 속한다.

---

20 박용안, 전게서, 164면.
21 전게서, 171면.

■ 표 2 세계적인 대조차 해역

지역	해역	조차(m)
캐나다 펀디만	Burntcoat Head	13.6
잉글랜드 브리스톨 해협	Beachley	13.1
프랑스 북서안	Granville	12.2
알래스카 남안	Sunrise	12.0
아르헨티나 마젤란 해협	Coy Inlet	9.8
멕시코 캘리포니아 만	Rio Colorado	9.6
호주 북서안	Hall Point	9.3
프랑스 북서안	Le Tr´eport	9.1
브라질 북동안	Maracca I	8.8
영국 서안	Garston	8.2
한국 서해안	아산	8.0

조석에 의하여 해면이 상승하고 하강함에 따라 만들어지는 바닷물의 흐름을 「조류」(Tidal Current)라 한다. 바닷물이 밀려 들어와 해수면이 상승하여 고조로 가는 동안의 해수 흐름은 「창조류」(Flood Current)이다. 즉 밀물이다. 고조에서 바닷물이 밀려나 저조로 해수면이 낮아지는 동안의 흐름은 「낙조류」(Ebb Current)이다. 즉 썰물이다. 조류는 고조와 저조의 중간 시점에서 최대의 유속을 갖는다. 고조 또는 저조시에 해수의 흐름이 잠시 동안 멈추는 때가 「정조」(Slack Water)이다.

SECTION 03 지진과 화산

① 대륙이동설

지구 내부는 최상층인 「지각」(Crust), 지각 하부의 「맨틀」(Mantle)과 중심부의 「핵」(Core)으로 이루어져 있다. 맨틀은 지구의 주 구성성분으로 전체 면적의 83%를 차지한다. 지구 중심부를 구성하는 핵은 외핵과 내핵으로 구분된다. 지구 내부는 펄펄 끓고 있다. 지구가 생성될 때 방사성 붕괴에 의한 열이 내부에 축적되어 지구내부를 녹였다. 내핵 중심부의 온도는 약 6,600°C로 태양표면의 온도보다 뜨겁다. 주성분은 철과 니켈이다. 중력으로 무거운 철은 내부로 끌려 들어가 핵을 형성하였다.

지구 생성 이후 46억 년 동안 지구의 내부에서는 열이 이동하고 있다. 핵과 맨틀 사이에 있는 방사성 원소의 끊임없는 붕괴로 새로운 열이 만들어지고 있다. 현재 대부분의 열 공급은 지각과 맨틀 사이에서 일어나고 있다. 이 열의 일부가 지표로 전달되고 있다. 이 열로 인하여 산맥과 화산이 만들어지고 지진, 대륙이동, 대양저 형성의 원인이 된다.

알프레드 베게너(Alfred Wegener, 1880~1930)는 독일의 기상학자이자 극지 탐험가였다. 그는 1912년 세계 최초로 「대륙이동설」(Continental Drift)을 주장하였다. 지구의 모든 대륙은 과거에 바다로 둘러싸인 하나의 대륙이었으며 2억 년 전에 분리되어 현재의 대륙까지 이동하였고 지금도 이동이 진행 중이라는 것이 그의 주장이었다. 베게너는 하나의 초대륙을 「팡게아」(Pangaea)라고 불렀다. 베게너의 대륙이동설은 단단한 맨틀 위에 대륙이 고정되어 있기 때문에 대륙이동은 불가능하다고 생각했던 당시 학계에서 받아들여지지 않았다.

1960년에 헤스(Harry Hess)와 디엣츠(Robert Dietz)는 「해저확장설」(Seafloor Spreading)을 제기했다. 중앙대서양 산맥에서 해저가 갈라지고 침식되는 「열곡현상」(Rift Valley)에 의하여 해저면이 만들어져 좌우로 해양지각을 밀어낸다. 그 결과 대륙은 새로 만들어진 바다에 밀려 양쪽으로 이동한다고 주장하였다. 대륙의 이동을 일으키는 힘은 「약권」(Weak Sphere) 내에서 서서히 움직이는 대류환으로 설명하였다.[22] 약권은 암석권 하부의 상부 맨틀 층으로 약한 부분이다. 약권은 깊이 360∼650km에 위치하며 뜨겁고 느리게 유동한다.

2 판구조론

대륙이동설과 해저확장설은 1960년대 중반 윌슨(John Tuzo Wilson)에 의하여 「판구조론」(Plate Tectonics)으로 발전하였다. 그의 이론에 따르면 지구 표면은 12개의 딱딱한 판으로 분리되어 있고 약권 위에 떠 있는 상태이다. 지구 내부의 열에 의하여 약권이 팽창되어 밀도가 낮아지고 그 결과 융기하게 된다. 융기된 약권이 상부의 암석권에 도달하게 되면 판을 옆으로 이동시킨다. 판은 해빙이 시작된 호수의 얼음이 움직이는 것 같이 밀리게 된다. 판이 움직이는 속도는 연평균 5cm 정도 속도로 아주 느리게 움직인다.

판들이 움직이는 형태에 따라 수렴형, 발산형, 변환형 판으로 구분된다. 수렴형은 마주 보며 움직이는 판들이 부딪치면 중력현상에 의하여 무거운 판이 가벼운 판의 밑으로 들어가는 현상이다. 무거운 판이 가벼운 판 밑으로 들어가는 현상을 '섭입'이라 하고 그 지역을 '섭입대'라 한다.

섭입대에서는 격렬한 지진 활동이 일어난다. 지진이 일어나고 마그마가 지표면으로 융기하여 화산이 발생한다. 페루 – 칠레 연안이 대표적인 섭입대이다. 서쪽으로 이동하는 가벼운 대륙판인 남미판이 동쪽으로 이동하는 무거운 해양판인 태평양 나즈카판 위로 올라가면서 섭입이 발생한다.

이에 비하여 비슷한 밀도를 가진 대륙판끼리 충돌하면 습곡[23]과 융기[24]가 일어난다. 히말라야산맥은 「인도 – 오스트레일리아판」과 「유라시아 판」의 충돌로 형성된 대규모의 습곡산맥이다. 해양지각끼리 충돌현상이 나타나면 중력현상에 의하여 무거운 판이 섭입되고 섭입되는 판의 암석이 녹아 마그마가 된다. 마그마가 해저에서 분출하여 화산을 만들게 되고 해수면에 솟아 「호상 열도」(Island

---

22 Tom Garrison(이상룡 등 옮김), 전게서, 51면.
23 지층에 생긴 물결모양의 기복 또는 굴곡이다. 지층의 횡압력(橫壓力)으로 인하여 지층이 물결 모양으로 주름이 지는 현상이다.
24 바다 밑의 지면이 해수면 위로 솟아오르는 현상을 말한다.

Arc)가 된다. 일본열도는 이렇게 생겨났다.

변환형은 두 개의 판이 스치듯 서로 어긋나게 이동하는 것이다. 미국 서해안의 샌 안드레아 단층대는 태평양판과 북아메리카판 사이의 경계부를 이루는 곳이다. 현재의 두 판의 이동 속도와 방향으로 보아 캘리포니아 서부지역은 북미대륙에서 분리되어 북쪽으로 이동하게 되고 5천 만 년 후에는 샌프란시스코와 알래스카가 이웃하게 된다.

▶ 그림 3 지구를 둘러싼 주요 판구조

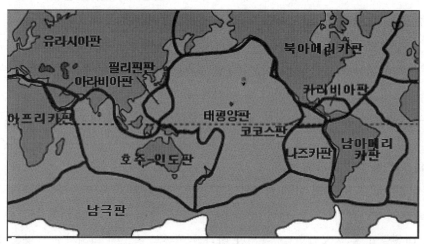

한반도는 가장 큰 판의 하나인 유라시아판의 주변부에 위치해 있다. 한반도 주변에서 유라시아판은 해양지각으로 이루어진 태평양판, 필리핀판과 경계를 이루고 있다. 필리핀과 유라시아판의 경계, 태평양판과 유라시아판의 경계는 모두 수렴형 판의 경계이며 이에 따라 호상열도인 일본 열도에서는 화산과 지진이 자주 발생한다.[25] 고생대 이전의 한반도는 유라시아의 서로 다른 여러 판들의 한 부분이었다가 그 후 여러 판들의 접합 충돌에 의하여 아시아 대륙이 형성되면서 현재와 같은 모습으로 이루어졌다.[26]

---

25 박용안, 전게서, 266면.
26 전게서.

❸ 해저 지형

해저의 수심은 바다의 한 가운데가 가장 깊을 것으로 생각되나 실제로는 그렇지 않다. 바다는 지각판들이 움직이면서 부딪치고 밀어내면서 중앙에 대양저 산맥을 형성하고 있기 때문이다. 대륙과 연안은 화강암으로 형성되어 있고 심해저로 가면서 현무암으로 바뀐다. 해안 부근의 해저는 인접육지와 같은 화강암으로 이루어져 있기때문에 지질적 특징이 비슷하다. 해저라도 현무암으로 바뀌는 곳이 진짜 대륙의 끝이다. 해저는 대륙의 바깥 부분으로 화강암으로 이루어진 「대륙주변부」와 대륙주변부 밖의 심해저인 「대양저」로 이루어져 있다.

대륙주변부는 해안 가까운 곳의 얕고 평탄한 「대륙붕」(Continental Shelf)과 바다 쪽으로 경사가 급한 「대륙사면」(Continental Slope)의 주된 두 부분으로 나누어진다. 대륙붕은 대륙의 연장으로 해저에 잠겨 있는 얕은 부분이다. 대륙붕은 바다 총면적의 7.4%를 차지한다. 대륙붕을 구성하는 물질의 대부분은 인접 대륙의 침식으로 유입된다. 먼 내륙에서 막대한 양의 퇴적물이 강을 따라 운반되어 대륙붕이 만들어 지기도 한다.

대륙붕의 폭은 지각 판의 경계부와 근접한 정도에 따라 달라진다. 가장 넓은 대륙붕은 북극해에서 시베리아 북쪽으로 펼쳐져 있는 폭 1,280km의 대륙붕이다. 대륙붕의 폭은 지질구조작용뿐만 아니라 해류의 속도에 의해서도 영향을 받는다. 빠른 해류가 흐르는 곳에서는 퇴적물을 씻어가 버리기 때문에 대륙붕이 아주 좁다.

대륙사면은 경사가 완만한 대륙붕이 심해저로 이어지면서 급경사를 이루는 부분이다. 전형적인 대륙사면의 경사도는 4° 정도이다. 1km 거리에 70m씩 수심이 증가하는 경사도이다. 대륙사면은 폭이 평균 20km 정도이고 일반적으로 수심 약 3,700m 정도의 대륙대에서 끝난다. 대륙사면의 바닥이 대륙의 진짜 끝이다.

대륙사면 기저부의 해양지각에 퇴적물이 쌓여있는 곳을 「대륙대」(Continental Rise)라 한다. 대륙대의 폭은 100~1,000km이고 경사는 대륙사면의 8분의 1 정도로 완만하다.

대륙주변부가 끝나면 시작되는 해저의 구조가 「대양저」이다. 대양저는 지구 표면의 절반 이상을 차지하고 있다. 심해 해양저는 대부분 「대양저 산맥」

(Oceanic Ridge)과 부근의 퇴적물이 덮인 평원으로 이루어져 있다. 대양저산맥은 지구 둘레의 1.5배에 해당하는 65,000km에 달한다. 대양저 산맥은 대양저의 중심에 있다는 의미에서 「중앙 대양저산맥」(Mid-Oceanic Ridge)으로 부르기도 한다. 그러나 실제 대양저의 중심에 있는 것은 전체 길이의 60% 미만이다. 산맥에는 퇴적물이 별로 없고 해저에서 약 2km 정도 솟아 있다. 해수면 밖으로 솟은 곳이 아조레스, 이스터, 아이슬랜드와 같은 섬들이다. 대양저 산맥 및 관련 있는 구조가 전 세계 지구 표면의 약 22%를 차지하고 있다.

▶ 그림 4 해저 지형 모식도

자료: 국립해양조사원

CHAPTER
02

해양경찰의 이해

SECTION 01 해양경찰 개념

1 들어가는 말

해양경찰학을 공부하는 것은 해양경찰(海洋警察)의 개념과 해양경찰의 특성을 이해하는 것에서부터 출발한다. 여기서는 해양경찰의 개념을 「국가기능으로서의 해양경찰」의 개념과 「국가기관으로서의 해양경찰」의 개념을 먼저 살펴보고 해양경찰의 개념을 「형식적 의미」와 「실질적 의미」로 나누어 접근한다. 이러한 접근방법의 차이는 해양경찰의 개념을 해양경찰조직이 수행하는 경찰활동(Policing)만을 해양경찰로 볼 것인지, 아니면 해양경찰기관이 수행하는 업무가 아니더라도 활동의 본질과 성격이 해양경찰업무이면 해양경찰로 볼 것인지에 관한 것이다.

2 일반적 개념

해양경찰의 개념은 「국가기능으로서 해양경찰」(Coast Guard)과 「중앙행정기관으로서 해양경찰청」(Korea Coast Guard)의 개념으로 나누어 접근할 수 있다. 먼저 기능으로서 해양경찰의 개념이다. 해양경찰의 개념을 보다 쉽게 이해하기 위해 용어를 나누어 접근한다.

해양경찰은 '해양에서' '경찰업무를 수행하는 경찰기관'을 의미한다. 여기에서 해양경찰 개념의 가장 중요한 두 가지 요소, 즉 '해양'이라는 공간과 '경찰'(Police)이라는 임무 및 작용의 특성이 도출된다. 따라서 '해양경찰'이라는 용어로부터 "해양에서 경찰업무를 수행하는 경찰기관"으로 해양경찰의 개념을 쉽게 이해할 수 있다.

해양이라는 공간은 바다라는 개념으로 연해와 대양을 포함하는 개념이다. 경찰은 "국민의 생명과 재산을 보호하고 공권력을 사용하여 공공의 안녕과 사회의 질서를 유지하는 국가의 기능"으로 정의할 수 있다. 따라서 해양경찰은 "해양에서 국민의 생명과 재산을 보호하고 국가권력 작용을 통하여 해양이용 질서를 유지하는 국가의 기능"으로 정의할 수 있다.

즉 해양경찰은 어업, 해상교통, 해운, 해양레저, 해양자원 개발과 같이 바다를 이용하고 바다에서 활동하고 종사하는 국민들의 생명과 재산을 보호하고 법과 규칙에 따라 질서 있게 바다를 이용하도록 하는 업무를 한다. 해양경찰은 해양이용질서 유지뿐만 아니라 해양영토 수호, 해양권익 보호, 해양안보, 해양환경 보전 역할까지 수행하고 있다. 이 부분은 해양경찰의 임무 부분에서 상세히 설명하도록 한다.

「행정기관으로서 해양경찰청」(Korea Coast Guard)은 「정부조직법」(제43조제2항)에서 규정한 대로 "해양에서 경찰사무 및 오염방제업무"를 담당하는 해양수산부 외청으로 설치된 중앙행정기관이다. 해양수산부장관의 지휘 · 감독을 받으며 독자적으로 예산을 편성 · 집행하고 정책을 형성하고 추진하는 독립 외청이다. 차관급 외청으로서 경찰청, 국세청, 관세청 등과 같이 동등한 지위와 권한을 가진다.

해양경찰청의 영문명은 「Korea Coast Guard」이다. 해당 장에서 자세히 설명하겠지만 바다에서 재난관리, 수색구조, 해양권익 수호, 법 집행 임무를 수행하는 기관을 국제적으로 「Coast Guard」 또는 「Coast Guard Agency」라고 칭하고 있다. 해양경찰의 이전 영문명이었던 「Korea Maritime Police」 또는 「Korea Marine Police」는 항만이나 연안에서 법 집행기능 위주의 협소한 기능을 수행하는 기관의 의미를 내포하고 있다. 외국 사례에서는 이러한 조직은 육상경찰의 일부인 경우가 많다. 이러한 점을 고려하고 코스트 가드의 중요성이 커지는 국제적 흐름에 맞추어 해양경찰청은 2005년 영문명을 「Korea Coast Guard」로 변경하였다.

③ 형식적 의미의 개념

형식적 의미의 해양경찰의 개념은 해양경찰기관이 담당하는 업무, 작용이라면 성질과 상관없이 모두 해양경찰업무로 보는 것이다. 「정부조직법」(제43조제2항), 「해양경비법」(제7조), 「경찰관직무집행법」(제2조)과 이 외에 해양경찰이 관장하는 법령에 규정되어 있는 임무수행을 위해 해양경찰기관이 행하는 모든 활동을 의미한다.

「정부조직법」에서는 해양에서 경찰사무 및 오염방제, 「해양경비법」에서는 (1) 해양 관련 범죄에 대한 예방, (2) 해양오염 방제 및 해양수산자원 보호에 관한 조치, (3) 해상경호, 대테러 및 대간첩작전 수행, (4) 해양시설의 보호에 관한 조치, (5) 해상항행 보호에 관한 조치, (6) 경비수역에서 해양경비를 위한 공공의 안녕과 질서유지를 포함하는 경비 활동을 규정하고 있다.

「경찰관 직무집행법」에서는 경찰관의 직무집행의 범위에 대해서 규정하고 있다. 경찰관의 직무로서 국민의 생명·신체 및 재산의 보호, 범죄 예방·진압 및 수사 등 8가지 임무가 규정되어 있다. 여기에는 "외국정부기관 및 국제기구와 협력"이 포함되어 있다. 이러한 업무는 국제교류와 협력에 관한 업무로서 비경찰적인 행정업무로서 보이지만 형식적 의미의 해양경찰 개념에 의하면 해양경찰이 이 기능을 수행하는 경우 작용으로서 경찰에 해당한다.

형식적 의미의 해양경찰 개념에 의하면 동일한 업무를 경찰기관이 아닌 일반 행정기관이 수행하면 경찰작용에 해당되지 않는다. 예컨대 해양경찰이 수행하고 있는 「해상교통관제서비스」(VTS)와 같은 해상교통안전 업무를 지방해양수산청과 같은 다른 행정기관이 수행하면 해양경찰이 아니다.

이 개념에 의하면 해양경비, 해양안전, 해상교통, 수사·정보, 보안·외사 활동뿐만 아니라 법령에 의하여 해양경찰 업무로 규정되어 있는 수색구조, 해양환경 보호와 같은 비권력적 서비스·봉사 활동도 형식적 의미의 해양경찰 개념에 포함된다.

4 실질적 의미의 개념

실질적 의미의 해양경찰 개념은 대부분의 해양경찰의 업무는 해양경찰조직이 수행하지만, 국가의 다른 기관에 의한 업무수행·작용도 해양경찰에 해당할 수 있다는 입장이다. 다시 말하면 해양경찰조직이 아닌 다른 조직이 수행하는 업무·작용이라도 그 성질이 권력적 작용에 의해 해양경찰의 업무를 수행하는 경우라면 해양경찰로 봐야 한다는 개념이다.

실질적 의미의 경찰개념에 의하면 "공공의 안전과 질서를 유지하기 위하여 일반통치권에 근거하여 국민에게 권력적으로 명령·강제하는 작용"이 경찰이다.[1] 이 개념을 해양경찰에 적용하면 해양경찰은 "해양에서 공공안전과 질서를 유지하기 위하여 일반통치권에 근거하여 해양활동에 종사하는 국민에게 권력적으로 명령·강제하는 작용"으로 정의할 수 있다. 실질적 의미의 해양경찰은 "해양에서 공공의 안전과 질서유지를 위한 작용"이다. 해양경찰권은 일반통치권에 기초를 두고 권력적 작용을 하는 것이다. 비권력적 작용은 실질적인 해양경찰작용이 아니다.

　　실질적 의미의 경찰은 담당기관에 따라 「일반경찰(또는 보안경찰)」과 「특별경찰(협의의 행정경찰)」로 구분된다.[2] 일반경찰은 경찰기관이 사회공공의 안녕과 질서를 유지하기 위해 위험방지 활동을 담당하는 경우이고, 특별경찰은 본래의 행정임무가 있는 행정기관이 임무와 관련하여 위험방지 활동을 하는 경우이다. 어업관리단, 산림경찰, 철도경찰, 환경경찰 등이 이에 해당한다.

　　해양경찰청의 업무 중 해양오염방제 업무는 법령에 따라 해양경찰청의 핵심 임무의 하나이다. 즉 형식적 의미의 해양경찰이면서 경찰권이 없는 일반공무원 신분의 해양오염방제국 직원은 법령에 의한 단속권을 가지고 해양오염 예방·방제 및 환경보전의 임무를 수행한다는 점에서 실질적 의미의 경찰업무를 수행하고 있다.

　　실질적 경찰활동이 아닌 형식적 경찰에 해당하면서 가장 널리 알려진 경활동이 범죄수사이다. 범죄 수사를 담당하는 사법경찰은 직접적 목적이 위험방지 활동에 의한 사회공공의 안녕과 질서유지가 아니라 범인을 체포해 증거를 확보하고 공소제기 및 유죄판결을 목적으로 하므로 실질적 의미의 해양경찰이 아니다.[3] 정보경찰·보안경찰의 경우도 직접적인 목적은 국가안전 보장이고 간접적으로 사회공공의 안녕과 질서유지를 그 임무로 하고 있으므로 실질적 의미의 해양경찰이 아니다.[4]

1　노성훈, 「경찰학」(Publius Publishing, 2020), 75면.
2　노성훈, 위의 책.
3　순길태, 「해양경찰학개론」(대영문화사, 2017), 32면.
4　순길태, 위의 책.

5 결론

　앞에서 살펴본 바와 같이 해양경찰의 개념은 여러 가지 각도에서 접근할 수 있다. 여기서는 앞에서 논의되었던 해양경찰과 해양경찰청의 개념을 종합하여 해양경찰의 개념을 정리하고자 한다. 「해양경찰」(Coast Guard)은 "해양에서 국민의 생명과 재산을 보호하고, 안전을 확보하며 공권력을 사용하여 해양이용질서를 유지하는 국가의 기능"으로 정의할 수 있다. 이 기능을 수행하는 기관이 「해양경찰청」(Korea Coast Guard)이다.

해양경찰의 특성

1 들어가는 말

각국은 역사적 배경과 사법체계, 정치적 환경, 지리적 위치 등 여러 가지 요인에 의하여 각기 다른 형태의 해양경찰 조직체계를 발전시켜 왔다. 이에 따라 「Coast Guard」라 통칭되는 세계 각국의 해양경찰기관은 다양한 형태로 존재하고 있다. 존재 형태에 따라 기관의 특성과 임무, 권한에는 차이가 있지만, 해양에서 국민의 재산과 생명을 보호하고 법 집행을 하며 해양이용 질서를 유지한다는 점에는 공통점을 가진다. 오늘날 「유엔해양법협약」 체제에서 연안국의 해양관할권과 해양권리가 확대되면서 해양주권수호가 공통적으로 해양경찰의 중요한 업무가 되었다.

2 해양에서 임무 수행

해양은 해양경찰의 존재 이유이자 업무가 이루어지는 공간이다. 해양경찰청이 위치하고 행정 사무가 이루어지는 공간은 육상이지만, 해양경비 등 해양경찰의 현장업무가 수행되는 공간은 해양이다. 해양은 육지와 아주 다른 특성을 가진 지구의 공간이다. 해양은 접근성과 이동성이 극도로 제한받는 고립된 공간이며, 해양에서 업무수행은 파도, 바람, 조류와 같은 기상환경의 영향을 절대적으로 받는다. 생명을 위협하는 위험성이 높아 사람들의 활동이 극도로 제한받는 곳이다. 해양경찰은 해양이라는 '특수한 공간'에서 임무를 수행하는 조직이다.

③ 다기능 임무수행

해양경찰은 해상에서 법 집행을 비롯하여 다양한 임무를 수행하는 「멀티플레이어」(Multi－Player)이다. 「코스트 가드」로 통칭되는 해양경찰의 임무는 존재 형태와 각국의 여건에 따라 차이가 있지만, 해양경찰은 공통적으로 복합적이고 다기능 임무를 수행한다. 해양경찰은 해상 법집행기관이면서 동시에 육상의 경찰, 소방, 교통, 환경, 관세, 출입국, 국경관리, 위생, 외교, 안보기관이 담당하는 임무를 동시에 수행한다.

이러한 성격은 해양이라는 특수한 공간의 특성에서 유래한다. 육상에서는 각각의 전문기관이 소관 업무를 나누어 수행하지만, 접근성이 제한된 해양에서는 모든 업무 소관 기관이 해양에서 직접 업무를 수행하기 어려운 형편이다. 해양에서의 임무수행은 해양에 접근할 수 있는 함정이라는 수단이 없으면 불가능하다. 이 같은 사정으로 해양경찰은 경찰임무뿐만 아니라 다른 행정기관이 수행하는 여러 가지 기능을 복합적으로 수행한다.

④ 해육상 이원구조

해양경찰은 해상과 육상에서 임무를 수행하는 이원구조(二元構造)로 조직되어 있다. 해상에서 현장업무를 수행하는 조직과 이를 지휘하고 지원하는 육상조직으로 나누어져 있다. 해상조직(Sea－going)은 여러 종류의 함정에 승선하여 해상에서 임무를 수행한다. 해상조직은 육상조직으로 부터 지휘·감독을 받으며 현장업무를 수행한다. 어업질서 유지, 해양경비, 해양환경 보호, 해양주권 수호 등 해양경찰의 주된 임무는 해상조직에 의해 수행된다.

해양경찰청, 지방해양경찰청, 해양경찰서와 같은 육상조직은 현장조직을 지휘하며, 현장조직의 임무 수행에 필요한 행정 사무, 인력관리, 예산, 법령관리, 훈련, 장비운용, 물자보급, 해양범죄 수사, 다른 기관과 협력에 관한 사무를 담당한다. 해양경찰의 본질적인 임무는 해상세력에 의해 수행되지만 업무수행에 필수적인 자원을 제공하고, 지휘·감독하는 육상조직이 없이는 임무수행이 불가능 하기 때문에 이들의 관계는 닭과 달걀과 같이 선후를 따지기 어렵다.

5 해상 법집행기관

해양경찰은 기본적으로 해상 법집행기관이다. 「코스트 가드」(해양경찰)의 기원은 조난자 구조·지원 및 밀수단속에서 출발했지만, 오늘날 코스트 가드가 수행하는 다양한 임무와 기능 중에서 해양에서 법질서 유지와 범죄 예방·진압은 가장 본질적 임무이다. 한국 해양경찰의 기원은 외국 불법조업선으로 부터 어자원 보호에서 출발했지만, 해양경찰의 가장 큰 특징이자 본질은 「해상 법집행기관」이라는 것이다.

해양경찰은 해상에서 공공의 안전과 질서유지, 위험방지를 위한 「경찰활동」(Policing)과 「법집행」(Law Enforcement)을 주된 역할을 하고 있다. 법 집행 권한에 있어서 일반사법권을 행사하는가, 아니면 제한된 분야에서 특별사법권만 행사하느냐의 법집행권한의 차이는 있지만 해양경찰은 기본적으로 해상에서의 법질서를 유지하는 법집행기관이다.

6 해양주권 수호

오늘날 해양경찰의 가장 특징적인 임무는 해양주권을 수호하는 것이다. 육상은 영토의 범위가 명확하지만, 해양에서는 주변국과 해양경계가 범위가 명확하지 않는 경우가 많다. 육지영토에서는 한 국가의 완전한 주권이 미치지만, 해양에서는 내수, 영해, 접속수역, 배타적 경제수역(EEZ), 공해 등 「해양구역」(Maritimes Zone)에 따라 한 국가의 주권이나 관할권이 미치는 범위가 상이하다.

해양경찰은 「유엔해양법협약」(UNCLOS)이나 그 밖의 다른 국제법에 의하여 인정된 해양에서의 권리를 지키는 활동, 즉 「해양주권」(Maritime Sovereignty) 수호 업무를 해군과 함께 수행하고 있다. 육상에서는 평시 영토주권수호 임무는 전적으로 군이 담당하고 있지만, 해상에서는 해군과 해양경찰이 동시에 수행하고 있다. 도서영유권, 해양관할권과 해양자원이용을 둘러싸고 해양분쟁이 격화되고 있는 오늘날의 상황에서 해양경찰의 해양주권수호 임무는 그 중요성이 더욱 커지고 있다.

7 높은 장비의존도

해양경찰의 업무는 육상경찰에 비하여 장비의존도가 지극히 높다. 해양경찰은 함정이라는 운송 및 임무수단이 없으면 업무를 수행할 수 없다. 해양경찰은 연안 순찰을 위한 순찰정부터 소형, 중형, 대형 경비함정과 오염방제정, 예인정, 공기부양정, 소방정과 같은 특수정을 포함하여 다양한 형태의 수백 척의 함정을 운용하여 임무를 수행한다.

육상에서는 자동차, 오토바이, 자전거, 말을 이용하거나 도보로 순찰하거나 사건 현장에 출동하고 범인을 추격할 수 있지만, 해상에서는 함정이나 항공기가 아니면 접근 자체가 불가능하다. 함정과 함께 해양경찰의 핵심적인 장비가 광활한 해양에 신속히 접근하고 해역감시, 수색구조 및 인력·물자 수송을 담당하는 항공기이다.

함정에는 임무 수행에 필요한 각종 장비가 장착되거나 탑재되어 있다. 경비함정은 임무수행을 하는 공간이자 승조원이 장기간 머무는 생활공간이기 때문에 이를 위한 시설·설비와 항해 장비, 통신기기, 수색구조 장비, 오염방제 장비, 공용화기 등 각종 장비가 탑재되어 있다. 최고의 상태로 함정을 비롯한 각종 장비를 관리·운용하는 것은 지극히 중요한 업무이다.

8 국제성 업무

세계 각국은 해양을 통해 연결되어 있고 해양은 모든 국가의 공유물이라는 특성으로 인해 해양경찰은 국제성 업무의 비중이 크다. 해양은 「인류의 공유재산」으로서 누구나 자유롭게 통항하고 이용할 수 있는 권리를 가진다. 국제사회는 질서있고 평화적인 해양이용을 위하여 「바다의 헌법」이라 불리는 「유엔해양법협약」에서 해양이용의 원칙과 통항질서를 규정하고 있다. 이 밖에도 해양안전, 자원이용, 해양오염방지, 해양생태계 보전, 어족자원 보호 등에 관한 국제협약을 채택하고 있다. 국내법령뿐만 아니라 우리나라가 비준하거나 가입한 국제조약·협정을 집행하는 것도 해양경찰의 중요한 임무 수행이다.

해양경찰 업무 중에서 특히 조난선박의 수색구조, 해양오염방제, 해양환경

보호, 국제성 범죄 예방과 수사는 인접국과의 협력이 아주 중요하다. 서해에서 매일 같이 벌어지고 있는 중국 어선의 불법조업을 단속하는 업무는 해양경찰의 대표적인 국제성 업무이다. 이 밖에도 밀수나 밀입국 등 해상을 통해 이루어지는 범죄를 효과적으로 예방하고 단속하기 위해서는 관련 국가들과 국제공조는 필수적이다.

SECTION 03 해양경찰 개념에 따른 분류

1 들어가는 말

여기서는 앞서 설명한 해양경찰의 개념에 따른 구분을 시도해 본다. 해양경찰의 개념에 따른 구분은 경찰학에서 연구된 이론을 해양경찰에 적용한 것이기 때문에 해양경찰과는 차이가 있는 점도 있으나, 여러 각도에서 접근함으로써 해양경찰에 대한 이해의 폭을 넓힐 수 있다는 점에서 의미가 있다 하겠다.

2 일반사법 해양경찰과 특별사법 해양경찰

「일반사법 해양경찰」은 「경찰관 직무집행법」, 「형법」, 「형사소송법」 등 사법경찰권을 부여한 법령에 따라 해양에서 발생하거나 해양 관련 모든 범죄에 대하여 조사·압수·수색·영장신청 등 사법경찰권을 가진다. 이에 비하여 「특별사법 해양경찰」은 「사법경찰관리의 직무를 행할 자와 그 직무범위에 관한 법률」에 따라 특정 영역의 범죄에만 사법경찰권을 행사한다. 교정공무원, 산림보호공무원, 출입국업무공무원, 식품·의약품 단속공무원, 세관공무원 등이 대표적인 특별경찰관리이다. 해양분야에서는 등대사무공무원, 어업단속공무원, 해양환경 감시공무원이 개별법령에서 정한 해당 사무를 처리하는 한정해서 사법경찰권이 주어진 특별사법 경찰관리이다.

3 행정해양경찰과 사법해양경찰

존립 목적에 따라 「행정해양경찰」과 「사법해양경찰」로 구분할 수 있다. 행정해양경찰은 해상에서 공공의 안녕과 질서유지를 목적으로 명령·강제 등을 수단으로 하여 행정을 실현하는 것을 의미한다. 사법해양경찰은 국가의 형벌권 실현을 목적으로 범죄를 수사하고 범인을 체포·송치하는 작용을 의미한다.

사법해양경찰은 형사사법작용의 일부이므로 실질적 의미의 해양경찰작용에 해당하지 않는다. 다만, 실정법은 사법경찰관리로 하여금 구속영장을 집행하고 수사를 하도록 하고 있기 때문에 사법경찰작용은 형식적 의미의 경찰작용에 해당한다.[5]

행정경찰과 사법경찰의 분류는 삼권분립 사상이 투철했던 프랑스에서 확립되어 대륙법계 여러 나라에서 일반화되었으나, 영미법계 국가에서는 행정경찰과 사법경찰을 구분하지 않고 사법경찰사무를 보통경찰기관의 고유사무로 파악하고 있다.[6]

우리나라에서는 해양경찰과 육상경찰은 행정경찰과 사법경찰을 구분하지 않고, 제도적 의미의 보통경찰기관이 두 가지 임무를 동시에 수행하고 있다. 다만, 행정경찰작용은 일반경찰행정 활동이라는 점에서 각종 경찰행정법규의 적용을 받지만, 사법경찰작용은 형사사법 활동이라는 점에서 형사법의 적용을 받는다. 우리나라 해양경찰의 활동은 해상에서 복합적이고 다기능 업무를 수행하는 해양경찰 업무의 특성상 행정경찰 작용의 비중이 훨씬 높다.

4 국가경찰과 자치경찰

국가경찰이란 국가사무로서 경찰사무를 수행하기 위하여 국가가 설치·운영하는 경찰을 말한다. 자치경찰은 지방자치단체의 사무로서 경찰사무를 수행하기 위해 지방자치단체가 설치·유지하는 경찰을 말한다.[7] 해양경찰은 해양주권 수호라는 사무의 특성상 지방자치단체가 담당하기 어려운 임무를 수행하는 국가경찰이다.

---

5 홍정선, 「경찰행정법」 제3판 (박영사, 2013), 31면.

6 전국9대학해양경찰학과교수, 「해양경찰학개론」(문두사, 2016), 21면.

7 홍정선, 앞의 책, 33면.

5 보안해양경찰(일반해양경찰)과 협의의 해양경찰(특별해양경찰)

해양경찰업무의 수행기관에 따른 분류이다. 보통해양경찰기관이 수행하는 본래 의미의 치안유지 활동과 기타 국가행정기관이 행정작용과 관련하여 수행하는 질서유지 활동으로 구분하여, 전자를 「보안해양경찰(일반해양경찰)」이라 하고, 후자를 「협의의 해양행정경찰(특별해양경찰)」로 구분할 수 있다. 보통해양경찰기관이 경찰업무를 수행하느냐, 기타 행정기관이 해양경찰업무를 수행하느냐의 차이라 할 수 있다.

이러한 분류는 해양경찰 사무를 "해상에서 공공의 안전과 질서를 유지하기 위하여 국민에게 명령·강제하는 권력적 작용"으로 보면, 그것이 어느 행정기관의 업무이든지 불문하고 해양경찰이라고 너무 넓게 해석되기 때문이다.[8] 제2차 세계대전이 끝나고 미·영을 중심으로 하는 연합국이 점령했던 독일이나 일본과 같은 국가에서 행했던 비경찰화 작업은 「협의의 행정경찰사무」에 대하여 이루어졌다.[9]

6 예방해양경찰과 진압해양경찰

경찰권의 발동 시점을 기준으로 한 분류이다. 예방해양경찰은 해상에서 공공의 안전과 질서의 유지를 위해 위험을 사전에 방지하기 위해 이루어지는 경찰작용을 의미한다. 기상 불량 시 선박 출입항 통제, 선박 피항 조치, 항포구에서 사고 예방을 위한 순찰 등이 예방해양경찰의 예이다.

진압해양경찰은 공공의 안녕과 질서를 해하는 위험한 상황이 발생한 후 질서 회복을 위한 경찰작용을 말한다. 이미 발생한 범죄의 수사를 위한 권력적 작용도 이에 해당한다. 해상시위 진압, 불법어로 단속, 해상강도 피의자 추적·체포 등이 그 예이다.

8　전국9대학해양경찰학과교수, 전게서, 21면.
9　이운주, 「경찰학개론」(경찰대학, 2002), 12면.

7 평시해양경찰과 비상해양경찰

평시해양경찰은 해양경찰기관이 일반해양경찰 법규에 의하여 평시에 행하는 경찰작용을 말한다. 비상해양경찰은 전시, 계엄이 선포된 경우 비상시에 군대가 행하는 해양경찰작용을 말한다. 「통합방위법」에 의한 「통합방위사태」란 "적의 침투·도발이나 그 위협에 대응하여 갑종, 을종, 병종 사태로 구분하여 선포하는 단계별 사태"를 말한다.[10] 통합방위작전은 "통합방위사태가 선포된 지역에서 통합방위본부장, 지역군사령관, 함대사령관 또는 시·도경찰청장이 국가방위요소를 통합하여 지휘·통제하는 방위작전"을 말한다. 병종사태가 선포되면 함대사령관이 특정경비해역 및 일반경비해역에 대하여 통합작전을 수행한다.[11]

8 질서해양경찰과 봉사해양경찰

형식적 의미의 해양경찰 활동의 내용에 따른 분류이다. 강제력을 수단으로 권력적 활동을 하는지, 강제력이 아닌 서비스 등을 통해 직무를 수행하는지에 따른 분류이다. 「질서해양경찰」은 보통경찰조직의 직무 범위 중에서 강제력을 수단으로 해상에서 공공의 안녕과 질서를 유지하기 위한 법집행을 주로 하는 경찰활동을 말한다. 「봉사해양경찰」은 강제력이 아닌 서비, 계몽, 지도 등을 통하여 해양경찰직무를 수행하는 경찰 활동을 말한다. 질서해양경찰 활동은 범죄 수사, 즉시 강제, 경찰강제 등이 있으며, 봉사해양경찰 활동은 수난구호, 해상안전관리, 해상교통 정보제공, 해상순찰 등이 있다.

---

10 통합방위법, 제2조.
11 위의 법, 제15조.

SECTION 04 육상경찰, 해군과 비교

■ 들어가는 말

해양경찰이 같은 제복 조직인 육상경찰이나 해군과 비교하여 기관의 성격이나 임무가 어떻게 다른지 잘 모르는 경우를 종종 볼 수 있다. 해양경찰은 육상경찰과는 같은 경찰기관이고, 해군과는 업무수행에서 가장 밀접한 관련성을 가지고 있지만, 이들 기관과는 다른 존립 목적과 함께 고유의 임무를 수행하고 있다. 이들 기관과 유사성과 차이점을 살펴봄으로써 해양경찰의 특성을 보다 잘 이해할 수 있으리라 생각한다.

② 육상경찰과 유사성 · 차이점

가. 유사성

해양경찰은 1996년 해양수산부 외청으로서 경찰청으로부터 독립하기 전까지 태동시부터 경찰기관의 소속기관으로서 역사를 같이 해왔기 때문에 많은 점에서 유사성을 가지고 있다. 해양경찰은 한국적 여건에서 발전한 「경찰형 코스트 가드」(Police Type Coast Guard) 체제를 유지하고 있기 때문에 유사성이 더 크다.

1) 동일한 경찰기관

해양경찰은 해양에서 경찰작용을 하는 경찰기관이다. 우리나라 해양경찰은 군사조직인 미국, 준군사 조직인 중국해경, 공안조직인 일본 해상보안청, 민간조직인 캐나다 코스트 가드와 달리 육상경찰과 동일한 일반사법경찰권을 행사하는 보통경찰기관이다. 육상과 해상이라는 토지관할, 즉 법집행 공간만 다를 뿐이다.

미국이나 일본에서는 지방자치경찰 소속으로 항만이나 연안에서 경찰업무를 위해 「항만경찰」(Harbor Police) 이나 「수상경찰」(Marine Police)을 별도로 두고 있는 경우가 있다. 우리나라 해양경찰은 항만을 포함한 모든 해수면에서의 육상경찰과 동일한 경찰권을 행사한다는 점에서 경찰기관으로서의 특성이 잘 드러난다.

2) 경찰공무원으로서 신분의 동일성

해양경찰관은 신분상으로 특정직 경찰공무원[12]으로서 육상 경찰공무원과 동일하게 「경찰공무원법」의 적용을 받는다. 「경찰공무원법」은 "경찰공무원의 책임 및 직무의 중요성과 신분 및 근무조건의 특수성에 비추어 그 임용, 교육훈련, 복무, 신분보장 등에 관하여 「국가공무원법」에 대한 특례를 규정"한 법이다.[13]

「경찰공무원법」에 의하여 순경부터 치안총감까지 11단계의 계급과 신분, 채용·임용·승진·전보·복직·퇴직·면직과 정년·징계·보수와 교육훈련 등에 관한 규정을 원칙적으로 동일하게 적용받는다. 이와 함께 제복 착용, 정치관여 금지의무, 직권남용금지 의무 등도 동일하게 적용받는다.

구체적 사안에 대하여는 「해양경찰청 소속 경찰공무원 임용에 관한 규정」(대통령령)과 같이 「경찰공무원법」에서 위임된 법령에 따라 다르게 적용받는 경우가 있지만, 「경찰공무원법」이 정한 범위 내에서 이루어지고 있다. 육·해·공군은 별도의 군조직이지만, 같은 군인 신분으로서 「군인사법」을 동일하게 적용받는 것과 같다. 이러한 이유로 법령상에서 「해양경찰공무원」이라는 별도의 공직분류 없이 「해양경찰청 소속 경찰공무원」으로 규정하고 있다.

해양경찰은 복지제도와 관련된 법과 제도를 육상경찰과 동일하게 적용받는다. 「경찰공제회법」에 의하여 경찰공제회 회원으로서의 권리, 「국가유공자 예우에 관한 법률」에 따라 공·사상시 국가유공자에 준하여 군·경 지원 혜택을 받

---

12 경찰공무원은 법관, 검사, 외무공무원, 소방공무원, 교육공무원, 군인, 군무원, 국가정보원의 직원과 함께 「특정직 공무원」이다. 특정직 공무원은 특수 분야의 업무를 담당하는 공무원으로서 다른 법률이 특정직 공무원으로 지정하는 경력직공무원을 말한다. 특정직 공무원은 일반직 공무원과 마찬가지로 실적과 자격에 의해 임용되고 신분이 보장되는 점에서는 동일하지만, 담당 직무가 특수하여 필요한 자격·복무규율·정년·보수체계·신분보장 등에서 특수성을 인정하여 별도로 분류하고 있다.
13 경찰공무원법, 제1조.

을 수 있다. 「대한민군재향경우회법」에 따라 퇴직 후 경우회 회원으로서 활동할 수 있다.

3) 직무수행에 관한 「경찰관 직무집행법」의 적용

해양경찰의 작용에 대하여 육상경찰과 동일하게 「경찰관 직무집행법」을 적용 받는다. 「경찰관 직무집행법」은 경찰관직무 수행에 필요한 사항을 규정한 법이다. 「경찰관 직무집행법」에서는 국민의 생명·신체 및 재산보호, 범죄의 예방·진압 및 수사, 공공의 안전과 사회질서 등 여덟 항목의 경찰관 직무 범위를 정하고 있다. 여기서 정한 경찰관의 직무 범위는 해양경찰공무원에게도 동일하다. 위험발생 방지, 범죄 예방과 제지, 위험방지를 위한 출입, 사실확인, 정보수집, 국제협력, 경찰장비 사용, 무기사용 등에 경찰관의 직무수행 규정도 동일하게 적용받는다.

「경찰관 직무집행법」은 육상경찰 위주여서 해상에서 경찰작용의 법적 근거로 약하고 해양경찰의 특수성을 반영하지 못한다는 지적을 받아왔다. 이에 따라 특별법 성격의 「해양경비법」을 제정하여 「경찰관 직무집행법」을 보완하고 있다. 해상에서 경비업무 수행에 필요한 사항은 「해양경비법」이 정한 바에 따르지만, 경찰관으로서 직무수행의 원칙과 책임은 「경찰관 직무집행법」에 의한다.

4) 사법경찰관리로서 범죄 수사

해양경찰은 보통경찰기관이기 때문에 당연히 가지는 권한이다. 해양경찰은 해상에서 일어나는 범죄와 해양관련 모든 범죄에 대하여 일반사법권에 따라 범죄에 대한 수사와 범인을 체포하고 이후 검찰과 협조하여 기소를 위한 사법절차를 진행할 수 있다.

2020년 개정된 「형사소송법」에서 "경무관, 총경, 경정, 경감, 경위는 사법경찰관으로서 범죄의 혐의가 있다고 사료하는 때에는 범인, 범죄사실과 증거를 수사한다.",[14] "경사, 경장, 순경은 사법경찰리로서 수사의 보조를 하여야 한다."[15]

---

14 형사소송법, 제195조.
15 위의 법, 같은 조항.

개정된 「형사소송법」에서는 경무관, 총경, 경정, 경감, 경위가 하는 모든 수사에 관하여 검사의 지휘를 받도록 하는 규정 등을 삭제하고, 경무관, 총경 등은 범죄의 혐의가 있다고 사료하는 때에 범인, 범죄사실과 증거를 수사하도록 하고 있다.[16]

"검사와 사법경찰관은 수사, 공소제기 및 공소유지에 관하여 서로 협력"하도록 하고 있다.[17] 2018년의 검·경수사권 조정과 그에 따라 2021년 1월 「형사소송법」의 개정에 따라 검사와 사법경찰관리는 기존의 지휘관계에서 협력관계로 재설정되었다.

5) 범죄 예방·진압을 정보수집 및 장비·무기사용

경찰공무원으로서 해양경찰은 「경찰관 직무집행법」에 따라 범죄의 예방과 진압을 위한 조치를 할 수 있다. 이를 위해서 해양경찰은 "위험의 예방과 대응을 위한 정보의 수집·작성·배포와 관련 사실을 확인을 할 수 있다."[18] 육상경찰과 동일하게 직무수행을 위해 무기를 휴대할 수 있고,[19] 무기를 비롯한 경찰장비를 사용할 수 있다.

무기사용에 관하여 해양경찰은 「경찰관 직무집행법」에 정한 기준을 동일하게 적용받는다. 다만, 해상에서 직무수행의 특수성을 반영하여 「해양경비법」에서 무기사용 요건에 대하여 별도로 정하고 있으나, 사용기준은 「경찰관 직무집행법」에 따른다.[20]

나. 차이점

1) 해상과 육상에서 경찰작용

해양경찰과 육상경찰의 가장 큰 차이는 경찰작용이 이루어지는 공간이다. 해양경찰은 "해양에서 경찰 및 오염방제에 대한 사무"를 담당하고 있다. 경찰청은

---

16 위의 법, 제196조.
17 위의 법, 제195조.
18 경찰관 직무집행법, 제8조의2.
19 경찰공무원법, 제26조.
20 해양경비법, 제17조.

육지에서의 "치안에 관한 사무를 관장"하고 있다.[21] 이에 따라 작은 도서에도 해상은 해양경찰, 육상의 치안은 육상경찰로 이원화되어 있기 때문에 경찰력 낭비를 막기 위해 업무 비중이 높은 해양경찰로 일원화 문제가 제기되어 왔다. 해양경찰은 육상에서도 해양 관련 범죄에 대하여 정보·수사·범인 체포 활동을 하고 있지만, 해양경찰의 본질적 업무 장소는 해양이다.

2) 정부조직 거버넌스 차이

해양경찰청은 1996년 외청으로 독립한 후 정부조직에서 경찰청과 다른 거버넌스(governance)를 구축하고 있다. 경찰청은 행정안전부장관 소속기관이지만, 해양경찰청은 외청 독립 후 해양수산부(1996–2008), 국토해양부(2008–2013), 국민안전처(2014–2017), 해양수산부(2017~) 외청으로 소속이 변경되어왔다. 국민안전처 해양경비안전본부 시기를 제외하고 해양경찰은 해양수산부와 국토해양부의 외청으로서 「통합 해양행정」 차원에서 정부조직 거버넌스가 구축되었다.

해양경찰청은 독립 외청 이후 경찰청과는 인사·예산·조직 운영이 독자적으로 행해졌으나, 초대 청장부터 역대 청장의 대다수가 경찰청 출신이 임명되었기 때문에 양 기관은 인사에서 상호 연관되어 있었다. 그러나 2019년 8월 제정된 「해양경찰법」에서 해양경찰청장의 임명 자격을 "해양경찰에서 15년 이상 경찰공무원으로 재직한 자로서 치안감 이상 경찰공무원으로 재직 중이거나 재직했던 사람"[22]으로 자격요건을 제한하고 있기 때문에 앞으로는 경찰청 출신이 해양경찰청장으로 임명될 수 없게 되었다.

3) 경찰사무의 상이한 성격

앞에서 밝혔듯이 「정부조직법」에서 경찰청은 "치안에 관한 사무관장"이라고 정하고 있는데 비하여, 해양경찰청은 "해양에서 경찰 및 오염방제에 관한 사무"를 목적으로 설치된 기관이다. 경찰청과 비교하여 경찰업무에 더하여 오염방제 사무를 별도로 정하고 있다. 복합적, 다기능 사무를 처리하는 해양경찰의 특성

---

21 정부조직법, 제34조.
22 해양경찰법, 제12조.

상 경찰사무 중에서도 강제력이 아닌 서비스, 계몽, 지도를 통하여 직무를 수행하는 비권력적 봉사경찰 성격의 업무가 강제력을 수단으로 공공의 안녕과 질서를 유지하는 권력적 질서경찰 업무보다 비중이 훨씬 높다. 수난구호, 해상안전관리, 해양오염방제, 항포구 순찰 등의 업무가 대표적이다. 육상경찰은 해양경찰에 비하여 범죄 수사·진압, 범인 검거, 시위진압 등 강제력을 수단으로 하는 권력적 질서경찰 업무의 비중이 높다.

4) 경찰장비 의존도 차이

해양경찰은 육상경찰에 비해 경찰장비 의존도가 절대적이고, 따라서 함정의 건조·운용·정비·보급과 항공기 도입·운용·정비 업무의 비중이 아주 높다. 또한 해상의 선박과 선박, 선박과 항공기 또는 육상 지휘부서와 통신이 지극히 중요하다. 기지국 설치가 쉽지 않은 해상에서 통신과 선박과 도달 거리가 먼 육지와 품질 좋은 통신을 위해서는 위성통신, 무선기지국, 레이다, 안테나 등 첨단 통신수단과 고도의 장비가 필요하다. 이에 따라 위성통신 등 무선통신 기지국과 장비는 해양경찰 업무에서 아주 높은 비중을 차지한다.

육상경찰도 총기, 차량, 항공기 및 각종 경찰 장구를 사용하지만, 그 비중은 해양경찰에 비하여 월등히 낮은 편이다. 육상경찰은 12조 7천억의 예산(2021년 기준) 중 인건비와 기본경비가 지출예산의 80%를 차지하지만, 해양경찰은 1조 5천억(2021년 기준)의 예산 중 신규 함정건조, 노후 함정 교체, 항공기 도입 등 장비 예산이 가장 큰 부분을 차지한다.

다. 밀접한 업무협조 관계

해양경찰과 육상경찰은 상이점이 많이 있지만, 양 기관은 해·육상 치안을 담당하는 기관으로서 다른 어떤 유관기관보다 밀접한 협력관계에 있다. 해·육상 치안은 결코 분리하여 접근할 수 없는 문제이기 때문이다. 양 기관은 함께한 오랜 역사와 함께 대등한 위상의 일반 경찰기관으로서 협력관계를 이어오고 있다.

양 기관은 보유하고 있는 교육기관·시설·장비·복지시설을 상호 공유하고 있다. 특히 범죄 수사 증거물에 대한 과학적 감정을 전문으로 하는 국립과학수사

연구원 등 범죄수사 지원시설 및 장비를 공유하고 범죄수사에 대하여 협력하고 있다. 육상경찰의 연안 및 도서 치안을 위한 활동에 해양경찰은 함정, 항공기와 해양장비를 지원하고 있다. 또한 양 기관은 각종 교육·훈련시설과 경찰병원·휴양소 등과 같은 복지시설 등을 공유하고 있다.

❸ 해군과의 관계

해군은 해양으로 침입하는 외적으로부터 국가안보를 수호하는 군사조직이다. 해군은 해양에서 국방임무를 수행하는 군사조직이고, 해양경찰은 해양치안 질서를 유지하는 민간기관이라는 점이 가장 뚜렷이 구별되는 임무·성격이다. 군대는 전시에 외적으로부터 국민과 국가의 안전을 수호하는 것을 본연의 임무로 하고, 평시에 안보 관련 업무를 제외하고 민간사무에 관여하지 않는 것을 원칙으로 한다.

해군은 군인으로서 신분과 작용에서 경찰관 신분의 해양경찰과는 완전히 다르다. 평시 활동에서 해군은 특수한 경우를 제외하고 해양에서 법 집행 권한이 없기 때문에 해양범죄 단속과 해양질서 유지는 전적으로 해양경찰이 담당한다. 해군과 해양경찰은 함정을 운용하지만, 그 목적이나 기능이 전혀 다르다. 해군 군함은 전쟁 수행에 필요한 함포, 미사일 등 각종 무기로 중무장하고 있으나, 해양경찰 함정은 법 집행과 자위 차원의 경무장을 하고 있다.

양 기관의 목적과 역할의 차이가 있지만, 해양경찰과 해군은 해양이라는 같은 공간에서 해양주권을 수호하는 기관으로서 동등한 국가기관의 입장에서 긴밀히 상호 협력하고 있다. 해양경찰청과 해군본부는 2016년 「국가 경쟁력 강화를 위한 해군·해경 정책서」를 발간하고 상호 협력 분야를 정하였다.

해양경찰은 '제2의 해양안보 세력'으로서 해군의 안보 역할을 보완·지원하는 기능을 하고 있다. 해양경찰은 전시에는 「통합방위법」에 따라 통합방위요소로 편입되어 통합방위본부 및 해군의 지휘를 받게 된다.

▌표 1 코스트 가드와 해군의 성격 비교

	코스트 가드	해군
플랫폼 (Platform)	• 고강도 물리적 공격에 취약한 얇은 선 　체구조 • 기관총 등 경무장 • 저 운용·유지 비용	• 고강도 물리적 공격에 견딜 수 있 　는 두꺼운 선체구조 • 각종 무기·레이다·통신시설 장착 • 고 운용·유지 비용
인력	• 세관, 국경순찰, 어업, 마약 단속요원 • 법 집행을 위한 교육훈련	• 무기 장교, 항해사, 지휘관 등 • 전쟁 수행 위한 교육훈련
무력사용 vs. 교전규칙	• 물리력사용 원칙(use of force doctrine): 　민간인의 순응을 확보하기 위한 단계 　적 물리력 사용	• 교전수칙(rule of engagement): 　적에 대한 치명적, 고도의 물리력 　행사
법적 기반	• 국내 법령과 규칙, 협약 등 국제법 　집행	• 외적의 침입으로부터 주권 및 국민 　보호

자료: Lyle J. Morris, 「Blunt Defenders of Sovereignty」(2017) 70(2), *Naval War College Review.*

SECTION 05 해양경찰의 역사

1 들어가는 말

70여 년의 역사를 가진 해양경찰이 발전해온 길은 우리나라 해양권익을 수호하기 위해 노력한 역사이기도 하다. 삼면이 바다인 우리나라의 여건에서 해양경찰은 해양주권을 수호하고 해양안전을 확보하고 환경을 보전하는 임무를 최일선에서 담당해 왔다.

치열한 해양경쟁시대를 맞아 최근 수십년간 해양경찰의 임무와 조직, 기능도 급속히 확대되었다. 해양경찰은 해상에서 법집행기관에서 출발하여 해양주권수호, 해양안전과 환경보호 등 광범위한 역할을 수행하는 종합적 해양집행기관으로 성장해 왔다. 오늘날 해양경찰의 위상은 지난 70여 년간 해양경찰이 걸어온 역사의 결과물이다. 해양경찰이 걸어온 역사를 이해함으로써 오늘날 해양경찰에 대한 이해의 폭을 더욱 깊게 할 수 있을 것이다.

2 해양경찰 창설기(1953-1968년)

가. 창설

1948년 정부수립과 함께 「해양경비대」란 이름으로 해군이 창설되었지만 전력은 극히 취약하였다. 일본 어선은 제2차 세계대전 후 일본을 점령한 연합군 사령부에 의해 일본 어선의 조업을 일본 연근해로 제한했던 「맥아더 라인」(MacArthur Line)을 넘어 우리 연안에서 불법조업을 일삼았다. 1950년 한국전쟁이 일어나고 1951년 「미·일간 평화조약」[23]이 체결되면서 맥아더 라인이 철폐된

---

23 「샌프란시스코 강화 조약」(San Francisco Peace Treaty)은 1951년 9월 8일 미국 샌프란시스코에서 맺어진 일본과 연합국 사이의 평화조약이다. 48개국이 참가하여 서명하여 1952년 4월 28일에 발효되었다. 조약의 발효로 연합군 최고사령부에 의한 일본의 군정기가 끝나고, 일본은 주권을 회복하였다.

다는 전망이 나오면서 일본 어선의 우리나라 연안에서의 불법조업은 최고조에 달했다. 이승만 대통령은 우리 연안의 천연자원과 어자원 보호를 목적으로 1952년 1월「인접해양의 주권에 관한 대통령 선언」에서 연안으로부터 60마일의 해역을 「평화선」(Peace Line)으로 불리는 배타적 관할권을 행사하는 주권선을 선포하였다.

1953년 7월 휴전협정이 체결되며 전쟁이 끝났지만 불안정한 해상치안 상태를 틈타 일본 어선들이 불법어로를 일삼았다. 이에 따라 어자원을 보호하고 북한의 해상침투에 대비하기 위해 해상경비를 강화해야 할 필요성이 절실해졌다. 휴전상황에서 허약한 해군력만으로 전투작전과 주권선 수호라는 두 가지 임무를 수행하는 데 어려움이 많았다. 또한 군함이 민간 어선을 직접 단속하는 데 따른 국제법 위반의 문제가 있었다.

이러한 문제를 해결하기 위해 정부는 1953년 12월 14일「해양경찰대 편성령」(대통령령 제844호), 16일에는「해양경찰대 편성령 시행규칙」(내무부 훈령 제11호)을 공포하여「해양경찰대」설치 근거를 마련하였다. 이와 함께 평화선을 침범하는 외국어선을 단속하고 어업자원을 보호하기 위해「어업자원보호법」을 제정하였다.

1953년 12월 23일 부산항 해양경찰대 기지에서 발대식을 갖고「해양경찰대」가 창설되었다. 창설 당시 해양경찰대는 정원 658명과 181톤급 소규모 경비정 6척으로 출발했다. 조직은 해군 체계를 따라 대장 아래 참모장, 행정참모, 작전참모, 정비참모, 보급참모 등 4개 참모조직을 두었다.

나. 해무청 해양경비대

1955년 2월 정부는 여러 부처에 분산되어 있던 해양관련 업무를 일원화하고 전담조직으로서「해무청」을 신설하였다.「해양경찰대」는 창설 1년 만에 상공부 산하 해무청으로 이관되고「해양경비대」로 개칭되었다. 1955년 12월 흑산도 근해에서 경비중이던「866정」이 중공 어선단과 교전을 벌이다 대원 4명이 피랍되는 사건을 계기로 해양경비대의 전력을 강화하기 위해「해양경비사령부」로 개편되었다. 그러나 1957년 정부의 예산절감 시책에 따라 다시「해양경비대」체제로 복귀하였다.

다. 해양경찰대설치법 제정과 내무부 복귀

1961년 10월 해무청이 해체되면서 해양경비대는 원래 대로 내무부 소속으로 전환되며 「해양경찰대」로 복원되었다. 이후 해상치안 수요가 증가함에 따라 1962년 4월 「해양경찰대설치법」을 제정하여 해양경찰대의 사법권을 강화하고 장비와 인력을 강화하였다. 동법에 의하여 어족자원 보호는 물론 대간첩작전, 밀수·밀항자 단속 등 거의 모든 해상사법권이 부여되었고, 해양경찰대가 해상 법집행기관으로서 뿌리를 내리고 안정적으로 임무를 수행하는 계기가 되었다. 군대식 직제는 경찰식 직제로 개편되었다.

③ 해상치안 역량 강화(1969-1983년)

가. 어로보호본부 설치

이 시기에 북한의 도발이 급증하였다. 북한은 동·서해의 어로한계선을 남하하여 월선조업을 하고, 간첩선을 침투시키거나 우리 어선을 나포하고 어부들을 납치하는 일이 빈발했다. 우리 어선의 월선조업을 방지하기 위해 1969년 3월 옹진군 덕적도에 「서해어로보호본부」를 설치하여 어로보호 활동을 하였고, 해양경찰대가 그 업무를 관장하게 되었다. 이후 1974년 4월 국방부, 내무부 등 정부 4개 부처 합동부령으로 「선박안전조업규칙」이 제정되어 「동해어로보호본부」는 속초지구해양경찰대, 「서해어로보호본부」는 인천지구해양경찰대에 상설조직으로 운영되었다.

나. 정보수사과 신설

경무과, 경비과, 정비과, 통신과 등 4개 과체제로 운영되다 「정보수사과」가 신설되었다. 이로써 해양경찰대가 해안경비임무와 함께 정보와 범죄수사 등 본격적인 경찰기능을 강화함으로써 해상치안업무를 포괄적으로 수행할 수 있는 제도적 기반을 갖추게 되었다.

다. 863정 피격과 해양경찰대 전력 증강

1974년 6월 28일 해양경찰 「863정」(181톤)이 북한 경비정과 교전하다 피격되어 침몰하여 「863정」에 타고 있던 28명의 승조원 전원이 사망 또는 실종하는 사건이 일어났다. 사건 후 군특명검열단에 의한 대대적인 검열에 의해 해양경찰의 취약점이 드러났다. 후속 조치로 해양경찰대의 전력을 증강하고 조직 체질을 개선하기 위한 노력이 시작되었다.

해양경찰대원의 정신전력과 임무수행 역량을 강화하기 위해 100일 동안 「정신력 강화 100일 훈련」을 실시하였고, 각종 업무매뉴얼을 작성하였다. 이후 「해양경찰대 전력화계획」을 마련하여 체질을 개선하고 전력을 획기적으로 향상시켰다. 또한 함정장비 증강을 위한 건조계획이 추진되고 통신장비가 보완되었으며 정원이 큰폭으로 증원되었다.

라. 인천청사 시대

해양경찰대는 창설 이후 부산에 본대를 두고 있었으나, 지구해양경찰대 중심 체제로 전환되면서 본대가 수도권이 아닌 부산에 있는 것이 비효율적이라는 지적이 잇따랐다. 중앙정부와 내무부 치안본부와 행정적으로 소통하면서 각종 현안을 통합·조정하여 지휘하기 위해 본대 청사를 중앙으로 옮기는 문제가 논의되었다. 본대 청사를 1979년 10월 인천으로 이전함으로써 26년간의 부산청사시대를 마감하고 새로운 인천청사시대를 열게되었다.

마. 해양오염방지법 및 해양오염관리관실 신설

급속한 경제발전으로 생활하수, 산업폐수와 선박과 각종 해양시설에서 유출되는 기름 등으로 해양오염문제가 심각해졌다. 정부는 해양오염문제에 체계적으로 대응하기 위해 1977년 12월 「해양오염방지법」을 제정하였다. 이 법에 따라 해양경찰대가 해양오염 감시 및 방제 담당기관이 되었고, 해양경찰대에 「해양오염관리관실」이 신설되어 해양오염 예방 및 방제업무를 담당하게 되었다.

4 자주적 발전기반 구축(1984-1995년)

가. 발전기반 구축

1986년 1월 지구대장의 직급이 경정에서 총경으로 상향조정되었고, 해양경찰대장의 직급이 치안감에서 치안정감으로 격상되었다. 1986년부터 1989년 사이 육상경찰이 담당하던 전국의 371개 어선통제소와 출입항신고서 업무를 해양경찰이 인수하였다. 1990년 경비함정의 정비, 장비기술교육 등 정비·수리와 관련된 제반 업무를 수행하기 위해 「정비창」을 신설하였다.

1986년 최초로 2명의 여경이 임용되었고, 1987년에는 해양경찰전문 인력을 자체적으로 양성하기 위해 경찰종합학교에 「해양경찰학과」를 신설하여 해군 위탁교육을 경찰자체교육으로 전환하게 되었다. 1994년에는 우수한 능력을 갖춘 해양경찰간부를 양성하기 위해 한국해양대학교와 협조하여 「해양경찰학과」를 신설하였다.

나. 해양경찰청 시대

1991년 제정된 「경찰청법」에 의하여 「치안본부」는 내무부 외청으로서 「경찰청」으로 독립하고, 지방경찰국은 「지방경찰청」으로 독립하였다. 해양경찰대는 경찰청 소속기관으로서 「해양경찰청」, 지구해양경찰대는 「해양경찰서」, 지대는 「해양경찰지서」로 승격되었다. 해양경찰청 시대를 맞아 본청은 4부 11과 33계 1창 1담당관 체제로 개편되었다. 지방조직은 11개 해양경찰서와 368개의 선박 출입항 신고기관, 1개의 해양검문소, 6개의 지서, 159척의 함정으로 구성되었다.

다. 수난구호 책임기관

1994년 12월 범국가적인 차원의 수난구호체계를 구축하고, 동시에 「수색구조협약」(International Convention on Maritime Search and Rescue, SAR협약)의 이행에 필요한 사항을 위해 「수난구호법」이 개정되었다. "해상에서 수난구호는 관할 해양경찰서장이 행하고 하천에서 수난구호는 관할 소방서장이 행한다"고 규정하여 모든 해양사고에 대한 구호활동의 책임기관을 해양경찰청으로 일원화하였다.

동법에 따라 1995년 10월 각종 선박사고로 인한 해양사고 시 인명구조와 수색활동을 효율적으로 수행하기 위해 본청에는 「중앙구조본부」, 5개 해양경찰서에는 「구조조정본부」가 설치되었다. 1995년 「SAR협약」이 발효되면서 우리나라가 담당해야 할 책임구조 해역은 최대 200해리까지 확대되었고, 국적에 관계없이 조난선박에 대해서 수색 및 구조를 실시하고, 필요시 타국의 해역에도 진입하여 구조활동을 펼칠 수 있게 되었다.

5 독립외청(1996-2004년)

가. 배타적 경제수역 선포와 관할해역 광역화

제3차 유엔해양법회의에 따라 1982년 12월 10일 「바다의 헌법」이라 불리는 「유엔해양법협약」이 채택되었고, 1994년 11월 16일 발효되었다. 우리나라도 1996년 2월 28일 「유엔해양법협약」을 발효하였다. 동 협약에 따라 「배타적 경제수역에 관한 법률」을 제정하고 200해리 「배타적 경제수역」(EEZ)을 선포하였다. 연안국은 자국 연안으로부터 200해리 EEZ에서 천연자원의 탐사·개발 및 보존, 해양환경의 보존과 과학적 조사활동 등 모든 주권적 권리를 가진다.

한·중·일 3국은 자국이 주장하는 EEZ가 중첩됨에 따라 해양경계획정은 미룬 채 어업협정 체결을 위해 협상하였다. 일본과는 1999년 10월 기존의 「한·일어업협정」을 개정하여 1999년 1월 「신 한·일어업협정」을 발효하였고, 중국과는 2001년 4월 「한·중어업협정」을 체결하고 그해 6월 30일부터 발효하였다.

나. 독립외청으로 승격

200해리 EEZ 선포로 해양경찰이 관할해야 할 해역의 범위가 어업자원보호선 내측에서 EEZ로 확대됨으로써 기존보다 5.2배 확대되었다. 21세기 해양경쟁시대가 본격화하면서 정부는 16개 부처에 산재해 있던 해양행정을 일원화하기 위해 1996년 8월 8일 「해양수산부」를 설립하고, 해양경찰청은 경찰청에서 독립하여 해양수산부 외청이 되었다. 이에 따라 해양경찰청은 1953년 창설이후 43년만에 독립적 지위를 지닌 중앙행정기관으로 격상되었다. 그리고 1999년 5월 청장의 업무대행체제를 확립하기 위해 차장제가 신설되었다. 또한 해양경찰청과 경찰청으로 이원화되어 운영되어 오던 출입항 신고기관도 1996년 8월 해양경찰청으로 일원화되었다.

6 차관급 외청시대 개막(2005-2013년)

가. 차관급 외청시대

2005년 7월 22일 해양경찰청 직제 개정안 통과되어 해양경찰청장의 직급이 차관급인 치안총감으로 승격되고, 해양경찰청은 차관급 기관으로 격상되었다. 2005년 말 해양경찰청의 정원은 경찰 5,803명, 전경 3,592명, 일반직 250명 등 총 1만 34명으로 늘어나 창설이래 최초로 전체 정원이 1만 명을 넘어서게 되었다.

나. 송도청사 이전

2005년 12월 인천광역시 송도국제도시의 신청사로 이전하여 새로운 송도청사시대를 열었다.

다. 지방해양경찰청 신설

2006년 4월 해역별 특성에 맞는 치안서비스를 제공하고 국내외 유관기관과 상호 대등한 교류협력을 위하여 인천·목포·부산·동해 등 4개 지역에 「지방해양경찰본부」를 신설하였다. 2006년 12월에는 6월에 발생한 일본의 독도해역 수로 측량사건을 계기로 광역해상경비를 한층 강화하기 위하여 동해·목포·부산 지역본부를 동·서·남해 해역을 담당하는 3개 「지방해양경찰청」으로 개편하고 1개의 직할서 인천해양경찰서를 두었다.

라. 국토해양부 시대

2008년 출범한 이명박 정부에서 해양수산부가 폐지되고 「국토해양부」로 통합되면서 해양경찰청도 국토해양부의 외청으로 소속이 변경되었다. 2012년 6월

「제주지방해양경찰청」이 개청하여 제주와 서귀포해양경찰서가 소속기관으로 조정되었다. 2013년 11월 전남 여수에 「해양경찰교육원」을 개원하여 해양경찰학교를 이전하였다. 이와 함께 4,200톤급 교육훈련함 「바다로」호를 건조하여 해양경찰교육원에 배치했다.

7 해양경비안전본부시대(2014.11-2017.7)

가. 국민안전처 신설

2014년 4월 16일 발생한 세월호 침몰사고 이후 각 부처에 분산된 재난안전 기능을 통합하고 육·해상에서 일어나는 모든 유형의 재난을 총괄·조정하기 위해 안전행정부 안전관리 본부와 소방방재청, 해양경찰청을 통폐합하여 「국민안전처」가 출범했다.

해양경찰청은 외청의 지위를 잃고 국민안전처 소속 「해양경비안전본부」로 개편되면서 2관 4국 22과 체제에서 3국 14과로 축소되었다. 지방해양경찰청은 「지방경비안전본부」, 해양경찰서는 「경비안전서」, 파출소는 「안전센터」로 개편되었다. 경기·충청권 해역의 경비안전역량을 강화하기 위해 「중부해양경비안전본부」(현 중부지방해양경찰청)를 신설하고 전국단위의 대형·특수 해양사고를 전담하기 위해 「중앙해양특수구조단」을 신설했다.

나. 기능조정

해경의 업무를 구조·안전 중심으로 재편하기 위해 수사·정보 기능 일부와 해당 인력 505명을 경찰청으로 이체하였으며, 해경과 해양수산부가 분리 운영해 오던 「해상교통관제서비스」(VTS) 업무를 해양경찰청으로 일원화하였다.

다. 해양경찰 역량 고도화

안전센터(현 파출소)를 치안·선박 통제에서 구조·안전 중심 체제로 개편하여 단계별 인명구조 훈련 등 교육·훈련을 강화하고 구조장비를 보강하여 현장 대응능력을 강화하였다. 중국어선 불법조업 형태가 폭력화·집단화함에 따라 2014

년 11월 대형함정 8척으로 구성된 「기동전단」을 편성하였다. 2017년 4월에는 서해 5도 해역의 불법조업 중국어선을 단속하기 위해 중부지방해양경찰청 소속으로 「서해 5도 특별경비단」을 신설하여 NLL해역 단속을 강화하고 있다. 2017년에는 4월 불법외국어선의 저항에 실효적으로 대응하기 위해 「해양경비법」을 제정하여 공용화기 사용요건을 추가하고, 해상 검문검색에 불응하는 선박에 대한 처벌을 강화하였다.

8 해양경찰청 재출범(2017년-)

가. 독립외청으로 재출범

「해양경비안전본부」로 개편되면서 수사 기능이 축소되면서 해양치안 공백이 발생했다. 또한 중국·일본 등 주변국 해양세력 강화에 대응하기 위해 해양주권을 수호하고 해양안전을 강화하기 위해 해양경찰의 기능을 재정립해야 한다는 여론이 높아졌다. 2017년 7월 26일 「정부조직법」이 개정되면서 해양수산부의 외청으로 해양경찰청이 재출범하였다. 수사·정보기능이 정상화되고 기획조정관실, 운영지원과 등 지원부서가 신설되면서 조직이 4국 13과에서 2관 5국 24과로 확대되었다.

나. 조직역량 강화

2017년 11월 동해 해역의 해양 치안역량을 강화하기 위해 동해지방해양경찰청 소속으로 울진해양경찰서를 신설하였다. 2022년 경남 중서부 해역의 과밀화된 해양치안수요를 해소하기 위해 사천해양경찰서가 신설되어 20개 해양경찰서 체제가 되었다. 임무와 조직 확대에 따라 해양경찰의 인력과 예산도 빠른 속도로 성장하여 2022년 현재 해양경찰청의 정원은 13,000여 명, 예산은 1조 7천 5백억에 이르고 있다.

다. 해양경찰법 제정

국내외 증가하는 해양치안 수요와 국민의 눈높이에 맞춘 해양안전 정책을 실현하기 위해 해양경찰의 조직과 직무 범위를 명확히 하는 「해양경찰법」이 2019년 8월에 제정되어 2020년 2월부터 시행되었다. 동 법에 따라 「해양경찰위원회」를 신설해 해양경찰의 주요 정책과 제도개선에 대해 심의·의결하도록 하였다. 해양경찰청장의 임명 자격을 "해양경찰에서 15년 이상 재직한 전·현직 치안감 이상"을 규정하여 자체 청장을 임명할 수 있는 토대를 마련하였다.

라. 독립된 수사국

검·경 수사권 조정에 따른 형사사법체계 개편에 따라 2021년 1월 정보기능을 분리한 독립된 수사전문조직으로 「수사국」이 출범하였다. 기존의 수사정보, 국내 정보기능과 국제협력관 체계를 융합하여 「국제정보국」으로 개편하였다. 수사 완결성을 강화하고 책임수사를 구현하기 위해 「수사심사제도」를 도입하였다. 「수사심사관」은 직접수사 부서와 독립된 제3자적 입장에서 송치·불송치·자체종결사건 등 모든 사건을 공정하고 객관적 시간으로 심사·자문하고, 검찰의 보완수사 요구 및 재수사요청 등을 분석·검토하여 환류하는 역할을 담당하고 있다.

CHAPTER

03

공무원제도와
해양경찰공무원

SECTION 01 들어가는 말

해양경찰청에 근무하는 경찰공무원은 업무의 성격만큼이나 신분의 특수성이 크다. 「해양경찰청 소속 경찰공무원」(약칭 해양경찰공무원)은 「경찰공무원법」의 적용을 받는 경찰공무원 신분이다. 경찰공무원과 구분되는 「해양경찰공무원」이라는 별도의 공무원 직렬이 없기 때문에 법령상에서는 「해양경찰 소속 경찰공무원」으로 구분하고 있다.

해양경찰공무원이 별도로 존재하기 위해는 「국가공무원법」을 개정하여 별도의 직렬을 설치하고, 「경찰공무원법」과 다른 해양경찰공무원의 신분과 복무를 규정하는 별도의 법을 제정해야 한다. 이러한 배경으로 해양경찰공무원은 경찰공무원 신분으로서 경찰청 소속 경찰공무원과 동일하게 「국가공무원법」의 특별법인 「경찰공무원법」의 적용을 받고 있다.

신분, 계급, 복무에 관한 사항은 경찰공무원으로서 「경찰공무원법」을 적용받지만, 별도의 시행령인 「해양경찰청 소속 경찰공무원 임용에 관한 규정」과 시행규칙인 「해양경찰청 소속 경찰공무원 임용에 관한 시행 규칙」에 의하여 해양경찰공무원의 특수성을 반영하고 있다. 이번 장에서는 공무원제도와 특정직공무원인 해양경찰공무원의 신분과 지위에 대하여 설명한다.

SECTION 02 공직 분류

1 의의

인사행정에 분류(classification)란 공무원 또는 직위를 일정한 기준에 따라 구분하여 정부조직 내의 직업구조를 형성하는 과정을 의미한다. 분류는 정부관료제의 성격을 결정하고 인사행정의 기준과 방향을 제시하는 지침이 된다.[1]

2 공무원의 유형

「국가공무원법」에서 국가공무원을 다음과 같이 분류하고 있다(제2조).

가. 경력직 공무원과 특수경력직 공무원

1) 경력직공무원

실적과 자격에 따라 임용되고 그 신분이 보장되며 평생동안(근무기간을 정하여 임용하는 공무원의 경우에는 그 기간) 공무원으로 근무할 것이 예정되는 공무원을 말하며 그 종류는 다음과 같다.[2]

• 일반직 공무원

기술·연구 또는 행정 일반에 대한 업무를 담당하는 공무원을 말한다.

• 특정직 공무원

법관, 검사, 외무공무원, 경찰공무원, 소방공무원, 교육공무원, 군인, 군무원,

---

1 박연호·이종호·임영제, 「행정학개론」 제5판(박영사, 2018), 317면.
2 국가공무원법, 제2조제2항.

헌법재판소 헌법연구관, 국가정보원의 직원, 경호공무원과 특수 분야의 업무를 담당하는 공무원으로서 다른 법률에서 특정직 공무원으로 지정하는 공무원을 말한다.

나. 특수경력직 공무원

특수경력직공무원이란 경력직공무원 외의 공무원을 말하며, 그 종류는 다음과 같다.

1) 정무직 공무원

- 선거로 취임하거나 임명할 때 국회의 동의가 필요한 공무원
- 고도의 정책결정 업무를 담당하거나 이러한 업무를 보조하는 공무원으로서 법률이나 대통령령(대통령비서실 및 국가안보실의 조직에 관한 대통령령만 해당) 에서 정무직으로 지정하는 공무원

2) 별정직 공무원

비서관·비서 등 보좌업무 등을 수행하거나 특정한 업무수행을 위하여 법령에서 별정직으로 지정하는 공무원을 말한다.

계급제와 직위분류제

1 계급제

가. 의의

계급제(rank classification)는 사람의 지위, 신분 등을 기준으로 공직을 분류하고 인사관리를 하는 제도이다. 모든 공무원에 대하여 계급을 매겨놓고 이에 따라 인사관리를 한다. 채용·전보·조직·보수·연금·상벌 등 모든 인사관리가 계급을 기준으로 결정된다. 예를 들어 공무원 채용시험은 5급공채(고등고시), 7급공채, 9급 공채와 같이 계급별로 이루어진다. 5급시험으로 들어오면 5급의 신분을 취득하여 계층구조(hierarchy system)의 중간으로 바로 진입한다. 7급공채시험 합격자는 7급의 신분을 갖는다.[3]

아무리 탁월한 능력과 자질을 갖춘 직원이라도 9급 공무원의 인사상의 기준은 9급으로만 적용된다. 계급제하에서는 인적자원관리(human resource management) 방식은 그다지 어렵지 않지만 장기적 관점에서 직원의 경력개발(career development)을 통하여 조직이 필요한 인재를 육성하는 체계적인 인사관리를 기대하는 것은 매우 어렵다.[4]

나. 해양경찰

경찰공무원은 「경찰공무원법」에서 치안총감·치안정감·치안감·경무관·총경·경정·경감·경위·경사·경장·순경의 11계급을 정하고 있다. 계급에 따라 직무수행의 곤란도 및 책임도가 다르며, 그에 따른 보수의 차이가 있다.

---

3 한국행정학회, 행정학사전, 「계급제」.
4 위의 자료.

2 직위분류제

가. 의의

직위분류제(position classification)는 사람에 대한 계급을 매기지 않는 직무 중심의 인사시스템이다. 직무등급을 먼저 정해놓고 사람은 그 다음에 맞춰나간다. 어떤 직위가 있으면 먼저 그 직무의 값을 정한다. 이 일은 어느 정도의 비중을 갖고 있으며 그 책임성과 난이도는 어떠한가를 결정하기 위하여 직무분석과 평가과정을 한다.

이 과정에서 자연스럽게 당해 직무에 필요한 직무수행요건이 정해진다. 즉 이 직위에서 요구되는 직무를 감당하기 위해서 가장 적합한 사람은 최소한 어떤 자격과 학력, 능력을 갖추어야 하는가가 나온다. 그 후 당해 직위에 적합한 사람을 찾고(채용·전보), 그 직무를 수행하는 데 적정한 보수를 지급하는 방식이다.[5]

▎표 1 계급제와 직위분류제 비교

구분	계급제	직위분류제
특성	사람중심	직무중심
조직내 인력이동	용이함 직무성격과 관계없이 이동	부분적 허용 직무성격이 다른 경우 이동 곤란
보직관리	보직관리의 합리성은 떨어지나 융통성은 높아 인력관리의 효율성 제고 가능	객관적 보직관리 기준에 따른 합리성 제고 가능
행정상의 조정	조정문제가 자주 발생하나 쉽게 해결 가능	직무한계가 명확하여 조정문제가 적게 발생 엄격한 전문화로 갈등 조정이 어려움
경력발전	승진기회가 넓어 경력발전에 유리	특정직위와 공무원의 연결로 경력발전 어려움
보수	연공·계급 등에 비례하여 결정	엄격한 합리적 직무급
자격요건	능력개발을 전제로 일반소양자 중심 충원	채용시 직위별 전문가 모집
행정발전	행정환경 변화에 신축적 대응 가능	합리성과 분업의 심화에 적합
사회계층	귀속적 신분사회의 속성이 강한 사회	실적이 존중되는 사회
직업분화	직업분화가 미비한 사회	고도의 직업분화 사회

자료: 한국행정학회

---

5 위의 자료.

나. 해양경찰

해양경찰공무원에게는 직위분류제적 원리를 바탕으로 경과(警科)가 부여된다. 총경 이하 경찰공무원에게 부여하는 경과는 다음과 같다.[6] 해양경과를 제외한 경과는 경정이하 경찰공무원에게만 부여한다.

- 해양경과
- 수사경과
- 항공경과
- 정보통신경과
- 특임경과

③ 한국의 계급제

가. 제도의 변천

정부수립 후 한국은 전통적으로 계급제를 채택하여 왔다. 우리나라도 1960년대 직위분류제를 시도하였으나 제도로 뿌리내리지 못하고 실패하고 말았다. 이후 1981년에 개정된 「국가공무원법」에서 직위분류제를 확대하려는 노력을 엿볼수 있다. 즉, 종래의 5계급을 1~9급으로 개편한 것을 비롯해 직렬의 추가신설과직류의 개념을 도입하였다. 이러한 행정분야의 세분화는 행정의 전문화·다원화를 반영하는 것일 뿐만 아니라 시험·충원 및 보직을 보다 합리적으로 관리하려는 노력으로 볼 수 있다.[7]

계급제는 제도의 관리가 용이하고, 관리자는 동일 계급에서 여러 보직을 거칠 수 있기 때문에 다방면의 업무에 경험과 넓은 시야를 가진 「일반행정가」(Generalist)를 양성할 수 있다는 장점이 있지만, 「전문행정인」(Specialist)를 양성하기 어려운 문제점이 있다. 그리고 의사결정이 더디고 합리적인 성과관리가 어렵다는 단점이 있다.

---

6 해양경찰청 소속 공무원 임용에 관한 규정, 제3조제1항.
7 한국행정학회, 위의 자료.

나. 경력직공무원(일반직, 특정직, 기능직)

1) 일반직공무원

계급은 1급에서부터 9급으로 구분되어 있다. 직급명은 행정직의 경우 1급은 관리관, 2급은 이사관, 3급은 부이사관, 4급은 서기관, 5급은 행정사무관, 6급은 행정주사, 7급은 행정주사보, 8급은 행정서기, 9급은 행정서기보로 규정하고 있다. 일반직공무원 중 연구직·지도직 공무원은 그 담당업무의 성격상 1급 내지 9급으로 나누지 않고 연구관·연구사, 지도관·지도사로만 구분하고 있다.

2) 특정직공무원

「경찰공무원법」에서와 같이 특정직공무원(법관·검사·외무공무원·경찰공무원·소방공무원·교육공무원·군인·군무원·국가정보원직원 등)은 인사관계 법령에서 별도로 구분하고 있다.

다. 특수경력직공무원(정무직·별정직·계약직·고용직)

정무직·계약직·고용직공무원은 일반직 공무원과 같은 계급구분이 없다. 별정직공무원 역시 계급 구분은 없으나, 지급되는 보수를 기준으로 일반직공무원의 1급 내지 9급 상당 개념이 적용될 뿐이다.

SECTION 04 직위분류제의 기본용어

「국가공무원법」(제5조)과 「지방공무원법」(제5조)에서 직위분류제에 기본 요소가 되는 용어에 대해 정의하고 있다.

▎표 2 직위분류제의 기본용어

구분	내용
직위(職位)	1명의 공무원에게 부여할 수 있는 직무와 책임을 말한다.
직급(職級)	직무의 종류 · 곤란성과 책임도가 상당히 유사한 직위의 군을 말한다.
정급(定級)	직위를 직급 또는 직무등급에 배정하는 것을 말한다.
강임(降任)	같은 직렬 내에서 하위 직급에 임명하거나 하위 직급이 없어 다른 직렬의 하위 직급으로 임명하거나 고위공무원단에 속하는 일반직공무원을 고위공무원단 직위가 아닌 하위 직위에 임명하는 것을 말한다.
전직(轉職)	직렬을 달리하는 임명을 말한다.
전보(轉補)	같은 직급 내에서의 보직변경 또는 고위공무원단 직위 간의 보직 변경을 말한다.
직군(職群)	직무의 성질이 유사한 직렬의 군을 말한다. 행정직군, 기술직군, 관리운영직군, 우정직군, 연구직공무원, 지도직 공무원, 특정직 공무원으로 구분된다.
직렬(職列)	직무의 종류가 유사하고 그 책임과 곤란성의 정도가 서로 다른 직급의 군을 말한다. 행정직군(공안직)에는 교정직렬, 보호직렬, 검찰직렬, 마약수사직렬, 출입국관리직렬, 철도경찰직렬로 구분된다.
직류(職類)	같은 직렬 내에서 담당 분야가 같은 직무의 군을 말한다.
직무등급	직무의 곤란성과 책임도가 상당히 유사한 직위의 군을 말한다.

SECTION 05 실적주의와 직업공무원제

1 실적주의

「엽관주의」(Spoils System)는 충성심, 당파성, 정치적 영향력 등에 공직 임용의 기준을 두는 인사제도를 말한다. 전쟁에서 승리한 자에게 전리품이 주어지듯이 선거에서 승리한 당파에게 공직 임명권이 주어지며, 이에 따라 공직 임명이 정치적 목적에 좌우되는 제도이다.

이에 비하여 「실적주의」(Merit System)는 개인의 자격·능력·실적 등을 토대로 인사행정을 하는 제도를 말한다. 공무원의 임명과 자격상실, 다른 인사관리에 있어서 정파성, 정실을 배제하고 자격과 능력에 따라 행하는 것이다. 미국은 1883년 「펜들턴법」(Pendleton Civil Service Act)을 제정하여 실적주의 인사제도의 토대를 마련하였다. 동 법에서는 기회균등의 보장, 능력·자격·실적 중시, 정치적 중립, 공무원의 신분보장을 규정하고 있다.

2 직업공무원제

가. 의의

「직업공무원제」(Career Civil Service System)란 우수한 젊은 인재들을 공직에 유치하고, 그들이 공직에 근무하는 것을 명예롭게 인식하고 정년 퇴임 시까지 오랜 기간에 걸쳐 성실하게 근무하며 단계적으로 경력발전을 이룰 수 있도록 운영되는 인사제도이다.[8] 현대의 직업공무원제는 실적주의를 전제로 하고 있다. 현대 직업공무원제하에서 신규채용자의 자격요건과 연령은 엄격히 제한되며, 직업공무원의 임용은 능력이나 자격 또는 업적 등의 실적에 의하여 이루어진다. 따라서 직업공무원제는 실적주의와는 개념적으로나 제도적으로 구별됨에도 불구하고, 실적주의와 같은 의미로 사용되기도 한다.[9]

---

8 한국행정학회, 행정학 전자사전, 「직업공무원제」.
9 위의 자료.

나. 직업공무원제도의 특징과 문제점

해양경찰공무원도 직업공무원제의 틀 속에서 자격과 능력에 의해 임명되고 예외적인 경우를 제외하고 정년이 정한 기간 일하게 된다. 근무하는 동안 실적에 의해 단계적으로 경력발전을 이루게 된다. 직업공무원제는 다음과 같은 장점과 문제점이 있다.[10]

1) 장점

- 공직에의 장기근무를 격려하기 때문에 공직근무를 평생직업(a life work)으로 인식하는 경향이 강하며, 따라서 공직을 하나의 전문직업 분야로 확립하는데 유리하다.
- 공직에 대한 자부심과 직업적 연대의식이 강화되며, 따라서 높은 수준의 봉사정신과 행동규범을 유지하는 데 도움이 된다.
- 공무원의 능력발전이 폭넓게 이루어지므로 정책결정 및 행정관리 기능을 담당하는 고급공무원의 양성에 유리하다.
- 공무원의 장기근무를 유도하므로 행정의 계속성과 안정성 및 일관성을 유지할 수 있다.

2) 문제점

- 폐쇄적 임용과 장기근무를 위한 신분보장으로 인하여 공무원집단이 외부환경의 급격한 변화에 신속하게 대응하지 못하고 보수적으로 되거나 관료주의화되는 경향이 강하다.
- 공직의 분위기가 침체되어 공무원의 전반적인 질적 수준이 저하될 우려가 있다.
- 일반행정가의 양성은 전문행정가의 양성을 저해함으로써 행정의 전문화 요구에 역행한다.

---

10 위의 자료.

3) 평가

직업공무원제는 행정의 전문성, 책임성, 봉사성 및 일관성을 강화하기 위한 제도적인 장치로서 발달되어 왔으나, 직업공무원제가 오히려 행정의 전문성과 책임성 및 봉사성을 저해한다는 비판이 제기되고 있다. 이에 따라 전통적으로 직업공무원제를 채택하고 있는 국가들은 미국식의 직위분류제와 개방형 공무원제 및 전문행정가주의의 특성을 확대하고자 노력하고 있다. 반면 미국은 자국 공무원제도의 문제점을 극복하기 위하여, 직위분류구조를 단순화하고 「고위공무원제도」(Senior Civil Service, SES)를 운영하는 등 직업공무원제의 장점을 도입하려 노력하고 있다.

③ 실적주의와 직업공무원제의 차이

직업공무원제가 확립되기 위해서는 실적주의가 토대가 되어야 하지만 양자는 동일한 것은 아니다.[11]
- 실적주의에서는 기회균등, 능력중심의 임용, 공무원의 정치적 중립 및 신분보장을 필수적 요건으로 하나, 직업공무원제에서는 이 같은 변수들을 절대적인 것으로 하지는 않는다.
- 실적주의는 본질상 공무원이 일생을 공직에서 근무하게 할 가능성을 뒷받침해준다. 그러나 그것이 공무원들로 하여금 공직을 보람있는 생애의 직업으로 생각하게 하는 것은 아니다.
- 서구제국의 공무원제도에서는 직업공무원제도의 역사적 전통이 오래되었다. 미국 공무원제도에서는 일찍이 실적주의를 수립하였지만, 직업공무원제의 필요성을 논의하기 시작한 것은 1930년대이다.

---

11 박연호 · 이종호 · 임영제, 전게서, 324면.

SECTION 06 폐쇄형 · 개방형 공무원제와 고위공무원제도

1 폐쇄형 · 개방형 공무원제도

「폐쇄형 공무원제」(Closed Career System)하에서는 공무원의 신규채용이 공직의 계층구조상 각 계층의 최하단계급에서만 이루어진다. 이 제도에서는 상위계급에 대한 충원은 내부승진에 의해서 이루어진다. 이에 비해 「개방형 공무원제」(Open Career System)하에서는 공무원의 신규채용이 각 계층의 어느 직위에서는 행할 수 있도록 허용되고 있다.

전통적으로 서구에서는 폐쇄형 공무원제도, 미국에서는 개방형 공무원제도를 채택하여 왔다. 오늘날은 순수한 형태의 폐쇄형을 고수하고 있는 공무원제는 찾아볼 수 없고 어느 유형에 비중을 두고 있느냐 차이가 있을 뿐 양 제도가 절충되어 있다.[12]

우리나라의 경우 1999년부터 「개방형 직위제도」를 도입을 하고 있다. 각 부처 장관은 고위공무원단 직위 총수의 100분의 20, 실장 · 국장 밑에 두는 보조기관 또는 이에 상응하는 과장급 직위 총수의 100분의 20의 범위에서 개방형 직위를 지정하도록 의무화하고 있다.[13]

외부인사를 대상으로 하는 개방형 직위와 함께 공직 개방정책의 일환으로 기관 내부와 외부의 경력직 공무원을 대상으로 하는 「공모 직위」가 있다. 외국 대사관에 근무하는 경찰영사의 상당수가 공모직위로 운영되고 있다. 각 부처는 경력직공무원으로 임명할 수 있는 고위공무원단직위 총수의 100분의 30, 과장급 직위 총수의 100분의 20의 범위에서 공모 직위를 지정하여야 한다.[14]

---

12 박연호 · 이종호 · 임영제, 전게서, 326면.
13 개방형 직위 및 공모 직위의 운영 등에 관한 규정, 제3조.
14 위의 규정, 제13조.

② 고위공무원단제도

고위공무원단제도는 상위직 공무원을 중하위직 공무원과 구분하여 통합관리하는 제도이다. 고위공무원단제도는 1978년 미국에서 탄생한 「SES」(Senior Executive Service)가 최초이다. 영국, 호주, 캐나다 등의 국가에서 도입·시행 중이며 우리나라는 2006년 7월부터 중앙행정기관 실·국장급 1,500여 명을 대상으로 하는 고위공무원제를 출범시켰다.[15]

고위공무원제의 도입 취지는 정부의 주요 정책결정 및 관리에 있어서 핵심적 역할을 담당하는 실·국장급 공무원을 범정부적 차원에서 적재적소에 활용하고 개방과 경쟁을 확대하여 성과책임을 강화함으로써 정부역량을 제고하려는 목적이다.[16]

---

15 박연호·이종호·임영제, 전게서, 327면.
16 전게서.

SECTION 07 해양경찰 공무원관계 형성

1 의의

해양경찰의 인사행정은 앞에서 살펴본 실적주의와 직업공무원제도의 공무원제도의 틀에서 이루어지고 있다. 즉 해양경찰공무원이 되기 위해서는 해양경찰이 수행하는 업무를 담당할 수 있는 자격·능력·실적을 갖추어야 하고, 임용되면 생애의 직업으로서 정년까지 근무하게 된다. 해양경찰공무원의 임면에 관한 사항은 기본적으로 「경찰공무원법」에 따르지만, 해양경찰의 업무의 특수성과 전문성을 고려하여 하위법령에서 모집, 시험, 교육훈련, 보직 등의 요건은 별도로 정하도록 하고 있다.

2 모집

가. 의의

모집은 해양경찰의 목적 달성에 적합한 인력을 확보하기 위하여 우수한 사람을 유치하는 활동 내지 절차를 말한다. 해양경찰공무원의 모집 과정은 채용시험, 교육훈련, 시보임용순으로 이루어진다. 채용은 공개채용과 경력채용으로 구분된다.

나. 결격사유

경찰공무원은 신체 및 사상이 건전하고 품행이 방정(方正)한 사람 중에서 임용한다.[17] 구체적인 자격요건은 하위법령에서 정하고 있고 「경찰공무원법」은 결격사유만 정하고 있다. 다음 사항의 하나에 해당하는 사람은 경찰공무원으로 임용될 수 없다.[18]

---

17 경찰공무원법, 제8조.
18 위의 법.

- 대한민국 국적을 가지지 아니한 사람
- 복수국적자
- 피성년후견인 또는 피한정후견인
- 파산선고를 받고 복권되지 아니한 사람
- 자격정지 이상의 형을 선고받은 사람
- 자격정지 이상의 형의 선고유예를 선고받고 그 유예기간 중에 있는 사람
- 공무원으로 재직기간 중 직무와 관련하여 형령·배임, 업무상 형령·배임의 죄를 범한 자로서 300만원 이상의 벌금형을 선고받고 그 형이 확정된 후 2년이 지나지 아니한 사람
- 성폭력범죄를 범한 사람으로서 100만원 이상의 벌금형을 선고받고 그 형이 확정된 후 3년이 지나지 아니한 사람
- 미성년자에 대한 성폭력범죄, 아동·청소년대상 범죄를 저질러 형 또는 치료감호가 확정된 사람(집행유예를 선고받은 후 그 집행유예기간이 경과한 사람을 포함)
- 징계에 의하여 파면 또는 해임처분을 받은 사람

다. 응시연령

공무원 채용에 있어서 연령 제한을 관대하게 하고 있는 것이 오늘의 경향이다. 9급 공무원 시험의 경우 국가직과 지방직 모두 18세 이상(교정직은 20세 이상)이면 응시가 가능하다. 공직을 희망하는 사람에게 연령에 상관없이 균등한 기회를 부여하기 위하여 응시 상한 연령과 학력제한을 없애고 있다. 그러나 경찰공무원의 경우 강인한 체력을 요하는 업무의 특성 때문에 연령상 상한 제한을 두고 있다. 해양경찰에 순경으로 입직하기 위해서는 18세 이상 40세 이하, 간부후보생은 21세 이상 40세 이하여야 한다.[19]

---

19 해양경찰청 소속 경찰공무원 임용에 관한 규정, 제29조.

라. 채용

채용은 특정인에게 해양경찰로서 신분을 부여하여 근무관계를 설정하는 행위를 말한다. 이러한 채용은 임용권자와 당사자의 동의를 요하는 쌍방적 행정행위이다.[20] 해양경찰의 신규채용은 공개채용과 특별채용으로 구분된다.

1) 공개채용

공개채용은 공개경쟁시험에 의한 채용을 의미한다. 현행법상 공개경쟁시험에 의한 채용은 순경과 경정의 신규채용이다. 간부후보생의 채용은 간부후보생 선발 시험에 합격하고 교육훈련을 마치고 정하여진 시험에 합격한 자 중에서 한다.[21]

2) 특별채용

특별채용은 경쟁을 제한하는 별도의 선발절차를 거쳐 해양경찰공무원을 신규로 채용하는 방식을 말한다. 해양경찰의 신규채용은 원칙적으로 공개경쟁시험에 의하고 있으나 장비를 다루고 고도의 전문성을 요하는 기술적인 업무가 많은 해양경찰의 특성으로 인하여 특별채용의 비율이 높다.

마. 시험 방법

경찰공무원 채용시험의 방법은 다음과 같이 구분하여 실시한다.[22]

- 신체검사: 직무수행에 필요한 신체조건 및 건강상태를 검정
- 체력검사: 직무수행에 필요한 민첩성·지구력 등 체력을 검정
- 필기시험: 교양부문과 전문부문으로 구분하되, 교양부문은 일반교양정도를, 전문부문은 직무수행에 필요한 지식과 그 응용능력을 검정
- 실기시험: 직무수행에 필요한 지식 및 기술을 실습 또는 실기의 방법으로 검정

---

20 박주상·김경락·윤성현, 「해양경찰학개론」(박영사, 2021), 286면.
21 경찰공무원법, 제10조제1항 및 제2항.
22 해양경찰청 소속 경찰공무원 임용에 관한 규정, 제25조.

- 종합적성검사: 직무수행에 필요한 적성과 자질을 종합검정
- 서류전형: 직무수행에 관련되는 자격 및 경력 등을 서면으로 심사
- 면접시험: 직무수행에 필요한 능력, 발전성 및 적격성을 검정

신체검사 및 체력검사의 평가 기준과 방법은 해양수산부령[23]으로 정하고 있다.

바. 공개경쟁채용 시험 구분

경정 및 순경 공개경쟁채용시험은 다음의 순서에 따라 실시한다. 다만, 시험
실시권자는 업무내용의 특수성이나 그 밖의 사유로 필요하다고 인정될 때에는
그 순서를 변경하여 실시할 수 있으며, 체력검사를 실시하지 않을 수 있다.[24]

- 제1차시험: 신체검사
- 제2차시험: 체력검사
- 제3차시험: 선택형 필기시험
- 제4차시험: 논문형 필기시험(순경 공개경쟁채용시험에서는 실시하지 않음)
- 제5차시험: 종합적성검사
- 제6차시험: 서류전형
- 제7차시험: 면접시험(실기시험을 병행할 수 있음)

시험을 치르는 사람은 전 단계 시험에 합격하지 않으면 다음 단계의 시험에
응시할 수 없다. 다만, 시험실시권자가 필요하다고 인정할 때에는 전 단계 시험
의 합격 결정 전에 다음 단계의 시험을 실시할 수 있으며, 이 경우 전 단계의 시
험에 합격하지 못한 사람의 다음 단계의 시험 응시는 무효로 한다.[25]

---

23 해양경찰청 소속 경찰공무원 임용에 관한 규정 시행규칙, 제28조.
24 해양경찰청 소속 경찰공무원 임용에 관한 규정, 제26조제1항.
25 위의 규정, 제26조제2항.

사. 시험과목

해양경찰 경정 및 순경의 공개경쟁채용시험의 필기시험 과목은 아래 표와 같다.[26]

▮표 1 공개경쟁채용시험 필기시험 과목

분야	시험별		시험과목
경정	제3차		한국사, 영어, 행정법
	제4차	필수	행정학, 형법, 형사소송법
		선택	항행학, 기관학, 국제법 중 1과목
순경	제3차	필수	해양경찰학개론, 한국사, 영어, 형사법
		선택	해사법규, 헌법 중 1과목

경정 및 순경 공개경쟁채용시험 제3차 과목인 영어 및 한국사는 각각 영어능력검정시험 및 한국사능력검정시험의 기준 등급 이상인 경우 합격한 것으로 보되, 필기시험 성적에는 반영하지 않는다.[27] 해양경찰 간부후보생 공개경쟁선발시험과 경력직 채용시험의 필기시험 과목은 각각 아래 표와 같다.[28]

▮표 2 해양경찰 간부후보생 시험과목

시험별	분야별	일반	해양
제3차 시험	필수	해양경찰학개론, 한국사, 영어, 형법, 형사소송법	해양경찰학개론, 한국사, 영어, 해사법규, 형법, 형사소송법
	선택	헌법, 범죄학, 행정법, 행정학 중 2과목	항해학, 기관학 중 1과목

영어 및 한국사는 각각 영어능력검정시험 및 한국사능력검정시험의 기준 등급 이상인 경우 합격한 것으로 보되, 필기시험 성적에는 반영하지 않는다.

---

26 위의 규정, 제31조 별표 4.

27 위의 규정.

28 위의 규정, 제31조 별표 5.

▌표 3 해양경찰청 경력채용시험 등의 필기시험 과목[29]

경과	해양	수사	항공		정보통신		특임		
분야	해양	수사	조종	정비	전산	통신	구조	특공	구급
총경·경정 필수	형법, 국제법		행정법, 항공법류, 비행이론		행정법, 형법, 전기통론				
총경·경정 선택	항해학, 기관학, 형사소송법, 경제원론 중 1과목		항공역학, 항공기상학 중 1과목		전산학개론, 유선공항, 무선공학 중 1과목				
경감·경위 필수	행정법, 형법, 국제법	행정법, 형법, 국제법	행정법, 항공법규, 비행이론		행정법, 형법, 전기통론				
경감·경위 선택	항해학, 기관학, 형사소송법, 경제원론 중 1과목	항해학, 기관학, 형사소송법, 경제원론 중 1과목	항공역학, 항공기상학 중 1과목		전산학개론, 유선공학, 무선공학 중 1과목				
경사·경장·순경 필수	해양경찰학개론, 해사영어, 해사법규	해양경찰학개론, 형법, 형사소송법	항공법규, 항공기기체, 항공기엔진	컴퓨터일반, 네트워크보안, 정보관리론	통신이론, 전자공학개론, 무선공학개론		해양경찰학개론, 잠수인론	해양경찰학개론, 잠수이론	해양경찰학개론, 응급구조실무
경사·경장·순경 선택	항해술, 기관술 중 1과목	항해술, 기관술 중 1과목							

---

29 위의 규정, 제31조 관련 별표 6.

아. 시보임용

경정 이하의 경찰공무원을 신규채용하는 경우에는 1년의 기간 동안 시보로 임용(Probation)하고, 그 기간이 만료된 다음 날에 정규 경찰공무원으로 임용한다.[30] 휴직기간·직위해제 기간 및 징계에 의한 정직 또는 감봉처분을 받은 기간은 시보임용기간에 산입하지 아니한다. 그리고 시보임용기간 중에 있는 경찰공무원이 근무성적 또는 교육훈련성적이 불량한 때에는 면직시키거나 면직을 제청할 수 있다.[31] 다음의 경우는 시보임용을 거치지 아니한다.[32]

- 경찰대학을 졸업한 사람 또는 경찰간부후보생으로서 정하여진 교육을 마친 사람을 경위로 임용하는 경우
- 경찰공무원으로서 상위계급으로의 승진에 필요한 자격요건을 갖추고 임용 예정 계급에 상응하는 공개경쟁 채용시험에 합격한 사람을 해당 계급의 경찰공무원으로 임용하는 경우
- 퇴직한 경찰공무원으로서 퇴직 시에 재직하였던 계급의 채용시험에 합격한 사람을 재임용하는 경우
- 자치경찰공무원을 그 계급에 상응하는 경찰공무원으로 임용하는 경우

임용권자 또는 임용제청권자는 시보임용경찰공무원이 다음의 어느 하나에 해당하여 정규 경찰공무원으로 임용하는 것이 부적당하다고 인정되는 경우에는 「정규임용심사위원회」의 심사를 거쳐 해당 시보임용경찰공무원을 면직시키거나 면직을 제청할 수 있다.[33]

- 징계사유에 해당하는 경우
- 교육훈련성적이 만점의 60퍼센트 미만이거나 생활기록이 매우 불량한 경우
- 제2평정요소(근무실적, 직무수행능력, 직무수행태도)의 평정점이 만점의 50퍼센트 미만인 경우

---

30 경찰공무원법, 제13조.
31 위의 법, 제13조제3항.
32 위의 법, 제13조제4항.
33 해양경찰청 소속 경찰공무원 임용에 관한 규정, 제20조.

임용권자 또는 임용제청권자는 시보임용경찰공무원 또는 시보임용예정자에 대하여 일정한 기간 교육훈련을 실시할 수 있다. 교육훈련을 받는 기간 동안 임용예정 계급 1호봉에 해당하는 급여의 80%에 상당하는 금액을 지급할 수 있다.

경찰공무원관계의 변경

1 승진

가. 의의

승진은 바로 하위직급 또는 하위계급에서 상위직급 또는 상위계급으로 수직 이동하는 것을 말한다. 승진을 하는 경우 보수뿐만아니라 직무의 책임성과 곤란 성도 높아진다. 승진은 조직 구성원의 사기제고와 행정업무의 능률화를 위한 중 요한 요소가 된다.

나. 유형

승진에는 시험승진, 심사승진, 특별승진, 근속승진의 네 가지 유형이 있다.

1) 시험승진

경찰공무원의 승진시험은 계급별로 실시하되, 해양경찰청장이 필요하다고 인 정할 때에는 경과별 또는 특수분야별로 구분하여 실시할 수 있다.[34] 승진시험에 응시하려는 경찰공무원은 다음의 요건을 갖춰야 한다.[35]

- 승진시험을 실시하는 해의 1월 1일을 기준으로 승진소요 최저근무연수 이 상 해당 계급에서 재직했을 것
- 교육성적이 만점의 60퍼센트 이상일 것
- 승진임용 제한 사유에 해당하지 않을 것

---

34 해양경찰청 소속 경찰공무원 임용에 관한 규정, 제74조.
35 위의 규정, 제76조.

계급별 경과별	해양, 수사, 정보통신, 특임경과			항공경과	
	시험과목		배점비율	시험과목	배점비율
경정	제1차 시험	행정법	30	행정법	30
		국제법	30	국제법	30
	제2차 시험	행정학	40	행정학	40
경감	행정학		35	행정학	35
	해양법(해사법규 포함)		35	해양법(해사법규 포함)	35
	해양경찰실무(II, III, IV)		30	항공법규	30
경위	형법		35	형법	35
	형사소송법		35	형사소송법	35
	해양경찰실무(II, III, IV) 중 2과목		30	항공법규	30
경사	형법		35	형법	35
	해사법규		35	해사법규	35
	해양경찰실무(II, III, IV) 중 1과목		30	항공법규	30
경장	형사소송법		35	형사소송법	35
	해사법규		35	해사법규	35
	해양경찰실무(I)		30	항공법규	30

2) 심사승진

심사승진은 승진에 필요한 요건을 갖춘 총경이하 해양경찰공무원에 대하여 근무성적 평정점 65%, 경력 평정점 35%의 비율에 따라 계급별로 승진대상자 명부를 작성한다. 해양경찰청에 「중앙승진심사위원회」, 해양경찰청·지방해양경찰청 등 대통령령이 정하는 해양경찰기관 및 지방해양경찰관서에 「보통승진심사위원회」를 둔다.

---

36 해양경찰청 소속 경찰공무원 임용에 관한 규정 시행규칙, 별표 13.

3) 특별승진

특별승진은 경찰공무원으로 전사 또는 순직한 자, 직무수행에 남달리 뛰어난 공적이 있는 자가 심사승진에 의하지 않고 1계급 승진하는 것을 말한다.[37] 특별 승진의 대상자가 될 수 있는 자는 다음과 같다.

- 포상을 받은 사람
- 행정 능률을 향상시키고 예산을 절감하는 등 직무수행능력이 탁월하여 경찰행정 발전에 기여한 공이 매우 크다고 임용권자가 인정하는 사람
- 창안등급 동상 이상을 받은 사람으로서 경찰행정 발전에 기여한 실적이 뚜렷한 사람
- 20년 이상 근속하고 정년 1년 전까지의 기간 중 자진하여 퇴직하는 사람으로서 재직 중 특별한 공적이 있다고 인정되는 사람
- 전투, 대간첩작전, 그 밖에 이에 준하는 업무수행 중 현저한 공을 세우고 사망하였거나 부상을 입어 사망한 사람 또는 직무수행 중 다른 사람의 모범이 되는 공을 세우고 사망하였거나 부상을 입어 사망한 사람
- 헌신적인 노력으로 간첩 또는 무장공비를 사살하거나 검거한 사람
- 국가안전을 해치는 중한 범죄의 주모자를 검거한 사람
- 전시·사변 또는 이에 준하는 비상사태에서 위험을 무릅쓰고 헌신·분투하여 사태 진압에 특별한 공을 세운 사람
- 살인·강도·조직폭력 등 중한 범죄의 범인 검거에 헌신·분투하여 그 공이 특별히 현저한 사람
- 천재지변이나 그 밖의 재난 발생 시 위험을 무릅쓰고 인명을 구조하거나 재산을 보호한 공이 특별히 현저한 사람
- 특별경비부서에서 헌신적으로 직무를 수행한 공이 있고, 상위직의 직무수행능력이 있다고 인정되는 사람

인사혁신처장이 정하는 국무총리 표창 이상의 포상을 받은 사람을 특별승진 임용할 때에는 계급별 정원을 초과하여 임용할 수 있으며, 정원과 현원이 일치할 때까지 그 인원에 해당하는 정원이 해당 기관에 따로 있는 것으로 본다.[38]

---

37 경찰공무원법, 제19조.
38 경찰공무원승진 임용규정, 제37조.

4) 근속승진

근속승진이란 해당계급에서 일정기간 재직한 자에 대하여 경장·경사·경위·경감으로 각각 승진임용하는 것을 말한다.[39] 해당 계급에서 다음의 기간 동안 재직한 사람을 경장, 경사, 경위, 경감으로 각각 근속승진임용할 수 있다. 다만, 인사교류 경력이 있거나 주요 업무의 추진 실적이 우수한 공무원 등 경찰행정 발전에 기여한 공이 크다고 인정되는 경우에는 그 기간을 단축할 수 있다.[40]

- 순경에서 경장: 해당 계급에서 4년 이상 근속자
- 경장에서 경사: 해당 계급에서 5년 이상 근속자
- 경사에서 경위: 해당 계급에서 6년 6개월 이상 근속자
- 경위에서 경감: 해당 계급에서 8년 이상 근속자

근속승진한 경찰공무원이 근무하는 기간에는 그에 해당하는 직급의 정원이 따로 있는 것으로 보고, 종전 직급의 정원은 감축된 것으로 본다.[41]

다. 승진인원의 결정

심사승진과 시험승진을 병행하는 경우에 승진임용 예정 인원은 다음의 방법에 따라 정한다.[42]

- 계급별로 전체 승진임용 예정 인원에서 특별승진임용 예정 인원을 뺀 인원의 60퍼센트(경정·경감 계급으로의 승진의 경우에는 70퍼센트)를 심사승진임용 예정 인원으로 하고, 나머지 40퍼센트(경정·경감 계급으로의 승진의 경우에는 30퍼센트)를 시험승진임용 예정 인원으로 한다.
- 특수분야의 승진임용 예정 인원을 정하는 경우에는 심사승진임용 예정 인원과 시험승진임용 예정 인원의 비율을 본문과 다르게 정할 수 있다.

---

39 경찰공무원법, 제16조.
40 위의 법, 제16조제1항.
41 위의 법, 제16조제2항.
42 해양경찰청 소속 경찰공무원 임용에 관한 규정, 제52조.

- 승진심사를 하기 전에 승진시험을 실시한 경우에 그 최종합격자 수가 시험 승진임용 예정 인원보다 적을 때에는 그 부족한 인원을 심사승진임용 예정 인원에 추가한다.

라. 승진소요 최저근무 연수

경찰공무원이 승진하려면 다음의 기간 동안 해당 계급에 재직해야 한다.[43]

- 총경: 4년 이상
- 경정 및 경감: 3년 이상
- 경위 및 경사: 2년 이상
- 경장 및 순경: 1년 이상

휴직기간, 직위해제기간, 징계처분기간 및 승진임용 제한기간은 최저근무 연수에 포함하지 않는다.

마. 승진임용의 제한

다음 사항에 해당하는 경찰공무원은 승진임용될 수 없다.[44]

- 징계의결 요구, 징계처분, 직위해제, 휴직(공무상 질병 또는 부상으로 인하여 휴직한 사람을 특별승진임용하는 경우는 제외) 또는 시보임용기간 중에 있는 사람
- 징계처분의 집행이 끝난 날부터 다음의 구분에 따른 기간(제90조제1항 각호의 사유로 징계처분 또는 소극행정으로 인한 징계처분의 경우에는 각각 6개월을 더한 기간)이 지나지 않은 사람
  - 강등·정직: 18개월
  - 감봉: 12개월
  - 견책: 6개월

---

43 위의 규정, 제53조.
44 위의 규정, 제54조.

- 징계에 관하여 경찰공무원과 다른 법령을 적용받는 공무원으로 재직하다가 경찰공무원으로 임용된 사람으로서, 종전의 신분에서 징계처분을 받고 그 징계처분의 집행이 끝난 날부터 다음의 기간이 지나지 않은 사람
  - 강등: 18개월
  - 근신·영창 또는 그 밖에 이와 유사한 징계처분: 6개월
- 계급정년이 연장된 사람

승진임용 제한기간 중에 있는 사람이 다시 징계처분을 받은 경우 승진임용 제한기간은 전 처분에 대한 승진임용 제한기간이 끝난 날부터 계산하고, 징계처분으로 승진임용 제한기간 중에 있는 사람이 휴직하는 경우 징계처분에 따른 남은 승진임용 제한기간은 복직일부터 계산한다.[45] 경찰공무원이 징계처분을 받은 후 해당 계급에서 다음의 포상을 받은 경우에는 승진임용 제한기간의 2분의 1을 단축할 수 있다.[46]

- 훈장
- 포장
- 모범공무원 포상
- 대통령표창 또는 국무총리표창
- 제안이 채택·시행되어 받은 포상

---

45 위의 규정, 제54조제2항.
46 위의 규정, 제54조제3항.

2 전과 · 전보 · 파견근무

가. 전과

1) 의의

신규채용된 경찰공무원에게 임용예정직위의 업무와 관련된 경과를 부여한다. 전과는 경과의 변경을 말한다. 경과별 직무의 종류는 다음과 같다.[47]

- 해양경과: 홍보 · 기획 · 국제협력 · 감사 · 운영지원 · 경비 · 해상교통관제 · 해양안전 · 수색구조 · 수상레저 · 정보 · 장비기술 · 해양오염방제나 그 밖에 수사경과, 항공경과, 정보통신경과 및 특임경과에 속하지 않은 직무
- 수사경과: 범죄수사에 관한 직무
- 항공경과: 경찰항공기의 운영 · 관리에 관한 직무
- 정보통신경과: 경찰정보통신 · 전산의 운영 · 관리에 관한 직무
- 특임경과: 특공, 구조 또는 응급구조에 관한 직무

2) 대상자

전과는 해양경과에서 수사경과, 항공경과, 정보통신경과 또는 특임경과로의 전과만 인정한다. 다만, 정원 감축 등의 사유가 있는 경우 수사경과, 항공경과, 정보통신경과 또는 특임경과에서 해양경과로의 전과를 인정할 수 있다.[48] 그러나 과가 신설 또는 폐지되는 경우에는 전과를 인정할 수 있다.[49]

- 경과가 신설되는 경우: 해양경과, 수사경과, 항공경과, 정보통신경과 또는 특임경과에서 신설되는 경과로의 전과
- 경과가 폐지되는 경우: 폐지되는 경과에서 해양경과, 수사경과, 항공경과, 정보통신경과 또는 특임경과로의 전과

---

47 해양경찰청 소속 경찰공무원 임용에 관한 규정 시행규칙, 제2조.
48 위의 규칙, 제4조제1항.
49 위의 규칙, 제4조제2항.

전과는 다음의 어느 하나에 해당하는 사람에 대해서만 인정한다.[50]

- 현재 경과보다 다른 경과에서 더욱 발전할 수 있다고 인정되는 사람
- 정원 감축, 직제 개편 등 부득이한 사유로 기존 경과를 유지하기 어려워진 사람
- 전과하려는 경과와 관련된 자격증을 소지한 사람
- 전과하려는 경과와 관련된 분야의 시험(국가에서 시행하는 시험만 해당)에 합격하거나 교육을 이수한 사람

3) 제한

다음의 어느 하나에 해당하는 사람은 전과를 할 수 없다.[51]

- 경과를 받고 1년이 지나지 않은 사람
- 특정 직무분야에 근무할 것을 조건으로 채용된 경찰공무원으로서 채용 후 5년이 지나지 않은 사람

나. 전보

1) 의의

전보는 경찰공무원의 동일 직위 및 자격 내에서 근무기관이나 부서를 달리하는 임용행위이다.[52] 임용권자 또는 임용제청권자는 장기근무 또는 잦은 전보로 인한 업무 능률 저하를 방지하기 위해 특별한 사정이 없으면 정기적으로 전보를 실시해야 한다.[53]

---

50 위의 규칙, 제5조제1항.
51 위의 규칙, 제5조제2항.
52 경찰공무원임용령, 제2조.
53 해양경찰청 소속 경찰공무원 임용에 관한 규정, 제42조.

2) 전보의 제한

임용권자 또는 임용제청권자는 소속 경찰공무원이 해당 직위에 임용된 날부터 1년 이내(감사업무를 담당하는 경찰공무원의 경우에는 2년 이내)에 다른 직위에 전보할 수 없다. 다만, 다음과 같은 경우 그 기간 내라도 예외적으로 전보할 수 있다.[54]

- 직제상 최하단위인 보조기관 또는 보좌기관 내에서 전보하는 경우
- 해양경찰청과 소속기관등 또는 소속기관등 상호 간의 교류를 위해 전보하는 경우
- 기구의 개편, 직제 또는 정원의 변경으로 해당 경찰공무원을 전보하는 경우
- 승진임용된 경찰공무원을 전보하는 경우
- 전문직위로 경찰공무원을 전보하는 경우
- 징계처분을 받은 경우
- 형사사건에 관련되어 수사기관에서 조사를 받고 있는 경우
- 경찰공무원으로서의 품위를 손상하는 비위로 인한 감사 또는 조사가 진행 중이어서 해당 직위를 유지하는 것이 부적절하다고 판단되는 경찰공무원을 전보하는 경우
- 특수임무부서에서 정기적으로 교체하는 경우
- 교육훈련기관의 교수요원으로 보직하는 경우
- 시보임용 중인 경우
- 신규채용된 경찰공무원을 해양경찰청장이 정하는 해당 계급의 보직관리기준에 따라 전보하는 경우 및 이와 관련한 전보의 경우
- 감사담당 경찰공무원 중 부적격자로 인정되는 경우
- 중요한 치안상황 대응, 긴급 현안 처리 또는 지휘권 확립에 필요한 경우
- 경정 이하의 경찰공무원을 배우자 또는 직계존속이 거주하는 시·군·자치구 지역으로 전보하는 경우
- 임신 중인 경찰공무원 또는 출산 후 1년이 지나지 않은 경찰공무원의 모성보호, 육아 등을 위해 필요한 경우

---

54 위의 규정, 제43조제1항.

교육훈련기관의 교수요원으로 임용된 사람은 그 임용일부터 1년 이상 3년 이하의 범위에서 해양경찰청장이 정하는 기간 안에는 다른 직위에 전보할 수 없다. 다만, 다음의 경우에는 전보할 수 있다.[55]

- 기구가 개편되거나 직제 또는 정원이 변경된 경우
- 교육과정이 개편되거나 폐지된 경우
- 교수요원으로서 부적당하다고 인정되는 경우

섬, 외딴곳 등 특수지역에서 근무를 조건으로 채용된 경찰공무원은 그 채용일부터 5년의 범위에서 해양경찰청장이 정하는 기간(휴직기간, 직위해제기간 및 정직기간은 포함하지 않음) 안에는 채용조건에 해당하는 기관 외의 기관으로 전보할 수 없다.[56]

3) 파견근무

파견근무는 국가의 각급 기관장이 국가적 업무의 수행 또는 그와 관련된 행정지원이나 연수, 기타 개발능력 등을 위하여 필요한 때에 소속 공무원을 다른 국가기관·공공단체·정부투자기관·국내외의 교육기관·연구기관 등에 일정기간 근무하게 하는 것을 말한다.[57]

③ 휴직·직위해제 및 복직

가. 휴직

휴직이란 일정한 사유로 인한하여 경찰공무원으로서 신분은 보유하면서 일정기간동안 직무에 종사하지 못하는 것을 말한다.[58] 다음의 어느 하나에 해당하

---

55 위의 규정, 제43조제2항.
56 위의 규정, 제43조제3항.
57 위의 규정, 제47조.
58 국가공무원법, 제71조 및 제72조.

면 임용권자는 본인의 의사에도 불구하고 휴직을 명하여야 한다.

- 신체·정신상의 장애로 장기 요양이 필요할 때
- 병역 복무를 마치기 위하여 징집 또는 소집된 때
- 천재지변이나 전시·사변, 그 밖의 사유로 생사 또는 소재가 불명확하게 된 때
- 그 밖에 법률의 규정에 따른 의무를 수행하기 위하여 직무를 이탈하게 된 때
- 노동조합 전임자로 종사하게 된 때

임용권자는 경찰공무원이 다음의 사유로 휴직을 원하면 휴직을 명할 수 있다. 다만, 자녀 양육이나 출산의 경우 특별한 사정이 없으면 휴직을 명하여야 한다.

- 국제기구, 외국 기관, 국내외의 대학·연구기관, 다른 국가기관 또는 민간기업, 그 밖의 기관에 임시로 채용될 때
- 국외 유학을 하게 된 때
- 중앙인사관장기관의 장이 지정하는 연구기관이나 교육기관 등에서 연수하게 된 때
- 만 8세 이하 또는 초등학교 2학년 이하의 자녀를 양육하기 위하여 필요하거나 여성공무원이 임신 또는 출산하게 된 때
- 조부모, 부모(배우자의 부모를 포함), 배우자, 자녀 또는 손자녀를 부양하거나 돌보기 위하여 필요한 경우
- 외국에서 근무·유학 또는 연수하게 되는 배우자를 동반하게 된 때
- 직무 관련 연구과제 수행 또는 자기개발을 위하여 학습·연구 등을 하게 된 때

나. 직위해제

임용권자는 다음에 해당하는 경찰공무원에 대하여 직위를 부여하지 않을 수 있는바, 이를 직위해제라 한다.[59]

- 직무수행 능력이 부족하거나 근무성적이 극히 나쁜 자
- 파면·해임·강등 또는 정직에 해당하는 징계 의결이 요구 중인 자
- 형사 사건으로 기소된 자(약식명령이 청구된 자는 제외)
- 금품비위, 성범죄 등 비위행위로 인하여 감사원 및 검찰·경찰 등 수사기관에서 조사나 수사 중인 자로서 비위의 정도가 중대하고 이로 인하여 정상적인 업무수행을 기대하기 현저히 어려운 자

직위해제의 그 사유가 소멸되면 임용권자는 지체 없이 직위를 부여하여야 한다.

---

59 위의 법, 제73조의3.

SECTION 09 경찰공무원관계의 소멸

① 파면과 해임

파면과 해임은 징계처분에 의하여 경찰공무원의 신분을 박탈시키는 임용행위를 말한다.[60] 파면과 해임을 중징계로서 반드시 징계위원회의 의결을 거쳐야한다.

② 퇴직

가. 정년퇴직

정년퇴직이란 「경찰공무원법」에 의한 연령정년과 계급정년에 의한 퇴직을 말한다. 경찰공무원의 연령정년은 60세까지 이며, 계급정년은 계급에 따라 다음과 같이 구분된다.[61]

- 치안감: 4년
- 경무관: 6년
- 총경: 11년
- 경정: 14년

징계로 인하여 강등(경감으로 강등된 경우 포함)된 경찰공무원의 계급정년은 다음과 같다.[62]

---

60 경찰공무원법, 제32조.
61 위의 법, 제30조.
62 위의 법, 제30조제2항.

- 강등된 계급의 계급정년은 강등되기 전 계급 중 가장 높은 계급의 계급정년
- 계급정년을 산정할 때에는 강등되기 전 계급의 근무연수와 강등 이후의 근무연수를 합산

수사, 정보, 외사, 보안, 자치경찰사무 등 특수 부문에 근무하는 경찰공무원으로서 지정을 받은 사람은 총경 및 경정의 경우에는 4년의 범위에서 계급정년을 연장할 수 있다.[63] 전시·사변이나 그 밖에 이에 준하는 비상사태에서는 2년의 범위에서 계급정년을 연장할 수 있으나 대통령의 승인을 받아야 한다.[64]

나. 당연퇴직

경찰공무원 임용의 결격 사유에 해당하는 경우 당연퇴직 사유가 된다.[65]

- 대한민국 국적을 가지지 아니한 사람
- 복수국적자
- 피성년후견인 또는 피한정후견인
- 징계에 의하여 파면 또는 해임처분을 받은 사람
- 파산선고를 받고 복권되지 아니한 사람
- 자격정지 이상의 형을 선고받은 사람
- 자격정지 이상의 형의 선고유예를 선고받고 그 유예기간 중에 있는 사람
- 공무원으로 재직기간 중 직무와 관련하여 업무상 횡령·배임, 업무상 횡령·배임의 죄를 범한 자로서 300만원 이상의 벌금형을 선고받고 그 형이 확정된 후 2년이 지나지 아니한 사람
- 성폭력범죄로 100만원 이상의 벌금형을 선고받고 그 형이 확정된 후 3년이 지나지 아니한 사람
- 미성년자에 대한 성폭력범죄, 아동·청소년대상 형 또는 치료감호가 확정된 사람(집행유예를 선고받은 후 그 집행유예기간이 경과한 사람을 포함)

---

63 위의 법, 제30조제3항.
64 위의 법. 제30조제4항.
65 위의 법, 제8조제2항.

③ 면직

가. 의의

면직이란 경찰공무원의 신분을 상실키는 임용행위를 말한다. 면직에는 의원면직과 직권면직이 있다. 의원면직은 경찰공무원 본인의 사의표시에 의하여 공무원 신분관계를 소멸시키는 행위이고, 직권면직은 임용권자가 일정한 사유에 해당하는 자를 직권으로 면직시키는 행위를 말한다.

나. 직권면직 대상

임용권자는 경찰공무원이 다음의 어느 하나에 해당될 때에는 직권으로 면직시킬 수 있다.[66]

- 직제와 정원의 개폐 또는 예산의 감소 등에 따라 폐직 또는 과원이 되었을 때
- 휴직 기간이 끝나거나 휴직 사유가 소멸된 후에도 직무에 복귀하지 아니하거나 직무를 감당할 수 없을 때
- 대기 명령을 받은 자가 그 기간에 능력 또는 근무성적의 향상을 기대하기 어렵다고 인정된 때
- 경찰공무원으로는 부적합할 정도로 직무 수행능력이나 성실성이 현저하게 결여된 사람으로서 다음의 사유에 해당된다고 인정될 때[67]
  - 지능 저하 또는 판단력 부족으로 해양경찰업무를 감당할 수 없는 경우
  - 책임감의 결여로 직무수행에 성의가 없고 위험한 직무를 고의로 기피하거나 포기하는 경우
- 직무를 수행하는 데에 위험을 일으킬 우려가 있을 정도의 성격적 또는 도덕적 결함이 있는 사람으로서 다음의 사유에 해당된다고 인정될 때[68]
  - 인격장애, 알코올·약물중독 또는 그 밖의 정신장애로 인해 해양경찰업무를 감당할 수 없는 경우

---

66 경찰공무원법, 제28조제1항.
67 해양경찰청 소속 경찰공무원 임용에 관한 규정, 제94조제1항.
68 위의 규정, 제94조제2항.

－사행행위 또는 재산의 낭비로 인한 채무과다, 부정한 이성관계 등 도덕적 결함이 현저하여 타인의 비난을 받는 경우
• 해당 경과에서 직무를 수행하는 데 필요한 자격증의 효력이 상실되거나 면허가 취소되어 담당 직무를 수행할 수 없게 되었을 때

다음의 사유로 면직시키는 경우에는 징계위원회의 동의를 받아야 한다.[69]

• 대기 명령을 받은 자가 그 기간에 능력 또는 근무성적의 향상을 기대하기 어렵다고 인정된 때
• 경찰공무원으로는 부적합할 정도로 직무 수행능력이나 성실성이 현저하게 결여된 사람으로서 대통령령으로 정하는 사유에 해당된다고 인정될 때
• 직무를 수행하는 데에 위험을 일으킬 우려가 있을 정도의 성격적 또는 도덕적 결함이 있는 사람으로서 대통령령으로 정하는 사유에 해당된다고 인정될 때

4 명예퇴직

20년 이상 근속한 공무원이 연령정년 또는 계급정년 중 최소한 1년 전에 자진퇴직 하는 경우 예산의 범위안에서 명예퇴직 수당을 지급할 수 있다.[70] 명예퇴직 수당을 지급한 국가기관의 장은 명예퇴직 수당을 지급받은 자가 다음에 해당하는 경우에는 그 명예퇴직 수당을 환수하며, 기한 내에 납부하지 않으면 국세체납처분의 예에 의하여 징수할 수 있다.

• 재직 중의 사유로 인하여 금고 이상의 형을 받은 경우
• 공무원으로 재임용 되는 경우
• 명예퇴직수당을 초과하여 지급받거나 그 밖에 명예퇴직수당의 지급대상이 아닌 자가 지급받은 경우

---

69 경찰공무원법, 제28조제2항.
70 국가공무원 명예퇴직수당 등 지급규정, 제3조.

SECTION 10 교육훈련

1 의의

교육훈련은 해양경찰공무원에게 직무수행에 필요한 지식과 기술을 습득시키고 그들의 가치관과 토대를 발전적으로 형성·보충시키는 인사행정활동을 말한다.[71] 교육훈련은 협의와 광의로 구분되는데, 협의의 교육훈련은 특정업무수행에 직접 필요한 지식 및 기술의 습득활동을 의미하며, 광의의 교육훈련은 해양경찰공무원이 직책을 수행함에 있어서 필요로 하는 전문적 지식이나 기술은 물론 가치관·태도까지 발전시키는 체계적·계속적인 과정이다.

해양경찰은 함정, 항공기 등 장비 의존성이 높고 해양이라는 특수한 공간에서 업무가 수행되기 때문에 전문적인 지식과 기술 교육의 비중이 높다. 해양에서 업무는 강인한 체력과 정신력을 요하므로 이에 대한 체력훈련과 정신력을 함양하는 교육훈련이 중시되고 있다. 이와 함께 환경변화에 능동적으로 대응하기 위한 해양경찰공무원의 지식·태도 형성 및 행동의 변화를 이끌어 내기 위한 교육훈련이 시행되고 있다.

2 교육훈련 법적 근거

「해양경찰법」에서 해양경찰청장은 직무수행의 전문성을 확보하기 위하여 교육·훈련체계 발전과 우수한 인적자원 양성을 위한 노력을 하도록 규정하고 있다.[72] 「경찰공무원 교육훈련 규정」은 경찰기관의 장에게 소속경찰공무원의 그 직무와 관련된 학식·기술 및 응용능력을 배양할 수 있도록 교육훈련계획과 교육순기에 따라 교육훈련을 실시의무를 부과하고 있다.[73]

---

71 박주상·김경락·윤성현, 전게서, 287면.
72 해양경찰법 제19조.

경찰공무원의 교육훈련은 학교교육·위탁교육·직장훈련 및 기타 교육훈련으로 구분한다.[74] 경찰공무원으로 신규채용된 자는 임용 전 신임교육을 받고 임용전 미이수자는 신규채용된 후 신임교육을 받아야 한다.[75] 경정·경감·경위 및 경사는 해당 계급별 기본교육을 받아야 한다.[76] 총경은 기본교육으로 「치안정책교육」을 받아야 한다.[77] 경정 이하 경찰공무원은 직무와 관련된 전문교육을 받아야 한다.[78]

③ 교육훈련의 유형

해양경찰교육원의 교육은 신임과정, 기본과정, 전문과정으로 구분된다.

가. 학교교육(해양경찰교육원)

해양경찰교육원은 해양경찰의 전문교육기관으로서 여수에 위치하고 있으며, 천안에 해양경찰직무훈련센터를 두고 있다. 해양경찰교육원의 교육과정은 신임경찰교육, 기본교육, 전문교육, 역량강화·외부교육의 4개 과정으로 운영되며 145개 과정에 8,055명이 교육훈련을 받고 있다[79](2022년 3월 기준).

1) 신임과정

신규로 채용된 순경과 경찰간부후보생 등에게 실시하는 기초교육훈련과정으로서 신임교육과정이라 한다. 신규채용자 교육훈련은 신임순경·경장·경사를 대상으로 채용 분야에 맞춰(공채, 경채, 특임) 단계별 특성화 교육을 실시하고 있다. 전문역량을 갖춘 인재 양성을 위한 실무 중심으로 39주간 이루어진다.

---

73 경찰공무원 교육훈련규정, 제6조.
74 위의 규정, 제7조.
75 위의 규정, 제6조제2항.
76 위의 규정, 제8조제2항.
77 위의 규정, 제8조제3항.
78 위의 규정, 제8조제4항.
79 해양경찰교육원, 홈페이지.

2) 기본교육

총경 승진자를 대상으로 한 치안정책과정을 비롯하여 경정기본과정, 경감기본과정, 경위기본과정, 경사기본과정이 각 계급별 승진자를 대상으로 이루어진다. 3주간 이루어지는 치안정책과정의 경우 지휘관의 기본소양, 지휘역량, 리더십 등 역량 개발과 비전제시, 통솔력, 조직관리, 문제해결 능력 등 전략적 사고 함양에 교육의 목표를 두고 있다.[80]

경정기본교육은 4주에 걸쳐 과장, 대형함장으로서의 기본소양과 통솔력, 조직관리, 문제해결 능력 등 전략적 사고 함양을 목표로 이루어진다. 경감기본교육은 3주간 경감 승진자를 대상으로 팀장, 중형함장, 파출소장 등으로서의 기본소양과 상황대응, 갈등관리, 문제해결 등 현장관리 역량 강화를 목표로 하는 교육이 이루어진다.[81]

경위기본교육은 경위 승진자를 대상으로 초급 지휘관으로서의 기본소양 함양과 초동대응 역량 및 기획, 상황대응, 문제해결 등 현장관리 역량 강화에 목표를 두고 있다.[82] 경사 승진자를 대상으로 일선 담당자로서의 기본소양 및 역량 강화와 책임감, 이해력 및 계급 역할에 적합한 실무 지식 함양을 목표로 교육이 이루어진다.

3) 전문교육

전문교육은 경정이하 해양경찰공무원을 대상으로 현장에서 상황대응능력을 높이기 위하여 지휘보직, 기획운영, 경비상황, VTS, 수사, 구조안전, 국제정보, 해양오염방제, 장비관리, 정보통신, 항공, 기타 분야에서 121개 과정이 운영되고 있다(2022년 3월 기준).[83]

---

80 위의 홈페이지.
81 위의 홈페이지.
82 위의 홈페이지.
83 위의 홈페이지.

4) 역량강화

역량강화교육은 해양오염방제, 관제업무 종사자나 함정장·기관장·파출소장 보직 희망자를 대상으로 이루어진다.

나. 외부교육

위부위탁교육은 함정근무자 중 해기사면허 미소지자나 공채입직자를 대상으로 이루어지고 있다. 해기사면허를 취득할 수 있도록 외부 전문기관에 교육생을 위탁하여 전문교육을 받도록 하고 있다.

다. 직장훈련

해양경찰기관의 장이 소속 해양경찰공무원의 직무 수행능력을 향상시키기 위해 일상업무를 통하여 행하는 훈련이다. 「해양경찰청 소속 경찰공무원 직장훈련 규칙」[84]에서 직장훈련은 능력개발, 사격훈련, 체력검정으로 구분하고, 능력개발은 교양 참석과 전문교육으로 구분한다.[85]

---

84 해양경찰청훈령, 제1호.
85 위의 훈령, 제7조.

SECTION 11 　해양경찰공무원의 권리 · 의무

　해양경찰공무원은 국민의 생명과 재산을 보호하고 사회의 안전질서를 유지하는 경찰공무원으로서 일반 국민에게 인정되지 않는 특별한 의무와 책임을 지는 것과 동시에 여러 권리를 가진다.

1 해양경찰공무원의 권리

　해양경찰공무원은 국가공무원인 동시에 경찰공무원으로서의 신분에 따라 「국가공무원법」과 「경찰공무원법」에서 인정하고 있는 신분상, 재산상의 여러 가지 권리를 향유할 수 있다.

가. 신분상의 권리

1) 신분 및 직위보유권

　경찰공무원은 형의 선고, 징계처분 또는 법령에 정한 사유와 절차에 의하지 않고는 의사에 반하여 휴직 · 강임 또는 면직을 당하지 않는다.

2) 직무집행권 및 직명사용권

　경찰공무원은 고유의 권한으로 직무를 수행할 수 있다. 정당한 이유없이 경찰공무원의 직무집행을 방해한 자는 공무집행방해죄로 처벌될 수 있다. 경찰공무원은 자신의 직명을 사용할 수 있다.

3) 무기휴대 및 경찰장비 사용권

　경찰공무원은 직무수행을 위해 필요하면 무기를 휴대할 수 있고,[86] 직무수행 중 경찰장구 및 장비를 사용할 수 있다.[87]

86　경찰공무원법, 제26조제2항,
87　경찰관직무집행법, 제10조, 제10조의2 및 제10조의4.

4) 고충심사권

경찰공무원은 근무조건·신분·인사나 신상문제 등에 관한 고충심사를 청구할 수 있다.

5) 소청심사권

경찰공무원은 징계처분 그 밖에 그 의사에 반하는 불리한 처분이나 부작위에 대하여 인사혁신처의 「소청심사위원회」에 소청을 제기할 수 있다.[88]

6) 행정소송권

경찰공무원은 징계처분, 휴직처분, 면직처분, 그 밖에 본인의 의사에 반한 불리한 처분이나 부작위에 대하여 해양경찰청을 대상으로 행정소송을 제기할 수 있다. 다만, 임용권을 위임한 경우에는 그 위임을 받은 자를 피고로 한다.[89]

7) 직장협의회 설립 및 가입권

경찰공무원은 「공무원의 노동조합 설립 및 운영에 관한 법률」(공무원노조법) 제6조제1항제2호 및 「국가공무원법」 제66조의 「집단행위 금지」 규정에 따라 노동조합에 가입하는 것이 금지된다. 그러나 「공무원직장협의회의 설립·운영에 관한 법률」(공무원직협법)에 따라 경감이하의 경찰공무원은 근무환경 개선, 업무능률 향상 및 고충처리 등을 위한 「직장협의회의」를 설립하고 이에 가입할 수 있다. 다만, 지휘·감독의 직책에 있는 경찰공무원, 인사, 예산, 경리, 물품출납, 비서, 기밀, 보안, 경비 및 그 밖에 이와 유사한 업무에 종사하는 경찰공무원은 직장협의회에 가입이 금지된다.[90]

---

88 국가공무원법, 제9조 내지 제14조.
89 경찰공무원법, 제34조.
90 공무원직장협의회의 설립·운영에 관한 법률, 제3조제2항.

나. 재산상 권리

1) 보수청구권

경찰공무원은 국가에 보수를 청구할 권리를 가진다. 보수란 봉급과 각종 수당을 합산한 금액을 말한다. 보수 청구시효는 3년이며 임의 포기는 금지된다.[91]

2) 연금청구권

해양경찰공무원은 퇴직 또는 사망과 공무로 인한 부상·질병·폐질에 대하여 적절한 급여를 받을 수 있으며, 공무원 자신 및 유족의 생활안정과 복리향상을 위하여 연금을 지급받을 수 있다.[92]

3) 실비변상·실무급대여 청구권

경찰공무원은 보수를 받는 외에 직무수행에 소요되는 실비변상을 받을 수 있는 권리를 말한다. 여비, 식비, 이사비와 급여품, 대여품 등을 받을 수 있는 권리를 포함한다.

2 경찰공무원의 의무

가. 의의

경찰공무원은 국민 전체에 대한 봉사자로의 지위와 특별권력관계의 상대방으로서 특별한 신분상 의무를 부담한다. 특별권력관계의 상대방으로서 경찰공무원의 권리를 제한할 때도 반드시 법률에 근거를 두어야 하며 최소한도에서만 허용된다. 즉, 특별권력관계의 내부질서를 유지하려는 목적과 이를 위한 경찰공무원의 기본권 제한 간에는 일정한 비례관계가 형성되어야 한다.[93] 법령상의 의무

91 국가공무원법, 제46조, 공무원 보수규정, 제5조.
92 공무원연금법, 제1조.
93 허경미, 「경찰학」(박영사, 2021), 185면.

사항을 위반하는 경우 해당 경찰공무원은 징계책임과 함께 민·형사상 책임의 대상이 될 수 있다.

나. 신분상 의무

경찰공무원은 국가공무원으로서 신분에서 「국가공무원법」, 경찰공무원으로서의 신분에서 「경찰공무원법」 등 관련 법령에서 정한 의무를 준수해야 할 책임을 진다.

1) 선서의 의무

경찰공무원은 취임 시 소속 기관장 앞에서 선서하여야 한다. 다만, 불가피한 사유가 있으면 취임 후에 선서하게 할 수 있다.[94]

2) 제복착용 의무

경찰공무원은 경찰제복을 착용해야 한다. 경찰공무원은 복장과 용모를 단정히 하고, 항상 품위를 유지해야 한다.[95]

3) 비밀엄수의 의무

경찰공무원은 재직 중은 물론 퇴직 후에도 직무상 알게 된 비밀을 엄수하여야 한다.[96]

4) 성실 · 친절공정 및 직장이탈 금지 의무

경찰공무원은 법령을 준수하며 성실히 직무를 수행하여야 하며 국민 전체의 봉사자로서 친절하고 공정하게 직무를 수행하여야 한다.[97] 경찰공무원은 소속

---

94 국가공무원법, 제55조.
95 경찰공무원법, 제26조.
96 국가공무원법, 제60조.
97 위의 법, 제56조 및 제59조.

상관의 허가 또는 정당한 사유가 없으면 직장을 이탈하지 못한다.[98]

5) 복종의무

경찰공무원은 직무를 수행할 때 소속 상관의 직무상 명령에 복종하여야 한다.[99] 소속상관이란 당해 경찰공무원의 직무에 관하여 지휘·감독권을 가진 자를 말하며 관청인 상관과 보조기관인 상관을 모두 포함한다.[100] 직무명령의 형식적 요건은 (1) 권한있는 상관이 발할 것, (2) 하급자의 직무범위내의 사항일 것, (3) 하급자의 직무상 독립이 보장된 것이 아닐 것, (4) 법정의 형식이나 절차가 있으면 갖출 것 등이다. 실질적 요건은 내용이 (1) 법령과 공익에 적합할 것, (2) 실현가능성이 있을 것 등이다.[101]

직무명령이 형식적 요건을 결하였을 때는 하급자는 복종을 거부할 수 있으나 실질적 요건을 결한 경우에 대하여 논란이 있다. 위법성이 중대하고 명백한 경우나 그 명령이 범죄를 구성하는 경우 등은 복종할 의무가 없으며 명령을 거부하는 것이 경찰공무원의 법령준수의무나 성실의 의무에 합치된다.[102]

위법한 직무명령에 복종한 경우에는 하급자는 민·형사상 책임 및 징계책임을 지게 된다. 그러나 직무명령 내용상의 하자 정도가 법령 해석상의 견해차이에 불과하거나 부당하다고 인정되는데 그치는 정도인 경우에는 복종을 거부할 수 없으며, 하급자는 상관에게 자신의 의견을 진술할 수 있다.[103]

6) 종교중립의 의무

경찰공무원은 종교에 따른 차별 없이 직무를 수행하여야 한다. 상관이 이에 위배되는 직무상 명령을 한 경우에는 이에 따르지 아니할 수 있다.[104]

---

98 위의 법, 제58조.
99 위의 법, 제56조.
100 허경미, 전게서, 193면.
101 허경미, 「경찰인사행정론」 제3판 (박영사, 2020), 160－162면.
102 허경미, 전게서, 194면.
103 하명호, 「행정법」(박영사, 2020), 776면.
104 국가공무원법, 제59조의2.

7) 청렴의 의무

경찰공무원은 직무와 관련하여 직접적이든 간접적이든 사례·증여 또는 향응을 주거나 받을 수 없다. 또한 직무상의 관계가 있든 없든 그 소속 상관에게 증여하거나 소속 공무원으로부터 증여를 받아서는 아니 된다.[105]

2016년부터 시행되고 있는「부정청탁 및 금품등 수수의 금지에 관한 법률」(청탁금지법)에 따라 "경찰공무원은 부정청탁을 받고 직무를 수행해서는 아니 된다."[106] 이 법에 따라 경찰공무원이 부정청탁을 받았을 때에는 부정청탁을 한 자에게 부정청탁임을 알리고 이를 거절하는 의사를 명확히 표시하여야 한다. 거절에도 불구하고 동일한 부정청탁을 다시 받은 경우에는 이를 소속기관장에게 서면(전자문서를 포함)으로 신고하여야 한다.[107]

경찰공무원은 직무 관련 여부 및 기부·후원·증여 등 그 명목에 관계없이 동일인으로부터 1회에 100만원 또는 매 회계연도에 300만원을 초과하는 금품등을 받거나 요구 또는 약속해서는 아니 된다.[108]

8) 재산등록·공개 의무 및 취업제한

경찰공무원은「공직자윤리법」에 따라 총경이상은 재산등록을 해야하며,[109] 치안감 이상의 경찰공무원 및 특별시·광역시·특별자치시·도·특별자치도의 시·도경찰청장은 재산공개의 대상이 된다.[110]「공직자윤리법 시행령」에 따라 경찰공무원 중 경정, 경감, 경위, 경사와 자치경찰공무원 중 자치경정, 자치경감, 자치경위, 자치경사도 재산등록 의무자이다.[111] 등록의무자가 등록할 재산은 다음의 어느 하나에 해당하는 사람의 재산으로 한다.[112]

---

105 위의 법, 제61조.
106 부정청탁 및 금품등 수수의 금지에 관한 법률, 제6조.
107 위의 법, 제7조제2항.
108 위의 법, 제8조제1항.
109 공직자윤리법, 제3조.
110 위의 법, 제10조.
111 공직자윤리법시행령, 제3조제5항제6호.
112 공직자윤리법, 제4조제1항.

- 본인
- 배우자(사실상의 혼인관계에 있는 사람을 포함)
- 본인의 직계존속·직계비속. 다만, 혼인한 직계비속인 여성과 외증조부모, 외조부모, 외손자녀 및 외증손자녀는 제외한다.

등록의무자가 된 날부터 2개월 내에 현재의 재산을 등록하여야 한다.[113] 등록의무자는 매년 1월 1일부터 12월 31일까지의 재산 변동사항을 다음 해 2월 말일까지 등록기관에 신고하여야 한다.[114]

9) 영리 업무 및 겸직 금지

경찰공무원은 공무 외에 영리를 목적으로 하는 업무에 종사하지 못하며 소속기관장의 허가 없이 다른 직무를 겸할 수 없다.[115] 다음의 어느 하나에 해당하는 업무에 종사함으로써 공무원의 직무 능률을 떨어뜨리거나, 공무에 대하여 부당한 영향을 끼치거나, 국가의 이익과 상반되는 이익을 취득하거나, 정부에 불명예스러운 영향을 끼칠 우려가 있는 경우에는 그 업무에 종사할 수 없다.[116]

- 상업, 공업, 금융업 또는 그 밖의 영리적인 업무를 스스로 경영하여 영리를 추구함이 뚜렷한 업무
- 상업, 공업, 금융업 또는 그 밖에 영리를 목적으로 하는 사기업체의 이사·감사 업무를 집행하는 무한책임사원·지배인·발기인 또는 그 밖의 임원이 되는 것
- 공무원 본인의 직무와 관련 있는 타인의 기업에 대한 투자
- 그 밖에 계속적으로 재산상 이득을 목적으로 하는 업무

---

113 위의 법, 제5조제1항.
114 위의 법, 제6조제1항.
115 국가공무원법, 제64조.
116 국가공무원법 시행령, 제25조.

10) 퇴직 후 취업제한 의무

재산등록의무자 중 총경이상은 퇴직일부터 3년간 취업심사 대상기관에 취업할 수 없다. 다만, 관할 「공직자윤리위원회」로부터 퇴직 전 5년 동안 소속하였던 부서 또는 기관의 업무와 취업심사대상기관 간에 밀접한 관련성이 없다는 확인을 받거나 취업승인을 받은 때에는 취업할 수 있다.[117]

11) 허가 없는 영예등의 금지

경찰공무원이 외국 정부로부터 영예나 증여를 받을 경우에는 대통령의 허가를 받아야 한다.[118]

12) 품위 유지의 의무

경찰공무원은 직무의 내외를 불문하고 그 품위가 손상되는 행위를 하여서는 아니 된다.[119]

13) 거짓 보고 등의 금지

경찰공무원은 직무에 관하여 거짓으로 보고나 통보를 하여서는 아니 되며, 직무를 게을리하거나 유기해서는 안 된다.[120]

14) 지휘권 남용 등의 금지

전시·사변, 그 밖에 이에 준하는 비상사태이거나 작전수행 중인 경우 또는 많은 인명 손상이나 국가재산 손실의 우려가 있는 위급한 사태가 발생한 경우, 경찰공무원을 지휘·감독하는 사람은 정당한 사유 없이 그 직무수행을 거부 또는 유기하거나 경찰공무원을 지정된 근무지에서 진출·퇴각 또는 이탈하게 해서는 안 된다.[121]

---

117 공직자윤리법, 제17조.
118 국가공무원법, 제62조.
119 위의 법, 제63조.
120 경찰공무원법, 제24조.
121 위의 법, 제25조.

15) 정치관여 금지

경찰공무원은 정당이나 그 밖의 정치단체의 결성에 관여하거나 이에 가입할수 없고 정치활동에 관여하는 행위를 해서는 안 된다.[122] 정치활동에 관여하는행위란 다음의 어느 하나에 해당하는 행위를 말한다.[123]

- 정당이나 정치단체의 결성 또는 가입을 지원하거나 방해하는 행위
- 직위를 이용하여 특정 정당이나 특정 정치인에 대하여 지지 또는 반대 의견을 유포하거나, 그러한 여론을 조성할 목적으로 특정 정당이나 특정 정치인에 대하여 찬양하거나 비방하는 내용의 의견 또는 사실을 유포하는 행위
- 특정 정당이나 특정 정치인을 위하여 기부금 모집을 지원하거나 방해하는행위 또는 국가·지방자치단체 및 공공기관의 자금을 이용하거나 이용하게하는 행위
- 특정 정당이나 특정인의 선거운동을 하거나 선거 관련 대책회의에 관여하는 행위
- 정보통신망을 이용한 위의 규정에 해당하는 행위
- 소속 직원이나 다른 공무원에 대하여 위의 행위를 하도록 요구하거나 그행위와 관련한 보상 또는 보복으로서 이익 또는 불이익을 주거나 이를 약속 또는 고지하는 행위를 하는 것

16) 집단 행위의 금지

경찰공무원은 노동조합에 가입하거나 노동운동이나 그 밖에 공무 외의 일을위한 집단 행위를 하여서는 아니 된다.[124] 「공무원의 노동조합 설립 및 운영에관한 법률」(공무원노조법)에 따라 국가공무원도 노동조합을 설립할 수 있고 이에가입할 수 있다. 그러나 가입할 수 있는 사람의 범위를 다음과 같이 제한하고있다.[125]

---

122 국가공무원법, 제65조, 경찰공무원법, 제23조.
123 경찰공무원법, 제23조제2항.
124 국가공무원법, 제66조제1항.
125 공무원의 노동조합 설립 및 운영 등에 관한 법률, 제6조제1항.

- 일반직공무원
- 특정직공무원 중 외무영사직렬·외교정보기술직렬 외무공무원, 소방공무원 및 교육공무원(교원은 제외)
- 별정직공무원
- 위의 어느 하나에 해당하는 공무원이었던 사람으로서 노동조합 규약으로 정하는 사람

기존의 「공무원노조법」은 6급 이하인 일반직, 이에 상응하는 별정직과 특정직 중 외무행정 및 외교정보관리직 공무원에 한해서만 노조 가입을 허용했지만, 2021년 「공무원노조법」의 개정에 따라 「6급 이하」 제한을 없앰에 따라 직급에 상관없이 공무원노조에 가입할 수 있게 되었다. 또한 퇴직 공무원이나 퇴직교원도 공무원노조에 가입할 수 있도록 허용하고 있다. 그러나 이같은 규정에도 불구하고 다음의 어느 하나에 해당하는 공무원은 노동조합에 가입할 수 없다.[126]

- 업무의 주된 내용이 다른 공무원에 대하여 지휘·감독권을 행사하거나 다른 공무원의 업무를 총괄하는 업무에 종사하는 공무원
- 업무의 주된 내용이 인사·보수 또는 노동관계의 조정·감독 등 노동조합의 조합원 지위를 가지고 수행하기에 적절하지 아니한 업무에 종사하는 공무원
- 교정·수사 등 공공의 안녕과 국가안전보장에 관한 업무에 종사하는 공무원

---

126 위의 법, 제6조제2항.

CHAPTER 04

해양경찰 조직과 구조 · 기능

SECTION 01 행정조직의 이해

가. 조직 개념

현대인은 「조직인」(organization man)으로 살아간다. 자발적이든 비자발적이든 무수히 많은 조직에 소속되거나 참여하면서 생업을 영위하거나 사회관계를 유지하면서 살아간다. 그러면 우리가 흔히 말하는 조직(組織)은 무엇이고 수많은 중앙행정기관의 하나인 해양경찰청은 어떤 조직인가. 해양경찰청 조직은 공조직으로서 일상생활에서 관계하는 수많은 사조직과는 다른 요소와 특징을 가지고 있으며 특수한 목적을 달성하려는 조직이다.

해양경찰청 조직을 공부하기 전에 일반적인 조직의 개념을 이해하는 것이 순서일 것이다. 학자들에 따라 조직의 개념을 다르게 설명하지만 공통적 개념요소를 정리하면, 조직은 "특정한 목적을 수행하기 위해 구성된 인간의 집합체로서 공식적 구조와 과정을 갖추고 지속적으로 목적수행 활동을 하는 사회적 단위"로 정의될 수 있다. 여기서 조직의 개념을 특징하는 몇 가지 요소를 찾아낼 수 있다.[1]

- 조직의 목적성이다.
  조직은 의도적으로 구성된 사회적 단위로서 조직구성원들이 추구하는 공동의 목표(goal)가 존재한다. 조직의 목표는 조직의 존재이유이자 추구하는 가치이다. 특정한 목표가 존재하는 점에서 자연발생적으로 형성된 가족과 같은 사회적 관계와 다르다.
- 조직은 별도의 실체를 가지는 인간의 집합체이다.
  조직은 구성원들의 단순집합체가 아닌 별도의 실체를 형성한다. 조직은 법인(法人)과 같이 별도의 실체를 형성한다.
- 조직은 「공식적 구조」와 「과정」이 존재한다.
  조직 목표를 달성하기 위한 조직단위, 업무, 권한, 책임이 분화되고 조직

---

1 조석준·임도빈, 「한국정부조직론」(제5판), (법문사, 2019)

지도층은 분화된 업무를 통합하고 조정한다.

- 조직은 어느 정도 「규모」와 「지속성」을 필요로 한다.

조직은 규모 면에서 대략 20명 이상의 구성원 정도가 필요하다. 조직은 생성·발전·쇠퇴·사멸의 조직사이클 과정을 거치며, 조직으로서 생존하기위해서는 지속성을 필요로 한다.

- 조직은 「경계」(boundary)를 가지고 있으며 조직과 환경이 구별된다. 조직은 개방체제(open system)으로서 환경과 지속적으로 상호작용(interaction)한다. 오늘날 사이버 공간에서 만들어지는 가상조직에서 조직의 경계는 모호하고 유동적인 성격을 띄고 있다.

조직 목표는 조직의 존재 이유이자 조직 구성원이 공통적으로 추구하는 가치이다. 미션(Mission), 비젼(Vision), 가치(Value), 조직문화(Organizational Culture)로 표현된다. 「미션」이란 조직의 사명, 조직의 존재이유, 존재가치, 조직이념 등으로 표현되며, 조직이 존재하는 이유와 가치 또는 정체성, 수행하는 업무 개념을 정의한다. 「조직 사명선언」(Mission Statement)는 이를 선언문 형식으로 공개적으로 표시하는 것이다. 「비젼」은 조직의 미래상이다. 미래에 조직이 어떤 모습으로 변화하고 어떤 모습으로 존재할지에 대해 구성원과 고객에게 제시하는 조직의 미래 윤곽이다.

나. 행정조직법률주의

국가의 기능을 수행하기 위해 설치된 행정조직은 국민 생활과 권리, 의무에 직접적인 영향을 미친다. 행정조직이 비대해지면 불필요한 규제를 산출하거나 형식주의와 비효율성에 빠질 수 있다. 또한 행정조직의 운영에 들어가는 비용은 모두 국민의 세금으로 충당되는 만큼 행정조직을 통제하고 감시하기 위한 장치가 필요하다.

이에 따라 행정조직의 설치 및 운영은 엄격한 법률주의를 따르고 있다. "조세의 종목과 세율은 법률로 정하는" 헌법상의 「조세법률주의」[2]와 같이 행정조직도 법률에 근거해야 한다는 의미에서 「조직법률주의」라고 한다. 행정조직은 「헌법」을 비롯해 「정부조직법」 및 하위 법령에 근거하고 있다.

---

2 헌법, 제59조.

1) 헌법

「헌법」은 국가사회를 지배하는 기본적인 권력관계를 나타내는 규범으로서 국민의 권리·의무에 관한 사항과 함께 권력 행사기관인 정부조직에 대한 명시적인 규정을 하고 있다. 헌법은 정부조직에 관하여 두 가지 의미를 갖는다.[3] 첫째, 특별히 중요하다고 여겨지는 구조 또는 조직에 대하여 직접 규정하는 것이다. 둘째, 정부조직 중에서 헌법에 명시되지 않은 부분에 대하여 하위법에 위임하는 것이다. 즉, 헌법은 정부조직에 대한 최초의 법적 근거를 마련해 주는 의미를 갖는다.

2) 정부조직법

「정부조직법」은 정부조직에 대한 기본법이자 일반법이다. 행정기관은 특별법에 의해 설치할 수 있지만, 대부분의 경우 「정부조직법」에 근거를 두고 있다. 「정부조직법」은 "국가행정사무를 체계적이고 능률적으로 수행"하기 위해 "국가행정기관의 설치·조직과 직무 범위"를 정한 법이다.[4] 중앙행정기관의 설치와 직무 범위는 법률로 정한다. 부·처·청과 같은 중앙행정기관은 대부분 「정부조직법」에 근거하지만 특별법에 의해 설치하는 경우도 있다. 방송통신위원회, 공정거래위원회, 국민권익위원회, 금융위원회, 개인정보보호위원회, 원자력안전위원회, 행정중심복합도시건설청, 새만금개발청 등이 이에 해당한다.

그러나 특별법에 의해 설치되는 정부기관도 내부구성은 원칙적으로 「정부조직법」의 규정에 의한다. 「정부조직법」은 행정기관의 내부조직에 대해서는 대통령령인 「직제」에 위임하고 있다. 「정부조직법」은 중앙행정기관의 보조기관·보좌기관의 설치, 특별행정기관, 부속기관의 설치, 권한의 위임·위탁, 직무권한, 정원 등 정부조직의 설치와 권한의 범위 등 공통적인 사항을 규정하고 있다. 해양경찰청의 설치는 「정부조직법」 제43조에 근거를 두고 있다.

---

3 조석준·임도빈, 전게서, (법문사, 2019), 50면.
4 정부조직법, 제1조.

3) 행정기관의 조직과 정원에 대한 통칙

「행정기관의 조직과 정원에 대한 통칙」(「조직·정원 통칙」)은 대통령령으로서 국가행정기관의 조직 및 정원의 합리적인 책정과 관리를 위한 일반적인 기준을 정하고 있다. 「조직·정원 통칙」은 중앙행정기관의 설치 및 운영에 대하여 다음과 같은 기준을 제시하고 있다.

첫째, 새로운 조직을 신설할 때 기준으로, "업무의 독자성과 계속성," "기존 행정기관의 업무와 비중복성," "업무의 양과 성질을 고려하여 기존행정기관의 기구개편 등으로 업무를 수행할 수 없을 만한 타당성"을 제시하고 있다(제6조).

둘째, 조직관리의 기준을 제시하고 있다. 차관보 등 보좌기관과 실·국장 등 보조기관의 설치기준을 제시하고 있다(제11조~제21조).

셋째, 「직제」(대통령령) 및 「직제시행규칙」(총리령 또는 부령)에 규정해야 할 사항을 담고 있다(제4조 및 제4조의2). 직제에 담아야 할 내용은 (1) 행정기관의 설치와 그 소관 업무, (2) 하부조직과 그 분장업무, (3) 직위에 부여되는 계급, (4) 공무원의 종류별·계급별 정원, (5) 기타 행정기관의 운영에 관하여 필요한 사항 등이다.

직제시행규칙에는 (1) 과의 설치와 그 분장업무, (2) 실장·국장을 보좌하는 보좌기관의 명칭과 그 소관업무, (3) 과에 상당하는 보좌기관의 설치와 그 소관 업무, (4) 직위에 부여되는 직급 및 공무원의 종류, (5) 공무원의 종류별·직급별 정원, (6) 특별지방행정기관의 관할구역 등에 관한 사항, (7) 개방형직위의 지정, (8) 직제 등에서 위임한 하부조직 및 소속기관의 설치와 그 운영에 관하여 필요한 사항 등이다.

4) 직제 및 직제시행규칙

모든 중앙행정기관은 "...부(처·청)와 그 소속기관의 직제"라는 명칭의 대통령령인 「직제」를 가지고 있다. 직제에 규정해야 할 사항은 위에서 설명한 「조직·정원 통칙」에서 규정하고 있다. 「해양경찰청과 그 소속기관 직제」는 「해양경찰청 - 지방해양경찰청 - 해양경찰서 - 파출소 - 출장소」의 조직체계와 직무 범위, 해양경찰교육원, 해양경찰정비창, 특수구조단 등 소속기관, 정원, 내부조직과 그 직무, 그 외 조직관리에 필요한 사항을 규정하고 있다.

「해양경찰청과 그 소속기관 직제 시행규칙」(해양수산부령)은 해양경찰청과 그 소속기관에 두는 보조기관·보좌기관의 직급 및 직급별 정원, 국장 밑의 보조기관과 보좌기관의 설치 및 사무분장 등 직제에서 위임된 사항을 정하고 있다.

5) 행정권한의 위임 및 위탁에 관한 규정

「행정권한의 위임 및 위탁에 관한 규정」은 행정기관의 권한 중에서 보조기관이나 하급행정기관의 장에게 위임하거나 다른 행정기관의 장 또는 지방자치단체의 장에게 위임 또는 위탁할 권한과 범위와 지방자치단체가 아닌 법인·단체나 기관이나 개인에게 위탁할 사무를 정하고 있는 대통령령이다.

권한의 위임·위탁의 목적은 "행정능률의 향상," "행정사무의 간소화," "권한과 책임의 일치"이다(제1조). 권한을 위임하면 실정에 더 맞는 결정을 할 수 있고 절차도 간소화되기 때문에 신속한 행정을 할 수 있는 것이다.

수임 및 수탁사무의 처리에 대한 책임은 수임 및 수탁기관에 있으며, 위임 및 위탁기관의 장은 그에 대한 「감독책임」을 진다(제8조). 이 경우 수임 및 수탁기관의 장은 자기 명의로 업무를 시행한다. 위임 및 위탁기관은 수임 및 수탁기관에 대하여 사무처리에 대한 사전승인을 받거나 협의를 할 것을 요구할 수 없다(제7조).

위임은 "행정기관의 장의 권한 중 일부를 그 보조기관 또는 하급행정기관의 장이나 지방자치단체의 장에게 맡겨 그의 권한과 책임 아래 행사하도록 하는 것"이다(제2조제1호). 위탁은 "행정기관의 장의 권한 중 일부를 다른 행정기관의 장에게 맡겨 그의 권한과 책임 아래 행사하도록 하는 것"을 말한다(제2조제2호). 민간위탁은 "행정기관의 사무 중 일부를 지방자치단체가 아닌 법인·단체 또는 그 기관이나 개인에게 맡겨 그의 명의로 그의 책임 아래 행사하도록 하는 것"을 말한다(제2조제3호).

6) 전결규정과 위임규정

행정기관의 장이 법률이나 「행정권한의 위임 및 위탁에 관한 규정」에 의하여 보조기관이나 하위기관에 업무를 위임하는 경우에도 내부적으로 처리해야 할 사무들은 방대하고 업무량이 많다. 기관장이 모든 기관 사무를 직접 처리해야 한다면 기관장의 과도한 업무량에 의한 사무처리 지연, 과도한 중앙집권화로 인한 조직의 경직성과 하위조직의 무사안일 등의 역기능을 유발할 수 있다.

이에 따라 행정기관은 내부 훈령으로 위임·전결규정을 두고 기관장이 의사결정을 해야하고 보고받아야 하는 중요한 사항을 제외하고 보조·보좌기관에 사무처리를 위임하고 있다. 위임·전결규정에 따라 보조·보좌기관의 장은 전결사항에 대하여 기관장을 대신하여 최종 결재권자가 된다. 해양경찰청은 「해양경찰청 위임전결규칙」(훈령 제79호, 2018년 9월 시행)에서 공통사항과 각 기능별 위임전결 사항을 정하고 있다.

7) 기타 법령

중앙행정기관은 앞에서 설명했듯이 정부조직법이 아닌 다른 법률에 의해 설치되기도 한다. 새만금개발청과 행정중심도시개발복합청을 제외하고 대부분 합의제 행정기관인 위원회조직이다. 이 밖에 「책임운영기관의 설치·운영에 관한 법률」 등이 있다. 해양경찰청의 소속기관인 「해양경찰정비창」은 동 법에 의해 설립·운영되는 책임운영기관이다.

SECTION 02 해양경찰청 조직의 성격

1 의의

조직의 개념에서 살펴본 바와 같이 조직은 조직 목표를 달성하기 위해 존재한다. 「정부조직법」 제43조에서는 "해양에서 경찰업무와 오염방제업무에 관한 사무 관장을 위해 해양경찰청을 둔다"라고 하여 해양경찰청의 목적을 밝히고 있다. 「해양경찰법」은 "해양주권 수호와 해양안전과 치안 확립"을 해양경찰청의 목표로 명시하고 있다. 이를 종합하면 해양경찰청 조직은 "해양에서 국민의 생명과 재산을 보호하고 공공안전과 치안질서 유지"를 목표로 하는 정부조직이다.

2 중앙행정기관

해양경찰청은 「헌법」, 「정부조직법」, 「해양경찰법」 등에 설치 근거를 둔 중앙행정기관이다. 해양경찰청의 조직과 임무는 법률이나 명령, 규칙, 직제 등에 의하여 형성된다. 해양경찰청은 공공의 이익을 추구하는 공조직으로서 개인 또는 사적 단체에 의해 소유되고 정관에 의해 운영되는 회사나 비영리기관과 구별된다. 해양경찰청은 대통령, 대통령의 명을 받아 중앙행정기관의 장을 지휘·감독하는 국무총리, 국무총리가 특별히 위임하는 사무를 수행하는 부총리와 18부, 5처, 18청, 2원 4실, 7위원회로 구성(2022년 기준)된 정부조직의 하나이다.

▶ 그림 1 정부조직도(2022년 기준)

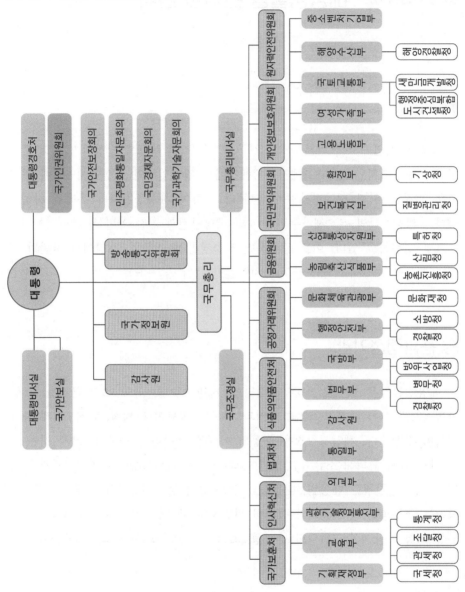

❸ 관료제 조직

해양경찰청 조직은 다른 정부조직, 오늘날의 대규모의 복잡한 민간조직과 마찬가지로 엄격한 합법성, 합리성, 계층제와 특정 조직구성원리에 의해 형성된「관료제조직」(Bureaucracy)이다. 이러한 현대 대규모 조직의 구조적 특징을「관료제조직」이라 한다. 베베(M. Weber)는「법적·합리적 권한」(legal-rational authority)에 기초한 관료제의 특징으로 다섯 가지를 제시하였다.

첫째, 모든 권한과 관할범위는 법규로 정한다.

둘째, 권한의 계층이 뚜렷이 구분되고 하위직위가 상위직위의 감독과 통제를 받는 엄격한 계층제의 원리에 따라 운영된다.

셋째, 문서주의다. 조직의 기능은 규칙에 의해 제한되며 업무는 문서로 한다.

넷째, 비정의성(impersonalism)이다. 관료들은 지배자의 개인적 종복으로서가 아니라 법류로 정한 직위의 담장자로서 직위의 목표와 법규에 충성을 바쳐야 한다.

다섯째, 관료의 전문화와 전임화이다. 관료는 전문자격에 의해 임용이 이루어지고 전임직업(full-time job)으로서 업무를 수행한다.

베버의 관료제는 조직 운영의 능률성·안정성·신뢰성 제고에 기여하고, 가장 효과적인 조직형태를 제시하여 오늘날 조직의 체계화와 대규모화에 큰 기여를 하였다. 그러나 행정편의주의, 무사안일주의, 형식주의, 부처이기주의 등 다양한 관료제의 역기능(dysfunction)을 보이고 있다.[5] 관료제조직은 몇 가지 구성원리에 의해 형성되고 있다.

가. 계층제 원리

「계층제원리」(hierarchy princple)는 계층에 따라 업무 권한과 책임의 정도가 구성원들 간에 배열되는 역할체제이다. 계층제는 권한과 책임을 기준으로 한 수직적 분업관계이다. 업무 성질에 따른 수평적 분업관계인 전문화와 구분된다.「피라미드형 조직구조」로 이해되는 계층제는 조직의 최고 관리자가 대규모 조직의 모든 조직구성원과 사무를 직접 지휘·통솔하는 것이 불가능하거나 극히 비효율적이기 때문에 고안된 것이다.

---

5 김지원 등,「행정학개론」(한국방송통신대학교출판문화원, 2019), 126면.

해양경찰청은 「해양경찰청 – 지방해양경찰청 – 해양경찰서」의 조직구조의 계층화와 「청장 – 차장 – 국장 – 과장 – 계장 – 계원」의 직위 계층화를 이루고 있다. 13,000여 명의 해양경찰 조직의 정점에는 해양경찰청장 1인이 있다. 2006년 동해·서해·남해지방청이 설치되면서 「해양경찰청 – 해양경찰서」의 2단계 계층제 구조에서 「해양경찰청 – 지방해양경찰청 – 해양경찰서」의 3단계 계층구조로 확대개편 되었다.

해양경찰의 업무량이 늘어나고 조직이 확대되면서 기존의 2단계 계층구조로서는 해양경찰청장이 해양경찰의 업무를 효율적으로 지휘·통솔하기 어려워졌기 때문이다. 해양경찰청장은 지방해양경찰청장에게 해역별 해양경찰서를 지휘·통솔하는 권한과 책임을 위임함으로써 보다 효율적으로 해양경찰청을 지휘·통솔해 나갈 수 있게 되었다.

해양경찰청의 계층제는 일반공무원 조직(국가, 지방직)과 비교했을 때 아주 가파른 수직적 구조를 이루고 있다. 총경이상 0.8%, 경정·경감 8.5%, 경위이하 90.7%의 계급 분포비율을 보이고 있다. 일반직 공무원 조직은 4급이상 5.3%, 5~6급 30.2%, 7~9급 64.5%의 인력분포를 보이고 있다.

이와 같이 계층제는 계층구조에 따라 권한과 책임의 위임관계가 형성되어 피라미드형 수직적 조직구조가 형성된다. 정부조직의 권한과 책임의 위임과 그 행사 범위는 법령에 의하여 규정되어 있다. 계층제 구조에서 상급조직이나 상급자는 하급조직이나 하급자에게 법령에 따라 부여된 권한에 따라 지시와 명령을 통하여 조직을 통솔한다. 하급조직이나 하급자는 법령에 따른 상급자의 지시와 명령에 따라야 하는 의무가 발생한다.

나. 분업의 원리

「분업의 원리」(division of work principle)는 「전문성의 원리」(specialization principle)라고 한다. 조직은 개인이 혼자서 성취할 수 없는 일을 조직구성원들 간 협동적 노력을 통하여 달성하려고 만든 것이다. 즉 두 사람 이상이 협력하면 제각기 내는 업적보다 더 큰 성과를 창출할 수 있다. 부분의 합 이상의 효과, 즉 「시너지효과」(synergy effect)를 발생할 수 있다.

이러한 시너지효과를 발생하기 위해서는 업무의 분화가 필요하다. 분업은 조직이 수행하는 업무를 구분하여 구성원에게 특정한 범위의 업무만을 담당하도록 하는 것을 말한다.

「전문화」(specialization)는 업무수행의 책임을 구분하여 집단별로 분배한 뒤해당 업무를 수행하기에 최적의 역량과 자격을 갖추었다고 생각되는 사람들을 각 집단에 배치하는 것을 말한다.[6] 전문화는 「기능의 원리」라고 하는데 조직이 수행하는 기능에 따라 직무의 종별을 구분한다는 의미를 담고 있다.[7]

해양경찰청은 청장, 차장과 2관, 5국, 28과(2020년 12월 기준)로 이루어져 있다. 기능별 전문화의 원리에 따라 업무를 분담하고 있다. 해양경찰청의 업무는 크게 기획조정관, 경비국, 구조안전국, 수사정보국, 해양오염방제국, 장비기술국의 기능으로 분업화되어 있다. 기획조정관의 업무는 기획재정담당관, 혁신행정법무담당관, 인사담당관, 교육훈련담당관으로 기능이 전문화되어 있다.

다. 통솔범위의 원리

「통솔범위의 원리」(span of control principle)는 한 사람의 관리자가 자신의 주의력과 능력에 비추어 직접 효과적으로 통솔할 수 있는 하급자 또는 조직단위의 수에 대한 원리이다. 이것은 한 사람의 감독자가 직접 보고를 받고 관리를 할 수 있는 능력이 제한적이라는 것에서 비롯한 원리이다. 이에 따라 감독자는 모든 업무를 혼자서 처리할 수 없고 하급자에게 맡길 수밖에 없다. 이러한 감독위임의 관계는 조직의 최말단까지 연결되어 피라미드형 조직구조가 만들어진다. 통제위주의 입장에 따라 통솔의 범위를 좁게 설정하면 계서제가 고층구조화된다.[8]

라. 명령통일의 원리

「명령통일의 원리」는 조직구성원들이 각자 한 사람의 상관으로부터 명령을 받아야 한다는 원리이다. 조직구성원이 복수의 상관으로부터 명령을 받게 되면 혼란에 빠지고 비능률적이며 무책임하게 된다. 명령체계를 일원화함으로써 책임의 소재를 명확히 하고 상충되는 지시·명령이 초래할 수 있는 혼란과 비능률을

---

6 조철옥, 「경찰학개론」(대명문화사, 2008), 236면.
7 노성훈, 「경찰학」(Publius Publishing, 2020), 260면.
8 오석홍, 「행정학」(제7판) (박영사, 2016), 296면.

방지할 수 있다.

마. 조정의 원리

「조정의 원리」(coordination principle)은 권한의 계서제 구조를 통해 분화된 활동을 조직목표 달성을 위한 방향으로 통합해야 한다는 원리이다. 분업과 전문화는 조직 내 의사소통을 복잡하게 만들고 부서 간 협력을 어렵게 하여 구성원들의 갈등을 초래하기도 한다. 전문성이 강화되면 각자의 역할에만 몰입하여 조직 전체의 목표보다 자신이 속한 부서의 목표를 더 중요시하는 「부분최적화」 (sub-optimization)의 문제가 발생할 수 있다.[9] 이에 따라 조직 최고위층과 관리자는 수직적, 수평적으로 분화된 부서들이 조직의 공통목표를 위해 일할 수 있도록 조정하고 통합하는 역할이 필요하다.

부서 이기주의에 빠지지 않고 협력할 수 있는 전략으로 루더 굴릭(Luther Gulick)은 두 가지를 제시하고 있다.[10] 첫째, 가치에 의한 관리(management by value) 또는 임무주도 행정(mission-driven government)으로서 조직이 추구하는 최고의 가치와 사명을 선명하게 부각시켜 공동의 목표를 향한 구성원들의 협력을 이끌어 내는 전략이다. 둘째, 권위적 계층제를 통한 협력이다. 상위계층의 관리자가 하위계층 관리자를 통제하여 하위계층의 업무적 협력과 조정을 이끌어 내는 방식이다.

4 개방체제

해양경찰청은 대부분 조직과 마찬가지로 조직환경과 끊임없이 상호작용하는 「개방체제」(open system)이다. 조직은 경계(boundary)에 의하여 환경과 구분된다. 「체제론적 접근법」(system approach)은 조직을 투입(input), 과정(process), 산출(output), 환류(feedback), 환경(environment) 등이 서로 연관을 맺으면서 움직이는 매우 복잡한 동적인 존재로 본다.

---

9 노성훈, 전게서, 264면
10 노성훈, 전게서.

개방체제는 환경과 역동적인 관계를 맺으면서 환경으로부터 다양한 투입을 받고, 투입을 어떤 특정한 방식으로 전환(transaction)하여 산출된 것을 환경에 내보내는 「투입－전환－산출 과정」을 수행한다. 체제의 산출 또는 체제의 과정에 대한 정보는 체제의 투입으로 되돌아오는데 이를 「환류」(feedback)라고 한다.[11]

해양경찰청은 존재 목적인 "해양에서 국민의 안전과 재산을 보호하고 공공치안 질서를 유지"하기 위해 해양경찰을 둘러싼 환경과 지속적으로 상호작용하고 있다. 해양경찰은 환경으로부터 해양치안 수요를 투입받고, 법·제도·정책으로 변환시켜 그 결과를 해양치안 활동으로 산출한다. 해양경찰청이 담당하는 정부의 기능은 해양경찰청의 「관할」(jurisdiction) 또는 「영토」(domain)이다. 해양경찰청이 담당하는 소관업무는 해양경찰청의 조직영토이다. 해양경찰청은 경쟁관계에 있는 조직과 자원을 놓고 치열하게 경쟁한다.

개방체제로서 해양경찰청을 둘러싸고 있는 외부환경은 일차적으로 일반 국민과 정책수요 집단인 해양종사자가 있다. 청와대, 국회, 사법기관과 해군, 해양수산부, 기획재정부, 행정안전부, 외교부, 법무부, 국가정보원, 경찰청을 포함하는 타 부처와 언론, 시민단체, 전문가집단 등이 해양경찰청의 업무와 정책에 영향을 미치는 주요한 환경이다. 또한 국제업무가 많은 해양경찰청의 특성상 외국 코스트 가드, 국제해사기구(IMO), UN 등 국제조직 등은 주요한 국제환경이다.

---

11 김지원 등, 전게서, 129면.

SECTION 03 해양경찰청 조직구조

1 경찰기관의 유형

경찰기관은 경찰사무를 수행하는 행정기관을 의미한다. 경찰기관의 유형은 경찰관청, 경찰의결기관, 경찰보조기관, 경찰보좌기관과 경찰집행기관으로 구분된다.[12] 경찰관청은 「일반경찰행정관청」(보통경찰관청)과 「특별경찰행정관청」으로 구분된다. 일반경찰행정관청은 중앙경찰관청과 지방경찰관청으로 구분된다. 중앙경찰관청은 해양경찰청장과 경찰청장, 지방해양경찰관청은 지방해양경찰청장과 지방경찰청장, 해양경찰서장과 경찰서장이 여기에 해당한다.

특별경찰행정관청은 특수하거나 전문적인 영역에서 경찰권한을 가지며 「사법경찰관리의 직무를 수행할자와 그 직무범위에 관한 법률」에 의해 설립된 경찰기관이다. 산림경찰은 산림청장, 보건위생경찰은 보건복지부장관, 출입국경찰은 법무부장관, 관세경찰은 관세청장이 특별경찰행정관청이다.[13] 경찰의결기관으로는 해양경찰위원회와 국가경찰위원회 등이 있고 자문기관으로는 치안자문위원회 등 이에 해당한다.

2 해양경찰관청

해양경찰관청은 "해양경찰사무에 대하여 직접 대외적으로 구속력 있는 해양경찰에 관한 국가의 의사를 결정·표시하는 권한을 가진 해양경찰기관"을 의미한다. 해양경찰관청은 중앙해양관청인 해양경찰청장, 지방해양경찰관청인 지방해양경찰청장과 해양경찰서장이 있다.

---

12 노성훈, 전게서, 267면.

13 노성훈, 전게서.

❸ 해양경찰청 조직구조

「조직구조」(organizational structure)는 조직구성원이 어디에 배치되느냐에 관한 뼈대를 말한다. 조직구조는 조직의 틀과 같은 것이다. 조직의 틀이 어떻게 형성되는지에 따라 그 안에서 일하는 조직구성원들의 업무 방법이 달라진다. 조직구조는 조직의 공식적 구조를 나타내는 「조직도표」(organizational chart)를 통해 알 수 있다.[14]

해양경찰청의 조직구조는 해양경찰의 조직 목표를 달성하기 위해 임무를 가장 적합하고 효율적으로 수행하기 위해 고안된 업무 분업 및 전문화 체계이다. 해양경찰의 조직구조는 환경의 변화에 맞춰 변화한다. 조직이 성장하면서 기능의 분화와 함께 조직 규모가 확대되어 왔다. 해양경찰청의 조직구조와 기능의 배분은 「정부조직법」의 위임을 받은 「해양경찰청과 그 소속기관 직제」와 「해양경찰청과 그 소속기관 직제시행규칙」에 의한다.

해양경찰청 조직구조는 2022년 기준으로 해양경찰, 5개의 지방해양경찰청, 20개의 해양경찰서, 1개의 특별경비단(서해5도 특별경비단), 부속기관으로 해양경찰교육원, 중앙해난특수구조단, 해양경찰정비창을 두고 있다.

▶ 그림 2 해양경찰 관할수역

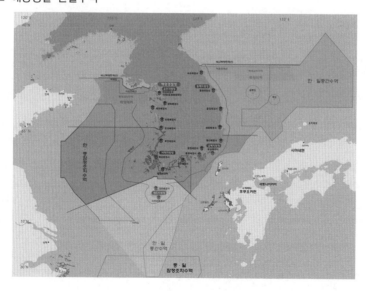

---

14 조석준·임도빈, 「한국행정조직론」(법문사, 2019), 108면.

▶ 그림 3 해양경찰 조직도(2022년 기준)

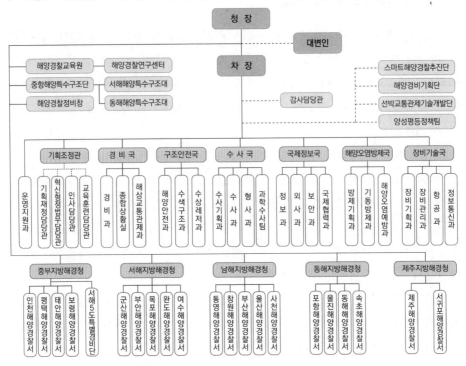

SECTION 04 해양경찰청장

1 지위

해양경찰청장은 중앙해양경찰관청으로서의 지위를 가진다. 해양경찰청장은 「중앙해양경찰관청」으로서 해양경찰사무에 대하여 대외적으로 국가의 의사를 결정하고 이를 표시한다. 「해양경찰법」은 해양경찰청장의 직무에 대하여 "해양경찰청장은 해양경찰에 관한 사무를 총괄하고 소속 공무원 및 각급 해양경찰기관의 장을 지휘·감독한다"(제11조제2항)라고 규정하고 있다.

2 임명자격

해양경찰청장은 치안총감으로 보하고, 임기는 2년으로 하며 중임할 수 없다 (제11조제1항 및 제4항). 해양경찰청장은 「해양경찰위원회」의 동의를 받아 해양수산부장관의 제청으로 국무총리를 거쳐 대통령이 임명한다(제11조제2항). 해양경찰청장의 자격은 해양경찰에서 15년 이상 경찰공무원으로서 재직한 자로서 치안감이상 경찰공무원으로 재직 중이거나 재직했던 사람 중에서 임명한다(제12조). 이에 따라 해양경찰청장은 바로 아래 계급인 치안정감과 그 아래 계급인 치안감이나 퇴직자 중에서 임명할 수 있게 되었다.

경찰청장은 「국가경찰과 자치경찰의 조직 및 운영에 관한 법률」(구 경찰법, 2021년 1월 개정)에 따라 「국가경찰위원회의」의 동의를 받아 행정안전부장관의 제청으로 국무총리를 거쳐 대통령이 임명하며 국회의 인사청문을 거쳐야 한다. 경찰청장은 "경찰공무원은 바로 아래 계급에서 승진 임용해야 한다"는 「경찰공무원법」 규정(제15조제1항)에 따라 치안정감 중에서만 임용될 수 있다. 다만, 해양경찰청장은 치안감에서 치안총감으로 임용할 수 있도록 하고 있다.

③ 직무

「해양경찰법」은 해양경찰청장의 직무로 "해양경찰사무의 총괄"과 "소속 공무원 및 각급 해양경찰기관의 지휘·감독"으로 규정하고 있다(제11조제3항). 「해양경찰법」은 보다 구체적으로 해양경찰청장의 직무를 규정하고 있다.

가. 수사사무

해양경찰청장은 해양경찰의 개별 사건의 수사에 대하여 구체적으로 지휘·감독할 수 없다(제11조제5항). "다만, 해양주권을 침해하거나 대형재난의 발생 등 국민의 생명·신체·재산 또는 공공의 안전에 중대한 위험을 초래하는 긴급하고 중요한 사건의 수사에 있어서 해양경찰의 자원을 대규모로 동원하는 등 통합적으로 현장 대응할 필요가 있다고 판단할 만한 상당한 이유가 있는 때에는 수사부서의 장을 통하여 개별 사건의 수사에 대하여 구체적으로 지휘·감독할 수 있다"(제11조제5항).

개별 사건의 수사에 대한 구체적 지휘·감독을 개시한 때에는 이를 지체없이 해양경찰위원회에 보고하여야 하고, 사유가 해소된 경우에는 구체적 지휘·감독을 중단하여야 한다(제11조제6항 및 제7항). 해양경찰청장은 수사부서의 장이 사유가 해소되었다고 판단하여 개별 사건의 수사에 대한 구체적 지휘·감독의 중단을 건의하는 경우 특별한 이유가 없으면 이를 승인하여야 한다(제11조제8항).

나. 해양안전 확보

해양경찰청장은 해운·어로·자원개발·해양과학조사·관광 및 레저활동을 하는 사람의 안전을 보장하고 사고발생에 원활히 대응하기 위하여 적절한 교육·훈련 체계를 마련하여야 한다(제16조제1항). 해양안전 확보와 해양사고 대응을 위한 지휘·통신체계 마련과 해양안전보장 및 사고대응을 위하여 관련 기술, 해양구조방식 등의 연구개발 및 제도개선 시책을 시행해야 한다(제16조제2항 및 제3항).

다. 협력요청

해양경찰청장은 해양재난 또는 해양사고의 대응을 위하여 관계 행정기관의 장 또는 지방자치단체의 장에게 필요한 협력을 요청할 수 있다(제17조제1항). 해양경찰청장은 해양안전의 확보와 수색·구조 장비 및 기술의 보강을 위하여 민간단체·기관과의 협력관계를 증진하고 이에 필요한 계획과 시책을 마련하여 추진할 수 있다(제17조제2항).

라. 국민참여 확대

해양경찰청장은 해양경찰행정에 국민의 참여를 확대하기 위하여 다양한 참여방법과 협력의 기회를 제공하도록 노력하여야 한다. 국민참여를 통해 수렴된 의견을 검토하여, 해양경찰의 직무수행에 필요한 경우 반영하여야 한다(제18조).

마. 직무수행의 전문성 확보

해양경찰청장은 직무수행의 전문성을 확보하기 위하여 교육·훈련체계를 발전시키고, 우수한 인적자원을 양성하기 위한 노력을 지속하여야 한다. 외부 전문가 영입을 위하여 「경찰공무원법」에 따른 경력경쟁채용시험 또는 「국가공무원법」에 따른 개방형직위 등을 활용한 경력경쟁채용시험 등을 실시할 수 있다(제19조).

바. 해양경찰장비의 관리

해양경찰청장은 해양경찰의 직무수행에 필요한 함정·항공기 및 공용 또는 개인용 무기·경찰장구와 각종 장비·시설의 도입 및 관리계획을 시행하여야 한다. 해양경찰청장은 해양경찰장비 등의 도입 및 관리·운영계획을 효과적으로 추진하기 위하여 필요한 재원을 확보할 수 있는 방안을 마련하여야 한다(제20조).

사. 연구개발 지원

해양경찰청장은 해양경찰 업무에 필요한 연구·실험·조사·기술개발 및 전문인력 양성 등 소관 분야의 과학기술진흥을 위한 시책을 마련하여 추진하여야 한다. 연구개발사업을 효율적으로 추진하기 위하여 다음의 기관 또는 단체 등과 협약에 의하여 연구개발사업을 수행하게 할 수 있다(제21조제1항 및 제2항).

- 국공립 연구기관
- 특정연구기관
- 과학기술분야 정부출연연구기관
- 대학·산업대학·전문대학 및 기술대학
- 치안분야 연구기관 또는 법인 부설 연구소
- 기업부설연구소 또는 기업의 연구개발전담부서
- 그 밖에 소관 분야 관련 연구·조사·기술개발 등을 수행하는 기관이나 단체

해양경찰청장은 기관 또는 단체 등이 연구개발사업을 수행하는 데 필요한 경비의 전부 또는 일부를 지원할 수 있다(제21조제3항).

4 보조기관

보조기관은 "행정기관의 의사 또는 판단의 결정이나 표시를 보조함으로써 행정기관의 목적달성에 공헌하는 기관"을 말한다(행정기관의 조직과 정원에 관한 통칙 제2조제6호). 보조기관은 계선(line)상에 있는 조직을 말한다. 즉, 보조기관은 조직의 목표 달성을 위해 핵심적인 업무를 직접적으로 실행하는 조직이다.

보조기관은 최상위 계층에서 최하위계층까지 명령체계가 분명하고 끊어짐이 없다. 예컨대 경비업무는 「해양경찰청 경비국−지방해양경찰청 경비과−해양경찰서 경비과−함정」의 계선구조에 의해 실행된다. 해양경찰청장의 보조기관은 중앙해양경찰관청인 청장의 의사결정이나 정책적 판단을 보조하여 해양경찰이 지향하는 목표 달성에 기여하는 기관이다.

가. 차장

해양경찰청에 차장 1명을 두되, 차장은 경찰공무원으로 보한다(정부조직법 제 43조제3항). 해양경찰청 차장은 치안정감으로 보한다(해양경찰청과 그 소속기관직 제 제5조). 차장은 해양경찰 소관 사무에 대하여 청장을 보조하는 업무를 수행하며, 청장 부재 시 그 직무에 대하여 업무를 대행한다. 차장 밑에 기획조정관 및 감사담당관 각 1명을 둔다(해양경찰청과 그 소속기관 직제 제6조).

나. 경비국

경비국에 국장 1명을 두고 국장은 치안감 또는 경무관으로 보한다. 국장은 다음 사항을 분장한다(직제 제11조).

- 해양경비에 관한 계획의 수립·조정 및 지도
- 경비함정·항공기 등의 운용 및 지도·감독
- 동·서해 특정해역에서의 조업 경비
- 해양에서의 경호, 대테러 예방·진압
- 통합방위 및 비상대비 업무의 기획 및 지도·감독
- 해양상황의 처리와 관련된 주요업무계획의 수립·조정 및 지도
- 해양상황의 접수·처리·전파 및 보고
- 해상교통관제(VTS) 정책 수립 및 기술개발
- 해상교통관제센터의 설치·운영
- 해상교통관제센터의 항만운영 정보 제공
- 해상교통관제 관련 국제교류·협력

다. 구조안전국

구조안전국에 국장 1명을 두며 국장은 치안감 또는 경무관으로 보한다. 국장은 다음 사항을 분장한다(직제 제12조).

- 연안해역 안전관리에 관한 정책의 수립·조정 및 지도

- 연안해역 안전 관련 법령·제도의 연구·개선
- 파출소 및 출장소 운영
- 해수면 유선 및 도선 사업 관련 제도 운영
- 해수면 유선 및 도선 사업의 면허·신고 및 안전관리
- 해수욕장 안전관리
- 어선출입항 신고업무
- 해양사고 재난 대비·대응
- 해양에서의 구조·구급 업무
- 중앙해양특수구조단 운영 지원 및 해양경찰구조대 등 해양구조대 운영 관련 업무
- 해양안전 관련 민·관·군 구조협력 및 합동 구조 훈련
- 해양수색구조 관련 국제협력 및 협약 이행
- 수상레저 안전관리에 관한 정책의 수립·조정 및 지도
- 수상레저 안전 관련 법령·제도의 연구·개선
- 수상레저 안전문화의 조성 및 진흥
- 수상레저 관련 조종면허 및 기구 안전검사·등록 등에 관한 업무
- 수상레저 사업의 등록 및 안전관리의 감독·지도
- 수상레저 안전 관련 단체 관리 및 민관 협업체계 구성

라. 수사국

수사국에 국장 1명을 둔다. 국장은 치안감 또는 경무관으로 보한다. 국장은 다음 사항을 분장한다(직제 13조).

- 수사업무 및 범죄첩보에 관한 기획·지도 및 조정
- 범죄통계 및 수사 자료의 분석
- 해양과학수사업무에 관한 기획·지도 및 조정
- 범죄의 수사

마. 국제정보국

국제정보국에 국장 1명을 둔다. 국장은 치안감 또는 경무관으로 보하고 다음 사항을 분장한다(직제 제13조의2).

- 정보업무의 기획·지도 및 조정
- 정보의 수집·분석 및 배포
- 보안경찰업무의 기획·지도 및 조정
- 외사경찰업무의 기획·지도 및 조정
- 국제사법공조 관련 업무
- 해양경찰 직무와 관련된 국제협력업무의 기획·지도 및 조정

바. 해양오염방제국

해양오염방제국에 국장 1명을 두며, 국장은 고위공무원단에 속하는 일반직공무원으로 보한다. 국장은 다음 사항을 분장한다(직제 제14조).

- 해양오염 방제 조치
- 국가긴급방제계획의 수립 및 시행
- 해양오염 방제자원 확보 및 운영
- 해양오염 방제를 위한 관계기관 협조
- 국제기구 및 국가 간 방제지원 협력
- 해양오염 방제 관련 조사·연구 및 기술개발
- 방제대책본부의 구성·운영 및 긴급방제 총괄지휘
- 해양오염 방제매뉴얼 수립 및 조정
- 방제훈련 계획의 수립 및 조정
- 기름 및 유해화학물질 사고 대비·대응
- 오염물질 해양배출신고 처리
- 방제비용 부담 등에 관한 업무
- 방제조치에 필요한 전산시스템 구축·운용
- 지방자치단체의 해안 방제조치 지원에 관한 업무

- 해양오염 방지를 위한 예방활동 및 지도·점검
- 선박해양오염·해양시설오염 비상계획서 검인 등에 관한 업무
- 방제자재·약제 형식승인
- 오염물질 해양배출행위 조사 및 오염물질의 감식·분석 등에 관한 업무
- 해양환경공단의 방제사업 중 긴급방제조치에 대한 지도·감독
- 해양오염방지를 위한 구난조치

사. 장비기술국

장비기술국에 국장 1명을 두며, 국장은 치안감 또는 경무관으로 보한다. 국장은 다음 사항을 분장한다(제15조).

- 해양경찰장비(함정·항공기·차량·무기 등)의 개선 및 획득
- 해양경찰장비의 정비 및 유지 관리
- 해양경찰정비창에 대한 지도·감독
- 물품·무기·탄약·화학 장비 수급관리 및 출납·통제
- 경찰제복 및 의복의 보급·개선
- 해양항공 업무 관련 계획의 수립·조정 등에 관한 업무
- 해양에서의 항공기 사고조사 및 원인분석
- 정보통신 업무계획의 수립·조정 등에 관한 업무
- 정보통신 보안업무

5 보좌기관

보좌기관은 "행정기관이 그 기능을 원활하게 수행할 수 있도록 그 기관장이나 보조기관을 보좌함으로써 행정기관의 목적달성에 공헌하는 기관"을 말한다(행정기관의 조직과 정원에 관한 통칙 제2조제7호). 보좌기관은 연구 활동, 전문지식 제공, 조직·인사·재정관리 등의 업무를 수행함으로써 보조기관의 본연의 조직활동을 지원하는 기능을 하는 조직이다. 흔히 참모(staff) 기능이라 알려진 업무를 수행하는 조직이다.

가. 운영지원과

운영지원과장은 총경으로 보한다. 운영지원과장은 다음 사항을 분장한다(직제 제10조).

- 보안·당직·청내안전 및 관인의 관리
- 소속 공무원의 복무·연금·급여 및 복리후생에 관한 사무
- 문서의 분류·접수·발송·보존 및 관리, 기록관의 운영·관리
- 물품의 구매 및 조달
- 자금의 운용 및 회계
- 의무경찰의 운영 및 관리
- 민원의 접수·관리 및 정보공개제도 업무
- 그 밖에 다른 국 및 담당관의 주관에 속하지 아니하는 업무

나. 대변인

대변인은 4급 또는 총경으로 보한다. 대변인은 다음 사항에 관하여 청장을 보좌한다(직제 제7조).

- 주요정책에 관한 대언론 홍보 계획의 수립·조정 및 소속기관의 대언론 정책 홍보 지원·조정
- 보도계획의 수립, 보도자료 작성·배포
- 인터뷰 등 언론과 관련된 업무
- 온라인대변인 지정·운영 등 소셜 미디어 정책소통 총괄·점검 및 평가

다. 감사담당관

감사담당관은 4급 또는 총경으로 보하고 다음 사항에 관하여 차장을 보좌한다(직제 제9조).

- 행정감사제도의 운영 및 행정감사계획·부패방지종합대책의 수립·조정

- 해양경찰청 및 그 소속기관에 대한 감사
- 해양경찰청 및 그 소속기관에 대한 다른 기관의 감사결과 처리
- 소속 공무원의 재산등록·선물 신고 및 취업제한에 관한 업무
- 사정업무 및 징계위원회의 운영
- 진정·민원 및 비위사실의 조사·처리
- 해양수색구조 안전성 등에 대한 감사

라. 기획조정관

기획조정관은 치안감으로 보한다. 기획조정관은 다음 사항에 관하여 차장을 보좌한다(직제 제8조).

- 주요정책과 업무계획의 수립 및 종합·조정
- 각종 지시사항 및 국정과제의 점검·관리
- 청 내 정부혁신 관련 과제 발굴·선정, 추진상황 확인·점검 및 관리
- 예산 편성·집행 조정 및 재정성과 관리
- 국유재산관리계획 수립 및 집행
- 국회 관련 업무의 총괄·조정
- 해양경찰위원회의 간사업무에 관한 사항
- 행정관리 업무의 총괄·조정
- 조직진단 및 평가를 통한 조직과 정원의 관리
- 소관 법제 업무 총괄
- 소관 행정심판 및 소송 업무, 규제개혁업무 총괄
- 성과관리 및 행정개선의 총괄·지원
- 소속 공무원의 임용·상훈 및 그 밖의 인사
- 소속 공무원의 교육·훈련
- 청 내 공공데이터의 제공 및 이용 활성화에 관한 사항
- 청 내 데이터기반행정 활성화에 관한 사항

6 한시적 보좌기관

총액인건비제를 운영하는 중앙행정기관은 한시적으로 특별한 임무수행을 위한 보조기관 및 보좌기관을 둘 수 있음(정부기관의 조직 및 정원에 관한 통칙 제29조제3항)에 따라 「Adhocracy」(임시조직) 성격의 조직을 설치하고 있다. 애드호크라시는 전문가들이 프로젝트를 중심으로 문제 해결을 연구하는 임시체제이다.

애드호크라시는 기존 조직의 관료제적 절차를 간소화하거나 제거하여 상황에 맞게 처리하는 방식으로 문제에 접근한다. 대표적인 유형으로는 매트릭스 구조,[15] 태스크포스(TF), 위원회조직 등이 있다. 이러한 조직은 한시적 성격으로 목표로 했던 임무가 달성되면 기존의 조직구조에 재편성되거나 소멸한다. 해양경찰청은 차장 소속으로 스마트경찰추진단, 해양경비기획단, 선박교통관제기술개발단, 양성평등정책팀을 두고 있다.

가. 스마트해양경찰추진팀

스마트해양경찰추진팀은 다음 사항을 담당한다(직제 시행규칙 제4조의2).

- 해양경찰 분야 첨단 기술 활용 관련 계획의 수립·시행
- 해양경찰 분야 맞춤형 기술개발에 관한 연구·기획
- 아이디어 발굴을 통한 해양경찰 장비개발에 관한 사항
- 해양경찰 개인 장비의 현장 적합성 제고에 관한 사항

나. 해양경비기획단

해양경비기획단은 다음 사항을 담당한다(직제 시행규칙 제4조의3).

---

15 기존의 기능부서 상태를 유지하면서 특정한 프로젝트를 위해 서로 다른 부서의 인력이 함께 일하는 현대적인 조직설계방식이다. 매트릭스 조직에서는 서로 다른 기능부서에 속해 있는 전문 인력들이 프로젝트 관리자가 이끄는 프로젝트에서 함께 일한다. 매트릭스 조직에 속한 개인은 두 명의 상급자(기능부서 관리자, 프로젝트 관리자)로부터 지시를 받으며 보고를 하게 된다. 이것은 기존의 전통적 조직구조에 적용되는 명령통일의 원칙이 깨진 것으로서 매트릭스 조직의 가장 큰 특징이다.

- 해양경비정보·상황인식 체계 구축에 대한 기획 및 조정
- 해양경비정보의 수집·분석·활용에 관한 사항
- 해양경비정보의 수집·공유 관련 기관 간 협력에 관한 사항
- 해양경비정보센터 구축 및 운영에 관한 사항

다. 선박교통관제기술개발단

선박교통관제기술개발단은 다음 사항을 담당한다(직제 시행규칙 제4조의4).

- 음주운항, 과속, 항로이탈 등 해양사고 위험 탐지 시스템개발 및 운영에 관한 계획의 수립·시행
- 음주운항 자동탐지시스템 활용에 관한 사항
- 음주운항 자동탐지시스템과 해상교통관제시스템 등과의 연동에 관한 사항

라. 양성평등정책팀

양성평등정책팀은 다음의 사항을 담당한다(직제 시행규칙 제4조의5).

- 해양경찰 분야 양성평등 관련 정책의 수립 및 이행 관리
- 해양경찰 분야 성 주류화(性 主流化)제도 운영 및 지도
- 해양경찰청과 그 소속기관 내 성희롱·성폭력 예방 대책 수립
- 해양경찰청과 그 소속기관 내 양성평등 관련 제도 및 문화의 개선 방안 수립·조정

6 부속기관

부속기관은 "행정권의 직접적인 행사를 임무로 하는 기관에 부속하여 그 기관을 지원하는 행정기관"을 말한다. 해양경찰청 부속기관으로는 해양경찰교육원, 해양경찰연구센터, 중앙해양특수구조단과 해양특수구조대가 있다. 특별해양경찰기관과 부속기관을 합쳐 「해양경찰청 소속기관」이라 한다.

가. 해양경찰교육원

해양경찰교육원은 다음 사무를 관장한다(직제 제17조).

- 소속 공무원(의무경찰 포함)의 교육 및 훈련
- 해양에서의 경찰 및 오염방제 업무와 관련된 기관·단체가 위탁하는 교육 및 훈련
- 해양에서의 경찰 및 오염방제 업무에 관한 연구·분석 및 장비·기술개발

교육원에 원장 1명을 두며, 원장은 경무관으로 보한다. 원장은 해양경찰청장의 명을 받아 소관 사무를 총괄하고, 소속 공무원을 지휘·감독한다(제18조).

나. 해양경찰연구센터

해양에서의 경찰 및 오염방제 업무에 관한 연구·분석·장비개발 등에 관한 사무를 관장하기 위하여 해양경찰교육원장 소속으로 해양경찰연구센터를 둔다. 연구센터에 센터장 1명을 두며, 센터장은 4급으로 보한다. 센터장은 해양경찰교육원장의 명을 받아 소관사무를 총괄하고, 소속 공무원을 지휘·감독한다(제20조).

다. 중앙해양특수구조단

중앙해양특수구조단은 다음 사무를 관장한다(제21조).

- 대형·특수 해양사고의 구조·수중수색 및 현장지휘
- 잠수·구조 기법개발·교육·훈련 및 장비관리 등에 관한 업무
- 인명구조 등 관련 국내외 기관과의 교류 협력
- 중·대형 해양오염사고 발생 시 현장출동·상황파악 및 응급방제 조치
- 오염물질에 대한 방제기술 습득 및 훈련

특수구조단에 단장 1명을 두며, 단장은 총경으로 보한다. 단장은 해양경찰청장의 명을 받아 소관사무를 총괄하고, 소속 공무원을 지휘·감독한다(직제 제22조).

라. 해양특수구조대

특수구조단의 소관 사무를 분장하기 위하여 특수구조단장 소속으로 서해해양특수구조대 및 동해해양특수구조대를 둔다. 서해해양특수구조대 및 동해해양특수구조대에 대장 각 1명을 두며, 서해해양특수구조대장은 경정으로, 동해해양특수구조대장은 경감으로 보한다. 서해해양특수구조대장 및 동해해양특수구조대장은 중앙해양특수구조단장의 명을 받아 소관 사무를 총괄하고, 소속 공무원을 지휘·감독한다(직제 제23조).

SECTION 05 지방해양경찰청장

1 지위

지방해양경찰청장은 해양경찰청의 사무를 지역적으로 분담 수행하게 할 목적으로 설치된 지방행양경찰관청이다. 전국에 중부, 서해, 남해, 동해, 제주의 5개 지방해양경찰청이 있다. 지방해양경찰청은 관할구역 내에서 중앙행정기관인 해양경찰청의 권한에 속하는 행정사무를 관장하는 「특별지방행정기관」이다. 중부해양경찰청장은 치안정감, 서해와 남해지방해양경찰청장은 치안감, 동해와 제주지방해양경찰청장은 경무관으로 보한다.

2 조직체계

지방해양경찰청에 부 및 과를 두고, 지방해양경찰청장 밑에 청문감사담당관 및 종합상황실장을 두고 있다. 다만, 중부·서해 및 남해지방해양경찰청은 안전총괄부장 밑에 종합상황실장을 둔다(직제 제20조).

- **중부·서해 및 남해지방해양경찰청**

  안전총괄부 및 기획운영과. 이 경우 안전총괄부에 경비과·구조안전과·수사과·정보외사과 및 해양오염방제과를 둔다.

- **동해 및 제주지방해양경찰청**

  기획운영과·경비안전과·수사과·정보외사과 및 해양오염방제과

기획운영과장·경비과장·구조안전과장·경비안전과장 및 수사과장은 총경, 정보외사과장은 총경 또는 경정, 해양오염방제과장은 기술서기관·공업사무관·보건사무관·환경사무관·해양수산사무관 또는 방재안전사무관, 청문감사담당관

은 총경 또는 경정, 종합상황실장은 경정으로 보한다(직제 제20조제2항).

　　지방해양경찰청장 밑에 직할단으로 항공단, 직할대로 특공대를 두고 있다. 다만, 중부지방해양경찰청장 밑에는 직할단으로 서해5도특별경비단 및 항공단, 직할대로 특공대를 두고 있다(직제 제20조제3항). 서해5도특별경비단장은 총경, 항공단장은 총경 또는 경정, 특공대장은 경정 또는 경감으로 보한다(직제 제20조제4항).

▶ 그림 4 지방해양경찰청 조직(2022년 기준)

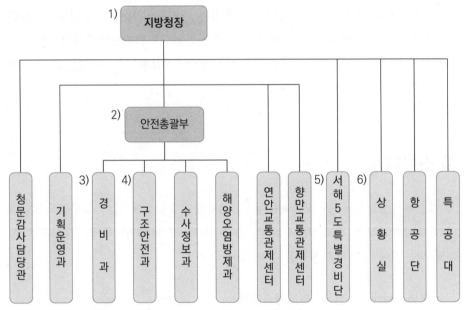

1) 5개 지방해양경찰청 – 중부(치안정감), 서해 · 남해(치안감), 동해 · 제주(경무관)
2) 안전총괄부(중부 · 서해 · 남해)
3) 경비과(중부 · 서해 · 남해) / 경비안전과(동해 · 제주)
4) 구조안전과(중부 · 서해 · 남해)
5) 서해5도특별경비단(중부)
6) 상황실(중부 · 서해 · 남해 – 안전총괄부 하부조직)

SECTION 06 해양경찰서장

해양경찰서장은 지방해양경찰청장의 지휘·감독을 받아 관할구역 안의 소관 사무를 관장하고 소속 공무원을 지휘·감독한다. 해양경찰서도 해양경찰청의 권한에 속하는 행정사무를 관할구역 내에서 관장하는 「특별지방행정기관」이다. 전국에 20개 해양경찰서가 있다. 지방해양경찰청의 관할해양경찰서 구분은 다음과 같다.

- 중부지방해양경찰청: 인천, 평택, 태안, 보령
- 서해지방해양경찰청: 군산, 부안, 목포, 완도, 여수
- 남해지방해양경찰청: 사천, 통영, 창원, 부산, 울산
- 동해지방해양경찰청: 울진, 포항, 동해, 속초
- 제주지방해양경찰청: 제주, 서귀포

해양경찰서에 기획운영과·경비구조과·해양안전과·수사과·정보외사과·해양오염방제과 및 장비관리과를 둔다. 다만, 인천해양경찰서 및 동해해양경찰서에는 기획운영과·경비구조과·해양안전과·수사과·정보외사과·해양오염방제과·장비관리과 및 보안팀을 두고, 태안·완도·울산·포항·속초·보령·부안해양경찰서 및 울진해양경찰서에는 기획운영과·경비구조과·해양안전과·수사과·정보외사과·해양오염방제과 및 장비운영관리팀을 둔다(직제 제30조제1항). 각 과장 및 팀장은 경정 또는 경감으로 보한다. 다만, 해양오염방제과장은 공업사무관·보건사무관·환경사무관·해양수산사무관·방재안전사무관으로 보한다(직제 제30조 제2항).

▶ 그림 5 해양경찰서 조직(2022년 기준)

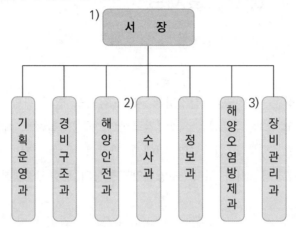

1) 20개 해양경찰서 - 중부(인천, 평택, 태안, 보령), 서해(군산, 부안, 목포, 완도, 여수),
   남해(통영, 창원, 부산, 울산, 사천), 동해(포항, 울진, 동해, 속초), 제주(제주, 서귀포)
2) 울진서 제외(수사정보과)
3) 보령, 부안, 울진 제외(기획운영과 소관)

해양경찰의 역할과 책임

CHAPTER

05

해양경찰의
경찰임무 Ⅰ

SECTION 01 들어가는 말

"해양에서 국민의 생명과 재산을 보호하고, 안전을 확보하며 공권력을 사용하여 해양질서를 유지하는 국가의 기능"이라는 해양경찰의 정의와 해양경찰의 특성에서 설명한 바와 같이 해양경찰은 해상에서 복합적이고 다기능적(multi-functional) 임무를 수행하고 있다. 해양경찰의 임무는 법령에 열거된 사항에 한정되지 않고, 국민에게 봉사하는 해양경찰의 존재 목적에 부합하고 해양경찰의 자원과 역량을 필요로 하는 경우 직접 업무를 수행하거나 지원을 한다. 다만 해양경찰의 임무 수행과 업무 지원은 법치주의 원칙의 한계 내에서 이루어져야 한다.

해양경찰은 수색구조를 비롯한 전형적인 「코스트 가드」의 업무를 수행하지만, 한국 고유의 역사적 배경과 정치, 사법, 사회적 환경에서 독특한 임무와 제도를 발전시켜 왔다. 해저에너지 자원 개발이 활발해지고 「유엔해양법협약」 체제에서 해양관할권이 확대되면서 해양경찰의 역할과 책임도 영해 중심의 연안 안전관리와 법 집행에서 연안국 관할권이 미치는 EEZ, 대륙붕의 주권수호로 확대되었다.

특히 남·북 간 군사적 대치가 지속 되고 있는 한반도의 현실에서 해양경찰은 제2의 안보세력으로서 대간첩작전 및 안보 임무를 수행하고 있다. 좁은 「반폐쇄해」(semi-enclosed seas)인 한반도 주변수역에서 중국, 일본 등 주변국과 어족자원의 이용과 해저에너지 자원 개발을 둘러싼 분쟁을 겪고 있다. 이들 주변국들과 해양경계가 미획정된 상태에서 일본과는 독도 영유권 분쟁, 중국과는 이어도 수역에 대한 분쟁을 겪고 있다. 이에 따라 해양주권수호, 안보, 영유권 보호가 오늘날 해양경찰의 핵심적인 임무가 되고 있다.

해양경찰 조직은 변화된 해양경찰의 임무에 맞춰 그 임무를 가장 효율적으로 수행할 수 있도록 체계화되고 발전되어 왔다. 해양경찰은 초기의 수색구조와 법 집행 중심에서 해양보안, 해양환경보호, 「해양정보·상황인식체계」(Maritime Domain Awareness) 업무까지 확대되면서 이들 업무를 수행하기 위한 전문기능과 조직이 구축되고 발전되었다.

해양경찰청이 경찰청으로부터 분리되어 독립 외청으로 존재하는 것도 같은 맥락에서 이해할 수 있다. 최근 수십 년 동안 해양경찰청은 정부조직 중에서 가장 급속히 「조직성장」(organizational growth)을 해오고 있는 중앙행정기관의 하나이다. 해양경찰은 예산, 인력, 조직에서 국내외의 다른 어떤 유관기관보다 빠르게 증가하고 있다. 이번 장에서는 이러한 배경에서 해양경찰의 법령상 임무(mandates)와 현장에서 수행하고 있는 역할(roles)과 책임(responsibilities)에 대해 알아본다.

법령상의 해양경찰 임무

해양경찰의 임무는 몇 가지 관련 법령에서 규정하고 있다. 해양경찰은 「정부
조직법」, 「해양경찰법」, 「경찰관 직무집행법」, 「해양경비법」과 그 밖에 「해양환
경관리법」 등 개별 법령에 정한 바에 따라 해양에서 공공의 안녕과 질서유지를
위한 위험방지, 범죄수사, 각종 치안서비스를 제공한다.

1 정부조직법

「정부조직법」은 "국가행정 사무의 체계적이고 능률적인 수행을 위하여 국가
행정기관의 설치·조직과 직무 범위의 대강을 정함을 목적"으로 하는 법이다.[1] 「조
직법정주의」에 따라 중앙행정기관의 설치와 직무 범위는 법률로 정하게 되어
있다.[2] 이에 따라 중앙행정기관인 해양경찰청의 설치와 업무에 대하여 「정부조
직법」에서 그 근거를 정하고 있다. 「정부조직법」은 그 성격상 각 기관의 업무를
구체적으로 정하지 않고 설치근거와 직무 범위의 대강만 정하고 있다.[3]

「정부조직법」은 새로운 행정수요에 맞춰 정부의 조직과 기능이 변화하면서
이를 수용하기 위해 1948년 정부수립과 함께 제정된 후 가장 빈번히 개정되어
온 법률의 하나이다. 「정부조직법」의 규정에 따라 그 구체적인 해양경찰의 직무
범위는 「해양경찰청과 그 소속기관 직제」(대통령령)와 「해양경찰청과 그 소속기
관 직제 시행규칙」(해양수산부령)에서 구체적으로 정하고 있다. 「정부조직법」 제
43조에서는 해양수산부 외청으로서 해양경찰청의 설치 근거와 임무의 대강을
다음과 같이 정하고 있다.

---

1 정부조직법, 제1조.
2 위의 법, 제2조.
3 위의 법, 제1조.

제43조(해양수산부) ① 해양수산부장관은 해양정책, 수산, 어촌개발 및 수산물 유통, 해운·항만, 해양환경, 해양조사, 해양자원개발, 해양과학기술 연구·개발 및 해양안전심판에 관한 사무를 관장한다.
② 해양에서의 경찰 및 오염방제에 관한 사무를 관장하기 위하여 해양수산부장관 소속으로 해양경찰청을 둔다. (2017. 7. 신설)
③ 해양경찰청에 청장 1명과 차장 1명을 두되, 청장 및 차장은 경찰공무원으로 보한다. (2017. 7. 신설)

2014년 세월호 사고로 해양경찰청이 독립 외청의 지위를 잃고 신설된 국민안전처 소속 해양경찰본부로 있다가 2017년 해양수산부의 외청으로 부활하면서 관련 「정부조직법」이 개정되었다. 「정부조직법」에서는 해양경찰청의 업무 범위를 "해양에서" "경찰" 및 "해양오염방제에 관한 사무"로 정하고 있다. 「정부조직법」이 정한 해양경찰의 직무 범위에 따라 구체적인 업무는 직제와 시행규칙에서 정하고 있다. 「정부조직법」에 따라 시행령에서는 해양경찰의 직무를 "해양에서의 경찰 및 오염방제에 관한 사무관장"으로 정하고 있으며,[4] 이 직무를 수행하기 위한 조직구성과 기능별 사무를 구체적으로 정하고 있다.

② 해양경찰법

2019년 8월 20일 「해양경찰법」이 제정되어 2020년 2월 21일 시행되었다. 「해양경찰법」의 제정 이유는 "해양주권을 수호하고 해양안전과 치안 확립에 필요한 책임을 다할 수 있도록 해양경찰의 직무를 제도적으로 뒷받침하고," "국가 해양관리 정책 환경의 변화를 수용하고 미래의 직무수행에 대비할 수 있도록 해양경찰의 책무, 해양경찰위원회의 설치, 해양경찰청의 조직과 직무, 해양안전 확보를 위한 협력과 참여, 해양경찰 직무수행의 기반 조성 등에 관한 법·제도적 기반을 마련"하려는 것이다.[5]
「해양경찰법」은 해양경찰의 「직무」와 「운영」에 관한 법이다. 조직법의 성격

---

4 해양경찰청과 그 소속기관 직제, 제3조.
5 해양경찰법(법률 제16551호), 제정 이유.

이지만 조직구성보다는 임무 및 운영에 관한 사항을 주로 정하고 있다. 조직에 관한 사항만을 정하고 있는 육상경찰의 「구경찰법」과 차이가 있다. 이로써 해양경찰은 「신분」(경찰공무원법), 「작용」(경찰관직무집행법, 해양경비법), 「조직·운영」(해양경찰법)의 법적 체계를 갖추게 되었다.

상세한 사항은 해당 장에서 설명하기로 하고 여기서는 「해양경찰법」에서 정한 해양경찰의 임무를 살펴본다. 「해양경찰법」은 해양경찰이 다해야 할 책임과 임무를 정한 해양경찰의 책무(제2조)와 해양경찰의 소관 사무를 정한 사무(제14조)로 나누어 정하고 있다.

가. 책무(제2조)

- 해양에서 사람의 생명·신체 및 재산 보호, 해양사고에 효율적으로 대응하기 위한 시책 추진
- 국익을 보호하고 해양영토를 수호하며 해양치안질서 유지를 위하여 필요한 조치와 제도 마련
- 해양경찰 정책에 대한 국민의 의견을 존중하고, 민주적이고 투명한 조직 운영을 위하여 노력

나. 사무(제14조)

- 해양에서 수색·구조·연안안전관리 및 선박 교통관제와 경호·경비·대간첩작전·대테러작전 직무
- 해양에서 공공의 안녕과 질서를 유지하기 위하여 해양관련 범죄의 예방·진압·수사와 피해자 보호
- 해양에서 공공안녕에 대한 위험 예방과 대응을 위한 정보의 수집·작성·배포에 관한 직무
- 해양오염 방제 및 예방활동에 관한 직무
- 직무와 관련된 외국 정부기관 및 국제기구와 협력

③ 경찰관 직무집행법

해양경찰청 소속 경찰관(해양경찰공무원)은 신분과 작용에 관하여 육상의 경찰관과 동일하게 「경찰공무원법」과 「경찰관직무집행법」의 적용을 받는다. 「경찰관 직무집행법」은 "국민의 자유와 권리 및 모든 개인이 가지는 불가침의 기본적 인권을 보호하고 사회공공의 질서를 유지하기 위한 경찰관의 직무수행에 필요한 사항을 규정"[6]하기 위한 법이다. 「경찰관 직무집행법」 제2조에 따라 경찰관은 다음의 직무를 수행한다.

- 국민의 생명·신체 및 재산 보호
- 범죄의 예방·진압 및 수사
- 범죄피해자 보호
- 경비, 주요 인사 경호 및 대간첩·대테러 작전 수행
- 공공안녕에 대한 위험의 예방과 대응을 위한 정보의 수집·작성 및 배포
- 교통 단속과 교통 위해의 방지
- 외국 정부기관 및 국제기구와의 국제협력
- 그 밖에 공공의 안녕과 질서유지

④ 해양경비법

「해양경비법」은 2012년 2월 22일 제정되어 같은 해 8월 13일 시행되었다. 「해양경비법」 제정의 목적은 "육상의 일반경찰 활동과는 다른 특성을 가진 해양경비 업무수행에 관한 법적인 근거를 마련"[7]하려는 것이다. 「해양경비법」이 제정되기 전 해상에서 해양경찰의 직무수행은 「경찰관 직무집행법」에 근거하고 있었다.

그러나 동 법은 해양이라는 특수한 공간에서 활동하는 해양경찰의 직무수행을 뒷받침하기 위한 법적 근거로는 미약하다는 지적을 받아왔다. 특히, 중국어

---

6 경찰관 직무집행법(법률 제18488호), 제1조.
7 해양경비법(법률 제11372호), 제정 이유.

선의 불법조업에 강력하게 대응하고 날로 중요성이 증가하는 해양경찰 업무를 법적으로 뒷받침하기 위해서는 새로운 법의 제정이 필요했다.

「해양경비법」은 해양경찰의 경비업무 수행에 필요한 법적 근거를 규정하고 있다. 해양경찰 업무의 중요한 한 축인 경비업무의 내용을 통하여 법령상의 해양경찰의 임무를 이해할 수 있다.「해양경비법」제7조에서 해양경찰이 수행하는 경비 활동을 다음과 같이 규정하고 있다.

- 해양 관련 범죄에 대한 예방
- 해양오염 방제 및 해양수산자원 보호
- 해상경호, 테러 및 대간첩작전 수행
- 해양시설 보호
- 해상항행 보호
- 경비수역에서 해양경비를 위한 공공안녕과 질서유지

위에서 살펴본 법령상의 해양경찰의 임무는 크게 (1) 해양주권수호, (2) 해양수색·구조 및 연안안전관리, (3) 해상교통 안전 및 질서유지, (4) 해양관련 범죄 예방·진압·수사, (5) 해양오염 예방·방제로 나누어진다.

SECTION 03   해양주권 수호

1 해양영토 · 주권 수호를 위한 경비활동

해양경찰의 가장 중요한 임무는 해양주권을 수호하는 일이다. 「해양주권」(maritime sovereignty)은 '해양에 대한 국가의 주권, 즉 영해의 배타적 관할권과 주권적 권리가 미치는 EEZ, 대륙붕 등 관할권이 미치는 해역에서 자원이용을 비롯한 국가의 해양이용 권리'를 말한다. 해양주권의 개념에는 도서를 포함하는 해양영토를 수호하는 임무도 포함된다. 이와 함께 일본이 영유권을 주장하는 독도의 영유권 수호와 이어도 해역의 관할권을 수호하는 활동이 해양주권 수호의 핵심적 사안이 되고 있다.

가. 독도 영유권 수호

독도는 역사적으로 신라시대부터 우리의 영토로 편입되어 우리나라가 실효적으로 지배하고 있는 우리의 영토이다. 독도[8]는 울릉도로부터 87km, 일본 오키섬으로부터 157km 떨어진 해역에 위치하고 있다. 독도는 동도와 서도의 작은 암석으로 이루어져 있고 총면적은 $73,297m^2$이다. 독도를 실효적으로 지배하고 있는 우리나라는 "역사적, 지리적, 국제법상 한국의 영토이고 독도에 대한 영유권 분쟁은 존재하지 않는다"는 입장이다. 이에 반해 일본은 독도를 다케시마(竹島)라 부르며 역사적 사실과 국제법에 의해 독도를 분명한 자국의 고유영토라고 주장한다.

일본은 약 주 2회 간격으로 독도 인근 수역에 「일본 해상보안청」(Japan Coast Guard) 순시선을 지속적으로 출현시키고 있다. '국제분쟁화'와 우리의 영유권 주장을 약화시키려는 의도이다. 해양경찰은 독도의 영유권과 해양주권 수호를 위해 독도 해역에 헬기 탑재가 가능한 대형함정 1척을 상시배치하여 「전담경비체

---

8 서양에서는 1848년 이 섬을 발견한 프랑스 상선의 이름을 따서 「리앙쿠르트 바위」(Liancourt Rocks)로 불리고 있다.

제」를 갖추고 있다.

항공순찰을 강화하여 해·공 입체적 경비활동을 실시하고, 2005년 일본 우익 단체의 독도 상륙 기도와 같은 우발사태에 대비한 신속한 대응태세를 갖추고 있다. 또한 독도와 동해 경계미획정 수역에 해양영토 주권 및 관할권 강화를 위해 울릉도에 전진기지 확보를 추진하고 있으며,9 해군, 독도경비대 등 유관기관과 긴밀한 협력체제를 유지하고 있다.

▌표 1 독도 주변해역 일본 순시선 출현 현황

연도	2016	2017	2018	2019	2020
회	93	80	84	100	83

자료: 2021 해양경찰백서

나. 이어도 관할권 수호

이어도10는 해수면으로부터 4.6m 아래 있는 수중 암초이다. 한국의 마라도에서 서남쪽으로 149km, 중국의 퉁다오에서 247km, 서산다오에서 287km 떨어진 해역에 위치하고 있다. 수심 40m를 기준으로 할 경우 남북으로 약 600m, 동서로 약 750m에 이른다. 정상부를 기준으로 남쪽과 동쪽은 급경사를, 북쪽과 서쪽은 비교적 완만한 경사를 이루고 있다.

수면 아래 잠겨 있는 이어도는 파도가 10m 이상일 때만 모습을 드러내기 때문에 바닷사람에게는 경외의 대상이었다. 이 때문에 이어도는 전설속 '환상의 섬' 또는 '피안의 섬'으로 알려지고 있다. 2003년 우리나라는 이어도에 「이어도 해양과학기지」를 완공하여 운영하고 있다. 국립해양조사원에 의해서 무인 종합 해양과학기지로서 운영되며 해상기상, 조류, 해양자원에 대한 자료를 수집한다.

---

9 해양경찰청, 「20202 해양경찰백서」, 115면.
10 중국은 이어도를 '수이옌 짜오,' 서양에서는 1900년 이어도를 발견한 영국 상선의 이름을 따서 '스코트라'(Scotra)라고 부른다.

▶ 그림 1 이어도 위치

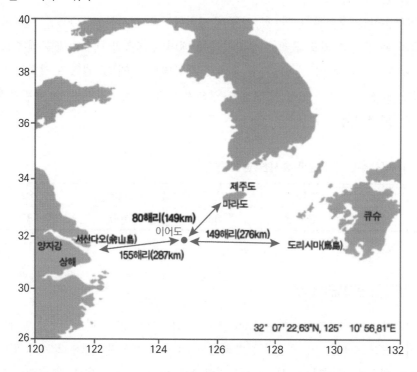

이어도는 한·중 양국이 자국의 EEZ 수역이라고 주장하여 분쟁을 겪고 있는 수역이다. 우리나라는 「중간선 원칙」(principle of equidistant line)에 의하여 이어도 수역을 우리의 EEZ로 주장하고 있다. 이에 따라 1970년에 「해저광물자원 개발법」에 의하여 이어도 수역을 포함하는 「제4광구」(K-4)를 설치했고, 「이어도 해양과학기지」를 설립했다. 이에 반해 중국은 이어도 수역을 자국의 EEZ로 주장하고 있다. 2006년 양국은 이어도는 수중 암초이며 섬이 아니기 때문에 이어도에 대한 영유권 분쟁은 존재하지 않는다는 것에 합의를 했다.[11]

중국은 이어도 해양과학기지에 대한 항공과 선박 감시를 증가시켜 왔다. 해양경찰은 이어도를 수색 및 구난기지로 활용하고 있다. 중국의 감시에 대응하여 관할권을 확보하기 하기 위해 대형함정 1척을 주변 해역에 상시배치하고, 이어도 주변에 항공순찰을 강화하고 있다. 또한 이어도 해양과학기지를 보호하기 위해 유기관기관 밀접하게 협력하고 있다.

---

11 제11차 「한·중 해양경계획정 회담」 합의 사항.

▌표 2 이어도 주변해역 중국 관공선 출현 현황

연도	2016	2017	2018	2019	2020
회	28	8	1	6	3

자료: 2021 해양경찰백서

다. 해양경계 미획정 해역 순찰

동북아해역은 폭이 400해리를 넘는 곳이 거의 없는 좁은 「반폐쇄해」 (semi－enclosed seas)이다. 동북아 국가들은 1994년 「유엔해양법협약」이 발효된 뒤 연이어 동 협약을 비준한 뒤 자국의 200해리 EEZ를 선포하였다. 그러나 좁은 해역에서 각국이 주장하는 EEZ 수역은 중첩되고 있다. 이에 따라 동해, 서해, 남해, 동중국해 등 동북아 해역의 해양경계는 대부분 미획정인 상태로 남아 있다. 한반도 주변 수역에서 해양경계가 획정된 것은 북한과 러시아가 유일하다.

한·중·일 3국은 해양경계 획정을 위한 협상을 계속하고 있지만, 해양이익이 첨예하게 대립되어 큰 진척이 없는 상태이다. 그러는 동안 각국은 관할권 주장이 중첩되는 분쟁수역에 대한 순찰을 강화하고 있다. 해양경찰도 서해의 잠정조치수역과 동해의 중간수역에 대한 전략적 순찰을 강화하고 있다. 그와 함께 타국 해양과학 조사선들의 불법 조사활동에 적극적으로 대응하면서 우리수역의 과학조사 활동, 선박보호, 유관기관과 협력강화를 통해 분쟁수역에서 관할권을 강화하고 있다.[12]

---

12 해양경찰청, 「2020 해양경찰백서」, 116면.

SECTION 04 수산자원 보호를 위한 불법조업 외국어선 단속

1 어자원 이용 및 보호

1994년 「유엔해양법협약」이 발효되면서 연안국은 12해리 영해를 넘어 200해리까지 배타적 경제수역(EEZ)과 최대 350해리까지 대륙붕을 선포할 수 있게 되었다. 연안국은 EEZ와 대륙붕에서 어족자원과 같은 「생물 천연자원」(living natural resources)과 석유, 천연가스, 해저광물 자원 등 「비생물 천연자원」(non-living natural resources)을 배타적으로 개발·이용할 수 있는 권리를 가진다.

현재 우리나라는 일본, 중국과 EEZ와 대륙붕의 해양경계획정이 이루어지지 않은 상태에서 한·일, 한·중어업협정에 의하여 어업 및 어족자원 관리가 이루어지고 있다. 특히 서해에서 우리나라 EEZ 내에서 중국어선의 불법조업으로부터 어자원 보호를 하는 일이 가장 시급한 현안이 되고 있다.

해양경찰은 1998년 「한·일어업협정」, 2000년 「한·중어업협정」에 따라 동해, 서해, 남해, 동중국해의 우리 EEZ 내의 어자원 보호를 위한 단속 및 경비활동을 수행하고 있다. 서해에서 중국어선의 우리 EEZ, 영해, NLL, 서해 5도 수역에서의 불법조업 단속은 해양경찰 업무의 가장 중요한 현안이 되고 있다.

2 중국어선 불법조업

중국어선의 불법조업은 전 세계에서도 유래를 찾기 힘들 정도로 대규모로 장기간에 걸쳐 지속적으로 자행되고 있다. 「잠정조치수역」(Provisional Measure Zone)에서 매일 조업 중인 2,000~3,000척의 중국어선 중에서 많은 어선이 야간, 기상악화를 틈타 우리나라 EEZ로 넘어와 불법조업을 시도한다. 2001년 「한·중어업협정」이 시행된 이후 2002~2019년 사이 서해에서 불법조업 혐의로 해양경찰에 나포된 중국어선 수는 6,695척(연평균 372척), 단속된 중국 선원 수는

69,073명(연평균 3,837명)에 달한다.[13] 같은 기간 우리 어선이 중국 어업법 위반으로 나포된 한국 어선은 2척뿐이다.

③ 중국어선의 폭력적 저항

단속과정에서 중국어선의 폭력적인 저항으로 인해 단속 경찰관과 중국 선원이 부상을 입는 경우가 빈번히 발생하고 있다. 단속 시 중국어선들이 서로 연결하여 나포를 방해하거나, 칼·도끼·삽·쇠막대·쇠구슬 등 흉기를 사용하여 단속요원의 등선을 저지한다. 어선 현측에 쇠창살, 철망 등 등선 방해물을 설치하여 나포를 방해하기도 한다. 2002∼2019년 동안 해양경찰의 단속에 폭력적으로 저항한 경우는 총 62건이었다. 이로 인해 2명의 해양경찰관이 사망[14]했고 102명이 부상했다. 400명 이상의 중국 선원이 공무집행방해, 폭력사용, 살인 등의 혐의로 구속되었다.

④ NLL해역 불법조업

서해에서 조업질서 확립을 위한 한·중 양국의 다양한 노력으로 해양경찰의 검문검색에 협조하고 무허가 조업이나 단속에 폭력적으로 저항하는 사례도 감소하고 있으나 불법조업은 여전히 근절되지 않고 있다. 서해 NLL 해역에서는 중국어선들이 남·북 간 대치상황을 이용하여 NLL을 넘나들며 불법조업을 하고 있다. 단속을 피하기 위하여 본선은 북한 해역에 대기하고 고속어선이 신속하게 NLL을 남하하여 조업한 후 이동하는 '줄타기식 불법조업'을 하고 있다.[15]

---

13 Suk Kyoon Kim, 「Illegal Chinese Fishing in the Yellow Sea: A Korean Officer's Perspective」(2012), 5(2), Journal of East Asia and International Law.; 해양경찰청 자료 분석.

14 2008년 9월 25일 서해에서 불법 중국어선을 나포하기 위해 혐의 선박에 오르던 단속 해양경찰관이 중국 어민이 휘두른 쇠몽둥이에 머리를 맞고 바다로 추락해 익사했다. 2011년 12월 10일 NLL 인근 수역에서 선박을 나포하기 위해 불법조업 중국어선에 올라 조타실을 제압하는 과정에서 단속경찰권이 선장이 휘두른 칼에 찔려 사망하였다.

15 해양경찰청, 「2020 해양경찰백서」, 114면.

중국어선의 NLL 수역에서 불법조업은 남·북 간 군사적 충돌을 유발하는 원인이 되기도 한다.[16]

5 해양경찰의 단속과 불법조업 지속원인

해양경찰은 불법어업을 근절하기 위해 단속강화, 총기사용 요건 완화, 벌금 상향, 선장 구속 등의 강력한 조치를 시행하고 있다. 2019년 단속전용 특수기동정 2척을 서해 5도에 배치하고 단속에 최적화된 전용함정 건조와 새로운 단속장비 및 전술을 개발하고 있다.[17] 이와 함께 중국정부에 불법조업을 막기위한 조치를 촉구하고 있다. 중국은 어민 계도, NLL 인근 해역에 중국 해경선 배치, 불법조업 선박의 정보공유, 해양경찰에 단속된 중국어선에 대한 국내처벌, 잠정조치수역 공동순찰 등의 조치를 시행하고 있다.

불법 중국어선에 대한 단속은 「한·중어업협정」「배타적 경제수역에서의 외국인 어업 등에 대한 주권적 권리의 행사에 관한 법률」(EEZ 어업법), 「형법」, 「영해 및 접속수역법」 등에 의한다. 배타적 경제수역에서 외국선박이 어업활동을 하는 경우에는 「수산업법」, 「양식산업발전법」, 「수산자원관리법」에도 불구하고 「EEZ 어업법」이 적용된다.[18]

지속적인 단속 노력에도 불법조업이 근절되지 않는 근본적인 이유는 중국해역에서는 무분별한 남획과 연안지역의 오염으로 어자원이 줄어들면서 지리적으로 인접하고, 어자원이 풍부한 우리나라 수역으로 넘어오고 있기 때문이다.

일본 수역에서 불법조업으로 단속되는 중국어선 수가 우리나라에서 보다 훨씬 못미치는 이유는 지리적 인접성이 가장 큰 영향을 미치고 있다. 또한 중국의 빠른 경제성장과 함께 급속히 증가하는 수산물 소비와 한국산 수산물의 높은 가격도 불법조업에 영향을 미치고 있다. 또한 과도한 어선 척수는 중국 어민들이 생계를 위해 불법조업으로 이끄는 한 원인이 되고 있다.

---

16 최근 NLL수역에서는 1999년, 2002년, 2009년 남북한 군사적 충돌이 있었다; Suk Kyoon Kim, 「Maritime Disputes in Northeast Asia」(Brill, 2017), 29~32면.

17 해양경찰청, 앞의 백서, 117면.

18 EEZ 어업법, 제3조.

SECTION 05 해양대테러 및 대량살상무기(WMD) 확산 방지 활동

1 해양테러 개념

　냉전시대가 끝난 이후 이념대립보다 종교, 문명, 민족, 지역 갈등으로 전 세계 곳곳에서 테러가 일어나고 있다. 2001년 미국에서 발생한 「9.11테러 사건」이후 테러 문제는 국제 사회가 당면한 가장 큰 현안의 하나고 되고 있다. 테러는 국경, 지역을 초월하여 일어나는 「초국가적 범죄」(transnational crime)이며 국제 사회가 공동 대응하여 해결해야 할 글로벌 이슈이다.

　해양은 육상에 비하여 테러로부터 비교적 안전한 곳으로 인식되어 왔지만, 해양도 테러로부터 안전하지 못하고 오히려 더 취약하다는 것이 일련의 해양테러 사건이 증명하고 있다. 1985년 이집트 연안에서 발생한 「아킬레 라우로」(Achille Lauro)호 납치사건, 2000년 예멘에 정박 중인 미구축함 「U.S.S Cole」폭파사건, 2002년 프랑스 유조선 「M/T Limburg」호 폭발물 공격사건 등에서 드러났듯이 선박을 상대로 한 해양테러가 현실화하고 있다. 해양을 통해 전 세계 수출입물품과 에너지 자원이 운송되는 현실에서 「해양테러」(maritime terrorism)에 의해 주요 해상교통로가 일시적으로 폐쇄되는 경우가 발생하면 세계경제는 큰 타격을 받을 수 있다.

　그러나 이러한 테러 문제의 중요성과 대응의 시급성에도 불구하고 국제법에서는 테러에 대한 정의가 마련되어 있지 않다. 「옥스퍼드 사전」(Oxford Dictionary)에서는 테러를 "정치적 목적을 위해 민간인에 대한 폭력과 협박의 불법적 사용"으로 정의하고 있다. 1970년대 이후 18개의 테러 대응을 위한 국제협약이 채택되었지만 테러에 대한 통일된 정의가 없고, 기관이나 협약에 따라 다르게 정의되고 있다.

　테러에 대한 여러 정의에 포함된 공통된 주요 요소는 (1) 범죄 행위(criminal acts), (2) 민간인에 대한 살해나 상해를 위한 폭력 사용 또는 위협, (3) 대중의 공포심 유발, (4) 정치적 또는 종교적 목적을 포함한다.[19] 테러 정의에 대한 국제사회의 합의가 어려운 이유는 폭력 사용의 합법성에 대한 논란 때문이다. 정부가 자국민에 대하여 폭력을 행사하거나 국제테러를 지원하는 「국가테러」(state terrorism)에 대한 적용 논란이 계속되기 때문이다.[20] 「해양테러」도 테러와 마찬가지로 국제적으로 합의된 개념 정의가 없다. 해양테러는 육상테러의 해상으로의 연장으로 이해되고 있다. 「1988 항해 안전에 대한 불법행위의 억제를 위한 협약」(1988 Convention for the Suppression of Unlawful Acts against the Safety of Maritime Navigation, 1985 SUA 협약)에서 「범죄행위」(offences)를 (1) 선박·화물의 파괴·손괴, (2) 선박의 안전운항 저해행위, (3) 승무원에 대한 위해행위, (4) 이들 행위에 대한 기도·선동·협박행위 등으로 규정하고 있다.

해양테러의 개념은 「해적행위」(piracy)와 비교함으로써 그 개념을 보다 명확히 할 수 있다. 해양테러는 「Achille Lauro」호 사건에서 볼 수 있듯이 종교적 신념이나 정치적 이념이 행위의 동기인 반면, 해적행위는 사적 목적, 경제적 이득을 그 목적으로 한다.[21] 이러한 개념상의 구분에도 불구하고 해양테러와 해적행위는 목적이 혼재되어 있는 경우가 많고, 해상 불법행위로서 항해의 안전에 큰 위협이 되며, 인명과 재산에 막대한 해악을 끼친다는 점에서 본질적으로 유사하다.[22] 「해상강도」(armed robbery)도 경제적 이익을 목적으로 한다는 점에서 해양테러와 구별된다.

이러한 점을 종합적으로 고려하여 해양테러는 "정치적·종교적 목적을 위하여 대중을 위협하거나, 정부나 국제조직이 어떤 행위를 하거나 하지 못하도록 하기 위해 선박, 승객, 연안과 해안의 인프라시설에 대한 폭력행위 또는 폭력사용 위협행위"로 정의할 수 있다.[23]

---

19 Suk Kyoon Kim, 「Global Maritime Safety & Security Issues and East Asia」(Brill, 2018), 107면.
20 위의 책.
21 Suk Kyoon, Kim, 「Building a Multilateral Framework to Combat Piracy in Asia: From a Global Governance Perspective」, Doctoral dissertation, Hanyang University, Seoul, Korea, 2005, 93면.
22 Suk Kyoon Kim, 위의 논문.
23 Suk Kyoon Kim, 전게서, 110면.

2 해양테러 방지·대응을 위한 국제협약과 국내법 수용

1) 1988 SUA 협약

「SUA 협약」은 항행의 안전을 위협하는 불법행위를 방지하고 범죄자에 대한 효과적인 기소와 처벌을 목적으로 하고 있다. 「SUA 협약」 채택의 직접적인 계기는 1985년 10월 7일 발생한 초호화 이태리 유람선 「아킬레 라우로」(Achille Lauro)호 납치사건[24]이었다. 이 사건을 계기로 같은 해 12월 「유엔총회 결의 40/61」로 「국제해사기구」(IMO)에 선박 및 승무원에 대한 해양테러 문제에 적절한 조치를 검토하도록 하였다. 그 결과 1988년 3월 「SUA 협약」이 채택되어 1992년 3월부터 발효되었고, 현재 144개국이 가입하고 있다.

2) 2005 SUA 협약

2001년 「9.11 테러」 이후 미국 주도로 선박이 테러 목적으로 이용되거나 대량살상무기 운송수단으로 활용되는 것을 방지하기 위하여 「1988 SUA 협약」을 재검토하게 되었다. 그 결과 국제해사기구(IMO)는 「SUA 협약 2005년 의정서」 (Protocol of 2005 to the Convention for the Suppression of Unlawful Acts against the Safety of Maritime Navigation)를 채택하였다. 개정된 「SUA 협약」(제1조 내지 제16조), 「SUA 협약 2005년 의정서」(제17조 내지 제24조) 및 부속서를 통합하여 「2005년 항해의 안전에 대한 불법행위의 억제를 위한 협약」(Convention for the Suppression of Unlawful Acts against the Safety of Maritime Navigation, 2005, 2005 SUA 협약)이

---

24 1985년 10월 7일 팔레스타인 테러리스트 4명이 이태리를 출발하여 이집트로 가는 「아킬레 라우로」호를 납치하여 승객과 승무원을 인질로 잡고 이스라엘에 수감되어 있는 동료 팔레스타인 테러리스트 50명의 석방을 요구하였다. 이 과정에서 승객 중 몸이 불편하여 휠체어를 타고 있는 미국인 남자를 사살하여 휠체어와 함께 바다에 던져버리는 범행을 저질렀다. 협상이 여의치 않자 이집트 당국에 투항하는 조건으로 튀니지행의 보장을 요구하여 받아들여졌다. 미국은 이들 테러리스트를 태운 비행기가 이집트를 떠나 튀니지를 향하는 도중 차단하여 이태리 내에 있는 NATO군 비행장에 강제로 착륙시켰다. 미국은 「아킬레 라우로」호 승객 중에는 미국인이 포함되어 있었고, 미국인 인질이 피살되었으므로 이태리 정부에 대하여 선박 탈취범들의 해적행위를 이유로 범죄인 인도를 요구하였다. 그러나 이태리 정부는 테러범 인도를 거부하고, 자국 법원에 테러범을 기소하였지만, 납치사건을 주도한 Abul Abbas는 증거부족으로 석방되었다.

라고 규정하였다.

「1988 SUA 협약」은 피해선박의 「기국」(flag state), 범죄행위 발생지국, 범죄자・피해자의 국적국, 무국자의 거주지국 등 다양한 관할권을 인정[25]하여 재판관할권의 창설과 범죄인 송환을 용이하게 하여 관할권 미비 때문에 범죄자를 처벌하지 못하는 사태를 방지하는 데 중점을 두었다.[26]

그러나 테러 위협이 높아진 변화된 안보환경에서 「1988 SUA 협약」은 선박을 테러 행위 수단으로 이용하거나 「대량살상무기」(WMD)와 같은 테러물자를 운송하는 경우에는 적용이 어렵다는 문제점이 제기되어 왔다.

「2005 SUA 협약」에서는 「불법행위」(offences)의 범위에 (1) 폭발물, 생화학・방사능 무기(BCN)와 관련 장비・물자의 운송(transport)[27] 등을 새롭게 추가하고,[28] (2) 테러 예방을 위하여 승선・검색조항(8bis)을 신설하였다.

요청국은 타국의 선박이나 승무원이 범죄행위를 하거나 가담하려 했다고 의심할 합리적인 근거가 있는 경우, 기국 정부에 승선・검색 요청을 할 수 있고, 이 경우 기국은 요청을 허용하거나 자국이 직접 승선・검색을 하거나 거절할 수 있다.[29] 그리고 (3) 범죄인 인도 또는 사법공조와 관련하여 정치범이라는 이유로 당사국이 범죄인 인도요청을 거부하지 못하도록 하였다.[30] 「2005 SUA 협약」은 12개국이 체약국이 된 후 90일이 경과한 시점에서 발효되도록 하고 있고, 2010년 7월 28일부터 발효되고 있다. 2022년 현재 40개국이 가입하고 있다.

3) 국내법 수용

우리나라는 「1988 SUA협약」에 2003년 5월 가입하였으나, 「2005 SUA 협약」에는 가입하지 않고 있다. 「1988 SUA 협약」 및 의정서를 국내법으로 수용하기 위하여 2003년 「선박 및 해상구조물에 대한 위해행위의 처벌에 관한 법률」(위해

---

25 1988 SUA Convention, 제3조 및 제6조.
26 지상원, 「항행안전에 대한 불법행위 억제협약의 국내수용 방안」, 「해사법연구」 제14권 제2호.
27 2005 SUA 협약, 제3조의2제1항(f): "운송(transport)이란 사람 또는 물자의 이동에 대하여 의사결정 권한을 포함한 효과적인 통제를 시작하거나 수배 또는 행사하는 것을 말한다."
28 2005 SUA 협약, 제4조제5항.
29 위의 협약, 제8조의2 제4항 및 제5항.
30 위의 협약, 제11조의 2.

행위 처벌법)을 제정하여 대한민국 영역 외에서 발생한 대한민국 선박 및 해상구조물에 대한 위해행위를 한 외국인도 처벌할 수 있도록 관할권을 확대하였다. 그리고 위해행위를 한 범죄인의 인도절차 및 위해행위의 구체적인 내용을 정하고 있다.

구체적으로 (1) 대한민국 영역 외에서 선박 또는 해상구조물에 대하여 범죄행위를 한 외국인에 대한 처벌(제3조), (2) 법무부 장관의 승인 후 「SUA 협약」 당사국에 선장의 범죄인 인도(제4조), (3) 선박·해상구조물에 있는 사람의 살인·상해 및 선박납치, 선박 등 손괴, 위협물건의 설치, 허위정보의 전달 및 협박 등을 위해행위(제5조 내지 제13조)로 처벌하고 있다.

❸ 해양경찰의 대테러 대응

가. 테러 위험성

테러는 다른 나라의 일로 먼 얘기 같지만 결코 강 건너 불이 아니다. 우리나라도 미국의 대테러 활동을 지원하는 국가로 인식되어 우리 국민과 시설이 테러단체의 표적이 될 가능성을 배제할 수 없다. 해양테러도 마찬가지이다. 우리나라 선박은 수출입물품과 에너지 자원 수송을 위해 전 세계 전략적 관문을 매일 통항하고 있기 때문에 해양테러의 표적이 될 수 있다.

테러단체는 폭발물에서부터 자살공격 등 대중에 공포를 유발하고 자신들의 목적을 달성할 수 있다면 어떤 수단이라도 사용한다. 이에 따라 독극물이나 「코로나 19」와 같은 치명적 바이러스도 해양테러의 수단이 될 수 있다. 다중이 이용하는 선박에 치명적 바이러스를 유포할 수 있다. 일본 크루즈선 내 집단 감염과 미국 핵추진 항공모함 내 집단감염 사태는 바이러스가 테러에 이용될 수 있는 가능성을 보여주고 있다.

나. 대테러 대응

해양경찰청은 해양테러 대응 주무기관이다. 「해양경비법」에서 해양경찰 경비활동의 하나로 해양대테러 업무를 정하고 있다.[31] 해양경찰청은 대테러작전의 수행 및 「국민보호와 공공안전을 위한 테러방지법」 제10조에 따라 해양에서의 효율적인 테러 예방·대응을 위하여 5년마다 해양대테러계획을 수립하고 있다.[32]

해양경찰청은 각 지방해양경찰청에 「해양경찰 특공대」를 설치하여 해양에서 테러 등 위기 상황에서 국민의 안전을 지키기 위한 예방·대응 활동을 하고 있다. 이를 위해 강도 높은 대테러 교육·훈련을 시행하고 있다. 드론, 자율운항 선박 등 첨단장비를 활용한 새로운 유형의 테러 대응 전술 개발, 첨단장비 도입 등 전문성 확보에 노력하고 있다.[33]

또한 테러 대상시설 조건에 충족하지 않는 시설·선박 중에서 중요도와 위험성을 고려하여 다중이용 선박·해상교량 등 테러 취약시설로 별도로 지정하여 관할 특공대가 고속단정을 이용하여 시설 진출입 항로 등 테러에 취약한 해역을 주기적으로 순찰하고 있다. 2020년부터 지방해양경찰청 경비부서 중심으로 함정·항공기·파출소와 유관기관(군 레이더 사이트, TOD) 간 통합 예방활동체계를 구축하고 있다.[34]

---

31 해양경비법, 제7조제3호.
32 위의 법, 제16조의2.
33 해양경찰청, 「2020 해양경찰백서」, 125면.
34 위의 백서, 125면.

수색·구조 및 연안안전관리

◼ 선박사고 및 연안해역 안전사고 시 수색 · 구조

가. 해양경찰의 수색 · 구조 임무

해양에서 조난 당한 선박이나 인명을 구조하는 것은 해양경찰의 가장 본질적 존재 이유이자 임무이다. 해양경찰은 해양에서 법을 집행하고 질서를 유지하는 기관이지만, 다른 임무보다 조난당한 인명을 구조하고 국민의 재산을 보호하는 일이 가장 우선시된다.

해양은 육지에 비해 위험성이 높고 사고에 항상 취약한 특수한 공간이다. 오늘날 기상예측의 정확성, 선박 감항성(seaworthiness)[35] 향상, 수색·구조 장비·역량의 개선으로 선박항해나 해양레저 등 연안 해양활동 시 조난사고의 위험성은 과거에 비해 많이 줄었지만, 「해양 고유의 위험성」(perils of the sea) 때문에 선박항해나 해양활동 중 조난사고의 위험성은 항상 존재하고 있다.

선박항해는 기상조건과 선박의 감항성에 절대적으로 영향을 받기 때문에 침몰(sinking) · 좌초(stranding) · 충돌(collision) · 황천(heavy weather) · 화재(fire)나 폭발(explosion) 같은 해양사고의 위험에 노출되어 있다. 또한 스킨스쿠버, 해수욕 등 해양레저나 캠핑 등 연안체험 활동 중에 익수, 추락, 고립 등의 연안사고가 빈번히 발생하고 있다. 해양사고는 육지와 달리 사고선박이나 인명이 외부와 고립되어 있기 때문에 구조세력이 사고현장에 신속히 접근하는 것이 용이하지 않다. 수색과 구조작업은 파도 등 기상조건에 제한을 많이 받기 때문에 신속하고 원활한 구조작업이 어려운 경우가 많다.

해양경찰청은 「재난관리 기본법」, 「수상에서 수색 · 구조 등에 관한 법률」, 「연안사고 예방에 관한 법률」에 의하여 해양사고에 대한 대응 및 수색 · 구조의 주무

---

35 해상운송에 있어서, 선박이 통상의 위험을 견디고 안전한 항해를 하기 위하여 필요한 인적·물적인 준비를 갖추는 것 또는 이를 갖춘 상태를 의미한다. 선체능력(physical seawrothiness) · 감하능력(cargoworthiness) · 항해능력(navigability) 등을 내용으로 한다.

기관이다. 특히 2014년 세월호 사고 이후 조난사고로부터 국민의 생명과 재산을 보호하기 위하여 안전관리의 강화, 사고발생 시 구조세력의 신속한 사고현장 도착, 대형사고에 대한 구조역량 강화, 구급역량 강화 등의 필요성이 제기되었다.

② 수색·구조를 위한 국제협력

외국을 항해하는 선박이 외국 관할수역이나 공해에서 해난사고를 당한 경우 기국에서 물리적 여건상 수색·구조 세력을 보내 수색·구조 작업을 할 수가 없는 경우가 많다. 그렇기 때문에 인근에 항해하는 선박이나 사고현장에 인접한 연안국 구조기관의 도움을 받을 수밖에 없다. 또한 광활한 해양에서 한 국가의 역량만으로 모든 해난사고에 대응하는 것에는 한계가 있기 때문이기도 하다.

이러한 이유로 수색 및 구조 업무는 연안국들 사이에 긴밀한 협력과 조정이 필요한 부분이다. 특히 활발한 경제활동과 해상무역에 따라 해상교통량이 증가하고, 이에 따라 해상사고 발생 위험성이 높은 동북아 해역에서 조난선박에 대한 수색·구조를 위한 국제협력의 필요성은 더욱 커지고 있다.

③ 수색·구조 국제협약

가. 유엔해양법협약

「유엔해양법협약」은 조난자에 대한 구조 및 지원의무와 수색구조기관을 설치하고 효과적인 수색구조를 위해 지역국가 간 수색구조협정을 체결하도록 규정하고 있다. "모든 국가는 자국 국기를 게양한 선박의 선장에 대하여 선박·선원 또는 승객에 대한 중대한 위험이 없는 한, (1) 바다에서 발견된 실종위험이 있는 사람에 대한 지원제공, (2) 가능한 한도 내에서 전속력 항진하여 조난자 구조, (3) 충돌 후 상대 선박·선원·승객에 대한 지원제공"을 하도록 규정하고 있다. 또한 "모든 연안국은 해상안전에 관한 적절하고도 실효적인 수색·구조기관의 설치·운영 및 유지를 촉진시키고, 지역협정의 형태로 인접국과 서로 협력"하도록 하고 있다.[36]

나. SAR 협약

1) 배경

국제사회의 수색·구조를 위한 협력은 「수색구조협약」(Search and Rescue Convention. 1979, SAR 협약)의 틀에서 이루어지고 있다. 전 세계적으로 해난사고가 증가하고 규모가 대형화함에 따라 해난사고 발생을 사전에 예방하고 사고발생 시에는 신속하고 효율적인 수색 및 구조활동을 실시하여 인적, 물적 피해를 최소화하기 위한 국제적인 수색·구조 협력의 필요성이 대두되었다.

이러한 배경에서 1979년 「SAR 협약」이 채택되어 1985년 발효되었다. 독일 함부르크에서 채택된 「SAR 협약」은 해양에서 조난자 구조업무를 위한 수색구조기관의 조정과 필요한 경우 인근 국가의 수색구조기관의 협력을 받을 수 있는 국제수색구조계획을 발전시키는 데 목적이 있다.

2) 의무사항

「SAR 협약」은 구체적인 의무사항을 다섯 장으로 구성된 부속서에 규정하고 있다. 협약 당사국은 자국의 연안수역에서 적절한 수색구조 서비스의 제공을 위한 제도를 갖추어야 한다. 협약 당사국들은 인근국과 (1) SAR 구역 설치, (2) 시설의 공동이용, (3) 공통절차의 수립, (4) 훈련과 연락을 위한 협정을 맺도록 권고되고 있다. 협약은 협약 당사국들이 다른 당사국들의 구조팀이 자국의 영해에 쉽게 진입할 수 있도록 조치를 하도록 규정하고 있다.

협약은 「구조조정본부」(Rescue Coordination Center, RCC)와 「하위 구조조정본부」(Rescue Sub-Center, RSC)의 설치와 같은 준비조치를 규정하고 있다. RCC는 SAR 구역 내에서 수색 및 구조 업무의 효율적 조직화를 촉진하고, SAR 활동을 조정하는 책임을 지는 기관이다. RSC는 책임 있는 당국의 특정 규정에 의해 구조조정본부를 보좌하기 위하여 설립된 구조조정본부의 하부기관이다. 협약은 비상시나 수색구조 업무 시에 조치해야 할 대략적인 절차를 규정하고 있다. 절차에는 「현장지휘관」(On-Scene Commander, OSC)의 지정과 임무를 포함하고 있다.

---

36 유엔해양법협약, 제98조.

3) 협약 수용

우리나라는 「SAR 협약」을 1995년 9월에 비준하여 10월에 발효하였다. 해양
경찰청은 「SAR 협약」의 국내 이행기관으로서 전국에 5개 「구조조정본부」(동·
서·남해 지방해양경찰청, 인천·제주해양경찰서)를 설치하여 해상에서 조난선박 및
인명에 대한 수색·구조 업무를 수행하고 있다.[37] 구조조정본부의 하부기관으로
서 구조업무를 수행하기 위해 전국에 인천·제주를 제외한 18개 해양경찰서에
구조지부(RSC)를 두고 있다.[38]

우리나라는 「SAR 협약」에 따라 1990년 5월 일본과 「해상에서 수색 및 구조
및 선박의 긴급피난에 관한 협약」, 2007년 4월 중국과 「해상수색 및 구조에 관
한 협정」, 2016년 9월 러시아와 「해상수색 및 구조협력 협정」을 각각 체결하여
주변국과 수색구조 협력을 하고 있다.

다. SOLAS 협약

1) 의의

「해상에서의 인명안전을 위한 국제협약」(International Convention for the
Safety of Life at Sea, 1974, SOLAS 1974)은 선박안전에 관련된 국제협약 중에서 가장
중요한 협약이라 할 수 있다. 「SOLAS 협약」은 1912년 4월 발생한 「타이타닉」
(Titanic)호 침몰사고를 계기로 1914년에 처음으로 채택되었다. 이후 1929년,
1948년, 1960년에 새로운 내용의 「SOLAS 협약」이 채택되었다.

1974년 개정에는 발효일 전에 개정안에 대하여 특정한 수의 협약 당사국의
반대가 없으면 개정안이 발효되는 「묵시적 수락」(tacit acceptance) 규정이 포함
되었다. 이 결과 이후 협약의 많은 내용에 대한 개정이 있었다. 오늘날 발효 중
인 협약은 「1974 SOLAS 협약」으로 불린다.[39] 「1974 SOLAS 협약」은 1974년 11
월 채택되어 1980년 5월 발효되었다.

---

37 설치근거는 「SAR협약 부속서 1장」와 「해상구조조정본부 지정 등에 관한 고시」(해양경찰청
    고시 제2008-3호, 2008.02.05)이다.
38 설치근거로는 「SAR협약 부속서 1장」과 「해상구조조정본부 지정 등에 관한 고시」(해양경찰
    청 고시 제2008-3호, 2008.02.05)가 있다.
39 IMO, 「International Convention for the Safety of Life at Sea(1974)」.

2) 내용

「SOLAS 협약」은 선박의 안전항해를 위해 필요한 건조, 장비 및 운용에 대한 최소한의 안전장치 요건을 정하고 있다. 조난 시 인명구조를 위해 구명정(life boat), 구조정(rescue boat), 구명조끼(life jacket) 등과 관련한 구명설비·배치를 규정하고 있다. 국제조난 및 안전체계인 「GMDSS」(Global Maritime Distress & Safety System) 및 「항해안전」(Safety of Navigation) 장에서는 해상에서 충분하고 효율적인 수색구조 서비스의 제공, 「선박자동식별 장치」(Automatic Ship Identification System, AIS) 적재 및 최신 「국제항공·해상수색 매뉴얼」(IAMSAR Manunal)을 탑재하도록 규정하고 있다.

라. 국제항공 및 해상수색 매뉴얼(IAMSAR Manual)

「국제항공 및 해상수색구조 매뉴얼」(International Aeronautical and Maritime Search and Rescue Manual)은 「국제해사기구」(IMO)와 「국제민간항공기구」(ICAO)가 공동 제작하는 3권의 매뉴얼이다. 2001년 제정하여 이후 매 3년마다 개정한다. 제1권은 조직과 관리, 제2권 임무 조정, 제3권 이동 시설로 구성된 매뉴얼은 항공 및 해상에서 수색구조 서비스 제공과 이를 위한 조직 구성에 대한 일반적인 지침을 제공하고 있다.

4 수색구조 관련 국내법

해상에서 수색·구조에 관련한 국내법은 「재난 및 안전관리 기본법」과 「수상에서의 수색·구조에 관한 법률」이 있다. 「재난 및 안전관리 기본법」에서는 재난을 태풍·홍수·호우·강풍·풍랑·해일과 같은 「자연재난」(natural disasters)과 화재·폭발·교통사고(항공사고 및 해상사고 포함)과 같은 「사회적 재난」(social disasters)으로 구분하고 있다.

육상에서 소방청·소방본부 및 소방서, 해양에서 발생한 재난의 경우에는 해양경찰청·지방해양경찰청 및 해양경찰서가 긴급구조기관이다.[40] 긴급구조란 "재난이 발생할 우려가 현저하거나 재난이 발생하였을 때에 국민의 생명·신체 및 재산을 보호하기 위하여 긴급구조기관과 긴급구조지원기관이 하는 인명구조, 응급처치와 그 외 필요한 모든 긴급한 조치"[41]를 말한다.

「수상에서의 수색·구조에 관한 법률」은 수상에서 조난된 사람·선박·항공기·수상레저기구 등의 수색·구조[42]·구난[43] 및 보호에 관한 사항을 규정하고 있는 법이다. 동 법에 의하여 해양경찰청은 「중앙구조본부」를 설치하여 해수면에서의 수난구호[44]에 관한 사항을 총괄·조정하고, 수난구호 협력기관과 수난구호 민간단체 등이 행하는 수난구호 활동의 역할조정과 지휘·통제 및 수난구호 활동의 국제적인 협력을 담당한다.[45]

지방해양경찰청에는 해역별 수난구호에 관한 사항의 총괄·조정, 해당 지역에 소재하는 수난구호 협력기관과 수난구호 민간단체 등이 행하는 수난구호 활동의 역할조정과 지휘·통제 및 수난현장에서의 지휘·통제를 위하여 「광역구조본부」, 해양경찰서에는 「지역구조본부」를 둔다. 구조본부의 장은 신속한 수난구호를 위하여 수난구호 협력기관의 장에게 소속 직원의 파견 및 장비의 지원을 요청하는 경우 요청을 받은 기관·단체의 장은 특별한 사유가 없는 한 이에 응하여야 한다.[46]

---

40 위의 법, 제3조제7호.

41 재난 및 안전관리 기본법, 제3조제6호.

42 "구조"(rescue)는 조난을 당한 사람을 구출하여 응급조치 또는 그 밖의 필요한 것을 제공하고 안전한 장소로 인도하기 위한 활동을 말한다(「수상에서의 수색·구조에 관한 법률」 제3조).

43 "구난"(salvage)은 조난을 당한 선박등 또는 그 밖의 다른 재산(선박등에 실린 화물을 포함한다)에 관한 원조를 위하여 행하여진 행위 또는 활동을 말한다(「수상에서의 수색·구조에 관한 법률」 제3조).

44 "수난구호"는 수상에서 조난된 사람 및 선박, 항공기, 수상레저기구 등의 수색·구조·구난과 구조된 사람·선박 등 및 물건의 보호·관리·사후처리에 관한 업무를 말한다(수상에서의 수색·구조에 관한 법률 제3조).

45 수상에서의 수색·구조에 관한 법률, 제5조.

46 위의 법.

5 해양경찰 수색구조 조직

가. 중앙해양특수구조단

해양경찰청은 세월호 사고를 계기로 각종 선박의 충돌·침몰 등으로 인해 대형·특수 사고가 발생했을 때 신속하게 현장에 투입되어 특수구조 임무를 수행하기 위해 2014년 12월「중앙해양특수구조단」을 창설했다. 2015년 11월 동해(동해), 서해(목포)「지역 해양특수구조단」이 추가로 설치되었다.「중앙해양특수구조단」은 전국 해역에서 발생하는 수심 40m 이상 수중수색, 여객선 등 다중이용 선박 전복·침몰 선박사고, 선박화재 및 유해화학물질 사고 등 대형·특수해양사고에 투입할 수 있도록 항공기와 구조보트, 함정을 이용한 상시적 출동체제를 갖추고 있다.

나. 해양경찰구조대

「해양경찰구조대」는 연안에서 해양사고가 발생했을 때 신속하게 현장에 투입하여 구조 및 구급 업무를 담당하기 위해 설치되었다. 2007년 창설된 이후 전국 해양경찰서에 배치되어 관할해역의 해양사고에 대응하고 있다.「해양경찰구조대」는 구조역량 강화를 위해 해군 구조경력자 등 전문구조인력과 항공구조사를 확보하고 있다.

다. 사고현장 신속 대응

해난사고 발생 시 인명피해를 최소화하기 위해서 구조세력이 신속히 사고현장에 도착하는 것이 가장 중요하다. 해난사고는 대부분 해상여건이 나쁜 상황에서 발생하기 때문에 신속한 구조와 구급조치를 하지 않으면 조난자의 생명과 신체의 안전이 위험에 처할 가능성이 높다. 함정, 구조보트, 항공기를 이용하여 구조세력이 조난현장에 도착하는 시간이 조난자의 생명과 안전을 좌우한다.

해양경찰은 구조현장 도달시간을 최소화하기 위해 2018년부터「출동시간 목표제·도착시간 관리제」를 도입하여 시행하고 있다. 구조세력별로 출동지시 → 장비준비 및 이동 → 출동까지의 시간을 계량화하여 출동목표 시간을 설정·관리하고 있다. 또한 각 해양경찰서별로 해양사고 다발해역 총 82개소를 설정하여 최단경로를 확보하여 해양사고 대응시간을 단축하고 있다.[47]

또한 수색구조 훈련방식을 기존의 시나리오형 훈련에서 실전과 유사한 훈련 환경을 조성하여 실전형 현장훈련(FTX)을 실시하고 있다. 실전형 현장훈련은 불시에 출동 및 임무를 지시하여 현장에서 실제와 같이 실행하는 훈련방식이다.

라. 구급역량 강화

구조된 조난자나 해상이나 도서 지역에서 응급환자가 발생하였을 때 해양경찰의 경비함정과 항공기를 이용하여 육상의 병원으로 이송하고 있다. 구조된 조난자는 병원으로 신속하게 이송해야 하지만 해상의 여건상 함정으로 병원에 이송하기까지 상당한 시간이 소요된다. 이 때문에 함정이나 항공기 이송 중 응급처치를 할 수 있도록 의료장비와 응급구조사가 탑승하여 응급조치를 할 수 있는 체계가 도입되었다.

구급장비 및 의료시스템을 갖춘 경비함정·항공기는 「바다 앰뷸런스」(Marine Ambulance) 역할을 하고 있다. 해상 조난자뿐만 아니라 해양종사자와 도서민의 의료사각지대 문제를 해결하는 데 많은 도움을 주고 있다. 특히 함정에서 운용하는 「해양원격 응급의료시스템」은 전문의사가 함정에서 전송된 영상을 통해 환자의 상태를 진단하고 경찰관에게 의료지원을 하는 시스템으로서 해양에서 신속한 응급처치를 가능하게 하고 있다.

6 민간협력 체제 구축

가. 배경

국토의 4.5배에 달하는 광활한 바다에서 경비함정 한 척이 서울시의 10배에 달하는 면적을 담당하는 현실에서 해상 조난사고의 수색·구조 업무를 해양경찰 혼자서 모두 감당하기는 불가능하다. 구조세력, 장비, 접근성, 해상여건 등 여러

---

47 해양경찰청, 「2020 해양경찰백서」, 163면.

가지 요인 때문이다. 이러한 사정 때문에 인류가 바다에 진출하여 이용하기 시작하면서부터 해양종사자들의 조난자에 대한 구조와 지원은 관습적으로 형성된 도덕적·직업적 의무이다.

연안에서 선박사고 발생 시 사고해역에 인접해 있고 해역 사정에 정통한 지역 민간구조세력의 지원이 있으면 구조작업이 원활하고 효과적으로 진행될 수 있다. 이러한 사정 때문에 외국에서는 수색·구조 전문기관으로 코스트 가드가 창설된 이후에도 수색·구조 업무는 국가기관과 민간의 협력체제에서 이루어져 왔다. 특히 영연방 국가에서는 전통적으로 연안의 수색구조 업무는 자원봉사자로 이루어진 민간구조단체에서 담당하고 있다. 미국 코스트 가드(USCG)의 경우 민간자원봉사자로 구성된 「미국 코스트 가드 보조대」(USCG Auxiliary)가 수색구조의 한 축을 담당하고 있다.

나. 한국

우리나라도 이러한 필요성 때문에 1994년 통영해양경찰서를 시작으로 각 해양경찰서별로 「민간자율구조대」가 설립되어 해양경찰과 협력 네트워크를 구축해왔다. 이후 해양경찰청은 다양한 이름으로 존재하던 단체를 민간자율구조대로 통합하였고, 2012년 당시 「수난구호법」(현 「수상에서 수색 및 구조에 관한 법률」)을 개정하여 지역 해역에 정통한 주민 등 해양경찰관서에 등록되어 해양경찰의 해상구조 활동을 보조하는 사람을 「민간해양구조대원」으로 임명할 수 있는 근거를 마련하였다.

민간해양구조대원의 활발한 참여를 유도하기 위해 여러 가지 지원제도가 마련되어 있다. 민간해양구조대원이 사고현장 출동 시 수당이 지급되며 자신의 선박을 이용하여 구조활동에 참여한 경우 유류비가 지급된다. 이외에도 민간해양구조대원은 필요한 장비를 대여할 수 있고 수색구조에 관한 무상교육을 받을 수 있다.

2018년에는 「수난구호법」을 개정하여 민간해양구조대원이 아닌 민간인이 구조활동에 참여한 경우에도 동일한 수당을 지급하고 있다. 수당 외에도 활동 중 대원의 안전을 확보하고 소속감을 고취하기 위해 기동복과 구조작업 중 안전사고에 대비하여 단체 상해보험을 가입하여 치료비 등을 지원한다.

다. 한국해양구조협회

민간해양구조대원이 수난구호에 있어서 중요한 역할을 맡고 있음에도 체계적인 네트워크와 조직이 구축되지 않고 관련 교육훈련도 진행되지 않아 체계적인 구조활동에 어려움이 많았다. 민간해양구조대원들을 조직화할 전국적 단체설립의 필요성이 제기되어 왔다. 2012년 「수난구호법」 개정을 통하여 민간해양구조대원과 「한국해양구조협회」 설립을 위한 법적 근거를 마련하였다.[48]

2013년 1월 "해수면에서의 수색구조·구난기술에 관한 교육 및 조사·연구·개발, 행정기관이 위탁하는 업무 등을 수행"[49]하기 위하여 「한국해양구조협회」를 설립하였다. 한국해양구조협회는 19,419명 (2021년 2월 기준)의 개인·단체 회원과 3개 본부, 19개의 지부를 두고 전국적인 조직으로 활동하고 있다.[50]

---

48 수난구호법, 제26조에서 28조.
49 수상에서 수색 및 구조에 관한 법률, 제26조.
50 한국해양구조협회, 홈페이지 참조.

해양재난 대비·대응

1 재난대응 업무 중요성

오늘날 인류는 급격한 산업화 과정에서 과도한 이산화탄소 가스 배출로 인한 기후변화, 지구온난화로 인한 기상이변을 겪고 있다. 이로 인해 전 세계 곳곳에서 태풍, 홍수, 가뭄, 지진 등의 「자연적 재난」(natural disaster)을 겪고 있고, 「Covid-19」과 같은 「사회적 재난」(social disaster)으로 고통받고 있다. 이에 따라 안전하고 건강한 국민 삶을 확보하기 위해 재난을 예방하고 대응하는 업무가 국가정책의 우선순위가 되고 있다. 해양경찰은 해상에서의 일어나는 재난에 대한 예방·대응·구호 활동을 책임지고 있다. 해상뿐만 아니라 육상에서 일어나는 재난에 대하여도 해양경찰은 보유하고 있는 장비와 인력을 활용하여 구조 및 지원 활동을 하고 있다.

2 해양재난 관련법

가. 재난 및 안전관리 기본법

「재난 및 안전관리 기본법」에서 재난을 "국민의 생명·신체·재산과 국가에 피해를 주거나 줄 수 있는 것"이라 정의하고, 자연적 재난과 사회적 재난으로 구분하고 있다.[51] 자연적 재난은 "태풍, 홍수, 호우, 강풍, 풍랑, 해일, 대설, 한파, 낙뢰, 가뭄, 폭염, 지진, 황사, 조류 대발생, 조수, 화산활동, 소행성·유성체 등 자연우주물체의 추락·충돌, 그 밖에 이에 준하는 자연현상으로 인하여 발생하는 재해"를 말한다.

사회적 재난은 "화재·붕괴·폭발·교통사고(항공사고 및 해상사고 포함)·화생방사고·환경오염사고 등으로 인하여 발생하는 일정한 규모 이상의 피해와 국가

---

51 재난 및 안전관리 기본법, 제3조제1호.

핵심기반의 마비, 감염병 또는 가축전염병의 확산, 미세먼지 등으로 인한 피해"를 말한다. 이에 따라 「해양재난」(maritime disaster)은 위에서 열거된 자연적, 사회적 재난의 여러 유형 중 해양에서 발생하는 재난의 개념이라 이해할 수 있다. 동 법에 의하면 우리나라의 재난관리체계는 3단계로 구성되어 있다.

- 재난이 발생하기 전 국가 재난관리 정책을 수립하기 위해 국가, 광역지자체, 기초자치단체에 「안전관리위원회」를 설치한다.
- 재난이 실제 발생하였을 때에는 인명 또는 재산의 피해정도와 해당 관할 구역에 따라 재난관리 단계를 총괄·조정하기 위한 「재난안전대책본부」와 재난상황을 관리하고 수습하기 위한 「중앙사고수습본부」를 설치하도록 하고 있다.
- 인명구조와 응급조치 등 긴급구조를 위해 「긴급구조기관」을 지정하도록하고 있다.

앞에서 살펴본 바와 같이 해양에서 발생한 재난의 경우에는 해양경찰청·지방해양경찰청 및 해양경찰서가 「긴급구조기관」이 된다.[52] 해상에서 선박이나 항공기 등의 조난사고가 발생하면 긴급구조 활동에 관하여는 「수상에서의 수색·구조 등에 관한 법률」 등 관계 법령에 따라 행해진다.[53]

나. 수상에서의 수색·구조 등에 관한 법률

「수상에서 수색·구조 등에 관한 법률」에서는 조난사고를 "수상(해수면이나 내수면)에서 다음의 사유로 인하여 사람의 생명·신체 또는 선박 등의 안전이 위험에 처한 상태"로 정의하고 있다.[54]

- 사람의 익수·추락·고립·표류 등의 사고
- 선박 등의 침몰·좌초·전복·충돌·화재·기관고장 또는 추락 등의 사고

---

52 위의 법, 제3조제7호.
53 앞의 법, 제56조.
54 수상에서의 수색·구조 등에 관한 법률, 제2조제5호.

❸ 대비·대응 활동

해양경찰은 「수상에서 수색·구조 등에 관한 법률」에 따라 해상에서 자연적·인위적으로 발생하는 모든 재난으로부터 사람의 생명·신체·재산을 보호하고 효율적인 수난구호를 위해 유관기관과 협력증진과 구조장비·인력 상호지원 및 응급자재 수급을 포함하는 범국가적 「수난대비집행계획」을 수립하여 시행하고 있다. 중앙구조본부는 수난구호 협력기관 및 수난구호 민간단체 등과 공동으로 매년 수난대비 기본훈련을 실시해야 한다.[55]

---

55 앞의 법, 제5조의2.

해양경찰의
경찰임무 Ⅱ

SECTION 01 해양레저활동 안전관리

내·해수면을 포함하는 "수상(水上)에서 수상레저기구를 이용하여 취미·오락·체육·교육 등의 활동을 하는 것을 수상레저활동"이라 한다.[1] 소득 수준 향상과 다양한 여가·체험문화의 확산으로 해양에서 다양한 레저활동을 즐기는 사람들이 급속히 늘어나고 있다. 이에 따라 원거리 해양레저활동 인구도 매년 꾸준히 증가하고 있다. 친수문화 확산과 지방자치단체별로 해양관광·레저를 활성화하면서 해양레저활동은 앞으로 더욱 증가할 전망이다.

수상레저활동의 안전과 질서유지, 수상레저산업의 건전한 발전을 위하여 해양경찰청은 1999년 2월 「수상레저안전법」을 제정하여 2000년 2월부터 시행하고 있다. 「수상레저안전법」은 동력수상레저기구 이용에 대한 면허제도, 수상레저기구 등록제도, 수상레저 활동자 안전준수 의무, 수상레저 사업자의 자격요건과 안전의무 등에 대하여 규정하고 있다.

❶ 동력수상레저기구

동력수상레저기구는 "추진기관이 부착되어 있거나 추진기관을 부착하거나 분리하는 것이 수시로 가능한 수상레저기구"를 말한다.[2] 그 종류는 「수상레저안전법 시행령」(대통령령)[3]과 시행규칙(해양수산부령)에서 정하고 있다.

- 모터보트
- 세일링요트 (돛과 기관이 설치된 것)
- 수상오토바이

---

1 수상레저안전법, 제2조제1호.
2 위의 법, 제2조제4호.
3 수상레저안전법 시행령, 제2조제1항.

- 고무보트
- 스쿠터
- 공기부양정(호버크래프트)
- 수상스키
- 패러세일
- 조정
- 카약
- 카누
- 워터슬레드
- 수상자전거
- 서프보드
- 노보트
- 위의 수상레저기구와 비슷한 구조·형태 및 운전방식을 가진 것으로서 해양수산부령으로 정하는 것

시행규칙(해양수사부령)에서 정하는 것은 다음 중의 어느 하나에 해당하는 레저기구를 말한다.[4]

- 무동력 요트
- 윈드서핑
- 웨이크보드
- 카이트보드
- 케이블 수상스키
- 케이블 웨이크보드
- 수면비행선박
- 수륙양용기구
- 공기주입형 고정식 튜브
- 물추진형 보드

---

4 수상레저안전법 시행규칙, 제1조의2.

- 패들보드(물에서 노를 저어 움직이게 하는 길고 좁은 형태의 보드)
- 그 밖에 시행령에서 정한 수상레저기구와 비슷한 구조·형태 및 운전방식을 가진 것

② 동력수상레저기구 등록

동력수상레저기구 등록제도는 개인소유 수상레저기구가 증가하면서 고가 레저기구의 재산권 보호, 도난방지, 안전검사 등 체계적인 안전관리 필요성에 따라 2006년 「수상레저안전법」을 개정하여 도입되었다.[5] 등록대상 기구로는 「선박법」 상의 등록대상에 포함되지 않는 동력수상레저기구로서 다음과 같다.

- 20톤 미만의 모터보트(선내외기 포함)
- 20톤 미만의 세일링요트
- 추진기관 30마력 이상의 고무보트
- 수상오토바이(마력구분 없음)

등록은 동력수상레저기구를 소유한 날로부터 1개월 이내에 주소지 관할 지방자치단체에 하여야 한다. 소유주는 안전검사를 마친 후 검사증을 발부받아 책임보험에 가입한 후 주소지 관할 시·군·구에 등록을 하고 등록번호판을 교부받아야 한다.

③ 조종면허 제도

도로에서 자동차나 오토바이크를 운전하기 위해서는 운전면허를 취득해야하는 것과 마찬가지로 강이나 하천, 바다에서 위에 일정한 규모 이상의 동력수상레저기구를 조종하고자 하는 사람은 「조종면허」를 받아야 한다. 추진기관이

---

5 수상레저안전법, 제30조.

최대 출력이 5마력 이상인 동력수상레저기구를 이용하여 수상레저활동을 하고자 하는 사람은 면허시험에 합격한 후 「동력수상레저기구 조종면허」를 받아야 한다.[6] 조종면허는 다음과 같이 구분된다.[7]

- 일반조종면허: 제1급 조종면허, 제2급 조종면허
- 요트 조종면허

「제1급 조종면허」는 수상레저사업 종사자와 조종면허 시험대행기관의 시험관이 그 대상자이다. 「제2급 조종면허」는 동력수상레저기구를 조종하려는 사람(세일링요트 제외)이 대상이다. 요트조종면허는 세일링요트를 조종하려는 사람이 대상이다. 조종면허를 받기 위해서는 해양경찰청장이 실시하는 필기시험과 실기시험에 합격하여야 한다.

4 조종면허 대행기관

「수상레저안전법」은 면허시험, 안전검사, 교육업무를 해양경찰청장이 지정하는 기관이나 단체, 즉 「대행기관」이 대행하게 할 수 있도록 하고 있다.[8] 이에 따라 해양경찰청은 조종면허시험, 안전검사 및 교육업무를 직접 실시하지 않고 민간대행기관에 위탁하여 시행하고 있다. 관 주도의 경직성을 탈피하고 민간의 자율성과 전문성을 활용하고자 하는 목적이다. 조종면허시험은 면허시험을 대행하는 시험대행기관으로 지정된 23개 기관의 114개 조종면허대행기관에서 실시하고 있다.[9]

---

6 수상레저안전법, 제4조제1항.
7 위의 법, 제4조제2항.
8 위의 법, 제14조.
9 해양경찰청, 「2020 해양경찰백서」, 171면.

SECTION 02   해상교통 안전 및 질서유지

■ 선박교통관제(VTS)

가. VTS 중요성

전 세계 화물수송의 80%는 해상으로 이루어지고 개발도상국에서는 그 비율이 더 높다.[10] 특히, 한반도 주변의 동북아 해역에서는 수출입화물, 에너지 자원, 유해물질(HNS)을 운송하는 대형선박의 통항이 증가하고 있어서 대형사고 발생의 위험성이 높아지고 있다. 대형해난사고가 빈번히 발생하면서 선박의 안전한 통항을 위한 VTS의 중요성이 커졌다. VTS는 "선박교통의 안전을 증진하고 해양환경과 해양시설을 보호하기 위하여 선박의 위치를 탐지하고 선박과 통신할 수 있는 설비를 설치·운영함으로써 선박의 동정을 관찰하며 선박에 대하여 안전에 관한 정보 및 항만의 효율적 운영에 필요한 항만운영정보를 제공하는 것"을 말한다.[11] 즉, VTS는 선박위치 탐지, 선박 모니터링, 항해 및 항만운영 정보를 제공하는 기능을 한다.

나. 국제 가이드라인

국제해사기구(IMO)는 VTS 업무의 중요성을 인식하여 「1985 VTS 가이드라인」(Guidelines for Vessel Traffic Services)을 대체하는 1997년 「IMO 결의안 A. 857(20)」으로 새로운 VTS 가이드라인을 채택하였다. 가이드라인에서는 VTS 서비스 제공이 적합한 경우를 다음과 같이 정하고 있다.[12]

---

10   United Nations Conference on Trade and Development (UNCTAD), 「Review of Maritime Transport 2021」, at https://unctad.org/webflyer/review−maritime−transport−2021.

11   선박교통관제에 관한 법률, 제2조제1호.

12   IMO, Res. A. 857(20) Guidelines for Vessel Traffic Services, 3.2.2.

- 교통 밀집(high-traffic density)
- 위험화물 운송 교통
- 반대되고 복잡한 교통패턴
- 어려운 수로 및 기상 요소
- 모래톱 이동과 여타 위험요소
- 환경적 요인고려
- 수상활동으로 해상교통 방해
- 해양재난 기록
- 선박 통항이 제한되는 좁은 해협, 항만지형, 교량과 유사한 곳

IMO 가이드라인은 「항만 VTS」(Port/Harbor VTS)와 「연안 VTS」(Coastal VTS)로 구분하고 있다.[13] 항만 VTS는 항만에 입출항하는 선박에 교통관제 서비스를 제공하는 것이고, 연안 VTS는 안안 해역을 항행하는 선박에 교통관제 서비스를 제공하는 것이다. 양자를 결합한 형태의 VTS도 있다. 제공하는 서비스는 VTS 유형에 따라 차이가 있다. 「항만 VTS」는 항해지원 서비스와 교통조직(traffic organization) 서비스를 제공하고 「연안 VTS」는 정보서비스가 제공된다.

VTS 참여는 관련 법령에 따라 자발적이거나 강제적일 수 있다. 가이드 라인은 항해와 선박운용 사항의 결정은 선장에게 있음을 명확히 하고 있다.[14] VTS의 이점은 선박 식별과 모니터링, 선박 이동의 전략적 계획과 항해정보 제공, 해난사고 시 신속한 조치와 지원을 할 수 있다는 점이다. 또한 오염예방과 오염방제 조정을 지원할 수 있다. 2000년 채택된 개정 「SOLAS 협약」 제5장에서 VTS 관련 당사국의 의무사항을 정하고 있다.[15]

- 당사국 판단으로 교통량, 위험도가 교통관제 서비스를 제공해야 할 정도인 경우 VTS 설치를 위한 준비 실행
- VTS 설치를 계획하고 실행하는 당사국은 가능한 한 IMO 가이드라인을 준수하고, VTS 사용 의무화는 연안국 영해 내에서만 가능
- 자국 선박의 VTS 참여와 교통관제 준수

---

13 위의 가이드라인, 2.1.2.
14 위의 가이드라인 2.6.2.
15 SOLAS Chapter 5, Regulation 12 (Vessel Traffic Services).

다. VTS 현황

초기 VTS는 유럽에서 시작되었으나 선박 교통안전의 중요성이 증가되면서 전 세계로 확산되었다. 우리나라에서 VTS는 1993년 포항 VTS를 시작으로 전국의 주요항만과 연안에 순차적으로 설치되었다. 현재 20개소(항만 15, 연안 5)의 VTS를 운영하고 있다(2022년 기준).

▌표 1 전국 VTS 센터 현황

항만 VTS(15개소)	대산, 인천, 경인, 여수, 완도, 목포, 군산, 울산, 부산, 부산신항, 마산, 동해, 포항, 제주
연안 VTS(5개소)	경인연안, 태안연안, 진도연안, 여수연안, 통영연안

우리나라 선박교통관제 면적은 28,452km²로 영해 면적(86,004km²)의 32.7%이다. 선박관제 구역은 항만에서 사고위험성이 높은 연안 해역으로 확대되고 있다. 앞으로 목포·군산 연안(18~22년), 제주·서귀포(20~23년), 동해·포항 연안(21~25년)으로 연안 VTS 구역을 확대할 계획이다.[16] VTS의 주요장비는 선박을 탐지하는 레이더(Radar), 선박자동식별장치(AIS), 선박과 통신할 수 있는 초단파 무선전화(폴) 등 11종 1,554대를 운용하고 있다.[17]

라. VTS 관련 법률

과거의 선박교통관제는 「해사안전법」 및 「선박입출항법」 두 개의 법에 근거를 두고 있었다. 그러나 시행근거 등 최소한의 사항만을 규정하고 있어서 법적 기반이 미약하고, 법률 소관은 해양수산부, 실제 업무는 해양경찰청이 담당하는 문제점이 있었다. 이러한 사정에서 관제환경 변화에 맞춰 적기에 법률의 정비가 곤란함에 따라 전문화된 통합 법률의 필요성이 제기되어 왔다. 이에 따라 2019년 12월 「선박교통관제에 관한 법률」이 제정되어 2020년 6월부터 시행되고 있다.

선박교통관제를 실시하는 대상 선박, 즉 「관제대상선박」은 「선박교통관제에 관한 법률」과 동 법의 위임에 의하여 해양경찰청 고시로 정하고 있다. 동 법에

---

16 해양경찰청, 「2020 해양경찰백서」, 133면.
17 위의 백서, 131면.

서는 다음과 같이 관제대상선박을 정하고 있다.

- 국제항해에 취항하는 선박
- 총톤수 300톤 이상의 선박(국내항 사이만을 항행하는 내항어선은 제외)
- 위험화물운반선
- 그 밖에 관할선박교통관제구역에서 이동하는 선박의 특성 등에 따라 해양 경찰청장이 고시하는 선박

법률의 위임에 따라 해양경찰청장은 구체적으로 관제대상선박을 고시로 정하고 있다.

선박교통관제대상 선반(선박교통관제에 관한 규정, 해양경찰청 고시 제2021-2호(2021.3))

- 국제항해에 종사하는 선박
- 총톤수 300톤 이상의 선박(내항어선 제외)
- 위험화물운반선
- AIS를 설치한 예인선
- 여객선
- 총톤수 2톤 이상의 AIS를 설치한 유선
- 총톤수 300톤 미만의 AIS 설치한 선박 중 다음 하나에 해당하는 선박
  - 예선, 급수선, 급유선, 도선선, 통선(항만 VTS만 해당)
  - 공사 또는 작업에 종사하는 선박
  - 해양조사선, 순찰선, 표지선, 측량선, 어업지도선, 시험조사선 등 행정목적으로 운영하는 관공선

마. 관제사의 통제와 선장의 의무

해양경찰청장은 관할 선박교통관제구역에서 「선박교통관제에 관한 법률」 제14조의 규정에 따라 관제대상선박이 따라야 할 선박교통관제에 관한 규정을 고시하고 있다.

- 관제제대상선박의 선장은 VTS의 지시에 따라야 한다. VTS 지시에 따를 경우 선박을 안전하게 운항할 수 없는 명백한 사유가 있는 경우에는 따르지 아니할 수 있다. 그러나 선장은 선박교통관제에도 불구하고 안전운항에 대

한 책임은 선장에게 있다.

- 관제대상선박의 선장은 선박교통관제구역을 출입하려는 때에는 관할 VTS 에 신고하여야 한다. 신고사항을 선박자동식별장치(AIS) 등에 입력하여 관할 선박교통관제관서에서 이를 확인할 수 있는 경우 해당 정보를 신고한 것으로 본다.

▌표 2 VTS 신고사항 (교통관제에 관한 법률 시행령 제8조)

진입신고	진출신고
• 선박명, 호출부호, 통과위치 • 정박지 또는 계류시설에 입항하는 선박의 경우에는 입항 예정 시각, 입항 시각 및 입항 장소 • 그 밖에 해양경찰청장이 정하는 사항	• 선박명, 통과위치 • 정박지 또는 계류시설에서 출항하는 선박의 경우에는 출항 예정 시각, 출항 시각 및 출항 장소 • 그 밖에 해양경찰청장이 정하는 사항

- 관제대상선박의 선장은 선박교통관제구역을 출입·이동하는 경우 무선설비 와 관제통신 주파수를 갖추고, 관제통신을 항상 청취·응답하여야 한다. 통신의 장애로 인하여 지정된 주파수로 통화가 불가능할 때에는 휴대전화 등 다른 통신주파수를 이용하여 보고할 수 있다.
- 관제대상선박의 선장은 항로상 장애물이나 해양사고 발생 등으로 선박교통 의 안전을 해치거나 해칠 우려가 있다고 인지한 경우에는 VTS에 신고하여 야 한다.
- 관제대상선박의 선장은 다음의 선박교통관제 관서의 선박운항통제에 따라 야 한다.
  - 선박교통관제구역 내 기상특보(풍랑·폭풍해일·태풍)가 발효되거나 시계가 500m 이하로 불량한 경우
  - 선박의 출항이 통제된 경우

바. VTS 개선을 통한 사고예방

기존의 항만물류 및 선박통항 안전관리 중심의 VTS 업무에서 각종 첨단장비를 통해 기존의 상황관리, 수색구조, 위법선박 단속 등 사후처리 업무에 더해 선제적으로 위험성을 예측하고 사전에 사고를 예방하는데 중점을 두고 있다. 사고예방 위주의 업무개선을 통해 「사고예방 – 상황관리 – 수색구조 – 법 위반 단속」에 이르기까지 해상에서 일어날 수 있는 전반적인 상황을 관리할 수 있게 되었다.[18]

특히, 해상에서 음주운항 선박 적발을 위하여 「선박교통관제 기술개발단」을 설치하였고, 음성인식 및 AI 기술을 접목하여 운항자의 음주운항 및 각종 항행법규 위반 선박들을 사전에 발견, 조기에 조치하여 해양사고를 예방하고 있다.[19] 관제구역내를 통항하는 관제대상선박 등의 위치와 속력을 포함한 AIS 레이더 신호, 교신음성 등은 실시간으로 저장된다. 저장된 자료는 불법조업 선박 적발, 사고 발생 후 수사업무 및 해양안전 심판 등에 중요한 자료로 활용된다.[20]

또한 관제구역을 통항하는 북한 기항선박, 북한 편의치적 선박 등 북한 관련 선박에 대한 실시간 선박 동정 감시 및 선제적 관리로 해양안보 체계 구축에 기여하고 있다.[21]

② 해상교통질서 유지

가. 해상교통경찰 업무

육상에서 도로와 마찬가지로 광활한 바다에서도 선박들은 일정한 통항로를 따라 해상교통 규칙을 준수하며 운항한다. 충돌 등 운항 중 발생할 수 있는 선박 간 사고를 예방하고 교통질서를 유지하기 위해서는 선박 통항 규칙, 즉 항법절차의 준수가 필수적이다. 특히, 좁은 해협, 복잡한 해상지형, 조류와 파고가

---

18 해양경찰청, 「2020 해양경찰백서」, 136면.
19 위의 해양경찰백서.
20 위의 해양경찰백서.
21 위의 해양경찰백서.

센 해상, 해상교통 밀집해역 등 사고다발성 해역에서 항법 절차의 엄격한 준수가 더욱 필요하다.

해양경찰은 원활한 해상교통의 촉진과 사고예방을 위해 해상교통질서를 유지하는 해상교통경찰의 기능을 수행한다. 앞에서 설명한 바와 같이 해양경찰은 「선박교통관제」(VTS)를 통해 통항하는 선박의 움직임을 모니터링하고, 항법 규칙 준수, 안전조치 의무시행 여부 등을 감시한다.

또한 해상경비 활동으로 음주운항, 과속운항, 과적·과승, 식별장치 미운용 등 사고유발요인을 단속하거나 항로상 장애물 등 사고위험요인을 파악하여 사고를 예방하는 역할을 한다.

나. 해상교통 관련 국제협약

1912년 「타이타닉」호 침몰사고에 따라 대서양 연안국들은 1913년 「해상인명안전회의」(International Conference for the Safety of Life at Sea)를 개최하여 「SOLAS 협약」을 채택하였다. 동 협약 제3장(항해의 안전)으로 「충돌방지규칙」을 제정하였으나 제1차 세계대전이 발발하면서 실행되지 못하였다.[22] 1929년 제2차 해상인명안전회의에서 「SOLAS 협약」의 제2부속서로 채택되었으나 이 역시 제2차 세계대전이 발발하면서 실행되지 못하였다.

1948년 영국 런던에서 「국제해상인명안전회의」가 다시 개최되었고 「SOLAS 협약」 및 「국제해상충돌예방규칙」이 채택되었다. 1972년 정부간해사자문기구는 「SOLAS 협약」에서 분리하여 「1972년 국제해상충돌예방규칙」(International Regulations for Preventing Collisions at Sea, 1972)으로 채택하였다. 우리나라는 1977년에 동 협약을 비준하였으나, 국내법을 제정하지 않고 규칙을 그대로 사용하다가 1986년 「해상교통안전법」을 제정하였다.

「1972년 국제해상충돌예방규칙」은 Part A에서 Part B까지 다섯 개의 장과 4개의 부속서로 구성되어 있다. 본문은 제1장 총칙(적용범위, 책임, 정의), 제2장 항법(제4조~제19조), 제3장 등화 및 형상물(제20조~제31조), 제4장 음향 및 발광신호(제32조~제37조), 제5장 경과규정으로 구성되어 있다. 부속서는 다음과 같이 구성되어 있다.

---

22 이윤철, 「국제해사협약」(다솜출판사, 2013), 216면.

- 부속서 Ⅰ: 등화 및 형상물의 배치와 기술상의 명세
- 부속서 Ⅱ: 근접하여 어로작업을 하고 있는 어선의 부가신호
- 부속서 Ⅲ: 음향신호 장치의 기술적인 명세
- 부속서 Ⅳ: 조난신호

다. 국내법 수용

우리나라는 1977년 「1972년 조약」을 비준하였고, 1986년 「해상교통안전법」(2011년 「해사안전법」으로 변경)을 제정하여 국내법으로 수용하였다. 「해사안전법」은 "선박의 안전운항을 위한 안전관리체계를 확립하여 선박항행과 관련된 해사안전 증진과 선박의 원활한 교통 확보를 목적"으로 한다.[23] 「해사안전법」은 7장 109개 조문으로 구성되어 있으며, 해상의 안전관리, 항법 등 해사안전관리에 관한 사항을 총괄적으로 규정하고 있다.

「해상교통안전법」을 2011년 「해사안전법」으로 전면 개정한 이유는 「국제해사기구」(IMO)의 회원국 감사제도에서 요구하고 있는 해사안전정책의 수립·시행·평가 및 환류체계를 확립함으로써 해사안전정책의 실효성을 높이기 위함이다. 또한 「유엔해양법협약」 등에서 연안국의 권한으로 규정하고 있는 영해 밖 해양시설의 안전관리에 관한 사항 및 난파물 처리에 관한 사항 등을 수용하기 위해서이다.

❸ 음주운항 단속

가. 음주운항의 위험성

육상에서와 마찬가지로 해양에서 음주운항으로 인한 사고는 심각한 인적·물적 피해를 유발한다. 음주운항 사고는 선박 충돌이나 다른 대형 해난사고로 이어질 수 있고 기름유출 등 해양환경오염을 유발할 수 있다. 최근 5년간 음주운항으로 적발된 선박 중 어선이 60%로 가장 높은 비중을 차지하고 있다. 해양경

---

23 해사안전법, 제1조.

찰은 2019년 2월 발생한 화물선의 광안대교 충돌사건 이후 상대적으로 음주단속 사각지대에 있던 화물선에 대한 음주단속을 강화하고 있다.[24]

나. 실정법상 음주운항 금지

「해사안전법」 제41조에서는 음주운항을 금지하고 있다. "술에 취한 상태에 있는 사람은 선박의 조타기를 조작하거나 조작할 것을 지시하는 행위를 하거나 도선을 해서는 안 된다."「해사안전법」에서 술에 취한 상태의 기준은 혈중알코올농도 0.03퍼센트 이상으로 규정하고 있다.[25]

1998년 「해상교통안전법」 개정으로 주취운항금지 규정이 신설될 때 혈중알콜농도 기준은 0.05퍼센트 이상이었으나, 2014년 개정으로 주취운항기준을 강화하였다. 한편 2013년 개정으로 운항자와 도선사가 마약물이나 환각물질을 복용한 상태로 선박의 조타기를 조작하거나 조작할 것을 지시하는 행위나 도선을 금지하는 규정을 신설하였다.[26]

▌표 3 선종별 음주운항 단속현황[27]

구분	계	유·도선	화물선	여객선	낚시어선	어선	예부선	기타
계	567	3	16	3	23	342	52	128
15년	131	1	4	–	8	82	16	20
16년	117	–	4	2	4	70	11	26
17년	122	1	–	–	2	84	8	27
18년	82	–	1	–	1	48	7	25
19년	115	1	7	1	8	58	10	30

※ 기타: 수상레저기구, 통선 등

---

24 해양경찰청, 「2020 해양경찰백서」, 147면.
25 해사안전법, 제41조제5항.
26 위의 법, 제41조의2.
27 해양경찰청, 「2020 해양경찰백서」, 147면.

④ 다중이용선박 안전관리

가. 다중이용선박

다중이용선박은 다수의 승객을 태우고 운항하는 선박으로 유선, 도선, 여객선, 크루즈선, 낚시어선 등이 포함된다. 다중이용선박은 다수의 승객이 승선하고 있기때문에 고립된 해상에서 사고가 발생하면 많은 인명피해를 초래할 수 있다. 「Covid-19」 사태에서 볼 수 있듯이 장기간 수백 명의 인원이 밀폐되고 격리된 공간에서는 생활하는 크루즈선과 같은 다중이용선박은 전염병에 취약할 수 있다. 해양경찰은 사고예방을 위해 행락철이나 사고취약 시기에 다중이용선박에 대한 서류점검, 선박 상태, 장비, 사고취약요인에 대한 점검을 실시하고 있다.

나. 유선·도선 안전관리

유선사업은 "유선 및 유선장을 갖추고 수상에서 고기잡이, 관광, 그 밖의 유락을 위하여 선박을 대여하거나 유락하는 사람을 승선시키는 것을 영업으로 하는 것"을 말한다.[28] 도선사업은 "도선 및 도선장을 갖추고 내수면 또는 바다목에서 사람을 운송하거나 사람과 물건을 운송하는 것을 영업으로 하는 것"을 말한다.[29]

이 두 사업은 「유선 및 도선사업법」의 적용을 받지만, 유선 및 도선은 선박으로서 「선박안전법」, 「선박법」, 「선박직원법」, 「해사안전법」 등의 적용을 받는다. 다만, 「해운법」의 적용을 받지 않는다. 해양경찰은 2015년부터 내·외부 전문가로 구성된 「해양안전 기동점검단」을 운영하며 취약시기에 선박서류, 각종 장비 비치·관리실태 및 사고취약요인을 현장에서 점검하고 있다.[30]

다. 낚시어선 안전관리

낚시어선업은 10톤 미만의 어선 가운데 일정한 요건을 갖추고 "낚시인을 승

---

28 유선 및 도선 사업법, 제2조.
29 위의 법.
30 해양경찰청, 「2020 해양경찰백서」, 146면.

선시켜 낚시터로 안내하거나 낚시어선에서 낚시를 할 수 있도록 하는 영업"을 말한다.[31] 낚시어선업으로 신고된 낚시어선은 전국에 총 4,593척(19년 12월 기준)으로 남해권 1,464척, 중부권 1,270척, 동해권 448척, 제주권 229척 순이다. 국민소득 증대, 레저문화 확산, 낚시를 주제로 한 대중매체의 영향으로 낚시어선 이용객은 지속적으로 증가하고 있다. 2019년 낚시어선 이용객은 481만 명으로 2015년 281만 명과 대비하여 약 58% 증가하였다.[32]

낚시 인구가 늘어나고 낚시어선업자 간 경쟁도 치열해지면서, 좋은 지점을 선점하기 위해 과속, 과승 행위, 부주의한 운항 등으로 낚시어선 사고도 빈번히 일어나고 있다. 낚시어선은 수십 명의 낚시객이 타고 있기 때문에 사고 발생 시 다수의 인명피해가 발생할 가능성이 높다. 이에 따라 해양경찰은 출항시부터 과승 단속, 인명구조 시설·장비 점검, 낚시 지점으로 이동하는 과정에서 과승과 영업 구역위반 등을 단속하고 있다.

5 위험화물 운반선박 안전관리

가. 위험화물 운반선

위험화물 운반선은 "선체의 한 부분인 화물창이나 선체에 고정된 탱크 등에 다음의 위험물을 싣고 운반하는 선박"을 말한다.[33]

- 화약류로서 총톤수 300톤 이상의 선박에 적재된 것
- 고압가스 중 인화성 가스로서 총톤수 1천 톤 이상의 선박에 산적된 것
- 인화성 액체류로서 총톤수 1천 톤 이상의 선박에 산적된 것
- 200톤 이상의 유기과산화물로서 총톤수 300톤 이상의 선박에 적재된 것
- 고압가스 및 인화성 액체류를 산적한 선박에서 해당 위험물을 내린 후 선박 내에 남아 있는 인화성 가스로서 화재 또는 폭발의 위험이 있는 것

---

31 낚시 관리 및 육성법, 제2조.
32 해양경찰청, 「2020 해양경찰백서」, 147면.
33 해사안전법 제2조 및 동 법 시행규칙, 제2조.

「SOLAS 협약」에서는 포장형태의 핵연료, 플루토늄과 고준위 방사능 폐기물 운송 선박은 「국제 핵연료, 플루토늄, 고준위 방사능 폐기물의 선박운송 코드」(The International Code for the Safe Carriage of Packaged Irradiated Nuclear Fuel, Plutonium and High-Level Radioactive Wastes on Board Ships)의 규정과 「국제해사위험물 코드」(The International Maritime Dangerous Goods Code)의 관련 요건을 준수하도록 하고 있다.

위험화물 운반선박은 석유, 천연가스, 「위험유해물질」(HNS)과 같은 인화성 가스 또는 폭발성 물질을 적재하고 있기 때문에 운항이나 계류 중 사고 발생 위험성이 높다. 위험물 운반 선박에서 사고가 발생하면 폭발, 유해물질 배출, 해양 오염을 유발하고 큰 인명 및 재산피해를 초래할 수 있다. 항만 계류 중인 위험물운반선에서 화재나 폭발 사고가 발생하면 정박 중인 타 선박과 위험물질을 보관 중인 항만시설에 연쇄 폭발로 이어질 수 있어 항만과 주변지역에 재난적 피해를 입힐 수 있다.

※ 위험화물운반선 사고사례

유조선, 부두 송유관 충돌사건(2014.1.31)	울산 케미컬운반선 폭발 사건(2019.9.28)
여수시 원유 부두에서 싱가포르 국적의 유조선 「W호」(16만여 t급)가 석유업체의 송유관을 충돌했다. 도선사 2명과 접안선 4대의 도움을 받아 접안을 시도하던 중 정상 항로에서 왼쪽으로 약 30도 가량 벗어나 부두로 돌진해 송유관을 들이받았다. 사고 직후 곧바로 송유관을 잇는 밸브를 잠갔지만 파손된 배관 3곳에 남아있던 기름이 유출돼 바다로 흘러나갔다. 송유관에서 16만 4000리터의 기름이 유출돼 인근 바다를 빠르게 오염시켰고 옅은 기름막이 사고 지점에서 20㎞가량 떨어진 한려해상 국립공원 오동도 주변까지 확산됐다. 사고를 낸 유조선이 접안 당시 지켜야 할 안전속도(2~3노트)를 무시하고 약 7노트의 속도로 무리하게 접안을 시도해 충돌한 것이 사고 원인으로 밝혀졌다.	울산 염포부두에 정박 중이던 케이맨 제도 선적 화학운반선 「스톨트 그로엔랜드」 탱크에서 폭발이 발생하여, 인근에 정박했던 싱가포르 선적 「바우달리안」호에 불이 옮겨붙으면서 폭발이 발생하였다. 두 선박 선원 46명은 구조됐지만 선원 3명 등 17명이 다쳤다. 「스톨트 그로엔랜드」호에는 인화성 강한 스틸렌과 아클릴로나이트릴 등 14종의 석유화학물질 2만7,117톤이 적재되어 있었다. 화재 당시 폭발과 함께 100여m 높이로 치솟은 불기둥에 울산대교를 지나던 차량이 위협을 느끼면서 부두 인근 도로는 물론 통행도 전면 통제됐다. 추가폭발 및 화학물 오염·중독 등을 우려해 화재현장에서 직선 500m까지 주민들을 격리시켰다.

나. 위험화물 운반선박 안전관리

위험화물 운반선박의 사고 예방을 위해 VTS을 통한 감시, 사고발생 시 함정·구조대 등의 신속한 현장 출동으로 인명피해를 최소화하고 있다. 해양경찰서장은 위험화물 운반선이 「교통안전 특정해역」을 항해하려는 경우 선박안전을 확보하기 위해 필요한 경우, (1) 통항시각의 변경, (2) 항로의 변경, (3) 제한된 시계의 경우 선박의 항행 제한, (4) 속력의 제한, (5) 안내선의 사용 등을 명할 수 있다.[34]

---

34 해사안전법, 제11조.

SECTION 03 해양범죄 예방·진압·수사

1 해양 · 수산 범죄 수사

가. 해양범죄 수사

해양경찰은 일반수사권을 가지는 일반사법경찰으로서 육상경찰과 동일하게 범죄 예방·진압·수사에 관한 권한을 행사하고, 해양경찰관은 「형사소송법」에 따른 일반사법경찰관리로서 형사사법에 대한 동일한 권한을 가진다. 해양경찰은 해상에서 발생한 범죄나 해양·수산 관련 범죄에 수사관할권을 가진다는 차이가 있을 뿐이다. 해양범죄는 육상에서 발생하는 일반범죄에 비해서 발생빈도가 낮고, 해상에서 발생할 경우 광활한 범위와 해류의 이동 때문에 증거의 오염 가능성이 높다. 해양범죄는 국제성을 뛰고 있어 일반범죄에 비해 전문성을 갖추지 않으면 처리하기가 쉽지 않다.[35] 또한 해양범죄는 그 규모가 크고 피해 정도가 광범위하며 즉각적인 현장임장수사가 힘들고 범죄의 증거수집이나 목격자의 확보가 어렵기때문에 실체적 진실을 파악하고 수사를 뒷받침해 줄 수 있는 과학수사의 역할이 매우 중요하다.[36]

나. 해양범죄의 개념과 유형

해양범죄는 육상범죄와 달리 법률적·학문적 개념은 아니지만, '해양과 관련된 법질서 위반행위'라고 할 수 있다. 범죄의 발생지를 기준으로 다음의 범죄를 포함하는 개념이라 할 수 있다.[37]

---

35 김재운, 「해양범죄의 수사역량 강화를 위한 해양경찰 수사교육전문화에 관한 연구」(2014), 12(6), Journal of Digital Conference.
36 최정호, 「해양범죄와 해양경찰의 과학수사」(2012), 해양환경안전학회 추계학술발표대회.
37 최정호, 위의 논문.

- 지리적으로 해양에서 발생한 범죄
- 해양에서 발생하여 육상으로 또는 육상에서 발생하여 해양으로 이어지는 범죄
- 해양에 영향을 미치는 범죄

일본 해상보안청 「범죄수사규범」[38]에서는 해상범죄를 "해상에서 행해지는" 또는 "시작되는" 또는 "해상에 영향을 미치는 범죄"라고 정의하고 있다.

'해상범죄'와 '해양범죄'는 흔히 혼용하여 사용된다. 그러나 엄밀하게 개념 구분을 하면 해상범죄는 범죄 발생 장소가 해상이라는 지리적 조건을 가지고 있는 범죄이다. 이에 비하여 해양범죄는 해상범죄보다 넓은 개념으로서 해양과 연관성이 있는 범죄로 해양이 주된 조건이기는 하지만, 범죄가 발생한 곳이 반드시 해상일 필요는 없다. 여기서는 포괄적인 의미로 「해양범죄」를 사용하기로 한다.

예컨대 항행하는 선박에서 살인이나 폭행, 무허가 조업은 해상범죄인 동시에 해양범죄이지만, 어업보조금·면세유 관련 부정수급이나 횡령·배임 사건은 반드시 해상이라는 지리적 조건을 수반하지 않을 수 있으므로 해양범죄로 보아야할 것이다.[39] 해양범죄는 구분하는 기준에 따라 여러 가지 유형으로 분류할 수 있다. 범죄가 성립하기 위해서는 일반적으로 법률에 규정되어 있는 내용이 가장 기초적인 근거가 되므로, 적용되는 법률에 따라 (1) 형법상 해양범죄, (2) 행정법상 해양범죄, (3) 국제법상 해양범죄로 구분할 수 있다.[40]

다. 해양범죄 수사기관

해양범죄 수사기관은 「일반사법경찰관리」와 「특별사법 경찰관리」로 구분된다. 해양범죄에 대한 일반사법경찰관리로는 해양경찰과 검사가 있다. 특별사법경관리에는 어업감독공무원, 선장과 해원, 선원근로감독관, 등대에서 근무하는 국가공무원이 있다.

---

38 일본 해상보안청, 「범죄수사규범」, 제2조제9호.
39 차훈진·정우일, 「해양범죄의 현황 및 그 대응방안」(2011), 한국범죄심리연구 제7권 제1호.
40 최정호, 앞의 논문.

1) 일반사법경찰관리

해양경찰은 해양범죄를 수사하는 대표적 일반수사기관이다. 검사는 범죄의 혐의가 있다고 사료하는 때에는 범인, 범죄사실과 증거를 수사한다.[41] 2018년 6월 「검·경 수사권 조정합의」에 따라 「형사소송법」을 개정하여 그 내용을 반영하였다. 2020년 2월 개정된 「형사소송법」에서는 검사와 사법경찰관은 수사, 공소제기 및 공소유지에 관하여 서로 협력하도록 하도록 하고 있다.[42] 검사의 사법경찰관에 대한 수사지휘권이 폐지되고, 사법경찰관은 범죄의 혐의가 있다고 사료하는 때에 범인, 범죄사실과 증거를 수사하도록 하고 있다.[43]

대신 검사는 (1) 송치사건의 공소제기 여부 결정 또는 공소의 유지, (2) 사법경찰관이 신청한 영장의 청구 여부 결정에 관하여 필요한 경우에 사법경찰관에게 보완수사를 요구할 수 있다.[44] 또한 검사는 사법경찰관리의 수사과정에서 법령위반, 인권침해 또는 현저한 수사권 남용이 있는 경우 수사기록 송부를 요구할 수 있고 시정조치를 할 수 있다.[45] 특별사법경찰관은 모든 수사에 관하여 검사의 지휘를 받는다.[46]

2) 특별사법경찰관

특별사법경찰관은 「형사소송법」과 「사법경찰관의 직무를 행할 자와 그 직무범위에 관한 법률」에 따라 특별한 사항에 한정하여 수사권을 갖는 일반공무원이나 선장을 「특별사법 경찰관리」라고 한다. 해양, 산림, 식품, 환경, 보건, 세무 등 전문성이 요구되는 특정 분야에 대하여 해당 분야의 전문적 지식을 갖춘 공무원에게 사법경찰권을 부여하여 검사의 지휘를 받아 직접 수사한 후 사건을 검찰에 송치하는 제도이다. 해양과 관련된 특별사법 경찰관리는 다음과 같다.

---

41 형사소송법, 제196조.
42 형사소송법, 제195조.
43 위의 법, 제196조.
44 위의 법, 제197조의2.
45 위의 법, 제197조의3.
46 위의 법, 제245조의10.

A. 어업감독공무원

어업감독공무원은 특별사법경찰관리로서 관할구역에서 발생하는 「수산업법」, 「어자원보호법」, 「수산자원관리법」에서 규정된 범죄에 대하여 범죄수사 권한이 있다.

B. 선장과 선원

해선(총톤수 20톤 이상 또는 적석수 2백 석 이상의 것) 안에서 발생하는 범죄에 관하여는 선장은 사법경찰관의 직무를, 사무장 또는 갑판부, 기관부, 사무부의 해원 중 선장의 지명을 받은 자는 사법경찰리의 직무를 수행한다.[47]

C. 선원근로감독관

「선원법」에 따른 선원근로감독관은 그의 관할 구역에서 발생하는 선박소유자와 선원의 「선원법」 또는 「근로기준법」에서 규정한 범죄에 관하여 사법경찰관의 직무를 수행한다.[48]

D. 해양환경 단속공무원

해양수산부와 그 소속기관, 광역 및 자치단체에서 해양환경 관련 단속사무를 담당하는 4급부터 9급까지의 공무원 중 소속관서장의 제청에 의하여 그 근무지를 관할하는 지방검찰청검사장이 지명하는 자는 사법경찰관리의 직무를 행한다.[49]

E. 등대에 근무하는 국가공무원

등대에서 근무하며 등대 사무에 종사하는 6급부터 9급까지의 국가공무원 중 관서장의 제청에 의하여 검사장이 지명하는 공무원은 등대 내에서 일어나는 범죄에 대하여 사법경찰관리의 직무를 행한다.[50]

---

47 사법경찰관리의 직무를 수행할 자와 그 직무범위에 관한 법률, 제7조.
48 위의 법, 6조의2제3항.
49 사법경찰관리의 직무를 수행할 자와 그 직무범위에 관한 법률, 제5조제37호.
50 위의 법, 제5조제10호.

F. 해군함정의 승무장교와 사병

「어업자원보호법」제4조에 의하여 해군함정의 승무장교, 사병은 동 법에서 규정한 해양어업자원을 보호하기 위한 관할수역 위반행위의 범죄수사에 사법경찰관리의 직무를 행한다. 관할수역을 위반한 범죄수사에 있어서는 해군함정의 승무장교, 사병 기타 대통령령으로 정하는 공무원이 사법경찰관리의 직무를 행한다. 범죄수사에 있어서 필요하다고 인정한 때에는 범칙 선박의 회항을 명할 수 있고, 위반 혐의가 있다고 인정한 때에는 단순한 통과선박일지라도 정지시키고 임검, 수색 기타 필요한 처분을 할 수 있다.[51]

라. 해양범죄의 특징

1) 국제성

해양범죄의 다수는 국제적 성격을 띄고 있다. 즉, 범죄나 범죄 종사자가 두 나라 이상에 관련되는 문제라는 것이다. 국가들이 해양으로 연결되어있고 선박은 선적, 선원의 국적, 화물소유주, 기항지 등 국가 간의 구성이 복잡하게 연관되어 있기 때문이다. 이러한 사정 때문에 수사와 관련해서 국가들 사이에 수사 및 재판관할권이 중복되고 범죄 피해도 여러 나라에 연관되는 경우가 많다.

외국 어선의 불법조업, 외국 선박의 오염물질 배출 등이 모두 국제성을 띄고 있는 범죄들이다. 특히 밀수, 밀입국, 해적행위와 같은 국제성 해양범죄 또는 「초국가적 범죄」(transnational crime)는 「국제범죄 조직」(syndicate)이 범죄를 기획·실행하는 경우가 많기 때문에 조직성을 띈다. 해상과 관련된 국제해양범죄 조직원은 대부분 어느 한 국가의 영토적 한계를 넘나들면서 조직적으로 범죄를 수행하고 있다.[52]

2) 대형화 및 파급효과의 광범위성

해양에서 일어나는 범죄는 일반범죄에 비해 범죄발생 빈도는 낮지만 대규모이고, 사회적·경제적·환경적 파급효과가 크다. 선박이 대형화, 첨단화하고 위험

---

51 어업자원보호법, 제3조.

52 노호래, 「해양범죄의 유형분석과 대응방안」(2011), 42, 한국공안행정학회보.

화물의 교통량이 증가함에 따라 범죄 규모와 피해 규모도 함께 대형화하고 있다. 운항 중 충돌이나 좌초로 인한 기름유출사고의 경우 사고의 규모와 피해가 막대하다. 우리나라의 대형 해양오염사고는 1995년 여수 인근 해상에서 발생한 「씨프린스」(Sea Prince)호 사고[53]와 2007년 태안 해상에서 일어난 「허베이 스피리트」(Hebei Spirit)호 사고[54]가 있다.

3) 고립성 또는 이격성

해양범죄는 해상과 선박이라는 공간의 특성상 육지로부터 멀리 떨어진 곳에서 일어난다. 선박 내에서 일어나는 범죄나 선박에서 유발되는 범죄의 경우 고립된 상황에서 일어나기 때문에 범죄증거 확보가 어렵고 사건관여자들이 합의에 의하여 범죄를 은폐하기가 용이하다.

4) 광역성

해양은 광활하고 조류나 파도에 의해 지속적으로 움직이는 유동적 성격을 가지고있다. 광활한 해양 또는 항·포구에서 범죄가 발생하는 경우 사건 현장에 수사기관이 신속히 도착하여 범죄증거를 수집하고 필요한 조치를 하는 것이 용이하지 않다. 관할권 내의 해상에서 국제해양범죄가 발생했을 때 범인을 검거하거나 구인하기가 용이하지 않을 뿐아니라 전국 주요항만이나 원거리인 도서, 낙도 등지에서 발생한 범죄도 자연적인 제약으로 범인 검거와 수사에 제약이 있다.[55]

---

53 「씨프린스」호 사고는 1995년 7월 23일 14시 20분 경 전라남도 여수시 남면 소리도 앞에서 호남정유(현 GS칼텍스)사의 키프로스 선적 14만톤급 유조선 「씨프린스」호가 암초에 부딪혀 침몰하면서 5천여 톤의 벙커A/C유와 원유가 유출된 사고이다. 선원 19명은 탈출하였고, 1명은 실종되었다.

54 「허베이 스피리트」호 원유 유출사고는 2007년 12월 7일 충청남도 태안군 앞바다에서 홍콩 선적의 유조선 「허베이 스피리트」호와 삼성중공업 소속의 「삼성 1」호가 충돌하면서 유조선 탱크에 있던 총 12,547㎘(78,918 배럴)의 원유가 태안 인근 해역으로 유출된 사고이다.

55 노호래, 앞의 논문.

5) 증거물의 변형 가능성

해양범죄는 증거물이 변형되기 쉽다. 해양범죄는 범행현장이나 사용한 범행도구나 증거물이 파도, 조류, 바람에 직접적으로 노출되어 변형되거나 분실될 가능성이 높기 때문에 수사에 필요한 증거자료를 확보하기 매우 어렵다.

6) 압도적인 행정법범 비율

매년 집계되는 해양경찰청의 범죄 통계에 의하면 해양범죄는 살인죄, 폭행, 절도, 사기와 같은 형법범보다 수산업법과 같은 행정법규 위반의 특별법범이 압도적으로 높다. 형법범 중에서는 사기 및 횡령·배임 사건이 가장 비율이 높다. 특별법범의 비중이 높은 이유는 해양범죄는 해양종사자에 의한 범죄가 대부분이고 이 중에서 수산업에 종사하는 비율이 압도적으로 높기 때문이라 보인다. 수산업 종사자의 범법행위는 대부분 불법어로행위에 연관된 것으로서 이것은 행정법규위반이다.

▶ 그림 1 해양범죄 발생 현황

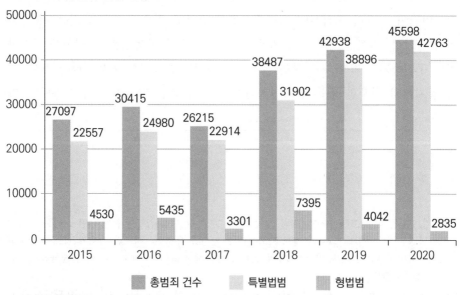

자료: 해양경찰청

마. 과학수사

과학수사는 "사안의 진상을 정확하게 밝히기 위해 현대적 시설·장비·기자재와 과학적 지식·기술을 활용하는 수사"를 의미한다. 또한 "법과학을 기초로 하여 범죄와 관련 있는 증거물의 관찰, 수집, 분석 등을 통해서 인과관계나 상관성 등을 증명하여 재판부의 심증형성은 물론 범죄의 입증이나 피해자 및 피의자의 특정, 공소의 유지, 양형의 결정 등에 기여하는 것을 총칭하는 것"이다.[56]

선박과 항해 장비가 첨단화되고 유류 및 화학물질 선박이 증가하면서 선박사고 발생 시 원인 규명, 증거물 분석, 인과관계 증명 등이 복잡해지고 어려워졌다. 해양범죄는 증거물이 해상에서 오염될 가능성이 크기 때문에 온전한 증거를 확보하기가 어렵다. 해양사고가 증가하면서 사고의 실체를 밝히기 위한 해양과학 수사의 전문성과 필요성은 더욱 커지고 있다. 해양범죄는 과학적 검증이 필요한 부분이 많기 때문에 수사관은 해양과 선박에 대한 전문적인 지식이 필요하다.

해양경찰은 해양사고 시 증거능력 확보를 위해 항해장비 디지털 포렌식 기법을 활용하여 항적복원과 해양사고 분석을 하고 있다. 선박 충돌 시뮬레이션 기법을 활용하여 선박 충돌 사고의 궤적을 추정하여 효과적인 사고 원인을 분석하고 사고재현을 통해 증거수집 능력을 확보하고 있다.

② 정보 · 보안 활동

가. 의의

해양경찰은 일반사법경찰로서 범죄의 예방·진압이 가장 중요한 임무의 하나이다. 범죄를 예방하여 해양의 평온과 치안질서를 유지하기 위해서는 정보와 보안활동의 중요성이 아주 크다. 우리나라는 삼면이 바다이며 남북이 대치하고 바다를 통해 주변국과 인접하고 있다. 이러한 지리적, 군사적 여건으로 해상을 통한 적의 침투에 대비하고 국제성 범죄를 예방·진압하기 위한 해양경찰의 정보와 보안활동의 의미와 역할은 아주 크다.

---

56 조병인, 「우리나라의 법과학 연구 및 과학수사 실태와 발전방안」(2009), 형사정책연구 제77호.

해양경찰의 정보활동은 "해양에서 공공안녕에 대한 위험의 예방과 대응을 위한 정보의 수집·분석·종합·작성 및 배포와 그와 수반되는 사실확인과 조사행위"를 말한다.[57] 해양경찰 정보활동의 근거가 되는 법령으로는 「정부조직법」(제43조제2항: 해양에서 경찰 및 오염방제에 관한 사무), 「해양경찰법」(제14조제3항: 해양경찰은 해양에서 공공안전에 대한 위험과 예방과 대응을 위해 정보의 수집·작성·배포에 관한 직무를 수행한다), 「경찰관직무집행법」(제2조제4호: 공공안녕에 대한 위험의 예방과 대응을 위한 정보의 수집·작성 및 배포), 「해양경찰청과 그 소속기관 직제」(대통령령), 「해양경찰청과 그 소속기관 직제 시행규칙」(해양수산부령) 등이 있다. 이 밖에 해양경찰청 훈령으로 「해양경찰 정보경찰 활동규칙」이 있다.

해양경찰의 정보·보안활동은 범죄 예방·진압과 국가안보 활동뿐만 아니라 해양정책을 수립하고 정책의 집행과 평가에 중요한 역할을 하고 있다. 해양수산 정책에 관련된 정보를 수집하여 관련 행정기관에 제공함으로써 해양정책이 적실성과 현장 집행성을 높이는 데 도움을 주고 있다.

나. 정보의 개념

정보(intelligence)는 "국가 정책결정을 위하여 수집된 첩보를 평가·분석·종합 및 해석한 결과로 얻은 지식"으로 정의된다.[58] 이에 비하여 첩보(information)는 "목적성을 가지고 의도적으로 수집한 데이터로서 의식적으로 수집하여야 하며, 아직 분석이나 평가 등의 정보처리 과정을 거치지 않은 것"이므로 다소 불확실한 특징을 가지고 있다. 이러한 의미에서 첩보를 「1차 정보」 또는 「생생정보」라고 하며, 아직 가공되지 않은 정보라는 의미가 담겨 있다.[59]

정보는 첩보를 특정 목적, 즉 국가정책이나 안전보장, 치안 질서유지 등을 위해 일정한 절차를 거쳐 가공, 처리한 체계화된 지식을 말한다. 이러한 점에서 정보를 「2차 정보」 또는 「지식」이라 부른다.[60] 의사결정에서 정보가 일정한 가치를 가지려면 몇 가지 요건을 갖추어야 한다.[61]

---

57 해양경찰청, 「정보경찰 활동규칙」, 제2조제1호.
58 허경미, 「경찰학」(박영사, 2021), 495면.
59 허경미, 위의 책.
60 문경환·이창무, 「경찰정보학」(박영사, 2019), 111면.
61 허경미, 앞의 책.

1) 적실성(relevance)

적실성은 정보가 현재 직면한 문제 해결, 정보 사용자의 사용 목적과 관련되어야 한다는 것이다. 즉 정책결정자가 필요한 정보를 제때 제공하는 것이 적시성의 문제이다. 예컨대 코로나로 어려움에 빠진 해양종사자 지원대책을 마련하고 있는 정책결정자에게 정책문제의 실태와 관련된 정보는 적실성 있는 정보가 될 것이다.

2) 정확성(accuracy)

정보의 생명은 정확성이다. 정확하지 않은 정보는 이용하는 사람에게 정책문제에 대하여 잘못된 판단과 그 결과 잘못된 정책결정을 하게 할 수 있다. 정확한 정보를 얻기 위해서는 정보활동을 위한 사전준비가 철저해야 하며 정보의 객관성에 대한 평가가 있어야 한다. 또한 정보를 다루는 사람은 공적인 자세와 공정성을 잃지 않아야 한다.

3) 적시성(timeliness)

정보는 사용자가 필요한 때 사용할 수 있도록 제공되어야 한다. 아무리 좋은 정보라도 적시성을 놓치면 필요 없는 정보가 되거나 가치가 저하된다. 정보제공이 너무 이르면 보안에 문제가 생길 수 있고, 시점이 늦으면 필요한 의사결정 시에 활용이 되지 못한다.

4) 완전성(completeness)

정보의 완전성은 절대적인 완전성을 의미하는 것은 아니며, 시간이 허용하는 한 최대로 완전한 지식이 되어야 한다는 의미이다. 가능한 한 정보수집 목표와 관련된 사항을 모두 망라하여 완전하게 작성되어야 한다. 부분적이거나 단편적인 정보는 정확하고 중요한 내용일지라도 도움이 되지 못하거나 정보 이용자의 판단에 혼란을 초래할 수 있다.

5) 필요성(necessity)

정보는 반드시 사용자에게 필요한 지식이어야 한다. 적시성·완전성·정확성 등의 요건을 모두 갖추어도 그 지식이 사용자와 아무런 관계가 없는 지식이라면 정보라고 할 수 없다.

6) 특수 처리과정(special procedure)

정보는 특수 처리과정을 거쳐야 한다. 정보는 주제에 관련되는 모든 첩보를 신속히 수집하여 평가, 분석, 종합, 해석의 과정을 거쳐서 사용가치가 있는 지식으로 산출된다.

7) 제공빈도(frequency)

정보는 사용자가 얼마나 자주 정보를 접할 수 있는가, 즉 정보의 빈도는 의사결정에 중요한 영향을 미친다. 정보의 빈도가 크면 클수록 사용자에게 도움이 될 가능성이 높아지며, 정보의 가치도 높아지게 된다.

다. 보안활동의 의의

해양경찰 보안활동은 "국가의 존립과 사회의 안녕 및 질서유지를 위해 해상을 통하여 침투하는 간첩 등 중요 방첩공작수사, 국내보안정보 수집 및 수사, 안보위해문건 수집 및 분석, 좌익 폭력세력수사 및 보안관찰, 남북교류관련 업무 등을 행하는 경찰활동"을 말한다.[62]

최근 해양경찰의 보안활동은 남·북한 적대관계가 완화되고 대공 및 대간첩 활동의 비중이 약화되면서 해상을 통한 총기·마약류 밀수, 밀입국, 테러집단 동향 파악 등 사회안정을 저해할 수 있는 위해 요소의 국내침투와 국제성 범죄집단 관련 정보수집 활동에 역점을 두고 있다.

해양경찰의 보안활동 근거가 되는 법령은 「해양경찰법」(제14조제1항: 해양경찰은 해양에서 대간첩·대테러작전에 대한 직무를 수행한다), 「경찰관 직무집행법」(제2

---

62 박주상, 김경락, 윤성현, 「해양경찰학개론」(박영사, 2021), 607면.

조제3호: 경비, 주요 인사경호 및 대간첩·대테러 작전 수행), 「국가보안법」, 「보안관찰법」, 「형법」, 「해양경찰청과 그 소속기관 직제」, 「해양경찰청과 그 소속기관 직제 시행규칙」 등이 있다.

CHAPTER

07

해양오염 예방 ·
방제 I

SECTION 01 의의

① 들어가는 말

한국, 중국, 일본 등 동북아 국가들은 석유, 천연가스 등 에너지 자원을 중동 등 외국으로부터 수입에 의존하고 있기 때문에 한반도 주변해역은 산업발전에 필요한 유류와 화학물질을 싣고 통항하는 「초대형유조선」(Very Large Crude Carrier, VLCC)과 위험화물 운반선의 통항이 아주 빈번한 해역이다.

우리나라 연안에는 일일 평균 약 240여의 크고 작은 유조선이 80만톤 이상의 기름을 운송하고 있고, 매년 39만 척 이상의 선박이 입·출항을 하고 있다. 이같은 여건으로 한반도 주변해역은 해양사고와 대규모 해양오염사고의 고위험 해역이 되었다. 이전에 경험한 바와 같이 대규모 해양오염사고는 환경, 경제, 지역사회에 천문학적인 피해를 입히고 해양생태계의 복원까지는 최소 수년에서 수십 년이 걸린다.

「정부조직법」 제43조에서 "해양에서 경찰 및 오염방제에 관한 사무관장"으로 규정하고 있는 바와 같이 해양오염방제 업무는 해양에서 경찰업무와 함께 해양경찰의 가장 주된 업무이다. 우리나라는 1977년 「해양오염방지법」을 제정하고 당시 경찰청 소속 「해양경찰대」에 일반직 공무원으로 구성된 「해양오염관리관실」을 만들었다. 1996년 해양수산부가 신설되기 전까지 해양을 포함한 환경 업무는 환경부 소관이었으나, 해양수산부 출범 이후 해양환경과 해양오염방제 업무는 「해양환경관리법」을 주된 법률로 하여 해양수산부와 해양경찰청이 담당하고 있다.

한반도 주변 동북아 해역은 유조선, 위험유해물질(HNS)을 운반하는 선박의 통항량이 계속 증가하고 대규모 해양오염사고 가능성이 높아짐에 따라 해양경찰의 해양오염 예방·대응을 위한 역할과 책임도 확대될 전망이다.

2 해양환경 오염원

「유엔해양법협약」 제1조에서는 해양오염을 "생물자원과 해양생물에 대한 손상, 인간 건강에 대한 위험, 어업과 그 밖의 적법한 해양이용을 포함한 해양활동에 대한 장애, 해수 이용에 의한 수질악화 및 쾌적도 감소 등과 같은 해로운 결과를 가져오거나 가져올 가능성이 있는 물질이나 에너지를 인간이 직접적으로 또는 간접적으로 강어귀를 포함한 해양환경에 들여오는 것"으로 정의하고 있다.

「해양환경관리법」과 「해양환경 보전 및 활용에 관한 법률」에서는 해양오염을 "해양에 유입되거나 해양에서 발생되는 물질 또는 에너지로 인하여 해양환경에 해로운 결과를 미치거나 미칠 우려가 있는 상태"로 정의하고 있다.[1] 이에 따라 해양오염을 일으키는 원인이 되는 해양오염원은 다음과 같이 구분할 수 있다.

- 육상기인
- 선박기인
- 폐기물 투기
- 해저 탐사 및 개발
- 대기를 통한 오염

가. 육상기인오염(land-based pollution)

해양오염은 우리가 일반적으로 생각하는 선박사고에 의한 기름유출보다는 육상으로부터 배출된 오염물질이 주된 원인이 되고 있다. 인구가 증가하고 산업화·도시화가 촉진되면서 더불어 해양으로 유입되는 오염물질도 크게 증가되었다.

육상기인 오염물질은 생활오수, 산업폐수, 비료, 농약, 축산분뇨, 원자력 발전소 온배수, 매연 침전물 등이 있다. 산업폐수에 함유된 중금속은 해산물을 폐사시키거나 해산물에 잔류되어 있다가 그 수산물을 먹는 경우 치명적인 결과를 초래하기도 한다. 1950년대 일본의 미나마타 만에서 수은에 중독된 어패류를 먹은 사람들 가운데 43명이 사망하고 많은 사람이 실명 또는 근육약화, 뇌질환을 앓았다.

---

1 위의 법, 제2조제3호.

나. 선박기인오염(ship-based pollution)

선박으로 인한 해양오염의 종류는 선박운항 상의 오염과 고의적인 오염으로 구분된다. 선박운항 상의 오염으로는 엔진 가동시 배출되는 매연, 오일 탱커를 세척한 폐수인 「빌지」(bilge)의 배출과 화물선·탱커선에서 선박의 복원력과 균형을 유지하기 위해 사용하는 평형수, 즉 「밸러스트」(ballast)의 배출 등이다.

유조선을 제외한 대부분의 선박은 연료탱크를 밸러스트를 위해 사용한다. 따라서 밸러스트 사용수는 기름 찌꺼기와 혼합되고 화물하역 후에는 그대로 배출되었다. 이러한 관행은 대부분의 탱크선이 「Load on Top」 방식[2]을 사용함에 따라 줄어들고 있다.

선박기인 유류오염의 대부분은 선박운항 중 고의나 운항조작에서 배출되고, 실제 충돌·좌초·폭발 등 해양사고로 인한 유류오염은 전체 선박기인오염 중 아주 작은 비율을 차지한다.[3] 전 세계적으로 매년 바다로 유입되는 3백 25만 톤의 기름 중 선박기인 오염은 해양오염의 12%, 유전개발로 인한 기름유출은 1%, 해상으로 쓰레기 투기에 의한 오염이 10%를 차지하고, 나머지 77%는 육상기인 오염원에 의한 오염이다.[4]

다. 폐기물 투기(dumping)

1950, 1960년대에 해양에 폐기물을 투기하는 것은 육상오염물질을 없애는 가장 흔한 방법이었다. 값싸고 쉽게 폐기물을 처분할 수 있었고 육상에 비하여 규제가 덜 한 면도 있었다. 「유엔해양법협약」은 폐기물 투기를 "(1) 선박·항공기·해양설치물 기타 인공해양구조물로부터 폐기물 및 기타 물질을 고의적으로 버리는 것, (2) 선박·항공기·해양설치물 기타 인공해양구조물을 고의적으로 바다에 버리는 것"으로 정의하고 있다.[5] 그러나 이들 장비·물질의 통상적인 운용

---

2 「Load on Top」 방식이란 하역 후 탱크 청소로 발생하는 기름 혼합수를 별도의 탱크에 모아서 선박이 선적항으로 돌아오는 동안 비중차에 의해 물과 기름이 분리되면 탱크 아래쪽의 물은 선외로 배출하고 선적항에 도착해서 위쪽의 기름은 본래의 기름 탱크로 이송하여 오염도 줄이고 기름도 절약하는 방식이다.

3 James C. F. Wang, 「Handbook On Ocean Politics & Law」(Greenwood Press, 1992), p. 330.

4 Thomas E. Svarney & Patricia Barnes—Svarney, 「The Handy Ocean Answer Book」(Visible Ink Press, 2000), p. 371.

에 부수되는 폐기물은 제외하고 있다.

해양에 투기되는 폐기물은 방사능물질, 무기류, 준설물, 오수 슬러지, 산업폐기물, 음식쓰레기, 농축산 분뇨 등이 있다. 해양폐기물 투기는 선박으로부터 이루어지지만, 국제협약은 다른 선박기인오염과 달리 투기는 고의적이고 특별한 목적의 항해로 행해진다는 점에서 별도로 취급하고 있다.[6]

라. 해저 탐사 및 개발

해저 광물개발 및 원유개발은 내수·영해·군도수역·배타적 경제수역, 대륙붕 등 연안국의 관할권에 속하는 해저지역 및 공해의 심해저 자원개발 활동을 의미 한다. 해저에서 자원개발을 위한 시추·준설·굴착 등 자원개발 활동은 필연적으로 주변 해양생태계에 영향을 미치게 된다.

특히 연안국의 관할권 내에서 시행되는 해저 석유개발은 시추에서 개발에 이르기까지 많은 환경적 위험을 동반한다. 2010년 「멕시코만 원유유출사고」[7] (Deep Water Horizon Oil Spill)에서 볼 수 있듯이 폭발이나 파이프라인 등 개발장비의 결함에 의한 원유 유출은 다른 선박사고에 의한 기름유출과 비교가 되지 않은 정도로 규모가 크고 해양환경에 큰 재앙을 초래한다.

마. 대기기인오염(air based-pollution)

대기로부터의 해양오염문제는 대기에서의 핵실험 문제를 제외하고는 국제사회의 관심을 끌고 있지 못하다. 그러나 오늘날 상당량의 오염물질이 대기를 통

---

5 유엔해양법협약, 제1조제1항.

6 R. R. Churchill, A. V. Lowe, 「The Law of the Sea」 3rd ed. (Manchester University Press, 1999), p. 330.

7 '21세기 최악의 환경재앙'으로 불리는 역사상 가장 큰 기름유출사고이다. 2010년 4월 20일 오후 10시 미국 남부 루이지애나 주 베니스 남동쪽 70여km 떨어진 멕시코 만 바다 위에서 작업 중이던 석유시추시설 「Deep Water Horizon」 호에서 폭발과 화재가 발생했다. 이곳은 영국 석유 메이저사인 BP사가 스위스 해양굴착업체 트렌스오션 소유의 시추시설을 임대해 석유를 시추하던 곳이다. 석유시추시설이 폭발하고, 이후 5개월동안 대략 7억 7천만 리터의 원유가 유출된 사고이다. 유정에서 갑자기 발생한 압력으로 인한 폭발을 막아주는 폭발방지기가 작동하지 않아 발생한 것으로 추정된다. 작업 중이던 노동자 11명이 사망했고 17명이 부상을 입었다.

하여 해양으로 유입되고 있다. 자동차 배기가스에 포함된 중금속물질의 해양으로의 유입은 대기에 의해 운반되고 강우에 의한 세정의 결과이다. 실제로 육상기인 해양오염의 3/4가량이 대기를 통하여 바다에 유입되고 있다고 평가되고 있다.[8]

「유엔해양법협약」에서 대기에 의한 해양오염을 오염원의 하나로 규정하고 각국은 대기를 통한 해양환경오염을 방지·경감 및 통제하기 위한 자국선박 및 항공기에 적용되는 법령 채택 및 필요한 조치를 하도록 하고 있다.[9] 또한, 「해양오염방지협약」(MARPOL)에 따라 2022년까지 모든 선박의 연료유 황 함유량 기준을 0.5%로 강화하도록 하였다. 우리나라는 2019년 「항만지역 등 대기질 개선에 관한 특별법」을 제정하여 부산, 인천, 울산, 여수·광양, 평택·당진 등 5개 항만에 대해서는 선박 연료유 황 함유량을 0.1% 미만으로 적용토록 하였다.

---

8 Jan Schneider, 「Codification and Progressive Development of International Environment Law at the Third United Conference on the Law of the Sea: the Environmental Aspects of the Treaty Review」(1981), Columbia Journal of Transnational Law, p. 247.

9 유엔해양법협약, 제212조제1항 및 제2항.

해양환경 및 오염방제 관련 법률

해양환경과 해양오염방제와 관련한 법률로는 「해양환경 보전 및 활용에 관한 법률」(해양환경보전법)과 「해양환경관리법」이 있다.

1 해양환경보전법

"해양환경의 보전·활용에 관한 정책 기본방향과 그 수립 및 추진체계를 규정하여 해양을 체계적이며 지속가능하게 관리하여 해양의 건강성을 증진"[10] 하기 위해 제정된 법이다. 이 법에서 「해양환경」을 "해양에 서식하는 생물체와 이를 둘러싸고 있는 해양수, 해양지, 해양대기 등 비생물적 환경 및 해양에서의 인간의 행동양식을 포함하는 것으로서 해양의 자연 및 생활상태"[11]로 정의하고 있다. 즉, 해양환경은 해양생물체, 자연환경 및 인간의 행위를 포함하는 것을 말한다.

「해양환경보전법」은 해양환경을 적정하게 보전·관리·활용하기 위한 국가와 지방자치단체의 책무를 규정하고 있다.[12] 국가와 지방자치단체는 오염물질이 해양으로 유입되는 것을 사전에 예방하고 오염물질의 해양에의 배출·처분으로 인하여 해양환경에 미치는 영향이 최소화되도록 하는 의무를 지고 있다.[13]

해양오염을 유발한 원인자는 해양환경의 복원 및 오염·훼손으로 인한 피해구제에 소요되는 비용을 부담하는 「오염원인자 책임원칙」을 규정하고 있다.[14] 해양수산부장관은 해양환경 및 해양생태계의 보전을 위해 해양환경기준을 해역별·용도별로 설정하여 적정성이 유지되도록 하여야 한다.[15]

---

10 해양환경보전법, 제1조.
11 위의 법, 제2조제1호.
12 위의 법, 제3조.
13 위의 법, 제7조.
14 위의 법, 제8조.
15 위의 법, 제13조.

② 해양환경관리법

　「해양환경관리법」은 해양오염물질 발생원 관리, 기름 및 유해액체물 등 해양오염물질 배출 규제 등 해양오염의 예방·개선·대응 및 복원 등을 규정한 법이다.「해양환경보전법」이 해양환경 보전과 관리를 위한 기본법이라면,「해양환경관리법」은 해양오염방지·방제에 관한 구체적인 사항을 규정하고 있다.

　2007년 1977년에 제정되어 시행되어 오던 「해양오염방지법」을 전부 개정하여 「해양환경관리법」이 제정되었다.「해양환경관리법」의 제정은 국가 차원의 환경정책을 종합적·체계적으로 추진할 수 있는 법적 근거를 마련하기 위한 것이다. 이를 위해 「해양환경종합계획」을 수립·시행하고, 해양에 유입되거나 해양에서 발생되는 각종 오염원을 통합 관리하도록 하였다.「해양환경관리법」은 「해양오염방지법」의 해양오염방제의 근간을 유지하며 해양오염원별 예방·방제 및 영향조사를 위한 조치를 폭넓게 규정하고 있다.

- 제3장 해양오염방지를 위한 규제
  - 제1절 통칙
  - 제2절 선박에서의 해양오염방지
  - 제3절 해양시설에서의 해양오염방지
  - 제4절 오염물질의 수거 및 처리
- 제4장 해양에서 대기오염방지를 위한 규제
- 제5장 해양오염방지를 위한 선박의 검사 등
- 제6장 해양오염방제를 위한 조치
- 제7장 해양환경관리업
- 제8장 해양오염영향조사

주요 대규모 해양오염사고

1 유류유출 해양오염 사고

재난형 대규모 해양오염사고는 발생 시 천문학적인 환경피해가 발생할 수 있고 공공환경 및 국민의 건강과 재산에 막대한 피해를 유발한다. 우리나라 인구의 40%가 해안에 거주하고 있는 현실에서 국민의 삶의 공간과 인접한 해양시설에서 발생한 오염사고는 어업, 관광업 등의 경제적 피해에서 그치는 것이 아니라 주민의 건강과 안전에 심각한 영향을 끼칠 수 있다.[16]

가. 씨프린호 사고

1995년 7월 23일, 태풍 '페이' 내습으로 피항 중이던 「씨프린스」(Sea Prince)호(유조선, 144,567톤)가 여수시 소리도 해안에서 좌초되면서 적재 중인 원유 및 연료유 총 5,035㎘가 유출되어 부산·울산·포항 및 일본 대마도 앞 해상까지 기름이 확산되는 등 막대한 피해가 발생했다. 이 사고는 재난적 해양오염사고의 위험성을 일깨워준 계기가 되었다.

나. 제1유일호 사고

1995년 9월 21일 11시 55분경 부산시 남형제도 앞바다에서 유조선 「제1유일」호(1,600톤)가 항로를 이탈하여 암초에 부딪치며 좌초됐다. 이 사고로 배 뒤쪽 기관실 밑부분과 좌측 뱃머리 부분의 2번 탱크가 파손돼 기관실 전체가 침수되고 연료유인 경유 일부와 탱크에 적재됐던 벙커C유 2,292㎘가 유출됐다.

---

16 해양경찰청, 「2021 해양경찰백서」, 208면.

다. 허베이 스피리트호 사고

2007년 12월 7일 태안에서 「허베이 스피리트」(Hebei Spirit)호(유조선, 146,848톤)가 크레인 부선과 충돌하여 원유 12,547㎘가 유출되었다. 이것은 「씨프린스」호 유출량의 2배에 해당하는 양으로 당시 서해안 지역을 뒤덮은 검은 기름은 막대한 경제적, 환경적 피해를 끼쳤다. 이 사고는 국내에서 발생한 가장 큰 규모의 오염사고였다. 123만 명에 이르는 자원봉사자가 기름 제거에 동참해서 '서해의 기적'으로 불리기도 했다. 「허베이 스피리트」호 사고이후 해양오염 긴급방제 총괄지휘권을 해양경찰청으로 일원화하였다. 대규모 해양오염사고 시 긴급 해양오염방제 초동조치를 위하여 여수, 울산, 대산지역에 방제비축 기지를 설치하여 초기에 사용할 방제물자를 비축하고 있다.[17]

라. 우이산호 사고

2014년 1월 31일, 여수 GS칼텍스 부두에 접안 중이던 원유 운반선 「우이산」호가 송유관과 충돌하여 원유 및 납사 등 기름 약 899㎘가 해상에 유출되었다. 이는 우리나라 최초로 해양시설에서 발생한 대규모 해양오염사고이다.

② 복합해양 오염사고

최근 재난·복합형 해양양오염사고의 위험성이 커지면서 해양오염사고의 패러다임도 변하고 있다. 화재·폭발 등을 동반한 해양오염사고를 「복합형 해양오염사고」라 한다. 해양경찰은 2013년 12월 「마리타임 메이지」(Maritime Maisie)호 사고 이후 해상화학사고 대응역량 강화를 위해 환경부, 소방, 화학방재센터 등 관계기관과 협업을 강화하고 화학방제함을 확보하는 등 대응 시스템을 개선하였다.

---

17 해양경찰청, 「2020 해양경찰백서」, 217면.

가. 마리타임 메이지호 사고

2013년 12월 29일 오전 2시 15분경 부산 영도구 태종대 남동방 9.5마일 해상에서 시운전 중이던 바하마선적 자동차 운반선「Gravity Highway」호(5만 5000톤)와 홍콩선적 케미컬 운반선「Maritime Maisie」호(2만 9200톤)가 충돌해 화재가 발생했다. 마리타임 메이지호는 접착제의 원료인 아크릴로 니트릴 등 3종의 화학물질을 운반하고 있었다.

부산해양경찰서는 3000톤급 경비정 16척, 소방방제정, 해군함정과 합동으로 진압에 나섰으며 선원 91명을 모두 구조했다. 적재된 화물이 고인화성 위험화물이라 화재진압이 제대로 되지 않고 다른 선창에도 화학물질이 다량 선적된 상태라 쉽게 선박에 접근할 수 없었다.

화재는 사고발생 후 18시간이 지나도 완전히 진화되지 않았고 일본 대마도 북동쪽 11마일 해점에서 표류 중 일본 영해에 진입했다. 이어 부산해양경찰서는 일본 해상보안청과 협의 끝에 사고 선박을 인계하고 철수하였다. 해상보안청의 계속된 진화작업 끝에 2014년 01월 16일 화재를 완전히 진압했다.

나. 스톨트 그로엔랜드호 사고

2019년 8월 29일 울산 염포부두에 정박 중이던 케이맨 제도 선적 화학운반선「스톨트 그로엔랜드」(Stolt Groenland)호(25,881톤) 탱크에서 폭발이 발생하였고, 인근에 정박했던 싱가포르 선적「바우달리안」호에 불이 옮겨붙으면서 폭발이 발생하였다. 두 선박의 선원 46명은 구조되었지만 17명이 부상했다. 스톨트 그로엔랜드호에는 인화성 강한 스틸렌과 아클릴로나이트릴 등 14종의 석유화학물질 2만 7,117톤이 적재되어 있었다. 화재 당시 폭발과 함께 100여m 높이로 치솟은 불기둥이 치솟았다. 부두 인근 도로는 전면 통제되었고 추가폭발 및 화학물오염·중독 등의 위험성 때문에 인근 주민들을 대피시켰다.

SECTION 04 해양오염사고 발생 현황

⬛1 발생 추세

지난 10년간 (2011 – 2020) 우리나라 해역에서는 총 2,630건의 오염사고가 발생하여 총 5,540㎘의 오염물질이 해양으로 배출되었다. 한해 평균 260건의 오염사고 발생과 554㎘의 오염물질이 배출되었다. 2015년 이후 오염물질 유출량은 꾸준히 감소하는 추세이나, 2014년 1월 여수에서 발생한 「우이산」호(유조선, 164,169톤) 충돌사고(원유 등 899㎘ 유출), 2014년 12월 부산에서 발생한「현대 브릿지」호(화물선, 21,611톤) 충돌사고(벙커C유 335.2㎘ 유출)와 2020년 통영「리스폰더」호(케이블 부설선, 6,298톤) 화재·침몰사고(경유 등 629㎘)로 인해 유출량이 일시적으로 급증하였다. 100㎘ 이상의 대규모 해양오염사고는 2016년 이후는 발생하지 않았으나, 2020년 「리스폰더」호 침몰사고로 인해 1건 발생하였다.

⬛2 원인 및 오염원

해양오염사고의 원인은 (1) 충돌·좌초·침수·침몰 등 해양사고에 기인한「해난」, (2) 기름을 바다에 불법으로 배출하는「고의」, (3) 종사자의 작업 중 과실 등에 의한「부주의」, (4) 선체나 기기의 손상, 화재 등으로 인한「파손」, (5) 오염행위자를 알 수 없는「미상」으로 구분할 수 있다.

2020년에는 해난에 의한 사고가 89건(35%)으로 가장 많이 발생하였고, 부주의(81건, 31.9%) > 파손(69건, 27.2%) > 고의(10건, 3.9%) > 미상(5건, 2%) 순이다.[18] 사고 건수는 어선(103건, 40.6%) > 기타선 (77건, 30.3%) > 유조선(24건, 9.4%) > 화물선(23건, 9.1%) > 육상(22건, 8.7%) > 미상(5건, 2.0%)순이고, 유출량은 기타선(692.4㎘, 89.9%) > 육상(28.3㎘, 3.7%) > 어선(25.2㎘, 3.3%) > 유조선(18.4㎘, 2.4) > 화물선(5.1㎘, 0.7%) > 미상(0.4㎘, 0.1%)순이다.[19]

---

18 위의 백서, 204면.

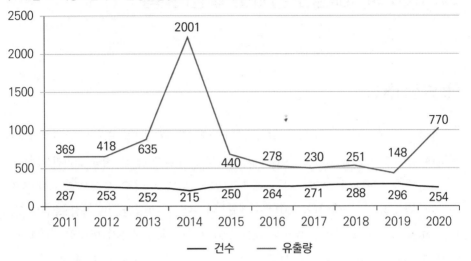

▶ 그림 2 해양오염사고 발생현황(2011년-2020년)

자료: 해양경찰청

19 위의 백서, 206면.

SECTION 05 해양오염방제의 의의

1 해양오염방제 개념

해양오염 방제조치는 「방제의무자」가 배출된 오염물질에 대하여 (1) 오염물질의 배출방지, (2) 배출된 오염물질의 확산방지 및 제거, (3) 배출된 오염물질의 수거 및 처리를 하는 행위를 말한다.[20] 「해양환경보전법」에서 정의하고 있는 해양오염방제의 개념은 해양오염 발생 이전의 예방과 해양오염 발생 이후의 대응 및 사후처리를 포함하고 있다. 방제의무자는 (1) 배출되거나 배출될 우려가 있는 오염물질이 적재된 선박의 선장 또는 해양시설의 관리자, (2) 오염물질의 배출원인이 되는 행위를 한 자를 말한다.[21]

해양오염방제는 그간 해양오염사고로 유출된 기름의 제거·회수에 중점을 두었으나, 2013년 「마리타임 메이지」호와 2014년 「우이산」호 사고를 계기로 사고해역 인근 주민과 방제작업자의 안전도 고려해야 한다는 인식이 대두되었다. 이에 따라 해양오염방제의 개념도 '해양환경을 보전하기 위해 해양에서 기름을 회수'하는 개념에서 '해양환경을 보전하고 국민의 재산과 건강을 지키기 위해 해양에 유출된 기름·유해화학물질의 회수는 물론 유출방지, 사고선박 긴급구난, 사후조사 등 해양오염으로 인해 발생한 모든 위험을 관리하는 활동'으로 폭넓게 해석되고 있다.[22]

---

20 해양환경관리법, 제64조.
21 위의 법, 제63조.
22 오정동, 「해양경찰학개론」(제2판), (서울고시각, 2017), 432면.

② 오염물질

「해양환경관리법」에서는 해양오염방제의 대상이 되는 「오염물질」을 "해양에 유입 또는 해양으로 배출되어 해양환경에 해로운 결과를 미치거나 미칠 우려가 있는 폐기물·기름·유해액체물질 및 포장유해물질"의 4가지를 규정하고 있다.[23]

가. 기름

기름은 「석유 및 석유대체연료 사업법」에 따른 "원유 및 석유제품(석유가스 제외)과 액체상태의 유성혼합물 및 폐유"를 말한다.[24] 「MARPOL 73/78 부속서 I」에서는 기름(oil)을 "원유(crude oil), 연료유(fuel oil), 슬러지(sludge), 기름찌꺼기(oil refuse)와 정제유(refined products)(부속서 II에 규정된 석유화학제품을 제외)를 포함한 모든 형태의 석유(petroleum)"로 정의하고 있다. 이 중에서 해양오염 특히 위협이 되는 것은 원유와 정제유이다.

석유를 천연적으로 산출된 것과 이를 정제한 것으로 구별하는 경우, 전자를 「원유」(crude oil)라 하고, 후자를 「석유제품」(petroleum products)이라 한다. 석유제품은 용도에 따라 LPG(액화석유가스), 납사, 휘발유, 등유, 경유, 중유, 윤활유, 아스팔트 등으로 분류된다.

1) 원유

원유는 유전에서 채굴하여 정제되지 않은 자연상태의 기름을 말한다. 원유는 탄화수소 혼합물이다. 원유의 주성분은 탄소(C)와 수소(H)의 화합물인 탄화수소이며, 이 밖에 황, 질소, 산소 등의 화합물이 소량 함유되어 있다. 중질원유가 해상에 유출되면 30~40%가 증발된다. 에멀션(emulsion), 즉 기름이 해수를 흡수하는 현상이 발생하면 부피가 4~5배 증가 될 수 있다.

---

23 해양환경관리법, 제2조11호.
24 위의 법, 제2조제5호.

2) 정제유

석유정제란 원유를 증류하여 각종 석유제품과 반제품을 제조하는 것을 말하며 이를 정유라고 한다. 원유의 주성분인 탄화수소는 증류에 의해 분리시킬 수가 있다. 즉, 이 탄화수소들의 각기 끓는점이 다른 특성을 이용하여 원유에서 휘발유, 등유, 경유 등 주요 성분을 분리하여 뽑아낸다.

▶ 그림 3 원유의 정제

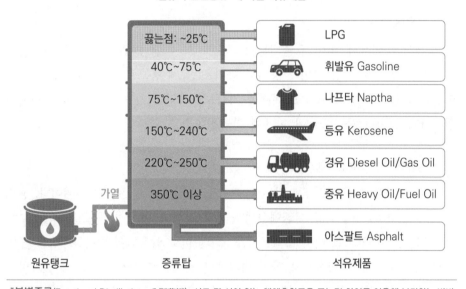

원유의 분별증류*에 따른 석유제품

끓는점: ~25℃	LPG
40℃~75℃	휘발유 Gasoline
75℃~150℃	나프타 Naptha
150℃~240℃	등유 Kerosene
220℃~250℃	경유 Diesel Oil/Gas Oil
350℃ 이상	중유 Heavy Oil/Fuel Oil
	아스팔트 Asphalt

가열 / 원유탱크 / 증류탑 / 석유제품

*분별증류(Fractional Distillation, 分別蒸溜): 서로 잘 섞여 있는 액체혼합물을 끓는점 차이를 이용해 분리하는 방법

• LPG(액화석유가스)

LPG는 약칭하여 LP가스로도 불린다. 원유의 채굴 또는 정제과정에서 생산되는 기체상의 탄화수소를 액화시킨 것이다. 주성분은 프로판(C_3H_8) 또는 부탄(C_4H_{10})이다.

• 휘발유(Gasoline)

휘발유는 석유제품 중 약 8~9%의 생산 비중을 차지하고 있다. 자동차 연료로 사용되기 때문에 가장 친숙한 석유제품이다. 휘발유란 비점 범위가 30~200℃ 정도로서 휘발성이 있는 액체상태의 석유 유분을 총칭하는 말이다. 휘발유의 물리적 성질은 일반적으로 상온·상압에서 증발하기 쉽고, 인화성이 매우 높으며, 공기와 적당히 혼합되면 폭발성 혼합가스가 되어 위험하다. 휘발유는 일반적으로 자동차용, 항공용, 공업용 등 세 가지로 나뉜다.

• 나프타(Naphtha)

나프타는 원유를 증류할 때 유출되는 정제되지 않은 가솔린을 말한다. 경질과 중질로 구분되는데 경질은 도시가스·합성비료 등을 제조하며, 중질은 자동차 휘발유와 석유제품의 원료로 사용된다.

• 등유(Kerosene)

등유는 휘발유에 이어 유출되는 유분으로 그 비점 범위는 160~300℃ 정도이며, 가정용으로 가장 많이 사용되나 동력용, 용제 등으로도 쓰인다. 등유는 등화용으로 각광을 받았다. 1990년대에 기름보일러의 설치 증가로 등유의 사용이 엄청나게 늘어나 등유공급이 한계에 부닥쳤다.

• 경유(輕油, Diesel Oil)

경유는 등유 다음으로 유출되는 유종으로, 비점이 200~370℃ 범위이다. 용도는 대부분(약 80%)이 각종 디젤엔진의 연료로 쓰이고 있어 디젤오일이라고 부른다. 디젤엔진은 연소실 내의 흡입공기를 고압축비로 압축하여 압축공기온도를 연료의 자동발화 온도 이상으로 하여 여기에다 연료를 분사시켜 연소시키는 방식이다. 휘발유엔진이 전기착화식인데 비해 디젤엔진은 압축착화식이라고 할 수 있다.
디젤엔진은 처음에는 크기가 초대형이고 출력이 대단히 커서 대형선박과 대형기계의 동력원으로 이용되다가 엔진의 소형화에 성공하여 자동차용에 쓰이게 되었다. 대형선박과 이동하지 않는 형태의 동력원으로 이동되는 것을 저속디젤엔진, 자동차용에 주로 이용되는 것을 고속디젤엔진이라고 한다.

• B-C유(Bunker-C Oil)

벙커C유는 우리가 흔히 중유(重油)라고 부르는 무겁고 끈적끈적한 석유제품이다. '벙커유'라는 이름은 선박이나 항구에서 연료용 석유제품을 저장하는 용기를 '벙커'라고 부른 것에서 유래되었다. 벙커유에는 보통 A, B, C 종류가 있으나 벙커A, B는 경유에 가까운 특성을 가진 것으로 최근에는 잘 사용하지 않는다.

B-C유는 대형 엔진의 동력원, 보일러 연료 등의 열원으로 사용된다.

- 아스팔트(Asphalt)

석유, 석탄 또는 기타 유기물이 열변화하여 생성될 수 있는 타르 상태인 물질을 일반적으로 역청(Bitumen)이라 한다. 아스팔트란 이 역청을 주성분으로 하는 흑색 또는 흑갈색인 고체 또는 반고체의 가소성 물질이다. 원유를 증류할 때 얻어지는 잔류물이나 이와 유사한 성분으로 구성된 천연산의 것을 말한다.

즉, 아스팔트는 도로 포장용이나 건축 재료로 이용되는 석유제품 외에 지표에서 스며 나온 석유가 오랜 세월이 흐르는 동안 경질유분을 상실하고 비바람에 씻겨 산화된 천연아스팔트도 포함된다. 그러나 천연아스팔트는 아주 작은 양이기 때문에 일반적으로 아스팔트라 하면 석유공업에서 생산되는 석유 아스팔트(Petroleum Asphalt)를 말한다.

나. 유해액체물질

「해양환경관리법」은 유해액체물질을 "해양환경에 해로운 결과를 미치거나 미칠 우려가 있는 액체물질(기름제외)과 그 물질이 함유된 혼합 액체물질"로 정의하고 있다. 동 법 시행규칙인 「선박에서 오염방지에 관한 규칙」에서는 유해액체물질 545종을 다음과 같이 분류하고 있다.

1) X류 물질(72종)

해양에 배출되는 경우 해양자원 또는 인간의 건강에 심각한 위해를 끼치는 것으로서 해양배출을 금지하는 유해액체물질

2) Y류 물질(351종)

해양에 배출되는 경우 해양자원 또는 인간의 건강에 위해를 끼치거나 해양의 쾌적성 또는 해양의 적합한 이용에 위해를 끼치는 것으로서 해양배출을 제한하여야 하는 유해액체물질

3) Z류 물질(122종)

해양에 배출되는 경우 해양자원 또는 인간의 건강에 경미한 위해를 끼치는 것으로서 해양배출을 일부 제한하여야 하는 유해액체물질

「해양환경관리법」에 따른 「국가긴급방제계획」에서는 "해양에 배출시 해양자원이나 생명체에 막대한 위해를 미치거나 해양의 쾌적성 또는 적법한 이용에 중대한 해를 야기하는 물질로서 「해양환경관리법」 제2조제7호의 유해액체물질 및 동조 제8호의 포장유해물질과 산적으로 운송되며 화재, 폭발 등의 위험이 있는 물질(액화가스류 포함)로 해양경찰청장이 지정하여 고시하는 물질"로 정의하고 있다.

다. 폐기물

폐기물은 "해양에 배출되는 경우 그 상태로는 쓸 수 없게 되는 물질로서 해양환경에 해로운 결과를 미치거나 미칠 우려가 있는 물질"(기름, 유해액체물질, 포장유해물질 제외)을 말한다.[25]

1990년대 이후 환경규제가 대폭 강화되어 폐기물의 육상매립이 금지되면서 폐기물의 해양배출이 증가하여왔다. 1996년 해양수산부가 발족되면서 폐기물 해양배출 업무가 환경청에서 해양수산부로 이관되었고, 집행업무인 폐기물 배출해역 지정, 폐기물 해양배출업 등록 및 폐기물 위탁처리 신고업무는 해양경찰서장에게 위임되었다.

그러나 2006년 발효된 「런던의정서」에 따라 해양환경보전 및 수산물 오염방지 등을 위해 산업폐기물 등의 해양배출이 금지되는 국제사회의 추세에 부응하여 우리나라에서도 폐기물 해양배출을 전면금지하도록 「해양환경관리법」을 개정하여, 2016년부터 육상 폐기물의 해양배출이 전면금지 되었다. 1988년 폐기물 배출해역으로 지정된 곳은 서해 1개소(서해병), 동해 2개소(동해병, 동해정) 등 3개 해역이었다.

---

25 해양환경관리법, 제4조제2호.

지도 1 폐기물 해양투기 지정해역

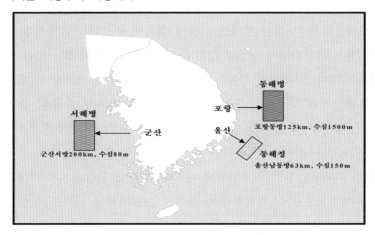

자료: 해양수산부

※ 폐기물 해양투기 역사

약 30년 동안 유지되어 온 폐기물 해양배출이 2016년 1월 1일부로 전면 금지되었다. 「런던의정서」(2006년 발효)에 따라 해양환경보전 및 수산물 오염방지 등을 위해 산업폐기물 등의 해양배출은 국제적으로 금지되고 있다. 우리나라는 「런던협약」(총 87개국, 우리나라 1993년 12월 가입) 및 「런던협약 의정서」 가입국(총 45개국, 우리나라 2009년 1월 가입) 중 유일하게 폐기물 해양배출을 지속해왔다. 2005년 총투기량(992만㎥) 중 하수오니는 16%(163만㎥), 축산폐수는 28%(275만㎥) 차지했다. 미국과 유럽은 1990년대부터 하수오니(축산폐수 포함)의 해양투기 전면금지했다.

폐기물 해양투기가 증가했던 원인은 육상위주 환경정책으로 해양투기 의존 심화, 육상처리에 비해 4~14배 정도 저렴한 처리비용, 산업발전과 생활수준 향상으로 폐기물의 절대배출량 증가, 지역민원(NIMBY)으로 폐기물의 재활용 등 처리시설 설치 곤란 등이 원인이었다. 폐기물 해양투기량의 급속한 증가로 해저 퇴적층에 크롬, 수은 등 중금속 축적되어 수산물 안전성 위협, 폐기물 해양투기에 대한 국제규제 강화, 투기 확대로 오염물질의 주변국 해역 유입시 외교적 마찰, 폐기물 대량배출 오명 등의 문제점이 발생했다.

2006년부터 관계부처 합동으로 「육상폐기물 해양투기관리 종합대책」을 시행하고, 2012년에는 「육상폐기물 해양배출 제로화 추진계획」을 마련하여 본격적인 해양배출 금지 정책을 추진했다. 2006년부터 해양배출을 단계적으로 금지해 왔다. 2015년 12월 31일 산업폐수·폐수오니를 마지막으로 「국제협약(런던협약/의정서)」에서 해양투기를 금지한 폐기물의 해양배출이 전면 금지되었다. 다만, 조개껍데기와 같은 수산 잔재물과 이물질을 제거한 준설토사 등에 대해서는 해양배출이 허용되고 있다.[26] 이를 위반할 경우, 「해양환경관리법」에 따라 1년 이하의 징역 또는 1천만 원 이하의 벌금이 부과되게 된다.

라. 포장유해물질

포장유해물질은 "포장된 형태로 선박에 의하여 운송되는 유해물질 중 해양에 배출되는 경우 해양환경에 해로운 결과를 미치거나 미칠 우려가 있는 물질"이라고 정의하고 있다. 구체적인 종류는 「위험물 선박운송 및 저장규칙」에서 포장유해물의 종류로 "화약류, 고압가스, 인화성 액체류, 가연성 물질류, 산화성 물질류, 독물류, 방사성 물질, 부식성 물질 및 유해성 물질로서 해양수산부장관이 고시하는 것"으로 규정하고 있다.[27]

「해양환경관리법」은 해양오염방제 대상이 되는 오염물질은 이외에도 대기오염물질, 유해방오도료, 선박평형수에 대하여도 규제하고 있다.

마. 대기오염물질

대기오염물질은 "오존층파괴물질, 휘발성유기화합물과 「대기환경보전법」 제2조제1호의 대기오염물질 및 같은 조제3호의 온실가스 중 이산화탄소"를 말한다.[28] 1997년 IMO는 선박 엔진에서 나오는 질소산화물, 황산화물, 염화불화탄소, 휘발성 유기화합물 등의 배출을 억제하기 위해 「MARPOL 73/78 부속서 Ⅵ」(대기오염방지 협약)을 채택하여 배출기준을 강화하였다.

바. 유해방오도료

유해방오도료는 "생물체의 부착을 제한·방지하기 위하여 선박 또는 해양시설 등에 사용하는 도료 중 유기주석 성분 등 생물체의 파괴작용을 하는 성분이 포함된 것"[29]으로서, 「선박에서 오염방지에 관한 규칙」에서는 "수산화트리알킬주석과 그 염류(산화 트리알킬주석 포함), 트리부틸주석화합물 또는 그중 하나를 0.1퍼센트 이상 함유한 혼합물질을 포함한 도료와 국제해사기구가 유해방오도료를 규정하고 있는 것"을 말한다.[30]

---

26 해양폐기물 및 해양오염퇴적물 관리법, 제7조 및 동 법 시행령, 별표1.
27 위험화물 선박운송 및 저장규칙, 제2조.
28 해양환경관리법, 제2조제13호.
29 위의 법, 제2조제9호.
30 선박에서 오염방지에 관한 규칙, 제5조.

SECTION 05 해양오염방제 주체

1 들어가는 말

「해양환경관리법」에서는 「방제의무자」를 "(1) 배출되거나 배출될 우려가 있는 오염물질이 적재된 선박의 선장 또는 해양시설의 관리자, (2) 오염물질의 배출원인이 되는 행위를 한 자"로 규정하고 있다. 「오염원인자 책임원칙」에 따라 해양오염을 유발한 원인자는 해양환경의 복원 및 오염·훼손으로 인한 피해구제에 소요되는 비용을 부담해야 한다.

그러나 해양오염사고로 배출된 오염물질은 조류나 해류에 편승하여 짧은 시간에 광범위하게 확산되어 어업, 양식 등 해양산업과 지역사회에 막대한 경제적, 사회적 손실과 해양생태계를 파괴하고 장기간 위해를 지속시킨다. 선박은 여러 국가의 기항지에 운항하며 해양오염을 발생시킬 수 있고, 대형오염사고는 인접한 국가에도 직·간접적인 피해를 가져오는 국제적 성격을 가지고 있다. 또한 국제사회는 인류의 공동재산인 해양을 깨끗하고 지속가능한 해양생태계 보전을 위해 협력해야 하는 인류사적 의무를 지고 있다.

이러한 배경으로 해양오염사고 방제는 사고를 초래한 해양오염방제 의무자에게만 맡겨 놓을 수 없는 공공재난 대응의 성격이 강하다. 대규모 해양오염사고 발생 시 국제사회와 정부는 해양오염방제를 위해 협력이나 직접 방제대응을 해야 할 의무가 발생한다. 이러한 사정으로 방제주체는 해양오염원인자를 비롯하여 국제사회, 정부, 공공부문, 민간부문을 포함한다.

② 방제주체

가. 국제사회: NOWPAP(North-West Pacific Action Plan)

1) UNEP 지역해 프로그램

해양오염방제와 직·간접적으로 연관된 국제기구는 「유엔환경계획」[31](UN Environmental Programme, UNNEP)과 IMO의 「해양환경보호위원회」(Marine Environmental Protection Committee, MEPC)가 있다. UNEP은 1972년 「스톡홀름회의」의 권고에 따라 같은 해 12월 유엔총회의 결의에 의하여 유엔 산하기구로 설립되었다.[32]

해양환경의 보호·보전에 관한 문제는 전 지구적인 과제인 동시에 지역적 특성을 갖는 문제이다. 해양환경 보호·보전을 위한 지역협력은 역내 연안국들의 자발적인 노력으로 출범하여 독자적으로 발전하기도 하고, UNEP의 지역협력계획에 의하여 성립·운영되기도 한다.[33]

한반도 주변 동북아해역은 유조선, 화학물운반선 등의 교통량의 증가로 인해 대규모 해양오염사고 가능성이 상존하고 있다. 주변국들이 좁은 반폐쇄해에 인접해 있는 지리적 특성 때문에 해양오염은 지역의 공통관심사이다. 그러나 해양오염 대비·대응을 위한 구속력 있는 지역협약은 체결되어 있지 않은 상태이다.

이 지역의 해양오염 대비·대응은 UNEP의 「북서태평양해안·해양환경보호·관리·개발실천프로그램」(Action Plan for the Protection, Management and Development of the Marine and Coastal Environment of the Northwest Pacific Region, NOWPAP)이 그 자리를 채우고 있다.[34] NOWPAP은 UNEP의 13개의 「지역해 프로그램」 (Regional Seas Programmes) 중 UNEP이 직접 운영하는 6개 지역해 프로그램의 하나이다. NOWPAP은 1994년 9월 한국, 일본, 중국, 러시아에 의해 채택되었다.

---

31 UNEP의 기능과 업무는 다음과 같다. (i) 환경 보전을 위한 리더쉽 제공 및 협력체제 형성 (ii) 유엔의 환경 관련 활동의 방향설정과 조정 (iii) 세계 환경 상태의 지속적인 검토와 평가 (iv) 환경 관련 정보의 수집·평가·교환의 촉진

32 UNGA Res. 2297(ⅩⅩⅦ) (1972. 12. 15).

33 최종화, 「현대국제법」(제4전정판) (두남, 2004), 173면.

34 Suk Kyoon Kim, 「Marine Pollution Response in Northeast Asia and the NOWPAP Regime」 (2014) 46(1), *Ocean Development and International Law.*

지역적 범위는 121°E 에서 143°E, 33°N에서 52°N를 포함한다.

지도 2 NOWPAP 관할해역

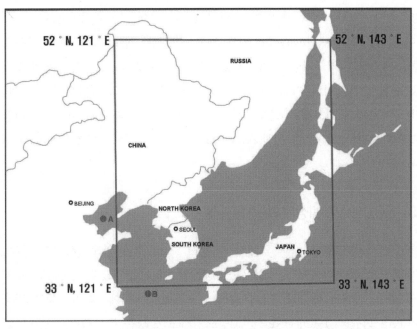

출처: Suk Kyoon Kim, 「Marine Pollution Response in Northeast Asia and the NOWPAP Regime」
(2014) 46(1), *Ocean Development and International Law*.

2) NOWPAP 성과

「NOWPAP」은 해양자원보호, 해양오염방제·예방을 위한 협력틀의 수립·발전
의 목표를 제시하고 있다. 회원국 합의에 따라 4개의 「지역활동센터」(Regional Activity
Center)가 설치되었다. 「해양환경비상대비·대응지역활동센터」(Marine Environmental
Emergency Preparedness and Response Regional Activity Center, MERRAC)를 한국에
설치하여 HNS사고를 비롯한 대규모 해양오염사고 발생시 지역국가의 대응을 조정
하는 역할을 하고 있다.

NOWPAP은 2003년 「지역기름유출비상계획」(Regional Oil Spill Contingency
Plan), 2004년 「기름유출대비·대응지역협력 MOU」, 2008년 「기름·위험유해물
질유출비상계획」을 각각 채택하였다.

NOWPAP의 비상계획 채택은 「유엔해양법협약」, 「OPRC 1990」(International

Convention on Oil Pollution Preparedness, Response and Cooperation, 1990), 「OPRC
－HNS Protocol 2000」(Protocol on Preparedness, Response and Cooperation to
Pollution Incidents by Hazardous and Noxious Substances, 2000)의 가입국으로서
해양오염사고 대비·대응에 있어서 협력의무를 이행하는 측면이 있다.

이와 함께 1995년 「Sea Prince」호 사고, 1997년 「Nakhodka」호 기름유출 사
고[35]를 계기로 지역국가들은 기름유출대비·대응체계 구축, 비상계획 수립과 국
경을 초월하거나 한 국가의 방제역량을 초과하는 대규모 해양오염사고 대응을
위한 국제협력의 필요성을 인식하게 되었다.[36] 「기름유출비상계획」은 이러한 대
규모 해양오염사고 대응을 위한 NOWPAP 회원국 실무차원의 협력 틀(framework)
이다.

3) NOWPAP 비상계획 가동사례

2007년 12월 7일 태안 해역에서 「Hebei Spirit」호 해양오염사고가 발생했을
때 처음으로 NOWPAP의 「기름유출비상계획」이 가동되었다. 유출된 12,547kℓ
의 기름은 당시 한국의 방제역량을 초과했다. 이에 따라 해양경찰청은
NOWPAP 회원국, IMO, UNEP에 해양오염사고 발생을 통보했고, 12월 11일 해
양경찰청의 요청으로 MERAC은 회원국에 솔벤트 지원을 요청했다. 한국은 중국
과 일본으로부터 각각 10톤, 65톤의 솔벤트 지원과 일본으로부터 7명의 전문가
지원을 받았다. 2008년 1월 14일 해양경찰청의 요청으로 「기름유출비상계획」
가동이 해제되었다.[37]

해상운송에서 「위험유해물질」(HNS) 문제가 중요해지면서 NOWPAP 회원국
은 「기름유출비상계획」에 HNS를 추가하여 「NOWPAP 지역기름·위험유해물질
유출비상계획」(NOWPAP Regional Oil and HNS Spill Contingency Plan)을 채택하여
「기름유출비상계획」을 대체하였다. 이 계획에 따라 회원국은 국가비상계획을

---

35 1997년 1월 2일 러시아의 페트로파블로스크에서 19,000kℓ의 중유를 적재하고 중국의 상해로
    항해하던 러시아 선적 화물선 「Nakhodka」호는 일본 오키군도 인근에서 기상악화로 선체가
    파손되었다. 이 사고로 6,240kℓ의 기름이 유출되었고, 유출된 기름이 해안가로 밀려와 환경
    과 주민의 활동에 큰 피해를 안겼다.

36 Suk Kyoon Kim, 위의 논문.

37 위의 논문.

수립하고 자국 수역에서 발생하는 기름·HNS유출에 대응할 수 있는 방제자원을 보유하여 한다. 동 계획은 한 국가의 대응역량을 초과하는 대규모 기름유출과 주요한 HNS 사고에 적용된다.[38]

나. 정부기관

해양오염사고 대비·대응을 위한 정부 기관은 해양수산부, 해양경찰청 및 지방자치단체를 들 수 있다.

1) 해양수산부

해양수산부는 「해양환경관리법」에 따라 해양환경의 보전·관리, 해양오염방제에 대한 법·제도·정책 및 「항만국 통제」(Port State Control)를 맡고 있다. 이를 위해 환경관리해역의 지정·관리, 환경관리해역기본계획 수립, 해양환경개선부담금 부과, 해양오염방지 규제, 해양오염방지를 위한 선박 검사, 방오시스템 검사, 해양오염방지를 위한 항만국 통제를 하고 있다.

2) 해양경찰청

해양오염사고가 발생하는 경우 바다에서 해양오염물질을 제거하는 현장방제는 해양경찰청이 주무기관이 된다. 「정부조직법」 제43조에서 정한 해양경찰청의 업무는 "해양에서 경찰사무"와 "해양오염방제에 관한 사무"이다. 해양오염물질을 회수하거나 제거하는 일차적 책임은 방제의무자에게 있지만, 해양경찰청은 "방제의무자의 방제조치만으로는 오염물질의 대규모 확산을 방지하기가 곤란하거나 긴급방제가 필요하다고 인정하는 경우에는 직접 방제조치"를 하여야 한다.[39]

해양경찰청은 방제업무를 담당하는 주무부서로 본청에 「해양오염방제국」을 두고 지방청과 서에는 해양오염방제과를 두고 있다. 해양오염방제국은 1977년 「해양오염방지법」이 제정되었을 때 설치된 「해양오염관리실」에서 출발하였다.

해양오염방제국에는 (1) 방제기획과(방제기획 및 방제 자원관리, 대외협력 등),

38　위의 논문.
39　해양환경관리법, 제68조제1항.

(2) 기동방제과(방제 대비·대응, 특수방제·방제지원 등), (3) 해양오염예방과(예방 관리 및 예방점검, 조사분석 등)의 3개 과가 있다. 인력은 본청과 전국에 508명 (2021년 정원 기준)의 일반직 공무원으로 구성되어 있다. 해양오염방제 장비는 2020년 기준으로 방제선 43척, 회수기 89대, 오일펜스 45㎞, 유흡착제 212톤, 유처리제 125㎘를 보유하고 있다.[40]

3) 지방자치단체와 행정기관의 장

해양오염사고에 대한 방제는 중앙행정기관인 해양경찰청이 방제활동을 주관 하지만, 해안의 자갈·모래 등에 달라붙은 기름의 방제는 해당 지방자치단체의 장 또는 행정기관의 장이 조치를 하여야 한다.[41]

- 기름이 하나의 기초자치단체의 관할 해안에만 영향을 미치는 경우: 해당 기초자치단체의 장
- 기름이 둘 이상의 기초자치단체 관할 해안에 영향을 미치는 경우: 해당 시 ·도지사. 이 경우 기름이 둘 이상의 시·도지사 관할 해안에 영향을 미치 는 경우에는 각각의 관할 시·도지사
- 군사시설과 항만시설이 설치된 해안에 대한 방제조치: 해당 시설관리기관 의 장

4) 공공기관 및 민간방제업체

공공기관으로는 「해양환경관리법」에 의해 설립된 「해양환경공단」(KOEM)이 있다. 해양환경공단은 해양환경의 보전·관리·개선 사업, 해양오염방제사업, 해 양환경·해양오염 관련 기술개발 및 교육훈련 사업을 하고 있다.[42] 해양환경공단 은 방제선과 방제보조선 73척을 보유하고, 전국 주요 12개 항만에 각종 방제장 비를 비치하고 있다. 공단의 해양오염방제 활동은 해양오염사고 발견자의 신고 나 해양경찰청의 요청에 의하여 시작되고, 오염행위자와의 계약에 따라 방제작 업을 하게 된다.

---

40 해양경찰청, 「2021 해양경찰백서」, 366면.
41 해양환경관리법, 제68조제2항.
42 해양환경관리법, 제96조.

해양오염방제업은 "오염물질의 방제에 필요한 설비·장비를 갖추고 해양에 배출되거나 배출될 우려가 있는 오염물질을 방제하는 사업"을 말한다. 방제업체는 법령에서 정한 일정한 자격요건을 갖추고 해양경찰청에 등록하여야 한다.[43] 민간방제업체는 정부기관 또는 해양환경공단과 협력하여 방제 대비·대응태세를 갖추고 사고 발생시 응급방제를 실시하며, 해양사고를 유발한 선박이나 해양시설 소유자의 요청 및 계약에 따라 방제활동을 한다.

5) 선박·해양시설 소유자

해양오염물질을 배출한 자의 오염방제 원칙에 따라 오염물질을 배출하거나 배출할 위험이 있는 선박이나 해양시설의 소유자는 일차적인 해양오염방제 의무를 진다. 「해양환경관리법」에서는 선박·해양시설의 소유자에게 몇 가지 의무를 부과하고 있다.

• 배출방지 조치

선박의 소유자나 선장, 해양시설의 소유자는 선박이나 해양시설의 좌초·충돌·침몰·화재 등의 사고로 인하여 선박이나 해양시설로부터 오염물질이 배출될 우려가 있는 경우에는 배출방지나 확산방지를 위한 조치를 하여야 한다.

• 방제 자재·약제 비치

선박·해양시설의 소유자는 오염물질의 방제·방지에 사용되는 자재 및 약제를 보관시설이나 해당 선박 및 해양시설에 비치·보관하여야 한다. 자재 및 약제는 형식승인·검정 및 인정을 받은 것이어야 한다.

• 방제선 배치

일정한 기준 이상의 선박이나 해양시설의 소유자는 기름의 해양유출사고에 대비하여 법령에 정하는 기준에 따라 방제선 또는 방제장비를 배치 또는 설치하여야 한다.[44] 방제선 배치의무자는 법령에 따라 공동으로 배치·설치하거나 이를 해양환경공단에게 위탁할 수 있다.

---

43 위의 법, 제70조제1항.
44 해양환경관리법, 제67조.

- 총톤수 500톤 이상의 유조선
- 총톤수 1만 톤 이상의 선박(유조선 제외)
- 신고된 해양시설로서 저장용량 1만 킬로리터 이상의 기름저장시설

6) 해양자율방제대

해양오염사고 발생 시 원거리·도서 등에서 신속한 방제와 지역의 자율적인 민간 해양오염방제 기능을 강화하기 위하여 「해양자율방제대」를 두고 있다. 2010년 「어촌자율방제대」로 시작하여 2020년 「해양환경관리법」의 개정으로 「해양자율방제대」의 법적 근거를 마련하였다. 2021년 기준으로 308개의 「해양자율방제대」에서 선박 2,147척, 인원 3,427명이 활동하고 있다.[45] 해양경찰청은 「해양자율방제대」의 역량 강화를 위하여 교육·훈련을 실시하고 활동에 필요한 경비를 지급하고 있다. 「해양자율방제대」의 임무는 다음과 같다.[46]

- 해양오염사고 발생 시 해양경찰의 해양오염방제업무 보조
- 해양오염사고 현장의 안전을 위한 지원활동
- 방제역량 강화를 위한 교육·훈련에의 참여
- 그 밖에 지역의 자율적인 해양오염방제 기능 강화를 위해 해양경찰청장이 필요하다고 인정하는 임무

---

45 해양경찰청, 「2021 해양경찰백서」, 225면.
46 해양환경관리법, 제68조의2 및 해양환경관리법 시행규칙, 제35조의2.

CHAPTER

08

해양오염 예방·
방제 II

SECTION 01 해양오염 규제 국제협약

1 해양오염 규제 규범체계 형성

관습법에서 해양오염에 대한 규정은 거의 없었다. 관련되는 판결로는 「Corfu Channel 사건」1(1949)과 「Trail Smelter 사건」(1938-41)2 판결이 있다. 전자의 사건에서 「국제사법재판소」(ICJ)는 "각국은 자국의 영토가 다른 국가의 권리에 반한 행위에 사용되는 것을 알면서 사용을 허용해서는 안 된다"고 판결했다.3 후자의 사건에서는 "어떤 국가도 다른 국가의 영토에 매연으로 인한 피해를 초래하는 방식으로 영토를 사용하거나 사용을 허용할 권리가 없다"라고 했다.4

「Trail Smelter」 사건은 대기오염에 관한 것이지만 그 원리는 해양오염에 대해서도 적용될 수 있는 것이다. 즉 연안국은 영해를 오염시킴으로써 타국에 손해를 주는 결과를 가져오지 않도록 하는 국제법상의 의무를 지며, 이러한 의무에 반해서 타국에 손해를 주면 국가책임이 발생하여 그 손해를 배상하여야 한다.5 또한 관습법을 규정한 「공해협약」 제2조에서 "각국은 공해의 자유를 행사함에 있어서 타국의 이익에 대한 「합리적인 고려」(reasonable regard)가 있어야

---

1 이 사건은 영국 군함 2척이 코르푸 해협을 통항하던 중 정체 불명의 기뢰에 의해 피폭된 데 대해 연안국 알바니아의 국제법적 책임이 인정되나, 영국이 알바니아 영해 내에서 일방적으로 기뢰 제거 작전을 시행한 것 역시 국제법 위반이라고 판시된 사건이다. 코르푸 해협은 알바니아 지중해 해안과 그리이스령 Corfu 섬 동쪽 해안 사이의 폭 3km~ 20km의 협수로이다. 1946년 10월 22일 영국 해군 함대가 코르푸 해협을 통항하던 중 구축함 2척이 기뢰에 충돌하여 대파되었다. 이 사고로 44명의 사망자가 발생하였다.

2 캐나다 Trail에 있는 용광로에서 발생한 다량의 유독 매연이 미국 워싱턴주의 사람과 농작물에 많은 피해를 주었다. 이에 따라 1935년 미국과 캐나다는 이 사건을 국제중재법원에 회부하기로 합의했다. 1938년 1차 중재재판에서 법원은 캐나다에 78,000불의 배상책임을 판결하였고, 1941년 2차 재판에서 영토의 이용에 있어서 타국에 피해를 주지 않을 국가의 의무를 명시함으로써 「국가책임원칙」의 조건과 범위의 확대에 관한 중요한 판례를 제시하였다.

3 The Corfu Channel Case (U.K vs Albania), *ICJ Reports* (1949) Judgement, pp. 21-23.

4 Trail Smelter Case, (U.S. vs Canada) Arbitral Tribunal, *1941 UNRIAA* vol. III, p. 1905-07 (1949).

5 김영구, 「한국과 바다의 국제법」(21세기 북스, 1997), 665 면.

한다"고 규정하고 있다.

이 같은 판결과 규정으로부터 "자국민이 타국민에게 피해를 줄 수 있는 물질을 바다로 방출하는 것을 허용해서는 안 된다"는 관습법의 일반원칙이 형성되어 있음을 알 수 있다. 그러나 이러한 원칙은 모호하여 구체적인 배출기준이나 배상기준으로 발전하지 못하였다.[6]

대부분의 해양오염 관련 국제법은 조약에 담겨 있었다. 관련 조약은 1954년에 처음으로 채택되었다. 1958년 제1차 유엔해양법회의에서도 기름 및 방사능 폐기물에 의한 해양오염 방지를 위한 국가의 일반적인 의무를 제외하고 해양오염에 대해 별다른 주목을 하지 않았다.[7]

해양오염에 관한 조약은 일반 다자조약, 지역조약, 양자조약 및 「유엔해양법협약」 등 4개 범주로 분류된다. 일반 다자조약 중 선박으로부터 해양오염에 관한 것이 6개, 투기에 관한 조약이 1개이고 육상기인 및 해저활동에 관한 일반조약은 없는 실정이다. 일반조약의 채택은 대부분 「국제해사기구」(IMO)의 주도로 이루어지고 있고, IMO가 조약의 이행에 관한 감독 기능을 하고 있다.

▎표 1 해양오염관련 국제조약

분 야	협 약 명	주 요 내 용
해양오염방지	MARPOL 73/78(International Convention for the Prevention of Pollution from Ships)(선박으로부터 해양오염 방지를 위한 국제협약)	• 선박의 기름, 하수, 폐기물, 유해액체물질, 대기오염물질 배출 규제 • 유조선 이중선체구조 의무화
	LC Convention 1972(London Dumping Convention) (런던협약) LC Protocol 1996 (런던협약 의정서)	• 육상폐기물 해양투기 금지 • 배출물질도 육지 처리가능 여부 평가 • 당사국은 매년 자국내 배출현황 보고
	AFS Convention 2001(International Convention on the Control of Harmful Anti-Fouling Systems on Ships 2001) (선박유해방오시스템의 규제에 관한 국제협약)	• 유해성 유기도료(유기주석화합물)의 선박 사용금지 • 국제유해방오도료시스템 적합확인서(IAFS) 선내비치

6 R. R. Churchill, A. V. Lowe, 「The Law of the Sea」(3rd ed.) (Manchester University Press, 1999), p. 332.
7 위의 책, 333면.

분 야	협 약 명	주 요 내 용
해양 오염 방지	BWM Convention 2004(Balast Water Management Convention) (선박 발라스트수 관리협약)	• 발라스트수 및 침전물관리계획 이행 • 발라스트수 기록부 기록·유지
해양 오염 방제	OPRC 1990(International Convention on Oil Pollution Preparedness, Response and Cooperation 190) (기름오염 대비·대응 및 협력에 관한 국제협약)	• 기름오염 국가긴급방제계획 수립 • 오염사고 통보를 위한 연락창구 지정 및 사고 발견시 신속통보 • 방제세력의 국가간 신속이동 보장을 위한 당사국 조치
	OPRC/HNS Protocol 2000 (위험·유해물질 오염사고 대비·대응 및 협력에 관한 의정서)	• HNS 오염 국가긴급방제계획 수립 • HNS 오염사고 통보를 위한 연락창구 지정 및 사고발견시 신속통보 • 방제세력의 국가간 신속이동 보장을 위한 당사국 조치
	INTERVENTION Protocol 1969 (International Convention Relating to Intervention on the High Seas in Cases of Oil Pollution Casualties 1969) (유류오염시 공해상 개입에 관한 의정서)	• 자국연안에 영향을 미칠수 있는 공해상 오염사고에 연안국 개입가능 • 규정 초과한 조치비용은 조치국가가 부담
해양 오염 보상	CLC Protocol 1992(Internaitonal Convention on Civil Liability for Oil Pollution Damage) (유류오염손해 민사책임에 관한 의정서)	• 유조선 운송 지속성 기름 오염 피해보상 • 최대 8,977만 SDR까지 보상
	FC Protocol 1992(Fund Convention Protocol 1992) (유류오염 손해보상을 위한 국제기금 의정서)	• CLC 협약상 보상한도 초과금액을 국제기금에서 보상 • 최대 2억 300만 SDR까지 보상
	BUNKER Convention 2001 (International Convention on Civil Liability for Bunker Oil Damage 2001) (방카유 오염피해 민사책임에 관한 국제협약)	• 일반선박의 연료유에 의한 오염피해 보상 • 최대 톤당 400SDR까지 보상
	HNS Convention 1996(International Convention on Liability and Compensation for Damage in Connection with the Carrige of Hazardous and Noxious Substances by Sea)(위험·유해물질 운송 피해에 책임 및 보상에 관한 국제협약)	• HNS 오염피해에 대한 보상 • 최대 1억 SDR까지 보상

SECTION 02 유엔해양법협약

1 유엔해양법협약상의 특징

해양오염 방지 및 대응에 대한 일반원칙은 「유엔해양법협약」에서 규정하고 있다. 개별 다자간 협약이나 조약은 「유엔해양법협약」에서 정한 해양오염규제의 틀안에서 이루어지고 있다. 제3차 유엔해양법회의에서 해양오염규제에 관한 가장 중요한 점은 「기국주의」의 탈피라고 할 수 있다. 기국주의에 의하여 공해상에서 기국외에 해양오염을 방지·경감하기 위한 포괄적 규제를 실시하는 것이 어렵다는 점이 문제였다.

기국주의 탈피 방법은 연안국의 규제권리를 관할수역 밖으로까지 강화·확대하는 방안과 항만국 규제와 같은 새로운 방식을 도입하는 것이었다. 개발도상국들은 연안국의 해양오염 규제권리를 강화·확대하는 방법을 선호한 반면, 선진해양국들은 이러한 방식에 강력히 반대하였다.[8]

「유엔해양법협약」에 따라 연안국이나 항만국은 자발적으로 입항·정박 중인 외국선박에 대해서 그 선박이 자국의 영해·배타적 경제수역 외에서 국제규칙·기준에 위반해서 배출한 행위에 대하여 조사·집행할 수 있다. 항만국은 자국 항만에 정박 중인 외국 선박의 감항성이 국제규칙·기준에 위반하여 해양환경에 피해를 초래할 수 있는 경우에는 운항을 금지하고 가까운 지역에서 수리할 수 있도록 강제조치를 할 수 있게 하고 있다.[9]

---

8 김영구, 전게서, 727면.
9 유엔해양법협약, 제219조.

② 입법권

「유엔해양법협약」에 의하면 연안국은 환경보전과 환경오염의 방지·경감 및 통제를 위하여 자국 영해의 「무해통항」(Innocent Passage) 외국 선박을 규제하는 법령을 제정할 수 있다.[10] 그 법령은 일반적으로 수락된 국제규칙이나 기준을 시행하는 것이 아닌 한 선박의 설계·구조·인원배치 또는 장비에 대하여 적용되지 않는다.[11] 이러한 법령은 대상선박에 대하여 차별적이어서는 안 된다[12]. 영해가 「통과통항」(Transit Passage)이 적용되는 국제해협인 경우 연안국의 법령제정 권한은 "유류·유류폐기물 및 그 밖의 유독성 물질의 배출"에 한정되어 훨씬 제한적이다.[13]

연안국은 자국의 EEZ에서 선박으로부터의 오염을 방지·경감 및 통제하기 위하여 일반적으로 수락된 국제규칙과 기준에 합치되는 범위 내에서 법령을 제정할 수 있다.[14] EEZ 내에서 생태보호·특수한 교통사정으로 선박으로 부터의 오염방지를 위한 「특별강제조치」(special mandatory measures) 수역으로 지정할 합리적인 근거가 있는 경우, 연안국은 그 수역에 적용할 오염의 방지·경감 및 통제를 위한 법령을 제정할 수 있다.[15] 이러한 경우 연안국은 국제기구에 그 수역을 통보하고 국제기구의 적합 결정이 있어야 한다.[16] 연안국은 자국 EEZ 내의 「결빙수역」(ice-covered areas)이 중대한 환경피해를 초래할 수 있는 경우 선박으로 부터의 해양오염의 방지·경감 및 통제를 위한 법령을 제정할 수 있다.[17]

해양환경에 민감한 많은 「비해양국」(non-maritime states)들은 기국이 갖는 집행권의 미비점을 보완하기 위해 연안국 및 항만국의 집행권 확대를 추구했다. 반면 「해양국」(maritime states)들은 연안국 규제의 일관성을 이유로 연안국의 입법권을 제한하려 하였다. 해양국들은 연안국·항만들의 집행권 증가에 따라

---

10 위 협약, 제211조제1항.
11 위 협약, 제21조제2항 및 제211조제4항.
12 위 협약, 제24조제1항 및 제211조제4항.
13 위 협약, 제42조제1항.
14 위 협약, 제211조제5항.
15 위 협약, 제211조제6항.
16 위 협약, 같은 조항.
17 위 협약, 제234조.

선박 운용비용 상승을 초래하는 부당한 선박지연 행위를 막기 위해 상응하는 보호조치를 추구하였다.[18]

　「유엔해양법협약」상의 선박으로 인한 해양오염 규정은 이러한 해양국 및 비해양국들의 이익이 타협된 결과이다. 「유엔해양법협약」은 기국이 일반적으로 국제회의나 국제기구에서 수락된 국제규칙 및 기준과 동등한 효력을 갖는 선박으로 인한 해양오염을 규제하기 위한 규칙을 채택하도록 의무화하고 있다.[19]

18 R. R. Churchill, A. V. Lowe, 전게서, 346면.
19 유엔해양법협약, 제211조제2항.

SECTION 03 해양오염방지를 위한 국제협약

① MARPOL 73/78

탱커선에 의한 유류 수송, 해양오염 증가 등 새로운 현실에서 배출규제 및 대규모 탱커선의 구조설비 규정의 필요성 때문에 1973년 「선박으로부터 해양오염방지를 위한 국제협약」(International Convention for the Prevention of Pollution from Ships, MARPOL협약)[20]이 채택되었다. 「MARPOL협약」은 선박으로 부터 유류오염 뿐만 아니라 위험 화학물질에 의한 오염, 선내에서 발생하는 하수(sewage) · 폐기물(garbage)의 배출과 투기에 관한 오염 등 선박으로 부터의 모든 종류의 고의적 오염을 규제하고 있다.

「1973 MARPOL협약」은 기술 수준의 문제로 바로 발효되지 못하였다. 1978년 밸러스트 탱커분리 의무화 대상 선박을 7만 톤 이상에서 2만 톤 이상으로 강화하는 등 「1973 MARPOL협약」을 일부 수정하고 새로운 규정을 추가하여 「의정서」(Protocol)를 채택하였다. 「1973년 선박으로부터의 오염방지를 위한 국제협약에 관한 1978년 의정서」는 「1973 MARPOL협약」이 발효되지 않은 상태에서 모 협약을 흡수하여 1983년 10월에 발효되었다. 73년 협약과 78년 의정서를 통합하여 「MARPOL 73/78」이라 부른다.

선박으로부터 오염을 예방하기 위하여 「MARPOL협약」에는 기름 탱커의 크기 제한, 이중선체구조 의무화 등의 보호조치가 있다. 선박에 의한 기름유출 사고예방의 최우선은 해난사고를 줄이는 것이다. 이를 위하여 선박의 감항성을 높이고 선원의 자질과 통항량이 많은 수역에 대한 교통규제 등에 관한 국제규칙이 채택되었다. 이러한 노력의 결과 최근에는 선박사고로 인한 기름유출이 현저히 줄었다.[21] 한국은 1984년 10월 제1 부속서를 시작으로 해서 2008년 2월 제6 부속서가 마지막으로 발효됨으로써 6개의 부속서가 모두 발효되고 있다.

---

20 동 협약을 비롯한 해양오염 및 보상에 관한 사항은 IMO website 〈http://www.imo.org/〉 참조

21 R. R. Churchill, A. V. Lowe, 전게서, 353면.

② 런던협약

국제사회가 폐기물 투기를 통제하기 위해 본격적인 조치를 시작한 것은 1970년대 초부터였다. 1958년 제1차 유엔해양법회의 시 채택된 「공해협약」에서 방사능 폐기물 투기로 인한 해양오염방지 조치를 취하도록 규정하고 있지만, 폐기물의 해양투기의 관행이 증가하면서 전 세계적인 규제를 취하기 시작한 것은 이때 부터였다. 1972년 「폐기물 및 기타 물질의 투기에 의한 해양오염방지에 관한 협약」(Convention on the Prevention of Marine Pollution by Dumping of Wastes and Other Matter, 1972)(London협약)이 채택되었다. 「런던협약」은 1975년 8월 30일 발효되어 2021년 현재 한국 등 87개국이 가입하고 있다.

「런던협약」은 해양투기를 "선박·항공기로부터 폐기물의 고의적 투기"로 정의하고 선박·항공기의 통상적인 운항에 부수되는 폐기물의 투기는 제외하고 있다(제3조제1항). 「런던협약」은 폐기물을 세 가지 범주로 분류하고 선별적으로 해양투기를 허용하였으나, 1990년 이후 해양투기를 제한하거나 단계적으로 없애려는 움직임이 시작되었다. 즉 전통적 접근법은 해양의 자정능력을 믿고 해양투기를 제한하는 방식이었으나 폐기물 관리에 있어서 전체적 접근 및 예방조치에 중점을 두는 방식으로 변화하였다.[22]

이러한 흐름 속에서 1996년에는 「런던협약 의정서」가 체결되어 몇 가지 예외적인 물질을 제외한 모든 물질의 해양투기를 금하고, 해상소각을 금지하는 등 「런던협약」보다 해양투기를 훨씬 엄격하게 규제하고 있다. 한국의 경우 「런던협약」에 93년 12월 21일에 가입하여 94년 1월 20일부터 발효하고 있다. 「96 런던협약의정서」에도 2009년 1월 22일에 가입하여 2009년 2월 21일부터 국내에 발효하고 있다.

---

22 위의 책, 365면.

SECTION 04 해양오염방제를 위한 국제협약

■ OPRC협약 및 OPRC-HNS협약 Protocol

가. 1990 OPRC협약

「1990 기름오염 대비·대응 및 협력에 관한 국제협약」(International Convention on Oil Pollution Preparedness, Response and Co-Operation, 1990, OPRC 1990)에서는 「MARPOL협약」보다 국제사회의 구체적인 협력방안이 규정되었다. 1989년 3월 미국 알래스카 연안에서 「엑슨 발데스」(Exxon Valdez)호가 좌초되어 적재된 원유 4만 톤이 유출된 사고가 발생했다.

이 사고를 계기로 대규모 선박으로부터의 기름유출 사고의 경우 한 국가만의 역량으로 대응하기 어렵고, 해양오염사고를 대비해 모든 기자재를 비축하는 것은 비경제적이라는 점이 인식되었다. 즉 인접국가들이 필요한 방제기자재를 분담하여 비축하고 공동으로 대응해야 할 필요성이 인식됨에 미국 주도로 1990년 11월 「1990 OPRC 협약」이 채택되었고, 1995년 5월 발효되었다. 한국은 1999년 11월에 가입하고 2000년 2월부터 발효되었다. 「1990 OPRC 협약」은 다음의 사항을 주요 내용으로 하고 있다.

- 당사국은 기름오염사고에 신속하고 효과적으로 대응하기 위한 국가체제 수립(제6조)
- 기름이 바다에 유출된 것을 발견한 경우 지체없이 가장 인접한 연안국에 신고해야 함(제4조)
- 오염의 심각성에 따라 사고에 의해 영향을 받는 국가는 다른 당사국에 지원을 요청할 수 있음(제7조)
- 당사국 간 기름오염 대비·대응 양자 또는 지역협정을 맺도록 권고(제11조)

나. 2000 OPRC-HNS Protocol

기름 이외의 물질에 의한 오염 및 화재·폭발사고에 대비한 국제협력체제의 필요성 때문에 「위험·유해물질에 의한 오염사고의 대비·대응 및 협력에 관한 의정서」(Protocol on Preparedness, Response and Co-operation to Pollution Incidents by Hazardous and Noxious Substances, 2000, OPRC-HNS Protocol 2000)[23]가 2003년 3월에 채택되어 2007년 8월에 발효되었다. 한국은 동 협약에 2008년 1월에 가입하였다.

해난구조 비용에 대한 협상이 지연되면서 오염상황을 악화시킨 「암코 카디즈」(Amoco Cadiz)호 사고[24]를 계기로 1989년 「국제해난구조협약」(International Convention on Salvage)이 채택되었다. 동 협약이 채택되기 전에는 조난선박을 완전히 인양하지 않으면 사고선박을 안전한 해역으로 이동시키더라도 구난비용이 지불되지 않는 것이 관례였다. 즉 해양오염 대응조치에 대한 인센티브가 없었으나, 1996년 「국제해난구조협약」의 발효로 구난업체가 사고선박을 인양하지 않더라도 해양환경 피해를 최소화하거나 상황을 호전시키면 보상을 받게 되었다.

또한 1992년 발효된 「1989 위험폐기물의 국경이동에 대한 베이젤협약」(Basel Convention on the Transboundary Movements of Hazardous Wastes)에 따라 인류건강이나 타국의 환경에 위험이 될 수 있는 위험폐기물이 국경을 넘나드는 것을 안 경우 즉시 그 위험을 알려주어야 한다.

「OPRC 협약」 등 해양오염 대응을 위한 많은 국제협약들은 지역적 또는 양자 차원의 대응체제 형성을 규정하고 있다. 이에 따라 지중해·북해·발틱해·홍해·북대서양 등의 해역에서는 오염대응을 위해 관련 연안국간 지역차원의 국제협력을 규정한 조약이 시행되고 있다. 동북아 연안국들은 해양오염 공동대응을

---

23 위험·유해물질(HNS)을 "기름이외의 물질로서 해양환경에 유입되면 인류건강에 위험을 초래하고, 생물자원·해양생명을 훼손하거나 편의성을 해치고, 바다의 합법적인 이용이 을 방해하거나 에 위험을 초래할 수 있는 물질"로 정의하고 있다.

24 1978년 3월 16일 「Amoco Cadiz」호는 22만 3000톤의 원유를 수송하다 프랑스 브리태니 포트샬 연안에서 암초에 부딪치는 사고가 발생하게 됐다. 이 사고로 「Torrey Canyon」호 사고의 두 배 가까운 원유가 바다로 흘러 나오게 됐으며, 프랑스 북서해안을 기름바다로 만들었다. 특히 「Amoco Cadiz」호 사고는 세계 최대의 유류오염 사고로서 주변 생태계를 모두 망가뜨려 버리는 재앙을 가져왔다. 이 배의 좌초는 선장의 과실로 판명됐으나 피해규모가 워낙 커 전세계를 경악시켜 결국에는 「MARPOL 73/78」이라는 강력한 협약의 발효를 앞당겼다.

위해 「유엔환경계획」(UNEP)이 1974년부터 추진해온 13개 「지역해양프로그램」 (Regional Sea Programmes)의 하나로서 「북서태평양보전실천계획」(North-West Pacific Action Plan, NOWPAP)을 실행하고 있다.

2 1969 유류오염시 공해상 개입에 관한 국제협약

「토리 캐니언」(Torrey Canyon)호[25] 기름유출을 줄이기 위하여 폭격한 영국의 행위에 대한 연안국의 권리에 관한 논란을 계기로 「1969 유류오염 시 공해상 개입에 관한 국제협약」(International Convention relating to Intervention on the High Seas in Cases of Oil Pollution Casualties: Intervention Convention)이 채택되었다.

이 협약 당사국은 공해상의 해난사고로 발생하는 기름유출에 의한 해양오염 위험, 해안과 관련 이익에 대한 중대하고 급박한 위험을 방지·경감·제거하기 위해 필요한 조치를 할 수 있다. 필요한 조치는 실제 피해를 고려한 비례성 원칙에 따라야 하며, 피해를 발생시키는 과도한 조치에 대해서는 기국에 보상을 해야 한다. 또한 급박한 위험의 경우를 제외하고 조치를 하기 전에 기국 및 해난사고에 의해 영향을 받는 국가와 협의해야 한다.

「개입에 관한 국제협약」은 기름에 의한 해양오염에만 적용되었으나, 「1973 의정서」가 채택되어 연안국의 개입 범위를 기름 이외의 물질에 의한 해양오염까지 확대하였다. 동 협약에서 개입 대상이 되는 해난사고의 장소적 범위를 '공해'로 한정하고 있기 때문에 자국 EEZ에서 사고가 발생한 경우 조치가 문제된

---

25 1967년 3월 18일, 길이 250m의 초대형 유조선 「토리 캐니언」호(미국 유니언오일 소유, 라이베리아 선적)는 쿠웨이트산 원유 118,000톤을 싣고 영국의 밀퍼드 헤븐으로 항해하고 있었다. 그러나 심한 조류로 기존 항로보다 40km가 넘게 밀려나 항해하다가 암초에 좌초되었다. 「토리 캐니언」 호에서는 18개 원유탱크 중 14개 탱크에서 구멍이 뚫려 기름이 유출되었고, 사고 초기 길이 30km, 너비 6.5km, 두께 46cm의 기름띠가 형성되었다. 일주일 후 이 기름띠의 길이는 100km로 확대되었다. 3월 26일 「토리 캐니언」호가 두동강 나며, 원유 3만 톤이 추가로 유출되었다. 그 이후로도 선체에 남아있던 기름이 흘러나와 10만 톤에 달하는 기름이 유출되었다. 영국은 선체에 남아있던 원유를 모두 태워버리기로 결정하고 20대의 전폭기를 동원한 대규모 폭격을 통해 유조선과 선체에 남아있던 원유를 태우는데 성공했다. 이미 10만 톤에 달하는 기름이 바다로 흘러나가 약 80km 가량의 프랑스 해안과 190km 가량의 영국 해안에 기름이 유출되었다. 이 해역에서의 어업 및 양식, 관광산업 모두 마비되며 사상 최대의 해양환경 피해를 가져왔다.

다. 연안국은 EEZ보다 공해상에서 더 큰 개입권을 가지게 되는 불합리한 결과를 갖게 된다.

이 같은 문제는「개입에 관한 국제협약」및 의정서가 채택될 때는 EEZ 제도가 도입되기 전이다. 이런 점을 고려할 때 '공해'는 '영해이원의 수역'으로 해석하는 것이 타당할 것이다.[26] 그러나 한국은 1996년 8월 8일「배타적 경제수역법」을 공포하여 주변 해역은 공해상 개념이 사실상 없어진 상태로 보고 현재 동 협약의 가입을 추진하고 있지 않다.

---

26 R. R. Churchill, A. V. Lowe, 전게서, 354면.

해양오염 피해보상을 위한 국제협약

1 개관

　유류 등 해양오염원에 의한 해양오염 피해가 증가하면서 피해를 보상하기 위한 국제법체계도 발전하고 있다. 「유엔해양법협약」은 해양환경 오염으로 인한 손해에 대하여 신속하고 적절한 보상이 될 수 있도록 보장하고, 이를 위해 손해평가·손해보상 및 분쟁해결을 위한 국제법의 이행과 적절한 보상지급 기준과 절차의 발전을 위한 협력을 규정하고 있다.[27]

　해양환경 피해를 보상하기 위한 민사책임 관련 국제협약으로는 「1969 해상 유류오염시 민사책임에 관한 국제협약」(민사책임협약)(1969 International Convention on Civil Liability for Oil Pollution Damage, Civil Liability Convention) 및 그 의정서, 「1972 해상유류 오염피해 보상을 위한 국제기금 설치에 관한 국제협약」(국제보상기금협약)(International Convention on the Establishment of an International Fund for Compensation for Oil Pollution Damage, 1972, Fund Convention) 및 그 의정서가 있다.

　핵 추진 선박의 운항에 의한 해양환경 피해보상을 위해서 「핵 선박 운영자의 책임에 관한 협약」(Convention on the Liability of Operators of Nuclear Ships, 1963)과 「핵물질 운반자의 민사책임에 관한 협약」(Convention relating to Civil Liability in the Field of Maritime Carriage of Nuclear Materials)이 있다. 해저 개발활동에 기인한 오염피해의 보상협조를 위해서 「해저광물자원의 탐사개발에 기인한 오염피해를 위한 민사책임국제협약」(International Convention on Civil Liability for Oil Pollution Damage Resulting from the Exploration of Seabed Mineral Resources)이 있다.

27　유엔해양법협약, 제235조제2항 및 제3항.

② 민사책임협약(CLC)

과실책임주의를 원칙으로 하는 일반적 책임원리와 1957년 「선주책임제한협약」에 따라 유한책임의 한도에서 피해보상을 하는 기존 법 체제하에서 환경피해 보상이 극히 미흡하게 되는 결과를 개선하기 위하여 「민사책임협약」(CLC)이 마련되었다.[28] 1969년 성립된 동 협약은 유조선 선복량 100만 톤 이상인 선박 보유국 5개국을 포함한 8개국의 비준서가 기탁된 날부터 90일 이후에 발효하는 규정에 따라 1975년 6월 발효되었다.

한국은 1978년 12월 비준서를 기탁하였고, 1979년 3월 발효되었다. 동 협약에서 배상책임의 주체는 선박 소유자로 명시하였다(제3조제1항). 선주의 배상책임은 고의나 과실을 묻지 않은 「무과실책임」(strict liability)이다. 무과실책임의 범위는 불가항력이나 타인의 고의적 행위 및 등대, 항로표지관리청의 하자로 인한 손해를 제외한 모든 책임을 의미한다(제3조제2항).

③ 국제보상기금협약(Fund Convention)

「민사책임협약」은 손해배상의 보장에 기여하였으나, 절대책임은 아니므로 면책될 수 있고 책임제한이 있으므로 피해자의 입장에서는 배상에 미흡한 점이 남아 있게 된다. 반면 책임주체인 선주의 입장에서는 무과실책임으로 종래보다 두 배의 배상책임을 지게 되었다. 이런 문제를 해결하기 위해 석유업계가 보상기금을 마련하기 위해 협약이 채택되었다.[29] 동 협약은 1971년 12월에 체결되고 1978년 10에 발효되었다. 기금출연 의무자는 전년도에 해상 운송된 원유 및 중유를 15만 톤 이상 인수한 체약국의 석유업자로 한다(제10조). 피해자에 대한 기금 보상범위는 피해액에서 「민사책임협약」 상의 배상액을 제외한 액수로 한다.

28 김영구, 전게서, 727면.
29 위의 책, 729면,

4 책임보장을 위한 기타 담보협약

「민사책임협약」과 「국제보상기금」에 의한 배상책임을 보완하는 자발적 담보 조치들이 있다. 「선주책임보험제도」(Protection & Indemnity, P & I)는 오염손해시에 제3자의 피해 및 기타 비용을 최고한도액 1,500만불까지 배상할 수 있도록 하고 있다. 「기름오염책임에 관한 탱커 선주의 자발적 협정」(Tanker Owners Voluntary Agreement on Liability for Oil Pollution, TOVALOP)은 세계 7대 석유회사 탱커 선주가 자발적으로 결성한 오염손해 및 비용보상기구로서 1969년 10월에 발효되었다. 이 협정은 정부의 방제조치 및 선주의 법적 책임외의 자발적 조치 비용을 보상하는 것이다.

SECTION 07 해양오염 예방체계

1 들어가는 말

해양오염사고는 해양환경에 대한 회복하기 어려운 피해와 막대한 경제적 손실, 지역민의 신체 건강에 나쁜 영향을 미치기 때문에 사전에 해양오염사고가 발생하지 않도록 예방하는 것이 무엇보다 중요하다. 이에 따라 해양경찰은 선박·해양시설에 대한 점검, 연안해역 해상순찰 및 항공기를 이용한 광역해역 감시 등 해공 감시활동을 통해 해양오염 예방활동을 하고 있다.[30]

2 예방활동

가. 해양시설 진단

대규모 해양오염사고 위험성이 높은 기름·유해액체물질 저장 해양시설과 하역시설의 해양염사고 사전 예방을 위해 위험 해양시설에 대해 정기·수시 안전진단을 실시한다.

나. 선박 대기오염물질 관리

부산, 인천 등 주요 항만도시의 미세먼지 농도가 심각하고, 그 발생 원인이 항만과 선박이라는 분석에 따라 2019년 「항만지역등 대기질개선에 관한 특별법」(항만대기질법)이 제정되어 2020년 9월부터 시행되고 있다. 동 법에 따라 선박에서 발생하는 대기오염물질 저감을 위해 항만대기질 관리구역 내에 황산화물 배출규제해역을 지정하여 관리하고 있다. 또한 「해양환경관리법」에 따라 국제항해 선박과 국내 항해 선박의 연료유 황함유량의 허용한도를 3.5%에서 0.5%로

---

30 해양경찰청, 「2021 해양경찰백서」, 212면.

낮추었다.[31] 「항만대기질법」에 의하여 배출규제해역인 부산, 인천, 여수, 광양, 울산, 인천, 평택항에서는 선박연류유 황함유량 허용기준이 이보다 더 낮은 0.1%이다.[32]

다. 노후 유조선 구조변경 검사

노후 유조선(600만톤 이하) 이중선저 구조 의무화에 따라 선령 30년 이상 유조선의 구조변경 및 오염방지설비를 점검하고 있다.

라. 장기계류선박 관리

침수·침몰 우려가 높은 장기계류 선박에 대한 관리와 사고 위험성이 높은 선박을 대상으로 선저폐수를 제거하는 작업을 한다.

---

31 해양환경관리법 시행령, 제42조.
32 항만대기질법, 제10조.

SECTION 08 해양오염사고 대비·대응

1 들어가는 말

해양오염사고 발생 시 효과적이고 체계적인 대응을 위해서는 해양오염방제를 위한 계획수립, 방제조직 구성, 방제 인력과 장비, 가용자원 등이 완벽히 준비되어 있어야 한다. 「해양환경관리법」은 해양경찰청이 해양오염사고에 대비하여 해양오염의 사전예방 또는 방제에 관한 「국가긴급방제계획」을 수립·시행하도록 하고 있다.[33] 해양경찰청은 해양오염사고에 의한 긴급방제를 총괄지휘하며, 이를 위해 「방제대책본부」를 설치할 수 있다.

2 국가긴급방제계획(National Contingency Plan, NCP)

가. 개념

「국가긴급방제계획」은 「해양환경관리법」, 「유류오염 대비·대응을 위한 국제협약」(OPRC 1990), 「위험·유해물질 오염사고 대비·대응 및 협력에 관한 의정서」(2000 OPRC–HNS Protocol 2000) 등에 따라서 국가방제체제·조직, 관계기관의 임무와 역할, 국제협력 등 해양오염사고 대비·대응에 관한 기본 틀을 규정한 법정계획이다. 1995년 「씨프린스」호 사고 이후 재난적 대형오염사고에 대비하기 위해 국가방제체계를 규정하는 「국가방제기본계획」(2001)이 수립·시행되었고, 2007년 태안에서 발생한 「허베이 스피리트」호 사고 이후 재난적 해양오염사고 수습과정에서 드러나 지휘체계 및 관계기관 간 임무·역할에 관한 미비점을 보완하였다.

---

33 해양환경관리법, 제61조.

나. 내용

「국가긴급방제계획」에서는 방제조치를 "해양오염사고 피해를 최소화하기 위한 다음과 같은 모든 합리적인 조치"로 정의한다. 방제조치는 해양오염방지 긴급구난과 해양오염방제로 이루어진다.[34]

- **해양오염방지 긴급구난**

  오염원으로부터 오염물질의 유출을 방지하기 위한 긴급수리·봉쇄, 기름 등 이적, 긴급예인·인양 등의 조치

- **해양오염방제**

  유출된 오염물질의 탐색, 배출·확산 방지, 회수, 제거, 회수된 오염물질 수거·처리 등의 조치

「국가긴급방제계획」은 「재난 및 안전관리 기본법」에 의한 「국가안전관리기본계획」, 「대규모 해양오염사고 위기관리 표준매뉴얼」, 「민방위기본법」에 의한 「민방위기본계획」, 「해양환경 보전 및 활용에 관한 법률」에 의한 「해양환경종합계획」 및 「북서태평양보전실천계획」(NOWPAP)의 「지역긴급방제계획」 등과 연계된다. 하지만, 해양오염사고 대비·대응에 관하여 다른 계획과 상충되는 경우 이 계획을 우선적으로 적용한다.[35]

동 계획은 해양오염사고 시 해양경찰청, 해양수산부, 지방자치단체 등 20여 관계기관의 역할·임무를 규정하고 있다. 국내외 인력이나 장비 등의 긴급동원·지원 등 재난적 대형오염사고 발생 시 범국가적 차원에서 신속하고 효율적으로 대비·대응하기 위한 사항을 체계적으로 규정하고 있다.[36]

---

34 국가긴급방제계획, 제3조.
35 위의 계획, 제6조.
36 해양경찰청, 「2021 해양경찰백서」, 220면.

다. 긴급방제조치의 범위

국가가 해양오염방제 조치를 하는 긴급방제조치의 범위는 다음과 같다.[37]

- 방제의무자가 자발적으로 방제조치를 행하지 아니하거나, 방제조치 명령에 따르지 아니하는 경우
- 방제의무자의 방제조치만으로는 오염물질의 대규모 확산을 방지하기가 곤란하거나, 관계기관의 요청 등 긴급방제가 필요하다고 인정하는 경우
- 「재난 및 안전관리 기본법」 제3조제1호의 재난에 해당하는 해양오염사고가 발생한 경우

라. 긴급방제조치 대응수준

해양오염사고 긴급방제조치를 위한 대응수준은 다음과 같이 구분된다.[38]

- **지역대응**

  해양경찰서 관할 내의 방제자원으로 대응할 수 있는 해양오염사고

- **권역대응**

  인접 해양경찰서 관할 내의 방제자원을 동원할 필요가 있는 경우로서 인접 해양경찰서의 관할해역에 영향을 미치거나 지방해양경찰청 차원의 대응이 요구되는 해양오염사고

- **국가대응**

  전국규모의 방제자원을 동원할 필요가 있는 경우로서 국가적 또는 국제적 차원의 대응이 요구되는 해양오염사고

---

37 국가긴급방제계획, 제18조제1항.
38 위의 계획, 제18조제2항.

③ 지역긴급방제실행계획 (Regional Contingency Plan, RCP)

가. 개념

「지역긴급방제실행계획」은 「국가긴급방제계획」의 지역별 실행을 위한 현장 집행계획으로서 「해양환경관리법」에 근거를 둔 법정계획이다. 해양경찰청 소속 20개 해양경찰서는 관할해역의 특성, 지역적 여건 등을 고려하여 서별 「지역긴급방제실행계획」을 수립하여 운영 중에 있다.

나. 내용

「지역긴급방제실행계획」에는 해역특성, 방제기자재 동원, 방제방법 및 절차, 방제대책본부 설치·운영, 사고보고 및 통신체계, 방제교육·훈련, 홍보대책 등 해역별 특성을 고려한 해양오염사고대비·대응계획이 수립되어 있다. 해안선 형태 및 연안환경 위험정보 등의 방제관련 정보가 데이터베이스화 되어 있다. 대상해역에 대한 기름 오염사고뿐만아니라 유해화학물질에 대한 위험성 평가 및 대응전략, 해역특성정보 및 자료, 방제조직 운영 및 방제조치 계획, 방제자원의 동원 및 보급·지원 계획 등이 포함되어 체계적인 대응조치 구축 및 방제조치를 실행 가능하게 하고 있다.[39]

④ 방제대책본부

가. 설치 근거

해양경찰청장은 해양오염사고로 인한 긴급방제를 총괄하기 위해 그 지휘 조직으로서 「방제대책본부」를 설치할 수 있다. 방제대책본부의 조치사항 및 결과에 대하여는 해양수산부장관에게 보고하여야 한다. 「방제대책본부」는 「해양환

---

39 위의 백서, 221면.

경관리법」제62조 및 같은 법 시행령 제45조, 「방제대책본부 운영규칙」(해양경찰청 훈령 제203호, 2020년 12월 시행)의 규정에 따라 설치·구성 및 운영된다.

나. 설치 기준

해양경찰청장은 다음의 경우에 「방제대책본부」를 설치해야 한다.[40]

- 지속성 기름이 10㎘ 이상이 유출되거나 유출될 우려가 있는 경우
- 비지속성 기름 또는 위험·유해물질이 100㎘ 이상이 유출되거나 유출될 우려가 있는 경우
- 위의 사고 이외의 경우라도 국민의 재산이나 해양환경에 현저한 피해를 미치거나 미칠 우려가 있어 해양경찰청장이 방제대책본부의 설치가 필요하다고 인정하는 경우

그러나 위의 경우라도 다음의 경우에는 방제대책본부를 설치하지 않을 수 있다.[41]

- 육지로부터 먼 해상에서 해양오염사고가 발생하여 연안유입 우려가 없는 경우
- 단기간 내 방제조치 완료가 예상될 경우
- 침몰한 선박 등에서 장기간에 걸쳐 소량씩 유출되어 대규모 오염피해의 우려가 없는 경우

다. 설치 방법

해양경찰청장은 오염물질의 유출 규모를 고려하여 다음의 기준에 따라 방제대책본부를 구분하여 운영한다. 유출 규모를 판단하기 곤란한 사고 초기에는 지역방제대책본부를 우선 설치하고, 이후 사고 상황을 평가하여 광역 또는 중앙방제대책본부로 전환하여 운영할 수 있다.[42] 방제대책본부의 설치기준은 다음의 표와 같다.

---

40 해양경찰청 훈령(제203호), 「방제대책본부 운영 규칙」, 제4조.
41 위의 운영규칙.
42 위의 운영규칙, 제5조.

방제대책본부 (방제본부장)	설치기준
중앙방제대책본부 (해양경찰청장)	• 지속성 기름이 500㎘ 이상 유출되거나 유출될 우려가 있는 경우 • 중앙재난안전대책본부 또는 중앙사고수습본부가 설치된 경우
광역방제대책본부 (지방해양경찰청장)	• 지속성 기름이 50㎘ 이상(비지속성 기름 또는 위험·유해물질은 300㎘ 이상) 유출되거나 유출될 우려가 있는 경우
지역방제대책본부 (해양경찰찰서장)	• 지속성 기름이 10㎘이상(비지속성 기름 또는 위험·유해물질은 100㎘ 이상) 유출되거나 유출될 우려가 있는 경우

방제대책본부장은 오염사고 분석·평가 및 방제총괄지휘, 인접국가 간 방제
정 지원 및 협력, 오염물질 유출 및 확산방지, 방제인력·장비 등 동원범위 결정
과 현장 지휘·통제 결정의 임무가 주어진다. 1995년 이후 2020년까지 총 33회
의 방제대책본부를 운영하였다.[43]

---

43 해양경찰청,「2021 해양경찰백서」, 221면.

▶ 그림 1 중앙방제대책본부 구성

1. A청: 사고 발생해역 관할 지방청, B · C청: 사고 영향이 없는 인근 지방청
2. 중앙방제대책본부의 구성 인원수는 40명 내외로 한다.
3. 본청 기동방제지원팀은 대응계획부에, 지방청 · 해경서 기동방제지원팀은 현장대응부에 편성한다(광역, 지역 동일).

▶ 그림 2 광역방제대책본부

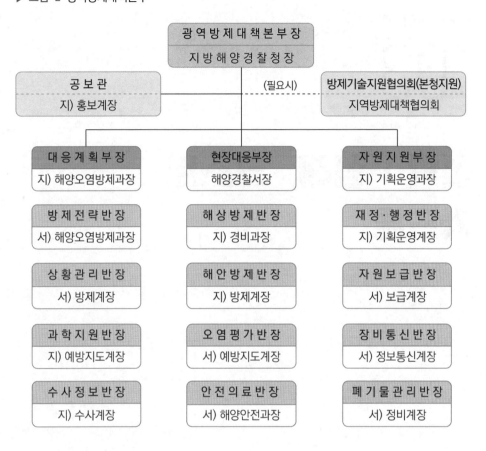

1. 지: 지방청, 서: 해양경찰서
2. 광역방제대책본부의 구성 인원수는 30명 내외로 한다.

선박 · 항해, 코스트 가드론

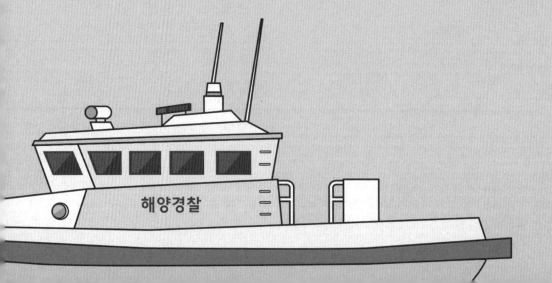

선박 · 항해론

SECTION 01 선박의 정의와 분류

1 선박의 정의

선박이란 수면에 떠서 여객이나 화물을 싣고 항해를 하는 구조물로서 부양성, 적재성, 이동성, 견고성의 요소를 갖추고 있다.

가. 선박법상의 정의

수상 또는 수중에서 항행용으로 사용하거나 사용될 수 있는 배 종류를 말하며 기선, 범선 및 부선으로 구분한다(제1조의2제1항).

나. 해상법상의 정의

상행위를 하기 위하여 수면을 항해하는 노도선 이외의 선박으로서 명칭, 국적, 선적항을 가지고 부동산에 준하는 취급을 받는다.

다. 해사안전법

수상에서 항행수단으로 사용되거나 사용될 수 있는 모든 선주류(수상항공기를 포함한다)를 말한다(제2조제1호).

2 선박의 분류

선박은 국적에 따라 한국선박, 외국선박, 편의치적선으로 구분할 수 있으며, 선체의 재료, 선박의 구조, 선박의 사용목적 등에 의해 분류할 수 있다.

가. 사용목적에 의한 분류

1) 군함

해상전투를 위하여 건조된 특수 함정이며, 무장을 하고 특수한 선형과 구조로 된 것이 특징이다. 항공모함, 순양함, 구축함, 잠수함 등이 있다.

2) 상선

여객 또는 화물 수송을 통해 수익을 얻을 목적으로 운항되는 선박을 말하며, 여객선, 화객선 및 화물선으로 크게 구분할 수 있다.

- 여객선(passenger ship): 여객 운송을 주 업무로 하는 선박으로서, 여객 이외에 부수적으로 화물을 실을 수 있는 시설 및 장소를 갖추고 있다. 우리나라 「해운법」에서는 13인 이상의 여객정원을 가진 선박을 여객선이라고 정의(해운법 제1조의2)하고 있다. 여객정원은 「선박안전법」에 의한 선박검사증서상의 최대탑재인원 중 여객(선박안전법)으로 기재된 인원이다. 여객선은 안전하고 신속한 여객 운송에 중점을 두어야 하므로 「선박안전법」 및 「SOLAS 협약」에 따라 다른 선박보다 선체와 안전설비에 특히 엄격한 기준을 적용시키고 있다.

- 화객선(semi-cargo ship): 여객과 화물을 함께 운반하는 선박을 말한다. 일반적으로 여객정원이 13인 이상인 경우가 보통이므로 대부분의 화객선은 해사법규상 여객선에 해당한다.

- 화물선(cargo ship): 화물의 운송을 목적으로 하는 선박으로서, 여러 종류의 화물을 함께 적재하기 쉽도록 구조된 일반화물선과 한 종류의 특정 화물을 운반하는 전용선으로 나눌 수 있다. 전용선은 적재화물의 종류에 따라 선창의 구조나 하역설비가 달라야 하므로 내부구조뿐만 아니라 외형도 일반화물선과 다르다.

3) 어선[1]

어업에 직접 종사하는 선박 및 어업에 관한 특정 업무에 종사하는 선박을 말한다.

4) 해양경찰함정

A. 경비함정

해상경비 및 민생업무 등 해상에서의 전반적인 업무를 수행하는 함정을 말한다. 함정을 호칭함에 있어서 200톤 이상의 것은 「함」이라 하고, 200톤 미만의 것을 「정」이라고 한다.[2]

- 대형경비함(MPL): 1,000톤급 이상
- 중형경비함(MPM): 1,000톤급 미만 200톤 이상
- 소형경비정(MPS): 200톤 미만

B. 특수함정

해상경비 이외의 해양경찰의 특수목적을 수행하기 위하여 운용되는 함정을 말한다.

- 형사기동정: 해상범죄의 예방과 단속업무를 주 임무로 하는 함정
- 순찰정: 항·포구를 중심으로 해상교통 및 민생치안 업무를 주 임무로 하는 함정
- 소방정: 해상화재진압업무를 주 임무로 하는 함정
- 방제정: 해양오염 예방활동 및 방제업무를 주 임무로 하는 함정
- 예인정: 예인업무를 주 임무로 하는 함정
- 수리지원정: 함정수리 지원업무를 주 임무로 하는 함정

---

1 어선법 제2조에 따른 어선의 정의
   1. 어업·어획물운반업 또는 수산물가공업에 종사하는 선박
   2. 수산업에 관한 시험·조사·지도·단속 또는 교습에 종사하는 선박
   3. 어선건조허가를 받아 건조중이거나 건조한 선박
   4. 어선의 등록을 한 선박
2 함정운영 관리규칙(해양경찰청 훈령 제252호).

- 공기부양정: 천해, 갯벌, 사주 등 특수해역에서 해난구조와 테러예방 및 진압 임무를 수행하는 함정

나. 선체의 재료에 의한 분류

1) 목선(wooden vessel)

선체의 주요 부분을 목재로 구성하고 극히 일부분에만 금속을 사용한 선박으로 소형어선에 주로 이용된다. 목선은 건조가 비교적 쉬우나, 재료의 부식이 심하고, 접합이 불완전하며 구조가 약하다.

2) 철선(iron ship)

1783년에 새로운 제철 방법이 발명된 이래 철선이 등장하여 19세기 말까지 존재하였으나 강선의 출현으로 현재에는 볼 수 없다.

3) 강선(steel ship)

1858년 베스머(Bessemer)에 의해 제강법이 발명되면서 강철이 조선재료로 사용되었고, 현재 대부분의 선박이 강선이다. 강선은 건조와 수리가 용이하고, 강도가 강하며 내구기간이 길다.

4) 합성수지선(FRP vessel)

강화유리섬유선이라 한다. 유리섬유를 수지에 결합시킨 강화유리섬유를 재료로 하여 건조한다. 가볍고 강도가 좋으며, 부식에도 강하나 국부적인 충격에는 약하다. 어선, 구명정, 소형선에 주로 이용된다.

선박의 구조와 크기

1 선박의 각부 명칭

가. 선체(Hull)

마스트, 연돌(Funnel), 타(Rudder) 등을 제외한 선박의 동체(main body)를 말한다. 선체는 전후로 선수(bow), 중앙(midship), 선미(stern)로 구분하고, 좌우로 우현(starboard), 좌현(port)으로 구분한다. 선체의 방향은 정선수(ahead), 정선미(astern), 정횡(abeam), 선수방향(bow), 선미방향(quarter)으로 구분한다.

나. 갑판(deck)

갑판은 갑판보 위에 깔린 판재로서 목제갑판(wooden deck), 강제갑판(steel deck)이 있고, 외판과 함께 수밀(watertightness)을 유지하는 중요한 종강력재이다. 갑판은 승조원, 화물 및 갑판기기의 적재장소나 선내작업장으로 이용된다.

다. 용골(keel)

선체 중앙 최하부에 종 방향으로 길게 뻗어 있는 강력한 뼈대로 선체가 좌초(aground)되거나, 파도에 얹히는 경우 외력에 견딜 수 있도록 강도를 갖는 구조물이다.

라. 늑골(frame)

선체의 현측에 횡 방향으로 설치된 뼈대로 외형을 이루게 하고 외판을 지지하는 역할을 한다.

마. 보(beam)

선체의 갑판 하부에 횡 방향으로 설치된 뼈대로 늑골과 연결된다.

바. 격벽(bulkhead)

선체를 수직으로 분할하는 판재로 수밀된 많은 격실을 만들며, 손상에 의한 침수나 화재를 한 구획으로 한정시킨다.

사. 선수재(stem)

선체의 선수형상을 만드는 뼈대로 용골의 앞 끝단과 연결된다.

아. 선미골재(stern frame)

선체의 선미형상을 만드는 뼈대로 용골의 뒷끝단과 연결된다.

자. 외판(outside plating)

선체의 외형을 만드는 판재이며 수밀구조로서 선박의 부력을 형성한다.

차. 불워크(bulwark)

선체의 외판을 갑판보다 높인 구조로서 갑판 상에 해수의 돌입을 방지하고 승조원의 해상추락을 방지한다. 경비함정에서는 선체 중량을 줄이기 위하여 지주봉과 구명줄(life line)을 설치하고 있다.

카. 빌지킬(bilge keel)

외판의 만곡부에 종 방향으로 배 길이의 약 2/3정도 길게 부착된 좁은 판재로 횡동요(rolling)를 억제한다.

타. 현호(sheer)

선수에서 선미에 이르는 상갑판의 만곡형상을 말하며 선수와 선미가 높고 중앙부가 낮다.

파. 캠버(camber)

상갑판의 중앙부가 상방으로 휘어져 있는 만곡형상을 말하며 양현측이 낮고 중앙부가 볼록하다.

▶ 그림 1 선박의 구조

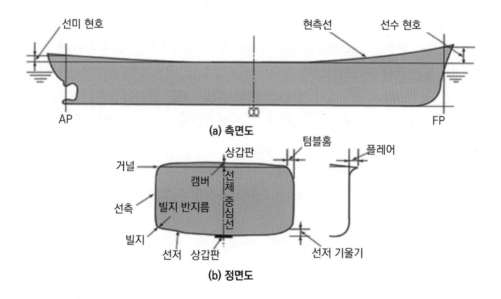

(a) 측면도

(b) 정면도

2 선박의 주요치수

가. 선박의 길이

- 전장(Length Over All : LOA): 선수 최전단으로부터 선미 최후단까지의 수평 거리이다.
- 등록장(Registered Length : RL): 선박원부에 등록되는 길이로서, 바우수프릿

(Bowsprit)을 제외한 선수재 전면으로부터 선미재(Rudder Post) 후면까지의 거리이다.

- 수선장(LWL): 계획만재 흘수선상에서 물에 잠긴 선체의 선수재 전면으로부터 선미후단까지의 수평거리이다.
- 수선간장(LBP): 계획만재 흘수선상에서 선수재의 전면으로부터 키가 있는 선박은 타두재의 중심선(타주가 있는 선박은 그 후면)까지의 길이를 말하고, 키가 없는 선박은 선미외판 후면까지의 거리를 말한다.

나. 선박의 너비

- 전폭(extreme breadth): 선체의 최광부에서 측정한 양현외판 외면간의 수평거리이다.
- 형폭(moulded breadth): 금속제 외판이 있는 선박에서는 선체의 폭이 가장 넓은 부분의 늑골외면간의 최대너비를 말하고, 금속제 외판외의 선박에서는 선박길이의 중앙에서 선체외면간의 최대너비를 말한다. 선박법규에서는 형폭 또는 전폭이라고 구분하지 않고 형폭을 선박의 너비로 사용하고 있다.
- 등록폭(Register Breadth): 선박원부에 등록하는 너비로 선체의 가장 넓은 부분의 횡단면에서 외판의 외측으로부터 반대현의 외판 외측까지의 수평거리를 말한다.

▶ 그림 2 선박의 길이와 너비

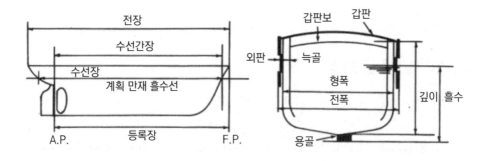

다. 선박의 흘수(Draft)

흘수란 선체가 수중에 잠겨있는 부분의 깊이를 말한다.

- 용골흘수(Keel Draft): 용골 최하면에서 수면까지의 수직거리를 말하며 일반적으로 흘수라 함은 용골흘수를 말한다.
- 형흘수(Moulded Draft): 용골 윗면에서 수면까지의 수직거리를 말한다.
- 트림(Trim): 선수흘수(fore draft)와 선미흘수(aft draft)의 차이를 말한다.
  - 선미트림(trim by the stern): 선미흘수가 선수흘수보다 큰 경우로서 일반적으로 함정운항에 유리한 트림이라고 할 수 있다.
  - 선수트림(trim by the head): 선수흘수가 선미흘수보다 큰 경우로서 파랑에 돌입위험이 많고 보침성이 나쁘다.
  - 등흘수(even keel): 선수흘수와 선미흘수가 같은 경우이다.
- 흘수표(Draft Mark): 선수와 선미의 좌우현에 표시되며, 중·대형선에서는 선체 중앙의 좌우현에도 표시되어 있다. 미터 단위의 흘수표에는 20cm마다 10cm의 아라비아 숫자로 흘수를 표시하며, 숫자의 하단이 가리키는 흘수선과 일치한다. 피트 단위의 흘수표에서는 1ft마다 6inch의 아라비아 숫자 또는 로마 숫자로 흘수를 표시한다.

▶ 그림 3 미터식(좌)과 피트식(우)의 흘수표

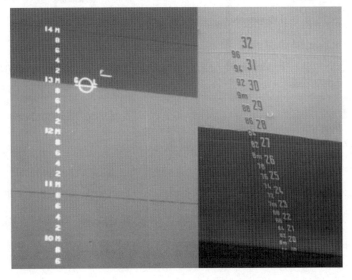

- 건현(Freeboard): 선박이 해상을 안전하게 항해하기 위해서는 어느 정도의 예비부력을 가져야 한다. 이 예비부력은 물에 잠기지 않은 선체의 높이로서 결정되는데 이를 건현이라 하며, 선체중앙에 있어서 만재흘수선으로부터 건현갑판 상면까지의 수직거리를 말한다.
- 만재흘수선: 선박이 여객이나 화물을 탑재 또는 적재하고 안전하게 항행할 수 있는 최대한의 흘수선을 만재흘수선이라 한다. 모든 선박은 만재흘수선을 초과하여 화물을 적재하여서는 안 된다. 만재흘수선은 해수와 담수, 항행해역, 계절 및 선박의 종류에 따라 구별하여 표시하며, 선체 중앙부 양현측에 표시한다. 일명 「만재흘수선표」 또는 「건현표」(Draft Mark, Plimsoll Mark)라 한다.

▶ 그림 4 만재흘수선 표시 방법

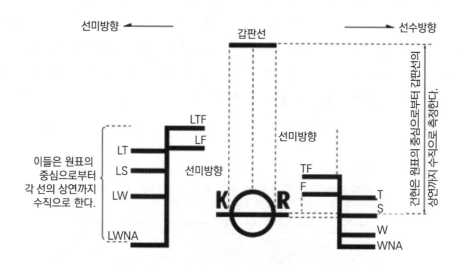

③ 선박의 톤수

선박에서 사용하고 있는 톤수의 종류는 여러 가지가 있으며, 크게 분류하면 용적톤과 중량톤으로 나눌 수 있다. 톤수가 배의 크기를 나타내는 척도로 사용되기 시작한 것은 13세기부터이며, 15세기에 영국에서 수입 포도주를 약 252갤

런(약 2,240파운드)의 통에 넣어 운반하도록 규정한 데에서 유래된 것이다. 이렇게 하여 계산한 톤수는 세금과 수수료 등의 부과 기준이 되었다.

가. 용적톤수(Volume Tonnage)

선박에서 사용하는 용적톤은 무게 단위가 아니고, 화물을 적재할 수 있는 선창의 용적을 입방미터(㎥)로 나타내어 일정한 계수를 곱하여 톤으로 하며, 다음과 같은 것이 있다.

1) 국제 총톤수(International Gross Tonnage)

국제 총톤수는 국제항해에 종사하는 선박의 크기를 표시할 때 사용하는 것으로 국제 톤수 규칙에서 정한 공식에 따라서 그 크기를 측정한다. 국제 총톤수(t)의 산정 방법은 선박의 폐위장소의 합계 용적에서 제외 장소의 합계 용적을 뺀 값(V)에 다음 산식에 의하여 산정된 계수(K1)를 곱하여 얻은 값으로 한다.

$$K1 = 0.2 + 0.02 \log 10V1, \quad t = K1 \times V$$

2) 총톤수(Gross Tonnage, GT)

총톤수는 우리나라의 각종 해사 관계 법령의 적용 기준으로 이용하기 위하여 특별히 규정한 톤수이다. 이 톤수는 우리나라 선박의 크기를 나타내는 지표로 이용하며, 선박의 각종 세금과 수수료의 기준이 되며, 선박국적증서에 기재된다.

3) 순톤수(Net Tonnage, NT)

순톤수는 선박의 용적 중에서 직접 상행위에 사용되는 용적, 즉 화물이나 여객을 수용하는 장소의 용적을 톤수로 나타낸 것이다. 다시 말하면, 총톤수에서 선박 운항에 이용되는 부분의 용적인 선원실, 해도실, 기관실, 밸러스트 탱크 등을 제외한 순적량을 톤수로 환산한 수치를 말한다. 총톤수와 같이 100 ft3를 1톤으로 계산하며, 총톤수의 약 0.65배 정도에 해당하는 것이 보통이다. 순톤수는 직접 상행위를 하는 용적이므로 항세, 톤세, 운하 통과료, 항만시설 사용료의 기준이 되는 중요한 톤수 단위이다.

나. 중량톤(Weight Tonnage)

육상에서 사용하는 무게 단위와 같이 선박의 크기를 무게 단위의 톤으로 표시한 것으로 다음과 같은 종류가 있다.

1) 배수톤수(Displacement Tonnage)

선박이 물위에 떠있을 때의 그 선박의 중량은 선체의 수면하 부분의 배수용적에 상당하는 물의 부피를 무게톤수로 환산한 것과 같으며, 이것을 배수톤수라고 말한다. 이것은 그 선체가 밀어낸 물의 무게를 나타내고 군함의 크기에서 사용한다.

2) 만재배수톤수(Full Load Displacement Tonnage)

선박의 배수톤수 중에서 만재상태(full load condition), 즉 하기만재 흘수선까지 잠긴 상태에서의 배수톤수를 그 선박의 만재배수톤수라고 한다. 즉, 만재 수선 하부의 선박 체적에 해당하는 물의 무게와 같은 톤수로서 재화 중량톤(DWT)에 선박 자체의 무게인 경하중량(Lightweight)을 합한 것과 같다.

3) 경하배수톤수(Light Load Displacement)

선박의 경하 상태(light condition)에 있어서의 흘수에 대한 배수톤수를 경하배수톤수라고 말한다. 일반적으로 선체 자체의 철판 및 각종 장비의 무게를 포함한 것을 나타내며, 만재배수량의 30~40% 정도이다.

4) 재화중량톤수(DeadWeight Tonnage, DWT)

만재상태의 흘수에 대한 하기만재 배수량과 경하상태의 흘수에 대한 경하 배수량의 차이를 재화 중량톤이라고 하며, 이것은 선박이 적재할 수 있는 적재물의 최대 중량을 나타낸다. 이 중량에는 화물은 물론 연료유, 청수, 밸러스트, 각종 빌지 등이 모두 포함된다.

선박의 주요 설비

1 조타 설비

선박에서 키(또는 타)를 회전시키고 또 타각을 유지하는 데 필요한 장치를 조타 장치라 하며, 선박 설비 규정, 강선 구조 규정, 선급 규칙 등에서 각종 제한 조건들을 제시하고 있다.

모든 선박은 최대 항해 흘수 상태에서 항해 속력으로 운항 중에 한쪽 현의 타각 35도로부터 다른 현의 타각 30도까지 28초 이내에 전타할 수 있는 타 장치를 설치해야 한다. 주 조타 장치의 고장에 대비하여 보조 조타 장치를 반드시 비치해 두어야 한다. 모든 선박은 항해 중에 선교의 조타실에서 조타륜을 돌리면 조타 장치에 의한 키의 작용으로 선박이 우현이나 좌현으로 선회를 하게 된다.

▶ 그림 5 타각 지시기

2 정박설비

가. 닻과 닻줄(Anchor and Anchor Chain)

선박을 일정한 수역 내에서 안전하게 머물 수 있도록 하거나, 긴급 시에 응급 조종용으로 사용할 수 있도록 선박에 장착되어 있는 법적 장비가 「앵커」(Anchor, 닻) 및 「앵커 체인 케이블」(Anchor Chain Cable, 닻줄)이다. 앵커는 스톡(Stock)의 부착 유무에 따라서 「스톡 앵커」(Stock Anchor)와 「스톡리스 앵커」(Stockless Anchor)로 크게 나눌 수 있다.

스톡 앵커는 파주력이 크기 때문에 소형어선에서 많이 사용하고, 상선을 포함한 대형선박에서는 파주력은 조금 작더라도 취급상의 편리함 때문에 스톡리스 앵커를 많이 사용한다. 앵커 체인 케이블은 앵커에 연결되어 해저에 내려져서 앵커와 함께 파주력을 구성하는 주요한 역할을 하며, 선박에서는 양현에 각각 10~13새클(Shackle) 정도씩 장착하고 있다. 1새클의 길이는 정부기관에서는 25m, 선급에서는 27.5m(15 fathom)를 사용하고 있다.

▶ 그림 6 스톡리스 앵커의 각부 명칭 및 실제 장착상태

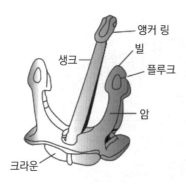

▶ 그림 7 스톡 앵커의 각부 명칭 및 실제 장착상태

나. 계류삭(Mooring Rope)

선박을 부두 또는 부표 등에 정박시킬 때 사용하는 로프(rope)를 말한다. 경비함정에서의 계류삭의 호칭법은 다음과 같다.

▶ 그림 8 계류삭 명칭

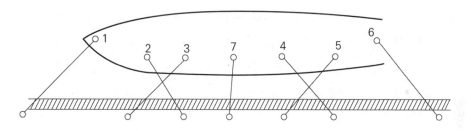

1. 1호줄(bow line, 선수줄)
2. 2호줄(after bow spring, 선수뒷줄)
3. 3호줄(forward bow spring, 선수앞줄)
4. 4호줄(after quarter spring, 선미뒷줄)
5. 5호줄(forward quarter spring, 선미앞줄)
6. 6호줄(stern line, 선미줄)
7. waist breast, 옆줄

③ 구명 설비

선박의 구명 설비에 관한 국제협약으로는 「SOLAS」가 있고, 우리나라는 선박의 감항성 유지 및 안전 운항에 필요한 사항을 규정하고 있는 「선박안전법」이 있다. 이 법에 따른 선박 구명 설비기준에서는 선박을 항행 구역과 종류에 따라 5종으로 구분하여 갖추어야 될 구명설비의 종류, 구조 및 수량 등을 규정하고 있다. 구명 설비의 종류는 구명 기구, 신호 장치 및 진수 장치 등으로 분류된다.

가. 구명 기구

구명 기구는 해상에서 인명 안전에 필요한 각종 장비를 말하며, 선박에서 많이 사용하는 중요한 장비로는 구명정, 구명 뗏목, 구명부환, 구명동의, 구명줄 발사기 등이 있다.

1) 구명정(Life Boat)

구명정은 부력, 복원성 및 강도 등이 완전한 구명 기구로서, 그 형태 및 용도에 따라서 여러 종류가 있으며, 가장 대표적인 것은 부분폐형 구명정이다. 구명정은 해상에서 정원 및 의장품을 만재한 상태에서 충분한 복원력과 건현을 확보할 수 있는 형태와 크기를 가져야 한다. 특히 선박의 20도 횡경사 및 10도 종경사의 경우에도 안전하게 진수될 수 있어야 하고, 평온한 수면에서 선속 5노트에서도 진수 및 예항에 견딜 수 있어야 한다.

평온한 수면에서 인원 및 의장품을 만재한 상태에서 전진 속력이 6노트이상, 이 전진 속력에서 24시간 연속 운전에 충분한 연료를 저장하고, 모든 승정원이 승정 지시가 있는 때부터 10분 이내에 승정할 수 있어야 한다. 제3종선의 구명정은 승정지시가 있는 때부터 3분 이내에 승정원 모두가 승정할 수 있어야 한다.

2) 구명 뗏목(Life Raft)

구명 뗏목은 구명정을 대신하여 사용하는 것으로 「구명벌」이라고도 하며, 제1종 및 제2종 팽창식 구명 뗏목과 고체식 구명 뗏목이 있다. 구명 뗏목은 갑판

상에서 물 위로 투하한 경우 구명 뗏목 및 그 의장품이 손상되지 아니하고, 완전히 팽창되어 안정성을 유지하여야 한다. 평온한 수면에서 인원 및 의장품을 만재한 상태로 1개의 시앵커를 끌고 3노트의 예항 속력에 견딜 수 있어야 한다. 그리고 수면상 1미터 이상의 높이에 수색 구조 위치 확인 장치 및 휴대식 무선 장치의 공중선을 펼칠 수 있어야 하고, 모든 해상상태에서 30일간 폭로에 견딜 수 있어야 한다.

3) 구명부환(Life Buoy)

구명부환은 1인용의 둥근 형태의 부기로서, 수상의 조난자에게 던져서 구명정이 구조할 때까지 수중에서 이를 붙잡고 떠 있게 하는 것이다. 위급 시 즉시 사용할 수 있도록 선내의 눈에 잘 띄는 곳에 비치하여야 한다. 구명부환은 물에 빠진 사람이 붙잡고 충분히 떠 있을 수 있도록, 담수 중에서 14.5kg의 철편을 달고서 24시간 이상 떠 있을 수 있어야 하고, 바깥 둘레에 적합한 손잡이 줄이 부착되어 있어야 한다. 적재장소에서 물 위에 투하하는 경우에 손상을 입지 않아야 한다.

4) 구명동의(Life Jacket)

구명동의는 탈진된 사람이 그 몸체가 수직에서 후방으로 20도 이상 기울어진 상태에서 그의 입이 수면상 12cm 이상의 높이로 유지될 수 있어야 하고, 담수 중에 24시간 잠긴 후에도 부력이 5% 이상 감소하지 않아야 한다. 구명동의에 전혀 익숙하지 못한 사람도 도움, 지침 또는 사전 시범 없이 1분 이내에 정확히 착용할 수 있어야 한다. 또 4.5m의 높이에서 수중에 뛰어내려도 착용자에게 상해를 주지 않고, 벗겨지거나 손상되지 않아야 한다. 착용자가 수중에서 헤엄치기에 용이하고, 내식성 재료로 만들어진 호각이 끈으로 매여져 있어야 한다.

나. 신호 장치

조난신호 장치로 자기 점화등, 자기발연 신호, 구명동의등, 로켓 낙하산 신호, 신호 홍염, 발연부 신호, 수밀 전기등, 일광 신호용 거울, 탐조등, 역반사제,

선상 통신 장치, 경보 장치, 선내 방송 장치 등이 있다. 선박은 조난을 당했을 때 타선이나 육상에 구조를 요청하기 위하여 이러한 조난 신호 장치를 갖추고 있어야 한다.

1) 자기 점화등(Self-Igniting Light)

발염식 자기 점화등은 물 위에 투하하는 경우에 즉시 자동적으로 발광되고 풍랑 중에서도 똑바른 자세를 유지할 수 있어야 하며, 상방의 모든 방향으로 흰색의 빛을 2시간 이상 연속하여 발할 수 있어야 한다. 구명부환에 연결할 수 있어야 하고, 적재장소의 높이에서 물위에 투하하는 경우에 그 기능이 저하되지 않고, 점화시 위험 및 폭발성이 없으며 불시에 발화하지 않아야 한다.

2) 자기발연신호(Self-Smoking Light)

자기발연신호는 점화하여 물 위에 투하하는 경우에 물에 떠서 충분한 양의 오렌지색 연기를 15분 이상 연속하여 발하고, 수중에 10초간 완전히 잠긴 후에도 계속 연기를 발할 수 있어야 한다.

3) 구명동의등(Life Jacket Light)

구명동의등은 구명동의에 연결하여 상방의 모든 방향으로 흰색의 빛을 8시간 이상 연속하여 발하고, 모든 방향에서 볼 수 있어야 한다. 섬광식의 구명동의등은 상방의 모든 방향으로 흰색 섬광을 일정한 간격으로 매분 50~70회 이하 발할 수 있고, 수동의 스위치를 부착하고 있어야 한다.

4) 로켓 낙하산 신호(Rocket Parachute Signal)

로켓 낙하산 신호는 높이 300m 이상의 장소에서 펴지고 또한 점화되며, 매초 5m 이하의 속도로 낙하하면서 적색 성화를 40초 이상 발할 수 있어야 한다. 연소 중 낙하산 및 부속품이 손상되지 않아야 하고, 점화 시 위험이 없고 불시에 발화하지 아니하는 점화 장치가 부착되어 있어야 한다.

5) 신호 홍염(Hand Flare)

신호 홍염은 홍색염을 1분 이상 연속하여 발할 수 있는 것으로 수중 10cm 아래에 10초간 완전히 잠긴 후에도 계속 작동할 수 있어야 한다.

6) 발연부 신호(Buoyant Smoke Signal)

발연부 신호는 점화하여 물 위에 투하하는 경우 물 위에 부유하면서 충분한 양의 잘 보이는 오렌지색의 연기를 3분 이상 연속하여 발할 수 있어야 한다.

SECTION 04 선박기관의 개요

1 선박기관 의의

연료를 연소시켜 발생한 열에너지를 기계적인 일로 바꾸어 동력을 얻는 기계를 「열기관」이라고 하며 외연기관과 내연기관[3]이 있다. 외연기관은 연료를 연소시켜 보일러 내의 물을 고온·고압의 증기로 만들고 이 증기를 이용하여 동력을 얻는 기관이며, 내연기관은 연료를 기관 내부에서 연소시켜 발생한 고온·고압의 연소 가스를 이용하여 동력을 얻는 기관이다. 선박에 설치된 열기관으로는 「주기관」(Main Engine)과 「발전기관」(Generator Engine)이 있으며 이들을 통상적으로 「선박기관」이라 부르고 있다

2 내연기관과 외연기관

가. 내연기관

- 열 손실이 적고 열효율이 높으며 소형으로 제작이 가능하다.
- 시동·정지·출력조정 등이 쉬우며, 시동 준비 시간이 짧다.
- 기관의 진동과 소음이 심하며 자력 시동이 불가능하다.
- 선박 기관, 자동차 기관 및 산업용으로 널리 사용되고 있다.

---

3 외연 기관에는 증기 왕복동기관과 증기터빈기관이, 내연 기관에는 가솔린 기관과 디젤 기관, 가스 터빈 기관과 로터리 기관 등이 있다.

나. 외연기관

- 열효율이 낮고 기관 시동 준비 시간이 길며 기관의 중량과 부피가 크다.
- 진동과 소음이 적으며 운전이 원활하다.
- 내연기관에 비해 마멸, 파손 및 고장이 적으며 대출력을 내는데 유리하다.
- 대형선박의 추진 기관이나 화력 발전소의 발전용 원동기 등으로 사용된다.

▶ 그림 9 내연기관과 외연기관

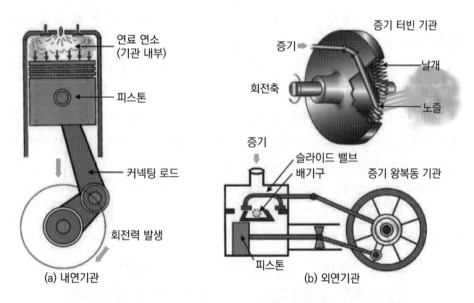

(a) 내연기관 　　(b) 외연기관

디젤기관

1 원리

점화 플러그의 불꽃을 이용하여 가솔린과 공기의 혼합기를 연소시키는 가솔린 기관과 달리, 디젤기관은 밀폐된 실린더 내에서 공기를 압축할 때 발생 되는 압축열을 이용하여 연료 분사 밸브로부터 분사된 연료를 연소시킨다. 이때 발생하는 폭발 압력에 의해 피스톤을 밀어 내리고, 이 힘이 크랭크에 전달되어 크랭크축을 회전시킨다.

디젤기관은 연료를 자연발화 시킬 수 있는 압축열을 발생해야 하므로 가솔린 기관보다 높은 압축비가 요구된다. 디젤기관은 동작방법에 따라 4행정 사이클 기관과 2행정 사이클 기관으로 나누어지며, 보통 소형, 고속 기관은 4행정 사이클 기관이고 중·대형, 저속기관은 2행정 사이클 기관이다.

▶ 그림 10 가솔린기관과 디젤기관

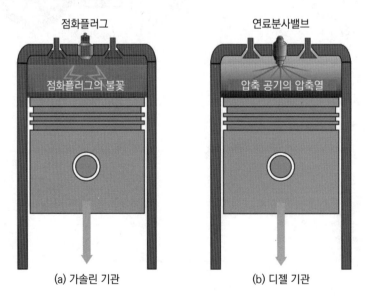

(a) 가솔린 기관   (b) 디젤 기관

2 4행정 사이클 디젤기관

4행정 사이클 디젤기관은 흡입 행정, 압축 행정, 작동(폭발) 행정, 배기 행정의 4행정으로 한 사이클을 완료하는 기관으로 한 사이클 동안 크랭크축은 2회전, 캠축은 1회전 한다.

▶ 그림 11 4행정 사이클 디젤기관의 동작 과정

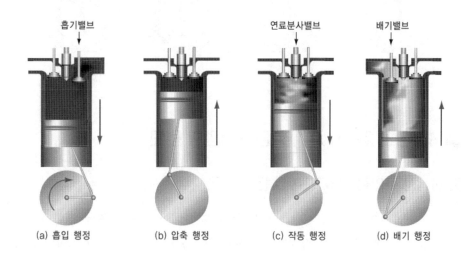

(a) 흡입 행정　　(b) 압축 행정　　(c) 작동 행정　　(d) 배기 행정

3 2행정 사이클 디젤기관

2행정 사이클 디젤기관은 크랭크가 1회전하는 동안 소기 및 압축, 폭발 및 배기 과정을 완료한다. 2행정 사이클 디젤기관의 소기는 보통 실린더 하부에 뚫려 있는 소기공을 통하여 이루어지며 배기는 기관의 종류에 따라 소기공 위쪽에 뚫려진 배기공이나 실린더 헤드에 설치된 배기밸브를 통하여 이루어진다.

▶ 그림 11 2행정 사이클 기관의 동작 과정

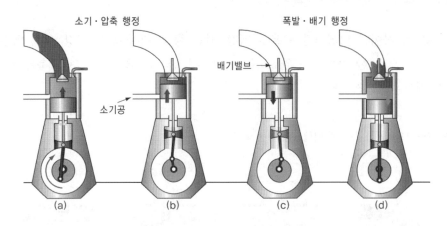

4 4행정과 2행정 사이클 디젤기관의 비교

가. 4행정 사이클 디젤기관의 특징

- 부피 효율이 높고 실린더가 받는 열응력이 적어 고속 기관에 적합하다.
- 흡·배기 밸브와 구동 장치가 필요하기 때문에 구조가 복잡하고 고장이 많다.
- 회전력의 변화가 크며 실린더 수가 적을 때는 원활한 운전을 위해 큰 플라이휠이 필요하다.
- 동일한 출력을 낼 때는 기관의 부피와 무게가 크게 되므로 대형 기관에는 부적합하다.

나. 2행정 사이클 디젤기관의 특징

- 동일 출력에 대하여 4행정 사이클 기관보다 부피와 무게가 적어 대형 기관에 적합하다.
- 회전력의 변화가 적고 운전이 원활하여 작은 플라이휠을 사용해도 된다.
- 흡·배기 밸브가 없거나 배기밸브만 있으면 되기 때문에 실린더 헤드의 구조가 간단해지고 취급이 쉽다.
- 열응력이 크고 열변형이 생기기 쉬우며 소기를 위한 장치가 필요해서 고속

기관에는 부적합하다.

- 윤활의 불량과 탄소 부착이 일어나기 쉬워 실린더 라이너의 마멸이 빨라질 수 있다

연료유와 윤활유

연료란 공기 중에서 잘 연소하고 이때 발생하는 열에너지를 이용할 수 있는 물질을 의미하며, 주성분은 탄소와 수소이다. 연료유의 종류에는 석탄과 같은 고체 연료와 휘발유, 중유, 경유 등의 액체연료(연료유), 천연가스, 액화가스 등의 기체연료가 있다.

1 연료유의 종류

가. 가솔린

비중이 0.69~0.77이며, 기화하기 쉽고 인화점이 낮아서 화재의 위험이 크므로 운반 및 취급에 주의해야 한다. 또 가솔린의 증기는 공기보다 약 3배 무겁고 유독하므로 주의해야 한다. 주로 항공기 및 승용차에 사용된다.

나. 등유

가솔린 다음으로 증류되며, 비중이 0.78~0.84로 난방용, 석유기관, 항공기의 가스터빈 연료로 사용된다.

다. 경유

비중이 0.84~0.89로 원유의 증류 과정에서 등유 다음으로 얻어진다. 고속 디젤기관에 주로 사용되므로 디젤유(diesel oil)라고도 한다.

라. 중유

상압 증류 후의 잔사유에서 아스팔트 등을 제거하거나 경유와 혼합시켜 제조한다. 비중은 0.91~0.99, 발열량은 9720~10,000kcal/kg으로 흑갈색의 고점성 연료로 대형 디젤기관 및 보일러의 연료로 많이 사용된다.

② 연료유의 성질

가. 비중(specific gravity)

비중은 부피가 같은 기름의 무게와 물의 무게와의 비이다. 비중은 온도에 따라 변화가 크므로 보통 15℃(또는 60℉)일 경우를 표준 온도로 한다. 비중의 표시 방법으로는 15/4℃ 비중, 60/60℉ 비중과 API(American Petroleum Institute, 미국 석유 협회) 비중이 사용되고 있다. 15/4℃ 비중이란, 같은 부피의 15℃의 기름의 무게와 4℃의 물의 무게와의 비를 나타낸다.

나. 점도(viscosity)

액체가 유동할 때 분자 간에 마찰에 의하여 유동을 방해하려는 작용이 일어나는데, 이와 같은 성질을 점성이라 한다. 점성의 대소를 표시하는 데 점도라는 용어가 사용된다. 일반적으로 온도가 상승하면 연료유의 점도는 낮아지고, 온도가 낮아지면 점도는 높아진다. 점도는 파이프 내의 연료유의 유동성과 밀접한 관계가 있고, 연료 분사 밸브의 분사 상태에 큰 영향을 준다.

점도에는 레드우드(Redwood) 점도, 세이볼트(Saybolt) 점도, 앵글러(Engler) 점도 및 동점도가 있다. 어느 것이나 각 점도계에서 일정량의 기름이 유출되는 시간을 측정한다. 최근에는 점도를 표시할 때 동점도를 많이 사용하며, 단위는 (St, stokes) 또는 스토크스의 1/100인 센티스토크스(cSt, centistokes)를 사용한다.

다. 인화점(flash point)

연료유를 서서히 가열할 때 나오는 유증기에 불을 가까이 하면 불이 붙게 된다. 이와 같이 불을 가까이 하였을 때 불이 붙을 수 있도록 유증기를 발생하는 기름의 최저 온도를 말한다. 인화점은 기름의 취급 및 저장상 중요한 것으로, 연소에서는 크게 중요하지 않지만 인화점이 낮은 기름은 화재의 위험이 높다.

라. 발화점(ignition point)

연료의 온도를 인화점보다 높게 하면 외부에서 불이 없어도 자연 발화하게 되는데, 이와 같이 자연 발화하는 연료의 최저 온도를 발화점이라 한다. 디젤기관의 연소에 가장 관계가 깊다.

라. 응고점과 유동점

기름의 온도를 점차 낮게 하면 유동하기 어렵게 되는데, 전혀 유동하지 않는 기름의 최고 온도를 응고점(solidifying point)이라 한다. 반대로 응고된 기름에 열을 가하여 움직이기 시작할 때의 최저 온도를 유동점(pour point)이라 한다. 유동점은 응고점보다 2.5도 정도 높다.

❸ 윤활유

기계와 기관 등의 운동부 마찰면에 윤활유를 공급하여 마찰을 감소시키는 작용(감마 작용)을 함으로써, 동력 손실을 줄이고, 마멸과 손상 등의 장애를 방지하는데 있다. 윤활유는 감마 작용 외에 냉각 작용, 기밀 작용, 응력 분산 작용, 방청 작용, 청정 작용 등을 한다. 윤활유는 광물성과 지방성이 있는데, 광물성 윤활유는 원유에서, 지방성 윤활유는 동·식물유로부터 제조한다. 일반적으로 열기관은 광물성 윤활유를 많이 사용한다.

- 내연 기관용 윤활유(internal combustion engine oil)
- 터빈유(turbine oil)

- 기계유(machine oil)
- 베어링유(bearing oil)
- 기어유(gear oil)
- 냉동기유(refrigeration machine oil)
- 유압 작동유(hydraulic oil)
- 그리스(lubricating grease): 반고체 윤활제로 충격 하중이나 고하중을 받는 기어, 급유가 곤란한 장소의 윤활용

CHAPTER 10

항해와 항법

SECTION 01 항해술(Navigation)의 의의

항해란 해상에서 항해자가 선박의 위치를 구하고, 출발지에서 목적지까지 선박을 안전하고 경제적으로 이동시키는 지식과 기술을 말한다. 따라서 항해자는 지구과학의 기초 이론에서부터 조석, 조류, 해류, 항법, 항로표지, 해도, 수로서지, 각종 항해계기 등에 관한 기본 지식을 바탕으로 항로의 선정, 선위의 결정 방법과 이에 관련된 제반 사항을 알고 있어야 한다.

SECTION 02 항법의 분류

　항법은 선박이 두 지점 사이를 가장 안전하고 정확하게 항행하도록 하는 기술로서, 선위를 결정하는 방법에 따라 지문항법, 전파항법, 천문항법으로 구분한다. 지문항법은 다시 연안항법과 대양항법으로 구분하며, 항해술의 기초이론은 모두 지문항법에서 다루어지므로 지문항법은 모든 항법의 기본이 된다.

1 지문항법(geonavigation)

　지문항법은 항해의 기본이 되는 것으로 「실측항법」과 「추측항법」(dead reckoning sailing)이 있다. 실측항법은 지상에 있는 물표를 실제로 측정하여 구한 위치를 사용하는 것으로 주로 연안항법에 이용되고 있다. 추측항법은 지구의 형상을 기초로 하여 선내의 요소, 즉 침로 및 항정 등으로 「선위」(ship position)를 추측하며, 대양항해 시 항정선항법에 활용된다.

2 천문항법(celestial navigation)

　천체의 고도와 방위를 관측하여 선박의 위치 및 오차를 측정하는 방법으로서 대양을 항해할 때 이용한다. 그러나 최근에는 전파항법이 발달하여 천문항법은 비상시 보조적인 항법으로 이용될 뿐이다.

❸ 전파항법(electronic navigation)

전파의 특성 중 전파의 직진성과 반사성 및 등속성을 이용하여 선위를 결정하는 항법으로서, RDF[1](Radio Detection Finder)를 이용한 방위측정, 레이다를 이용한 항법, Loran, Omega, Decca를 이용한 선위측정, 항해용 위성으로부터 신호를 수신하여 선위를 측정하는 위성항법 등이 있다.

가. 레이다(Radar)

레이다는 전파의 등속성, 직진성 및 반사성을 이용하여 물체의 거리와 방위를 측정한다. 선박에 설치된 회전안테나(scanner)로부터 지향성이 예민한 마이크로파의 펄스(pulse) 전파를 발사하고, 물체에서 반사되어 온 전파를 수신하여 물체를 지시기의 화면상에 영상으로 나타나게 한다. 이때 전파의 왕복시간과 안테나의 방향으로 물체까지의 거리와 방향을 측정한다.

원리는 지극히 간단하나 설계상으로는 어려운 문제가 있다. 즉, 광속과 같은 전파가 반사되어 돌아올 때까지의 극히 짧은 시간을 정확히 측정하려면 $0.1\mu s$ 정도의 정밀함을 요하고, 또한 충분한 지향성을 가지고 선명한 영상을 나타내려면 파장이 짧은 마이크로파를 이용하여야 한다. 따라서 여기에 수반되는 전자공학상의 문제가 제기되어 레이다의 출현이 늦어지다가, 특수진공관(Magnetron, Klystron)의 발명으로 레이다가 실용화되었다.

---

1 RDF(Radio Direction Finder)는 1902년에 개발된 최초의 전파항법 계기로서 1928년에 영국에서 최초의 회전식 루프의 무선표지국이 실용화되어 비약적으로 보급되었다. RADAR(Radio Detection And Ranging)는 1934년 영국에서 군사용으로 처음 개발된 이후, 미국 해군에서는 1937년에 만들었고, 2차대전 중 미·영은 PPI(Plan Position Indicator) 방식의 레이다를 개발하였다. 현재는 래스터스캔(raster scan) 기술을 도입하여 다양한 기능과 향상된 화면을 이용할 수 있게 되었다. 또한 2차대전 중 쌍곡선항법으로서 미국에서는 Loran이, 영국에서는 Decca가 개발되어 실용화되었으나 이용범위가 한정되어 전 세계적으로 사용할 수 있는 항법 체계의 확립이 필요하게 되었다. 이에 부응하기 위하여 1958년에 위성항법 장치인 NNSS가 개발되었고, 1966년에 오메가 항법이 실용화되었다. 그러나 이들 또한 약점이 있어 미 국방부에서는 NNSS를 대신할 GPS를 개발하게 되었고, 군용으로만 이용하다가 민간에게 개방하였다. GPS는 미 국방부가 걸프전 이후 전략적인 목적으로 고의오차를 개입시켜 위치오차를 증가시키고 있어 각국에서는 이에 대한 대책으로 DGPS의 도입을 추진하고 있고, 우리나라도 설치·운영 중이다.

❹ 위성항법

인공위성에서 발사하는 전파 도달시간을 측정하고 이를 거리로 환산하여 선위를 구하는 항법으로서 현재 「NAVSTAR GPS」와 「GLONASS」가 주로 이용되고 있다.

가. GNSS(Global Navigation Satellite System)

GNSS는 제2세대 위성측위방식인 「GPS」와 「GLONASS」(Global Navigation Satellite System)를 통칭하는 용어로서 IMO, IALA 등에서 공식적으로 사용하는 용어이다. GPS의 공식명칭은 「NAVSTAR GPS」이며 미국에서 군사목적으로 개발한 것이다. GLONASS는 구 소련이 개발한 시스템으로서 미국의 GPS와 비교할 때 사용주파수, 위치측정원리 등이 거의 동일하다. 이들 시스템은 모두 군사용으로 개발되었기 때문에 국방상의 이유로 정확도를 악화시키거나 운용이 중단될 가능성도 있으므로, 최근에는 GPS와 GLONASS를 병용할 수 있는 겸용수신기가 증가하고 있다.

나. GPS(Global Positioning System)

GPS는 전 세계의 어느 곳에서나 위치를 구할 수 있는 방식이라는 의미로서, 미국에서 개발한 NAVSTAR GPS를 말한다. 「NAVSTAR GPS」(NAVigation System with Time And Ranging GPS)는 위성으로부터 전파도달 시간으로 구한 거리를 사용하여 위치를 구하는 「위성항법방식」이라는 의미를 가지고 있다.

위치를 알고 있는 여러 개의 중거리 위성에서 발사하는 전파를 수신하고, 그 도달시간으로부터 관측자까지의 거리를 구하여 위치를 구하는 방식이다. 관측자의 위치는 지구 중심을 원점으로 하고 지구 자전과 더불어 회전하는 3차원의 지구좌표계를 사용하여 구하므로 위도, 경도, 고도로 표현할 수 있고, 또 도플러 주파수를 측정하여 관측자의 속도 성분을 알 수 있다. 선박은 물론 항공기, 자동차 등 여러 민간분야에 걸쳐 이용이 가능하다. 오차범위는 약 100m 내외가 된다.

▶ 그림 1 GPS에 의한 위치결정

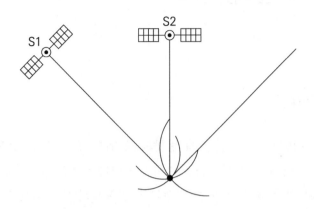

다. DGPS(Differential GPS or DGNSS, 위성항법보정시스템)

민간이 이용할 수 있는 SPS에 의한 위치가 100m 이상의 오차가 발생하여 다양한 응용분야에서 요구하는 위치정확도를 만족시킬 수 없으므로 이를 극복하기 위해 개발된 것이 DGPS이다. 해상용 DGPS는 「미국 해안경비대」(USCG)가 최초로 개발하기 시작하였으며, 기준국에서 보내주는 오차정보를 이용하여 자신의 위치를 정확히 측정할 수 있기 때문에 전 세계적으로 운용국가가 확산되고 있다.

IMO, IALA 등의 사용 권고에 따라 이 시스템을 이용하여 안전운항을 확보할 수 있도록 하였다. 자신의 위치를 정확히 알고 있는 「기준국」(reference station)에서 위성신호의 오차를 계산하여 각 선박의 GPS에 위치 보정에 필요한 정보를 일정한 간격으로 무선 방송하고, 각 수신기는 이 보정 값을 가감하여 정확한 위치를 계산하게 된다. 이용범위는 100마일이며, 오차는 10m 이내이다.

SECTION 03 조석과 조류

1 조석(Tide)

조석이란 해면의 주기적인 수직 방향의 승강운동을 말하며, 보통은 1일에 2회 일어나지만, 곳에 따라서는 1일에 1회만 일어나는 곳도 있다. 바다 표면의 주기적인 상승과 하강 및 이에 따른 해수의 흐름은 달과 태양의 인력 때문에 생긴다. 태양의 질량은 달에 비해 월등히 크지만, 거리는 달이 훨씬 가까우므로 조석 현상은 주로 달에 의해 발생한다.

이와 같이 조석을 일으키는 힘을 「기조력」(tide generating force)이라 하는데, 이는 주로 달에 의한 만유인력과 원심력에 의하여 생긴다. 원심력은 일정한 방향과 크기를 가지나 만유인력은 해수의 위치에 따라 다르게 된다. 따라서 기조력은 지구상에서 이 두 힘의 합력으로 나타난다. 달의 바로 밑에 위치한 지점은 원심력보다 인력이 크므로 해면이 상승하고, 반대쪽의 지점은 원심력이 인력보다 크므로 해면이 상승하여 고조가 일어나며 이 두 지점과 직각인 지점에서는 저조가 일어난다.

가. 조고와 조차

조고에는 고조와 저조가 있다. 조석으로 인하여 해면이 가장 높아진 상태를 「고조」(만조, high water)라 하고, 가장 낮아진 상태를 「저조」(간조, low water)라 하며, 연이어 일어나는 고조와 저조 해면의 높이차를 「조차」라 한다.

나. 조시

조시에는 고조시와 저조시가 있다. 고조가 된 때의 시각을 「고조시」(high water time)라 하고, 저조가 된 때의 시각을 「저조시」(low water time)라 한다.

다. 정조(stand of tide)

고조 또는 저조의 전후에 해면의 승강이 극히 느리며, 마치 정지하고 있는 것과 같은 상태를 정조라 한다.

라. 창조(flood tide)와 낙조(ebb tide)

저조에서 고조까지의 해면이 점차 상승하는 상태를 창조라 하고, 고조에서 저조까지의 해면이 점차 하강하는 상태를 낙조라 한다.

마. 대조(spring tide)와 소조(neap tide)

삭(new moon)과 망(full moon)이 지난 뒤 1~2일 만에 조차가 극대가 되었을 때를 「대조」(사리, 큰 물)라 하며, 이때의 조차를 평균한 것을 「대조차」라 한다. 그리고 상현 및 하현이 지난 뒤 1~2일 만에 조차가 극소가 되었을 때를 「소조」(조금, 작은 물)라 한다.

▶ 그림 2 대조와 소조

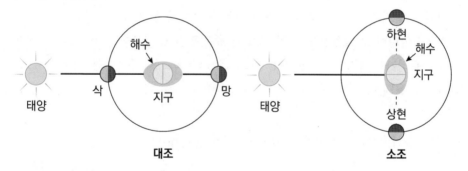

바. 백중사리

달이 지구에 가까울수록 조차는 증가한다. 달의 위치는 1년 중 음력 7월에 지구에 가장 가깝다. 그러므로 사리(대조) 중에서도 음력 7월 보름경에 오는 사리 때 1년 중 최대의 조차를 보이는데, 「백중사리」라고 한다. 이때는 평소 때의 사리보다도 조위가 높아지므로 연안의 낮은 해안가는 침수피해를 입을 수 있다.

사. 일조부등(diurnal inequality)

조석은 보통 하루에 두 번의 고조와 저조가 일어나지만, 같은 날이라도 그 높이와 시간 간격이 같지 않은데 이를 「일조부등」이라 한다.

아. 평균수면(mean sea level, MSL)

조석이 없다고 가정하였을 때의 해면을 평균수면이라 하고 1년을 주기로 서서히 승강한다.

자. 조석의 주기

고조(저조)로부터 다음 고조(저조)까지 걸리는 시간을 조석의 주기라 하고, 그 시간은 약 12시간 25분이다.

2 조류

달과 태양의 인력에 의해 생기는 해수의 주기적인 상하 수직운동을 「조석」이라 하고, 이러한 조석현상에 의한 해수의 주기적인 수평운동을 「조류」라 한다. 조류가 흘러가는 방향을 유향이라 하고, 조류의 속도를 유속이라 하며 「노트」(knot)로 표시한다.

가. 창조류(flood current)와 낙조류(ebb current)

저조시에서 고조시까지 흐르는 조류를 창조류라 하고, 고조시에서 저조시까지 흐르는 조류를 낙조류라 한다.

나. 게류(slack water)와 전류(turn of tidal current)

창조류(낙조류)에서 낙조류(창조류)로 변할 때 흐름이 잠시 정지하는 현상을 게류(憩流)라 하는데, 이때 조류의 유향이 바뀌는 것을 전류라 한다.

다. 와류(eddies)와 소용돌이

좁은 수도 등에서는 조류가 격렬하게 흐르면서 물이 빙빙 도는 것을 볼 수 있다. 이와 같은 흐름을 와류라 하고, 와류가 강해진 것을 소용돌이라 하는데, 이들의 위치가 해도상에 표시되어 있다.

라. 반류

조류가 연안으로 흘러들어오면서 해안선 돌출부에 부딪혀 주류와 반대 방향의 흐름이 생기는데 이를 반류라 한다.

마. 급조와 격조

조류가 해저의 장애물이나 반대 방향의 수류에 부딪혀 생기는 파도를 급조라 하고, 급조가 특히 심한 것을 격조라 한다.

③ 우리나라 연안의 조석과 조류

가. 동해안

동해안의 조차는 0.3m 내외에 불과할 정도로 매우 작으나, 일조부등은 매우 현저하여 1일 1회조가 되는 경우가 있다. 대조차는 감포 이북은 0.3m 이하이며, 울산은 0.5m, 고리에서는 0.7m, 부산에서는 1.2m로 남쪽으로 갈수록 증가한다. 평균해면은 3월에 가장 낮고, 8월에 가장 높으며 그 차는 약 0.3m이다.

나. 남해안

동부에서는 일조부등이 매우 적고, 대개 규칙적인 승강을 한다. 조시의 부등은 저조에는 크고 고조에는 거의 없다. 대조차는 부산의 1.2m로부터 서쪽으로 갈수록 증가하여 여수에서 3.0m, 완도에서 3.1m가 된다. 평균해면은 2월에 가장 낮고 8월에 가장 높으며 그 차는 약 0.3m이다. 부산 근해에서의 최강조류는 약 1~2kt이고, 가덕수도의 최강유속은 1.3~2kt에 달한다. 그러나 협수도의 유속은 훨씬 강한데, 횡간수도의 중앙부근에서의 창조류는 서쪽으로 흐르고 유속은 4kt이며, 낙조류는 동쪽으로 흐르고 유속은 4.5kt에 이른다.

다. 서해안

일조부등은 일반적으로 적으나 조차가 크므로 약간 큰 조고의 부등을 볼 수 있다. 평균해면은 2월에 가장 높으며, 그 차는 약 0.5m에 달한다. 대조차는 서해안 남부에서의 약 3.0m로부터 북쪽으로 올라갈수록 증가하여 군산부근에서는 약 6.0m, 인천 부근에서는 약 8.0m에 달한다. 여기서부터 북쪽으로는 감소하여 대청도 부근에서는 약 2.8m가 되나, 다시 증가하여 남포에서는 약 4.8m가 된다.

라. 우리나라 주요지점의 조류개황

- 명량수도(진도수도): 우리나라에서 가장 강한 조류가 흐르는 곳으로 이 수도의 가장 좁은 곳에서의 최강유속은 7~9kt를 넘고, 부근의 가장 강한 곳에서는 10.3~11.5kt에 이르는 조류가 흐른다.
- 장죽수도: 7kt에 달하는 조류가 흐른다.
- 맹골수도: 최강유속은 6.8kt이다.
- 목포구: 목포항 출입항로로서 명량수도 다음으로 강한 조류가 흐른다. 창조류는 시아해에서 유입하여 수도 중앙에서 최강유속이 일어나고, 목포항 및 영암반도와 해남반도 사이로 흐르며, 낙조류는 이와 반대의 현상으로 흐른다.
- 인천항 및 동·서수도 : 인천 외항에서의 창조류는 저조 후 약 30분에서 고조 후 약 30분까지 월미도의 서단을 향하여 흐르고, 낙조류는 이와 반대로 흐른다. 최강유속은 약 3.8kt에 달하며, 각 전류 시에 있어서 약 15분간의 유속은 0.3kt 이하이다. 동·서수도에 있어서의 조류는 일반적으로 북동 및 남서쪽으로 흐르고, 대체로 인천항의 고·저조시에 전류한다. 이 수도에서의 유속은 2.5~4.5kt이나, 서수도의 좁은 곳에서는 6.8kt, 장봉수도 및 석모수도의 좁은 곳에서는 6kt에 이른다.

SECTION 04 선체 저항과 외력

☐ 선체 저항

선박이 항해할 때에 받는 저항은 수면 위의 선체 구조물이 받는 공기 저항과 수면하의 선체가 물로부터 받게 되는 마찰 저항, 조파 저항 및 조와 저항 등이 있다.

가. 마찰저항

물은 점성이 있어서 선체 표면이 물과 접하게 되면 물의 부착력이 선체에 작용하여 선체의 진행을 방해하는 힘이 생기며, 이것을 「마찰저항」이라고 한다. 저속선에서는 선체가 받는 저항 중에서 이 마찰 저항이 가장 큰 비중을 차지하며, 선속, 선체의 침하 면적 및 선저 오손 등이 크면 마찰저항이 증가한다.

나. 조파저항

선박이 수면 위를 항해하면, 선수와 선미 부근에서는 압력이 높아져서 수면이 높아지고, 선체 중앙 부근에서는 압력이 낮아지므로 파가 생긴다. 이와 같이 선체가 공기와 물의 경계면에서 운동을 할 때, 이로 인하여 발생하는 저항을 「조파저항」이라고 한다. 고속선이 항주하면 큰 파가 생기는데, 이것은 배의 속력이 커지면 조파저항이 커지기 때문이다. 이러한 조파저항을 줄이기 위하여 최근의 고속 선박들은 선수의 형태를 구상선수(bulbous bow)로 많이 하고 있다.

다. 조와저항

선박이 항해하면 선체 주위의 물분자는 부착력으로 인하여 속도가 느리고, 선체에서 먼 곳의 물분자는 속도가 빠르다. 이러한 물분자의 속도차에 의하여 선미 부근에서는 와류가 생겨나는데, 이러한 와류로 인하여 선체는 전방으로부터 후방으로 힘을 받게 된다. 이러한 저항을 「조와저항」 또는 「와저항」이라고 한다. 이 저항은 선체의 형상에 따라서 크기가 달라지므로 형상저항이라고도 하며, 특히 유선형의 선체가 가장 작은 저항을 나타내므로 최근의 선박들은 유선형으로 선체를 만든다.

라. 공기저항

선박이 항해 중에 수면 상부의 선체 및 갑판 상부의 구조물이 공기의 흐름과 부딪쳐서 생기는 저항을 「공기저항」이라고 한다. 일반적으로 공기저항은 다른 저항에 비하여 작지만, 황천항해와 같이 바람이 강하게 불 때에는 매우 큰 영향을 끼치므로 유의해야 한다.

② 바람의 영향

선박이 항해 중 바람을 선수미상에서 받으면 선속에는 영향을 주나 선수편향에는 거의 영향을 받지 않는다. 그러나 바람을 옆에서 받으면 선수가 편향된다. 전진 중 바람을 횡방향에서 받으면 선체는 선속과 풍력의 합력 방향으로 나아가면서 선미가 풍하 쪽으로 떠밀려서, 결국 선수는 바람이 불어오는 쪽으로 향한다. 후진 중 바람을 횡방향에서 받으면 약할 때에는 배출류의 측압작용으로 선수가 오른쪽으로 향하고, 풍력이 강하면 전진하고 있을 때와는 반대로 선미가 풍상 쪽으로 향한다.

③ 조류의 영향

조류가 강한 수역에서는 선수 방향에서 조류를 받을 때에는 타효가 커서 선박조종이 잘 되나, 선미 방향에서 받게 되면 조종성능이 떨어진다. 조류는 선체의 회두보다는 선체 전체를 압류시키는 작용을 하므로 예상외로 크게 압류되는 수가 있어 주의하여야 한다.

4 파도의 영향

파도를 횡으로 받으면서 항주하는 경우, 전진 시에 파도의 마루(crest) 쪽이 선수부에 위치하면 파의 압력이 작용하여 선수는 파도의 골(trough) 쪽으로 밀린다. 후진 중에는 선미 쪽의 수압이 커지고 선수부는 낮아져서 파도의 골 쪽으로 밀린다. 정지 중에는 선체가 파도의 골 쪽에 가로놓이게 된다. 물분자가 파도의 마루 쪽에서는 파도의 진행 방향으로 운동하여 선체를 파도의 골 쪽으로 밀기 때문이다. 파도의 골에 가로놓인 선박은 파도에 따라 크게 횡동요하고, 횡동요 주기와 파도의 주기가 일치하면 전복될 위험이 커진다.

5 천수심의 영향(shallow water effect)

깊은 수심에서의 항주 시에는 선수와 선미부근의 수중압력이 높아지고, 중앙부근의 수중압력은 낮아지는 수압분포를 이룬다. 낮은 수심에서는 선저와 해저가 가까워서 항주 시에 유속의 변화 및 선체 주위의 수압분포가 변화하여 선박조종에 영향을 끼친다.

가. 선체의 침하

유속은 넓은 곳보다 좁은 곳에서 빨라진다. 선저부와 해저부 사이에 유속이 증가되어 수중물의 압력이 감소됨으로써 선체가 침하하여 흘수가 증가한다.

나. 속력감소

선수, 선미에서 발생한 파도가 서로 영향을 끼쳐서 조파저항이 커지고 선체의 침하로 저항이 증대되어 선속이 감소한다.

다. 조종성의 저하

선체침하와 해저형상에 따른 와류를 형성하여 키의 효과가 나빠진다. 수심이 얕은 수역을 항해할 때 나타나는 이러한 영향을 막으려면 저속으로 항행하는 것이 가장 좋고, 가능하면 수심이 깊어지는 고조시를 택하여 조종하는 것이 유리하다.

6 수로 둑과 해저경사의 영향

수심이 얕은 수역에서는 선저부분에서만 영향을 끼치지만, 제한된 수로에서는 선저뿐만 아니라 선체의 측면에 대해서도 영향을 끼친다.

가. 수로 둑의 영향

폭이 좁은 양 둑 사이의 좁은 수로를 항주하면 주위의 수압과 흐름이 급격히 변화한다. 수로의 중앙을 항행할 때에는 좌우의 수압분포가 동일하여 별 영향이 없으나, 선박이 한쪽으로 치우치면 둑에 가까운 선수 부근의 수압이 둑에 가서 부딪쳐서 되돌아오므로 고압부분이 계속된다. 이때 둑에서 먼 선미 부근의 수압은 퍼져나가므로 저압부분이 형성되어서 둑에서 가까운 선수부분은 둑으로부터 반발작용을 받고 선미부분은 둑 쪽으로 흡인작용을 받는다.

이와 같이 선체가 근접된 둑으로부터 받는 반발 및 흡인작용을 「육안영향」(bank effect)이라 한다. 이러한 작용은 한쪽에만 둑이 있는 것과 같은 안벽에서도 비슷하다. 이러한 영향을 막기 위해 선수 부근에 고압이 형성되지 않도록 저속항해를 하여야 한다. 수로의 중앙을 항해하되, 중앙에서 한쪽으로 치우치면 가까운 둑쪽으로 약간의 타각을 주어서 선수의 반발작용을 막도록 하여야 한다.

나. 해저 경사의 영향

항내 및 좁은 수로의 해저는 육지 쪽으로 경사되어 있다. 이러한 해저 경사에서도 수로 둑과 같은 현상이 나타난다. 전진 중에는 선수가 수심이 깊은 쪽으로 편향하고, 후진 중에는 선미가 깊은 쪽으로 편향한다.

SECTION 05 타(Rudder)와 선회운동

1 타의 역할

타는 보침성능과 선회성능을 주는 장치로서 보통 선미에 설치된 구조물로서, 특수한 구조의 타를 제외하고는 대부분 평판형태이다.

가. 보침성(course keeping ability)

선박이 정해진 일정한 침로를 직진하는 성질을 말한다. 선박이 외력에 의하여 선수가 정해진 침로에서 벗어났을 때 곧바로 원래의 침로로 복귀할 경우 보침성이 좋다고 말할 수 있다.

나. 선회성

일정한 타각을 주었을 때, 선박이 어떠한 각속도로 선회하는지를 나타내는 것을 선회성이라 한다. 상선은 일정 침로를 일직선으로 항해하는 것이 더 요구되므로 선회성보다는 보침성이 중요시되나, 함정은 빠른 기동력을 필요로 하므로 선회성이 더 중요하다고 할 수 있다.

다. 이상적인 타

타각을 주지 않을 때에는 키에 최소의 저항이 작용하여 보침성이 좋으며, 타각을 주었을 때에는 타에 최대의 횡압력이 작용하여 원하는 방향으로 선회성이 큰 것이 좋다. 그러나 두 가지 성능은 서로 상반되므로 동시에 만족시키기는 어렵다.

2 선회운동

타중앙으로 직진하는 상태에서 일정한 타각을 주면, 선체는 타에 작용하는 압력에 의해 원침로에서 바깥쪽으로 밀리면서 전타현쪽으로 회두를 시작하고, 회두가 빨라지면서 전진속력이 점차 떨어진다. 원침로에서 약 90도 정도 선회하면 일정한 각속도로 선회를 계속하는데 이를 정상선회운동이라 한다. 이러한 선회운동에서 선체의 무게중심이 그리는 항적을 「선회권」(turning circle)이라 한다.

▶ 그림 3 선회권

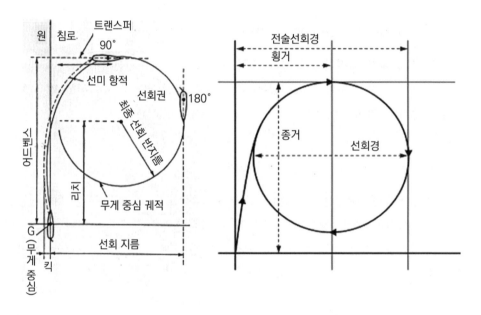

가. 심(pivoting point)

선회권의 중심으로부터 선박의 선수미선에 수선을 내려 만나는 점을 전심이라하고 선체 자체의 외관상 회전중심에 해당한다.

나. 종거(advance) 및 횡거(transfer)

전타를 처음 시작한 위치에서 선수가 원침로로부터 90도 회두하였을 때까지의 원침로 선상에서 전진한 거리를 선회종거라 하고, 전속전진 상태에서 선체길이의 약 3배 정도이다. 선체회두가 90도 된 곳까지 원침로에서 직각방향으로 잰 거리를 횡거라 한다.

다. 선회경(tactical diameter)

회두가 원침로로부터 180도 된 곳까지 원침로에서 직각방향으로 잰 거리를 선회경이라 한다. 이는 선박의 기동성을 나타내며 전속전진 상태에서 보통 선체 길이의 3~4배 정도이다.

라. 최종 선회경(final diameter)

선박의 선회각 속도가 일정하게 되면 회전중심의 궤적은 원에 가까운 정상원 운동을 하게 되며, 이때의 선회권의 지름을 말한다.

마. Kick

선체는 선회초기에 원침로로부터 타각을 준 바깥쪽으로 약간 밀리는데, 이러한 원침로상에서 횡 방향으로 이동한 거리를 Kick이라 한다. 실제 무게중심의 이동은 미소하나, 선미의 이동은 배 길이의 약 1/4~1/7 정도로 커서, 익수자 인명구조 시 또는 장애물 회피 시 유용하게 이용될 수 있다.

바. Reach

전타를 시작한 위치에서 최종선회권의 중심까지의 거리를 수직축 상에서 잰 거리를 말한다. 조타에 대한 추종성을 나타낸다.

사. 신침로거리

전타위치에서 신구침로의 교차점까지 원침로상에서 잰 거리를 말한다. 변침할 때에는 신침로 거리만큼 전진하므로, 미리 변침점 전방에서 전타하여 신침로에 들어오도록 조타한다.

❸ 타력

정지 중인 물체 또는 움직이는 물체는 계속 같은 상태를 유지하려는 관성을 가지고 있다. 선체 운동에서는 이렇게 같은 운동을 계속하려는 성질을 「타력」 (inertia)이라고 하며, 선박의 배수량, 속력, 선저의 상태 등에 따라서 차이가 난다. 선체 타력의 크기를 비교하는 데는 속력 변화에 요하는 시간과 항주 거리로 표시한다.

가. 발동타력

정지 중인 선박에서 주기관을 전진 전속으로 발동하여 기관 출력에 해당하는 일정한 속력이 나올 때까지의 타력을 발동타력이라고 한다. 선체가 서서히 움직이면서 선체 저항이 점차 증가하여 기관 추력과 선체 저항이 같아질 때 일정한 속력을 유지하게 된다.

나. 정지타력

정상적인 속력으로 전진 중인 선박에 기관정지를 명령하여 선체가 정지할 때까지의 타력을 말한다. 선체가 완전히 정지하기 위해서는 많은 시간이 소요되므로 대개 선속이 2~4노트 정도로 될 때까지의 속력의 변화, 항주거리, 항주시간을 구하여 표시한다.

다. 반전타력

전진 전속(full ahead)으로 항진 중에 기관을 후진 전속(full astern)으로 걸어서 선체가 정지할 때까지의 타력을 반전타력이라고 한다. 이것은 긴급 조종상 매우 중요한 것으로서 발령시부터 축 정지, 기관 후진 개시, 선체 정지 등에 대한 소요 시간, 속력변화, 항주거리 등을 나타낸다.

라. 회두타력

회두타력은 변침할 때의 변침 회두타력과 변침을 끝내고 일정한 침로 상에 정침할 때의 정침 회두타력의 2가지 종류로 나눈다. 변침회두 타력은 선박이 일정 속력으로 항주하다가 타각을 주면 회두를 시작한다. 이와 같이 타각을 주어서 일정 각도를 회두하는 데 요하는 시간, 진출거리, 각 변위량 등으로 나타낸다.

정침 회두타력은 선박이 일정한 각도를 회두한 후 어떤 침로에 정침하기 위하여 키를 중앙으로 하였을 때, 선박이 회두를 멈추고 일정 침로의 직선상에 정침하게 된다. 이때의 회두타력을 정침 회두타력이라고 한다.

4 최단 정지거리

전속 전진 중에 기관을 후진 전속으로 걸어서, 선체가 물에 대하여 정지 상태가 될 때까지 진출한 거리를 최단 정지거리 또는 긴급정지 거리라 하고, 이것은 반전타력을 나타내는 척도가 된다. 최단 정지거리는 충돌 회피, 위험물 피항시 등의 긴급 조종 시에 필요하며, 기관의 종류, 배수량, 선체의 비척도, 속력 등에 따라 큰 차이가 생긴다.

이 자료는 시운전 성적표의 반전타력 시험도에서 알 수 있고, 선박 조종자는 반전타력을 측정하여 자선의 최단정지 거리를 알고 있어야 한다. 특히 선교의 잘 보이는 곳에는 최단 정지거리와 관련된 자료를 게시하여 선박 조종자는 누구나 쉽게 알아볼 수 있도록 하여야 한다.

국제해사기구(IMO)의 규정에서는 최단 정지거리가 선체 길이의 15배를 넘지 못하도록 하고 있지만, 일반적으로 고속 화물선, 컨테이너선, 자동차 전용선 등은 고출력의 주기관을 장착하고 있어서 후진 추력도 강하여, 이 거리는 배 길이 (L)의 7~8배 정도 된다. 탱커는 선체 크기에 비하여 주기관 출력이 약하며, 터빈기관인 경우에는 5만 톤급의 경우 8~11L, 10만 톤급은 10~13L, 20만 톤급은 13~16L 정도가 된다.

SECTION 06 충돌방지를 위한 항법

1 국제충돌방지예방 규칙

선박간 충돌을 방지하기 위한 최초의 국제규칙은 1863년 영국에서 제정된 「충돌방지를 위한 규칙」(Regulation for Preventing Collisions at Sea)이었다. 이 규칙은 종래의 단편적인 규칙들을 정비하고 선박의 정의, 등화, 무중신호, 항법규칙 및 제재조치의 다섯 가지 항목을 포함하였다. 곧이어 프랑스를 비롯한 30여개 국이 이를 자국의 규칙으로 채택하였다.[2]

미국은 1889년 워싱턴에서 해상에서 인명과 안전을 증진하기 위한 통일된 규칙을 만들기 위한 「국제해사회의」(International Maritime Conference)를 개최하였다. 28개국 대표자가 참석한 이 회의에서 당시 국제적으로 시행하고 있던 영국 정부의 1863년 규칙을 상세하고 명확하게 개정하여 세계 공통의 「국제해상충돌예방규칙」이 처음으로 성립되었다. 이 규칙은 국제조약으로는 성립되지 않았지만 60여 년간 국제규칙으로 시행되었다.[3]

1912년 4월 15일의 「타이타닉」호 침몰사고에 따라 1913년 대서양 연안의 국가들은 「해상인명안전회의」(International Conference for the Safety of Life at Sea)를 개최하고 「SOLAS협약」을 채택하였다. 이 협약에서 제3장(항해의 안전)에 「충돌방지규칙」에 관한 사항을 구체적으로 정하고 각국은 국내법으로 수용할 것을 약속하였으나 제1차 세계대전이 발발하면서 실행되지 못하였다.[4]

1929년에는 제2차 해상인명안전회의가 개최되어 「SOLAS협약」의 제2부속서로 채택되어 1931년 7월 1일부터 시행예정이었으나 그 후 제2차 세계대전이 발발하면서 실행되지 못하였다.

1948년 영국 런던에서 「국제해상인명안전회의」가 다시 개최되었고 이 회의

---

2 이윤철, 「국제해사협약」(다솜출판사, 2013), 216면.
3 민성규·임동철, 「새국제해상충돌예방규칙」(한국해양대학교 해사도서출판사, 1976), 제1면.
4 이윤철, 전게서.

에서 1948년 「SOLAS 협약」 및 「국제해상충돌예방규칙」이 채택되었다. 전 세계적으로 시행된 최초의 통일된 규칙이라 할 수 있는 이 규칙은 1954년부터 1965년까지 시행되었다.[5] 1972년 정부간해사자문기구는 이 규칙을 「SOLAS 협약」에서 분리하여 「1972년 국제해상충돌예방규칙」(International Regulations for Preventing Collisions at Sea 1972)을 채택하였다. 우리나라는 1977년 7월 1972년 조약을 비준하였고, 이를 바탕으로 1986년 12월 「해상교통안전법」(해사안전법으로 개정)을 제정하여 국내법으로 수용하였다.

② 해사안전법 주요 내용

가. 선박의 정의(제2조)

「해사안전법」의 적용 대상인 선박은 "물에서 항행수단으로 사용하거나 사용할 수 있는 모든 종류의 배(물 위에서 이동할 수 있는 수상항공기와 수면비행선박포함)"를 말한다. 구 「해상교통안전법」은 「수상수송용」이었기 때문에 여객이나 화물 운송을 목적으로 건조된 선박에 한정되었다.

구 「해상교통안전법」에서는 수상레저기구는 수송목적이 아니기 때문에 선박의 종류에 포함되지 아니하였으나, 「해사안전법」에서는 수상오토바이, 모터보트 등 동력수상레저기구는 수상레저기구이면서 항행수단이기 때문에 선박의 범위에 포함된다고 해석된다. 「수면비행선박」(WIG)도 해사안전법이 적용된다. 수면비행선박은 표면효과 작용을 이용하여 수면 가까이 비행하는 선박을 말한다. WIG선도 선박으로서 「해사안전법」에서 규정된 항법의 적용을 받는다.

나. 적용범위(제3조)

「해사안전법」은 대한민국의 영해, 내수에 있는 선박이나 해양시설을 적용대상으로 한다. 해상항행 선박이 항행을 계속할 수 있는 하천·호수·늪 등에 있는 선박이나 해양시설도 「해사안전법」이 적용된다. 예컨대 아라뱃길의 건설로 인

---

5 전게서.

천 앞바다에서 선박이 한강까지 운항할 수 있게 됨에 따라 한강에서 운항하는 선박에도 「해사안전법」이 적용된다. 영해 및 내수가 아닌 해역에 있는 공해나 외국의 해역에 있는 우리나라 국적선에도 「해사안전법」이 적용되고, 우리나라 의 EEZ나 대륙붕에 있는 해양시설도 「해사안전법」의 적용대상이다. 외국선박도 일부 사항을 제외하고 우리나라 영해, 내수 및 배타적 경제수역에서 「해사안전법」이 적용된다.

다. 항법(제62~제77조)

1) 모든 시계상태에서의 항법(제62조~제68조)

- 선박은 주위의 상황 및 다른 선박과 충돌할 수 있는 위험성을 충분히 파악할 수 있도록 시각·청각 및 당시의 상황에 맞게 이용할 수 있는 모든 수단을 이용하여 항상 적절한 경계를 하여야 한다.
- 선박은 다른 선박과의 충돌을 피하기 위하여 적절하고 효과적인 동작을 취하거나, 당시의 상황에 알맞은 거리에서 선박을 멈출 수 있도록 항상 안전한 속력으로 항행하여야 한다.
- 선박은 다른 선박과 충돌을 피하기 위하여 침로나 속력을 변경할 때에는 될 수 있으면 다른 선박이 그 변경을 쉽게 알아볼 수 있도록 충분히 크게 변경하여야 하며, 침로나 속력을 소폭으로 연속적으로 변경하여서는 아니 된다. 넓은 수역에서 충돌을 피하기 위하여 침로를 변경하는 경우에는 적절한 시기에 큰 각도로 침로를 변경하여야 한다.

2) 선박이 서로 시계 안에 있는 때의 항법(제69조~제76조)

- 선박에서 다른 선박을 눈으로 볼 수 있는 상태에 있는 선박에 적용한다.
- 2척의 동력선이 마주치거나 거의 마주치게 되어 충돌의 위험이 있을 때에는 각 동력선은 서로 다른 선박의 좌현 쪽을 지나갈 수 있도록 침로를 우현 쪽으로 변경하여야 한다.
- 2척의 동력선이 상대의 진로를 횡단하는 경우로서 충돌의 위험이 있을 때에는 다른 선박을 우현 쪽에 두고 있는 선박이 그 다른 선박의 진로를 피하

여야 한다.

- 항행 중인 동력선은 조종불능선, 조종제한선, 어로에 종사하고 있는 선박, 범선의 진로를 피하여야 한다.
- 수상항공기는 될 수 있으면 모든 선박으로부터 충분히 떨어져서 선박의 통항을 방해하지 아니하도록 하여야 한다.
- 수면비행선박은 선박의 통항을 방해하지 아니하도록 모든 선박으로부터 충분히 떨어져서 비행(이륙 및 착륙을 포함) 하여야 한다. 수면에서 항행하는 때에는 동력선의 항법을 따라야 한다.

3) 제한된 시계에서 선박의 항법(제77조)

- 시계가 제한된 수역에서 선박이 서로 시계 안에 있지 아니한 경우에 당시의 사정과 조건에 적합한 안전한 속력으로 항행하여야 하며, 동력선은 제한된 시계 안에 있는 경우 기관을 즉시 조작할 수 있도록 준비하여야 한다.
- 레이더만으로 다른 선박이 있는 것을 탐지한 경우 해당 선박과 매우 가까이 있거나 그 선박과 충돌할 위험이 있다고 판단한 경우에는 충분한 시간적 여유를 두고 피항 동작을 취하여야 한다.

4) 등화와 형상물(제78조~제89조)

- 선박은 해지는 시각부터 해뜨는 시각까지 등화를 표시하여야 한다. 선박은 낮 동안에는 형상물을 표시하여야 한다.
- 항행 중인 동력선은 앞쪽에 마스트등 1개와 그 마스트등보다 뒤쪽의 높은 위치에 마스트등 1개를 표시하여야 한다. 수면에 떠 있는 상태로 항행 중인 선박은 등화에 덧붙여 사방을 비출 수 있는 황색의 섬광등 1개를 표시하여야 한다. 수면비행선박이 비행하는 경우에는 등화에 덧붙여 사방을 비출 수 있는 고광도 홍색 섬광등 1개를 표시하여야 한다.

5) 음향신호와 발광신호(제90조~제97조)

- 항행 중인 동력선이 서로 상대의 시계 안에 있는 경우에 그 침로를 변경하거나 그 기관을 후진하여 사용할 때에는 다음의 기적신호를 행하여야 한다.
  - 침로를 오른쪽으로 변경하고 있는 경우: 단음 1회
  - 침로를 왼쪽으로 변경하고 있는 경우: 단음 2회
  - 기관을 후진하고 있는 경우: 단음 3회
- 항행 중인 동력선은 발광신호를 적절히 반복하여 기적신호를 보충할 수 있다.
  - 침로를 오른쪽으로 변경하고 있는 경우: 섬광 1회
  - 침로를 왼쪽으로 변경하고 있는 경우: 섬광 2회
  - 기관을 후진하고 있는 경우: 섬광 3회

CHAPTER 11

코스트 가드론

SECTION 01 코스트 가드의 의의

1 코스트 가드 개념

국제법에서 「코스트 가드」(Coast Guard)에 대한 합의된 정의는 없다. 통상 코스트 가드 또는 코스트 가드 기관(Coast Guard Agency)은 '해양에서 법 집행과 연안순찰, 인명구조, 안전관리와 해양환경보호 업무를 담당하는 한 국가의 해상 집행기관'(maritime enforcement agency)을 의미한다.

이러한 업무를 담당하는 한 국가의 조직이나 기관을 통상 「Coast Guard」로 칭하지만, 고유 명칭을 가지고 있는 경우가 많다. 우리나라의 「해양경찰청」, 일본 「해상보안청」의 경우 영어 명칭은 각각 「Korea Coast Guard」, 「Japan Coast Guard」로 표기하는 것과 같다. 고유 명칭은 코스트 가드의 조직 특성을 보다 분명하게 나타내 준다. 「해양경찰청」의 명칭에서 경찰기관으로서 특성과 「해상보안청」의 명칭에서 공안기관의 특성이 드러나는 것과 같다.

코스트 가드가 수행하는 업무의 범위는 아주 다양하고 복합적이다. 이런 이유로 코스트 가드는 흔히 다양한 해양서비스의 「융합」(amalgam)으로 일컬어진다. 코스트 가드의 형태와 업무 범위, 권한, 기관의 성격은 차이가 있지만, 해양에서 법 집행을 한다는 점이 가장 큰 공통점이다.

2 코스트 가드의 기원

코스트 가드는 1809년 영국 재무부 소속의 「예방수상경비대」(Preventive Waterguard)에 기원을 두고 있다. 17, 18세기 영국에서는 주류와 같은 상품에 부과되는 높은 관세를 피하기 위해 프랑스, 벨기에, 네덜란드 등 주변국으로부터 밀수가 성행했다. 밀수업자들은 나폴레옹전쟁(1803-1815) 시 나폴레옹을 지원했고, 격분한 영국 정부는 밀수예방을 위해 「예방수상경비대」를 창설했다.[1] 「예방수상경비대」는 밀수단속이 주임무였지만 조난선 구조도 수행했다.

그러나 밀수단속 임무는 기마대(Riding Office), 해군, 관세선, 해사선, 해안봉쇄대(Coast Blockade) 등과 중복되었다. 영국 정부는 1822년 「관세원」(Board Of Customs) 산하로 관련기관을 통합하고, 「해안경비대」(Coast Guard)로 명명했다. 오늘날 미국을 비롯한 전 세계 코스트 가드의 이름이 여기서 유래되었다. 이러한 배경으로 「예방수상경비대」를 오늘날 「영국 코스트 가드」(Her Majesty's Coast Guard)의 직접적인 기원으로 본다.[2]

「미국 해안경비대」(U.S. Coast Gaurd, USCG)의 역사는 1915년 우드로 윌슨(Woodrow Wilson) 대통령이 「인명구조청」(The Life-Saving Service)과 「세수선청」(Revenue Cutter Service)을 통합하면서 시작되었다.[3] 영국과 마찬가지로 USCG는 세수를 확보하기 위해 설립되었다.

영국과 미국의 사례에서 볼 수 있듯이 초기 코스트 가드는 밀수로부터 세수를 확보하기 위한 목적이었다. 해상무역 증가와 함께 조난선이 증가하면서 인명구조 업무가 코스트 가드의 주요 임무가 되었다. 영국에서는 1854년 「상업해운법」(Merchant Shipping Act)이 제정되면서 정부가 인명구조에 대한 직접적인 책임을 지기 시작했다.

---

1 The U.K. Government National Archive, "Coast Guard History."
2 위의 웹사이트.
3 U.S. Coast Guard website, 「The Coast Gaurd History」.

SECTION 02 코스트 가드의 유형

1 들어가는 말

해군과 달리 코스트 가드에 속하는 기관의 유형은 아주 다양하다. 역사적 배경, 사법체계, 군조직, 법 집행제도, 안보상황, 해양업무의 우선순위 등 국가의 고유한 여건에 따라 코스트 가드의 형태는 상이하다. 이러한 여건에 맞게 각국은 자국의 여건에 가장 적합한 코스트 가드 제도를 발전시켜왔다. 이러한 맥락에서 전 세계의 코스트 가드는 임무(mandates)의 우선순위에 따라 직무, 기능과 권한이 상이한 국가별로 고유한 제도이다.

전 세계 코스트 가드는 조직특성, 권한, 임무, 무장과 군조직과 법 집행기관의 관계에 따라 몇 개의 유형으로 분류할 수 있다. 그러나 코스트 가드의 주된 임무와 역할이 유사하고 조직특성이 이중적이거나 복합적이기 때문에 다양한 형태의 코스트 가드를 단일 기준으로 명확히 분류하는 것은 용이한 일이 아니다.

2 군사형(Military Force)

이 유형의 코스트 가드는 한 국가의 군의 일부분으로서 군 강령과 원칙의 적용을 받는다. 코스트 가드 직원은 군사법에 의해 임무를 부여받는 군인 신분이다. 군사조직 유형의 코스트 가드는 해군에서 파생되었거나 군 조직으로 설립되어 해군 소속기관이거나 별도의 군사조직일 수 있다.

「군사형 코스트 가드」는 해군과 동일한 계급을 사용하며 조직은 유사하다. 군사형 코스트 가드는 평화 시 법 집행과 일반적인 코스트 가드 임무를 수행하지만, 전시에는 해군 지휘하에 전시 작전을 수행하는 합동 임무를 수행한다. 군사조직이지만 무장은 자위 수준이거나 해군지원을 할 수 있는 수준이다. 전쟁 수행 조직이 아니며 전시에 해군을 지원하는 보조세력이기 때문이다. 군사형 코스트 가드는 전형적인 코스트 가드의 임무를 수행하지만, 본질적으로 방위조직이다.

「미국 코스트 가드」(U.S. Coast Guard)는 군사형 코스트 가드의 전형이라 할수 있다. 미국 코스트 가드는 해군, 육군, 공군, 해병대에 이어 제5군이다. USCG는 「국토안보부」(Department of Homeland Security) 소속으로 평시에 해양에서 연방법 집행, 해양환경보호, 해안과 항만 수호, 인명구조 임무를 수행한다. 그러나 전시나 대통령의 명령에 의해 코스트 가드는 해군의 통제를 받는다.[4]

USCG는 군사조직이지만 임무는 아주 복합적이고 민간업무도 담당할 만큼 광범위하며 해양안전(maritime safety)과 해양보안(martime security)에 관련된 업무를 대부분 수행한다. 「항장」(Captain of the Port)은 코스트 가드 구역사령관(Sector Commander)이 맡고 있다. 항장은 선박, 항만 및 수변시설 보호·보안 규칙을 비롯한 안전·보안 및 해양환경 보호 규칙, 묘박지, 보안구역, 안전구역, 제한항해구역, 수면오염, 항만과 수로안전을 책임지고 있다.

유럽에서는 이탈리아, 러시아 코스트 가드가 군사형 코스트 가드의 범주에 속한다. 이태리 「Guardian Costiera」는 「국토운송부」(Ministry of Infrastructure and Transport)의 지휘를 받는 해군 소속기관이다. 이탈리아 코스트 가드의 기원은 1865년 「항장대」(Harbor Masters Corps)의 창설로 거슬러 올라간다. 1차 세계대전 후 항장대는 해군과 합병하여 군사조직이 되었다. 1989년 기술적이고 현장업무를 수행하는 항장대의 하부조직이 코스트 가드로 창설되었다. 코스트 가드 대원은 군인으로 이루어져 있다. 이탈리아 코스트 가드는 전형적인 코스트 가드 임무 외에 병력 모집, 해양경찰업무, 선원관리, 선박행정업무, 항만공사(Port Authority) 업무, 해저유물보호 등의 업무를 수행하는 점에서 임무와 역할이 다른 군사형 코스트 가드보다 넓다.

「연방국경수비대」(Border Service of the Ferderal Security Service, FSB) 소속의 「러시아 코스트 가드」는 군사형 코스트 가드이다. KGB의 「국경부대 해양부서」(Maritime Units of Border Troops)였던 코스트 가드는 2005년 국경수비대 조직으로 전환되었다. FSB는 연방 안보조직으로서 국가안보와 국경 보호·방어를 맡고 있는 군사조직이다. 러시아 코스트 가드는 해양국경 보호, 영해 안전항해, 조난

---

4 14 U.S. Code §3.

선박과 항공기 구조, 기상예보, 어로보호, 밀수·해적행위 단속을 임무를 맡고 있다. 이 중 해양국경 수호업무에 중점을 두고 있다.

군사형 코스트 가드는 아시아 지역에서 코스트 가드가 민간조직으로 전환되기 전에 흔한 유형이었다. 「인도 코스트 가드」(Indian Coast Guard, ICC)는 군사조직이다. ICC는 1978년 국방부 소속의 제4군으로서 밀수단속, 법 집행을 목적으로 해군과 별도의 기관으로 창설되었다. 임무와 기능은 1978년에 제정된 「코스트 가드법」(Coast Guard Act)에 규정되어 있다.

북한의 「해안경비대」(Coastal Security Force)는 인민군 해양보안 소속 군사조직이다. 해양보안국은 출입국 단속을 위한 해안선 순찰, 항만 안보, 수로 및 어장순찰·보호를 담당하는 조직이다. 이외에도 브라질, 크로아티아, 멕시코, 노르웨이, 대만, 터키의 코스트 가드는 해군 소속이거나 군사조직이다.

3 준군사형(Paramilitary Force)

「준군사형 코스트 가드」는 기본적으로 민간공무원 조직이다. 군대는 아니지만 여러 면에서 군사 규율로 움직이는 무장조직이기 때문에 군사조직이라 할 수 있다. 무장은 자위용이나 불법행위에 대한 법 집행을 위한 목적이다. 준군사형 코스트 가드 대원은 경화기를 소지하고 규모에 따라 다르지만, 함정에 자동포(20~70mm), 기관총 등을 장착하고 있다.

준군사형 코스트 가드의 대원들은 임무와 책임에 대해 공무원 관련 법의 적용을 받는 민간공무원이다. 이들은 형사범을 단속하는 경우 경찰관의 직무를, 관할 해양에서 법령을 집행하는 경우 특정 행정공무원의 직무를 수행한다. 이러한 직무를 수행하는 코스트 가드 대원의 권한은 관련 법과 규칙에서 정한 임무수행에 엄격히 제한된다. 전 세계 코스트 가드 중 대다수가 준군사형 코스트 가드 유형에 속한다.

준군사형 코스트 가드의 대표적인 기관은 「일본 해상보안청」(Japan Coast Guard, JCG)을 들 수 있다. JCG는 1948년 「운수성」(Ministry of Transportation) 외국으로 창설된 민간 법집행기관이다. 현재는 「국토교통성」(Ministry of Land, Infrastructure and Transportation)의 외국(外局)이다. 「해상보안청법」에 의해 일본 해상보안청은 군사조직으로 훈련·조직되는 것을 금지하고 있다. 제2차 세계대전 패전 후 JCG의 창설을 강하게 반대했던 연합국사령부의 소련 대표의 주장이 그 배경이었다.[5]

일본 「해상자위대」와의 관계에서 「방위행동명령」(Defense Action Order)이 발효되면 JCG 임무의 전체 또는 일부는 해상보안청장관을 통하여 방위성대신의 지휘하에 놓이게 된다. 「해양안보명령」(Maritime Security Order) 발령되는 경우 해상자위대는 「해상보안청법」에 따라 해상보안청의 임무를 수행하게 된다.[6] 해상보안관은 범죄수사에서 있어서 해상보안청장관의 지휘로 사법공무원의 직무를 수행한다. 해상보안관이 법과 질서 업무를 수행하는 때에는 해당 업무를 수행할 책임이 있는 공무원으로 간주된다.[7]

「필리핀 코스트 가드」(Philippine Coast Guard, PCG)도 준군사형 코스트 가드에 속한다. PCG는 법 집행, 해양안전과 안보, 해양환경보호를 주 임무로 하는 무장조직이다. PCG는 1967년 해군 소속기관으로 창설되어 해군 제독이 지휘를 했으나, 이후 PCG의 기능은 해군과 독립적이 되었다. 1998년 해군으로부터 독립적인 별도의 코스트 가드가 창설되었고, 「운수부」(Ministry of Transportation)로 소속이 바뀌었다.

「인도네시아 코스트 가드」(Indonesian Coast Guard, ICG)도 준군사형 코스트 가드 유형에 속한다. ICG는 국방부, 군, 통신부, 재정부, 법무무 등 여러 정부부처 공동부령으로 1972년 설립된 「해양안보조정원」(Maritime Security Coordination Board, Bakorkamla)에 뿌리를 두고 있다. 해양집행기관 설립의 필요성이 증가하면서 「해양안보조정원」은 2014년 「코스트 가드」(Bakamla)로 전환되었다.

재탄생한 ICG는 초기의 불법행위 적발에서 함정을 사용한 법 집행으로 역할을 확대했다. 인도네시아 해군도 해상에서 법 집행권을 가지고 있어, 국가 해상법 집행 권한이 코스트 가드와 해군으로 분산되어 있다. 코스트 가드와 해군 간 역할과 기능의 적정한 경계를 설정하는 것은 인도네시아 해양관리의 중요한 과제이다.[8] 「중국 해경」(China Coast Guard)도 준군사형 조직의 범주에 속한다.

---

5 Fumi Ota, 「The Relationship between the Japan Coast Guard and the Maritime Self−Defense Force」 in 「Navies, Coast Guards, the Maritime Community and International Stability」(eds by Ian Bower & Collin Koh), *RSIS Policy Brief*, S. Rajaratnam School of International Studies, Nanyang Technological University, p. 31.

6 위의 논문.

7 해상보안청법, 제31조.

4 경찰형(Police Force)

조직특성에서 경찰형 범주에 속하는 코스트 가드는 국가경찰기관 소속이거나 별도의 해양경찰기관이다. 「경찰형 코스트 가드」는 일반적인 코스트 가드 임무를 수행하지만 주로 해양에서 경찰과 법 집행기관으로 활동한다. 경찰형 코스트 가드는 다른 유형의 코스트 가드에 비해 사법적 권한을 더 많이 가지고 있다는 점이 특징적이다.

경찰형 코스트 가드 대원은 직무권한이 주로 해양과 해양범죄에 제한된다는 점을 제외하면 육상의 경찰관과 동일한 사법권한을 행사한다. 경찰형 코스트 가드는 일반적으로 육상의 경찰과 동일한 계급체계이며 신분과 경찰 권한에 있어서 동일한 법령의 적용을 받는다. 특정한 경우 상호 간 전보도 가능하다. 경찰형 코스트 가드의 대표적 사례는 「한국 해양경찰」(Korea Coast Guard)와 「싱가포르 경찰코스트 가드」(Singapore Police Coast Guard, SPCG)를 들 수 있다.

SPCG는 싱가포르 경찰(Singapore Police Force)의 집행부서이다. 싱가포르 경찰청의 해양경찰 부서였지만, 1993년 대규모 조직개편으로 해양경찰(Marine Police)에서 「경찰코스트 가드」(Police Coast Guard)로 격상되었다. SPCG는 일반적인 코스트 가드 임무를 수행하는 싱가포르 경찰의 단위 부서이며 대원들은 육상의 경찰과 동일한 법 집행권한을 가진다. SPCG는 밀입국 예방, 외국 정부선박 침입 대응, 싱가포르 해협(Singapore Straits)의 호스버러 등대(Horsburgh Lihghthouse)[9] 수호에 중점을 두고 있다. 키프로스(Cyprus)의 「항만해양경찰」(Port and Marine Police)과 홍콩 경찰의 「해양대」(Marine Region)도 경찰형 코스트 가드의 범주에 속한다.

---

8 Muhamad Arif, 「Inward-Looking Navy and Expanding Bakamla: The Indonesia Case of Navy-Coast Guard Nexus」, in 「Navies, Coast Guards, the Maritime Community and International Stability」(eds by Ian Bower & Collin Koh), *RSIS Policy Brief*, S. Rajaratnam School of International Studies, Nanyang Technological University, p. 48.

9 호스버러 등대는 싱가포르 해협 동쪽 입구의 페드라 브란카섬(Pedra Branca Island)에 있다. 싱가포르와 말레이시아는 페드라 브란카섬의 주권을 두고 분쟁을 벌였으나, 2008년 5월 국제사법재판소(ICJ)판결에 의해 싱가포르의 주권으로 인정되었다.

5 민간 행정조직형(Civil Service)

민간 행정조직형 유형에 속하는 코스트 가드는 현장 집행부서 직원은 제복조직이고 그 외의 부서는 일반공무원으로 이루어져 있다. 코스트 가드 대원은 해양에서 법을 집행할 권한이 부여되어 있으나 다른 유형의 코스트 가드와 비교해 사법권한은 아주 제한적이거나 없는 경우가 있다.

이 유형의 대표적인 기관으로 「캐나다 코스트 가드」(Canadian Coast Guard, CCG)를 들 수 있다. CCG는 「해양수산부」(Ministry of Fisheries and Oceans) 소속으로 수색구조, 항해보조, 쇄빙, 해양오염방제, 해양보안과 같은 비법집행업무를 수행하는 일반행정기관이다. CCG는 해상 법집행권한이 부여되어 있지 않고, 관련 연방기관의 법 집행과 보안서비스 제공을 지원하는 역할을 한다. 연방 해양 법집행 권한은 연방, 주, 지역 법집행기관에 근무하는 「보안관」(Peace Officers)이 가지고 있다. 캐나다 영해의 법 집행은 캐나다 연방경찰인 「왕립캐나다기마경찰」(Royal Canadian Mounted Police)의 권한이다.[10]

말레이시아 코스트 가드로 알려진 「말레이시아 해양집행청」(Malaysian Maritime Enforcement Agency, MMEA)은 총리부 소속의 일반 행정조직이다. 무장조직이라는 점에서 준군사조직으로 분류할 수 있으나, 정부조직 체계에서 민간 행정기관으로 분류하는 것이 타당할 것이다. MMEA는 해양집행과 수색구조업무가 8개 정부 기관에 의해 수행되어 기능과 관할권 중복, 자원의 비효율적 사용 등의 문제점을 해결하기 위해 설립되었다. MMEA는 2011년 말레이시아 정부가 유일한 해양집행기관으로서의 지위를 부여하기 전까지 단순히 추가적인 민간 행정기관에 불과했다. 관련 정부기관들이 해양집행업무를 내놓지 않고 계속해서 수행했기 때문이었다.[11]

MMEA는 「왕립말레이시아경찰」(Royal Malaysian Police, RMP)의 「해양집행대」(Marine Operation Force, 이전의 Marine Police)와 해양집행업무를 나누어 하고 있다. RMP는 항만과 강에서 경찰업무를 맡고 있다. RMP 소속이었던 「해양경찰」

---

10 캐나다 코스트 가드 웹사이트, 「Canadian Coast Guard」.

11 Dzirhan Marhadizr, "The Malaysian Case Study,"in "Navies, Coast Guards, the Maritime Community and International Stability"(eds by Ian Bower & Collin Koh), RSIS Policy Brief, S. Rajaratnam School of International Studies, Nanyang Technological University, p. 40.

(Marine Police)은 MMEA의 설립에 강하게 반대하며 MMEA로 통합되는 것을 거부했다.

「스리랑카 코스트 가드」(Sri Lanka Coast Guard)는 영해에서 코스트 가드 업무를 수행하는 국방부 소속의 일반 행정조직이다. 스리랑카 코스트 가드는 1999년에 처음으로 설립되었으나 2002년 정치적 이유로 해체되고 자산과 인력은 「해안보전부」(Coast Conservation Department)로 이관되었다가 2009년 「코스트 가드법」(Coast Guard Act)에 의해 부활되었다.

⑥ 자원봉사자 조직(Volunteer Organization)

「자원봉사자 조직 코스트 가드」에서 해양구조 업무는 자원봉사자들이 맡고 있다. 이 유형의 코스트 가드는 비법집행기관으로서 경찰, 해군, 공군 등 수색구조 관련 기관과 협력하여 연안에서 조난자나 선박에 수색구조 서비스를 제공한다. 수색구조에 필요한 자원동원과 구조업무 조정은 해양집행기관이 맡고 코스트 가드는 이 기관 소속이다.

영국의 「왕립코스트 가드」(Her Majesty's Coastguard, HMCG)는 이와 같은 유형의 전형이라 할 수 있다. HMCG는 해양안전과 보안정책을 담당하는 「해양코스트가드청」(Maritime and Coastgaurd Agency, MCA)의 한 부서이다. 수색구조 서비스는 구조훈련을 받은 자원봉사자들로 구성된 「코스트 가드 구조관」(Coastguard Rescue Officers)이 맡고 있다. 자원봉사 코스트 가드는 호주, 뉴질랜드를 비롯한 영연방국가(British Commonwealth of Nations)의 오랜 전통이다. 아시아에서는 이 같은 유형의 코스트 가드는 없다.

⑦ 코스트 가드 기능(Coast Guard Functions)

일부 국가에서는 별도의 코스트 가드를 두지 않고 여러 정부기관이 코스트 가드의 기능을 수행하고 있다. 이런 유형의 「코스트 가드 기능」(Coast Guard Functions)은 프랑스, 독일, 스페인과 같은 유럽의 주요 국가들에서 일반적인 형태이다. 스페인의 「해양안전구조단체」(Maritime Safety and Rescue Society)는 해양 수색구조, 해양교통통제, 해양환경보호를 맡고 있는 정부 기관이다. 1992년 창설된 동 단체는 20개의 구조조정센터, 1,600명의 직원, 18척의 대형함정, 55척의 보트, 11대의 헬리콥터, 3대의 항공기를 보유하고 있다(2019년 기준).

국경보호 기능은 해안순찰, 해양국경보호, 수색구조를 맡고 있는 「해양민병대」(Maritime Civil Guard), 해양관세 업무는 「관세감시청」(Customs Surveillance Service) 소관이다. 갈리시아(Galicia) 자치 주에서는 별도의 코스트 가드 조직을 가지고 있다. 어로감시와 수색구조 서비스를 통합하여 설립한 「갈리시아 코스트 가드 청」(Calicia Coast Guard Service)은 해안·어로 감시, 해양수색구조, 해양환경보호 업무를 수행한다. 갈리시아 코스트 가드는 주 해양부 소속으로서 19척의 함정과 3대의 헬리콥터를 보유하고 있다(2019년 기준).

프랑스는 별도의 코스트 가드가 없고, 그 기능은 몇 개의 관련 기관에서 수행하고 있다. 1995년 총리 직속으로 신설된 「해양총괄장관」(General Secretariat of the Sea)이 국가해양업무 및 해양정책을 주관한다. 국가해양업무는 지방에서 해양지사(Préfets Maritimes)와 국가해양업무 대표에 의해 구체화된다. 해양총괄장관은 15개 부처와 기관에 분산되어 있는 코스트 가드 기능에 관한 정부 의사결정의 통일성이 확립되도록 한다.

2009년 프랑스 정부는 해양전략을 수립하고 전략을 실행하기 위해 「코스트 가드 기능」(Coast Guard Function)을 설립했다. 부처 간 협력과 관련 정부조직 간 내부행정 강화에 목적을 두고 자산을 통합하여 효율성을 증진하고 있다.[12] 코스트 가드 기능에 참여하고 있는 기관으로는 해군, 세관, 국경보호경찰, 국가헌병대, 내무부, 해사업무감독청 등이 있다. 참여기관은 「코스트 가드 기능 이사회」(Directorate Committee for Coast Guard Function)의 일원이 된다. 이사회는 해양현안을 논의하기 위해 해양총괄장관의 지시나 참여기관의 요청에 의해 소집된다. 해양총괄장관은 직속으로 운영센터(Operational Center)를 설치해 해양상황을 파악하고 있다.

독일은 몇 개의 정부 기관에 코트스 가드 기능이 분산되어 있다. 해양수색구조청, 수로·해운 사무소, 연방수로·해운청, 연방관세청, 연방농식품청, 연방경찰,

---

12 Canadian Coast Guard, 「North Atlantic Coast Guard Forum—France」.

해군, 재난지휘청, 연안경찰 등이다. 독일은 「독일 연방 코스트 가드」(Küstenwache)로 알려진 이들 기관의 연합회가 있다. 연방 코스트 가드에는 수로·해운사무소와 다른 기관 소속의 경찰관이나 공무원이 근무하고 있다. 연방 코스트 가드는 비군사조직이기 때문에 직원은 전투원 지위를 가지지 않는다. 이 기관에 근무하는 경찰관은 해양업무의 특성에 맞는 통상적인 경찰권을 가진다.

독일은 해양업무를 조정하기 위해 참여기관들로 구성된 「해양안전보안센터」(Maritime Safety and Security Center)를 설치하고 있다. 특이한 것은 독일 해군이 해양비상상황지휘소의 일원으로 참여하여 기름유출 감시, 수송작전과 같은 업무를 수행하고 있다는 점이다.

▌표 1 **코스트 가드 유형**

유형	군사형	준군사형	경찰형	민간 행정기관형	자원봉사조직	코스트 가드 기능
국가	• 미국 • 이탈리아 • 러시아 • 인도 • 북한 • 브라질 • 크로아티아 • 멕시코 • 노르웨이 • 대만 • 터키	• 일본 • 중국 • 필리핀 • 인도네시아	• 한국 • 싱가포르 • 베트남 • 키프로스 • 홍콩	• 캐나다 • 말레이시아 • 스리랑카 • 스웨덴	• 영국 • 호주 • 뉴질랜드	• 스페인 • 프랑스 • 독일
특징	• 방위세력 • 군과 법집행기관 이중특성 • 군법령과 군율 적용 • 평시 코스트가드 업무 수행, 전시 해군지원 • 군인 및 민간인 군속으로 구성	• 민간공무원 조직 • 자위와 법집행 위한 무장 • 경찰업무와 코스트 가드업무 수행 • 아시아에서 흔한 유형	• 광범위한 사법권한 • 경찰관 신분 • 해양집행권한은 제한적	• 민간공무원에 의한 행정 • 현장부서는 무장 및 제복 조직 • 사법권한 극히 제한적	• 구조업무는 민간 자원봉사자가 수행 • 기타 임무는 해양집행기관 수행	• 유럽 주요 국가 • 단일 코스트 가드 부존재 • 코스트 가드 기능은 여러 정부기관에서 수행 • 업무조정을 위한 관련 기관 연합회

유형	군사형	준군사형	경찰형	민간 행정기관형	자원봉사조직	코스트 가드 기능
기관명	• 코스트 가드 (미국, 인도, 이탈리아) • 국경수비부 (러시아) • 해안경비대 (북한)	• 해상보안청 (일본) • 중국 해경(중국) • 코스트 가드 (필리핀) • 해양보안청 (인도네시아)	• 해양경찰청 (한국) • 경찰코스트 가드 (싱가포르) • 해양경찰 (베트남) • 항만해양경찰 (키프로스)	• 코스트 가드 (캐나다) • 해양집행청 (말레이시아)	• 코스트 가드 (영국)	• 해양안전구조단, 해양 민병 대, 관세감시청 (스페인) • 코스트 가드 기능 (프랑스) • 연방코스트 가드 (독일)

출처: Suk Kyoon Kim, 「Coast Guards and International Maritime Law Enforcement」(Cambridge Scholars Publishing, 2020)

SECTION 03 코스트 가드의 임무·기능 확대 요인

1 들어가는 말

오늘날 코스트 가드의 임무와 기능은 전통적인 임무에서 복합적인 해양서비스 제공으로 확대되고 있다. 코스트 가드의 임무와 역할은 냉전시대 이후 분쟁의 패러다임이 육지에서 해상, 민족, 종교분쟁으로 전환되면서 해양에서도 해양주권과 자원을 둘러싼 분쟁이 분출되고 있다. 이에 따라 코스트 가드는 더 큰 역할에 직면해 있으며 해군과의 관계에서 기능의 재조정이 이루어지고 있다.

2 코스트 가드 역할 확대 요인

가. 해양관할권 확대

1994년 「유엔해양법협약」이 발효되면서 연안국은 영해 이원으로 200해리 배타적 경제적수역(EEZ)과 최장 350해리까지 대륙붕을 선포할 수 있게 되면서 각국의 해양관할권이 크게 확대되었다. 이에 따라 해양관할권 수호와 해양권익 보호를 위한 코스트 가드의 역할과 임무도 함께 확대되었다. 즉 확대된 관할수역 내에서 연안수역 관리, 관할해역 감시, 법 집행, 주권적 권리행사를 위해서는 코스트 가드의 역량 강화가 요청되었다.[13]

좁은 어장을 두고 경쟁하는 동아시아 국가들은 외국 불법조업 어선으로부터 자국 EEZ의 어자원을 보호하기 위해 코스트 가드의 기능 강화가 필요했다. 이에 따라 각국은 원해에서 운용할 수 있는 함정, 항공기 증강, 인력 증원을 경쟁적으로 하고 있다.

---

13 Sam Bateman, 「Coast Guards: New Forces for Regional Order and Security」(2003) 65, *Asia Pacific Issues, Analysis from the East – West Center*, p. 3.

나. 해양분쟁 분출

오늘날 코스트 가드는 해양분쟁의 최일선에서 자국의 해양권익을 수호하는 데 핵심적인 역할을 하고 있다. 전 세계 해양에서는 해양주권에서부터 해양경계, 어로, 해양오염, 해양자원이용을 둘러싼 분쟁에 이르기까지 다양한 해양분쟁이 벌어지고 있다.

「해양분쟁 교과서」라 불릴 정도로 다양한 유형의 해양분쟁이 진행되고 있는 동아시아 해역에서 코스트 가드는 자국의 해양이익을 수호하는 첨병 역할을 하고 있다. 동중국해에서는 센카쿠(중국명 다오위다오)섬 영유권과 해양관할권을 두고 일본과 중국은 첨예하게 대립하고 있다. 남중국해에서는 중국과 필리핀, 베트남과 같은 동남아시아 국가들과 해양관할권과 도서 영유권을 두고 격렬한 분쟁을 벌이고 있다.

해양분쟁 당사국은 자국의 코스트 가드 함정을 해양관할권 주장이 중첩되거나 정치적 긴장이 있는 민감 수역에 배치하고 있다. 해군 함정 대신 코스트 가드 함정을 배치하는 것은 해양분쟁 대응의 전략적 고려 때문이다. 즉 해군 함정의 상대국 선박 나포는 매우 도발적인 행위로 받아들여질 수 있지만, 코스트 가드 함정의 경우 법 집행 행위로 인식되고, 사건을 경미하게 본다는 신호이기 때문이다.[14]

다. 해양안전 수요 증가

글로벌화로 해상교통량 증가와 해양레포츠와 같은 연안 활동이 급격히 늘어나면서 다양한 해양사고와 그 결과로서 유류오염 사고가 증가하고 있다. 여객선, 유조선, 화물선 사고는 다수의 인명피해와 해양환경 오염에 큰 영향을 미친다. 어선이나 유람선 사고 역시 재난적 결과를 초래할 수 있다.

각국은 고품질 해양안전 서비스에 대한 요구가 증가하면서 각국은 예방적이고 적시에 대응할 수 있는 해양안전체제를 구축하고 있다. 이러한 해양안전 서비스는 선박 안전규칙·기준 실행, 해양안전법 집행, 수색구조, 항해정보, 항행보조시설 관리, 통신체계, 해양오염 예방·대응을 포함한다. 코스트 가드 형태에

---

14 위의 논문.

따라 제공하는 서비스 범위에 차이가 있지만, 해양안전위협 요인과 이에 대응한 해양안전서비스 제공은 코스트 가드의 역할이 커지는 요인이 되고 있다.

라. 해양위협 대응

코스트 가드는 해상의 국내 및 「초국가 범죄」(transnational crimes), 불법행위에 맞서 법과 질서를 유지하는 역할을 하고 있다. 오늘날 코스트 가드는 해적, 해양테러, 무기밀거래와 같은 「비전통적」(non-conventional) 안보위협 요인이 자유로운 통항과 이용을 위협하면서 이에 대응해야 하는 임무가 중요한 현안이 되었다.

국제사회는 새로운 해양안보 위협에 대응해서 「대량살상무기 확산방지구상」(Proliferation Security Initiative, PSI), 「국제선박 및 항만보안규정」(International Ship and Port Security Code, ISPS Code)과 같은 제도를 시행하고 있다. 특히 북한의 핵실험과 미사일 발사에 대한 「유엔안전보장이사회」(UN Security Council) 대북제재 결의안의 현장 집행은 주로 코스트 가드에 의해 실행된다. 해양제재는 북한 향발 금지 물품을 수송하는 선박 검사·나포 등의 행위 등의 임무이다.[15] 각국의 코스트 가드는 새로운 해양안보업무 수행을 위한 전문적인 장비, 도구, 인력 등의 확보가 요청되고 있다.

---

15 Suk Kyoon Kim, 「Maritime Issues Concerning the Implementation of U.N. Security Council Resolutions on North Korea」 in 「Maritime Disputes in Northeast Asia: Regional Challenges and Cooperation」(Brill, 2017), pp. 171-182.

미국 해안경비대
(United States Coast Guard)

1 들어가는 말

「미국 해안경비대」(USCG)는 군사형 코스트 가드의 원형이자, 세계에서 가장 오랜 역사를 가지고 있는 코스트 가드의 하나이다. USCG는 미국의 제5군으로서 미국의 해양이익을 수호하는데 핵심적 역할을 수행하고 있다. 미국은 해양국가로서 영국 식민지 시대부터 상업, 생존, 국방을 위해 해양에 크게 의존하고 있다.

9만 500마일의 해안선과 약 450만km²의 EEZ를 가진 미국은 해양에 막대한 국가적 이익이 걸려있다. 신생국 미국이 성장하고 해양이익 발전하면서 USCG의 임무와 역할도 「해양영역」(maritime domain)의 전 분야로 확대되었다. USCG는 법 집행기관이자 군대라는 유일한 이중적 지위를 가지고 있다. 광범위한 역할 때문에 USCG는 해양에서 미국의 핵심 이익과 안보를 지키는 파수꾼으로 인식되고 있다. USCG의 모토는 「항상 준비」('*Semper Paratus*', Always Ready)이다.

2 USCG의 역사

미국 코스트 가드의 역사는 미국이 영국으로부터 독립한 직후인 1790년에 시작되었다. 독립전쟁으로 국가채무에 허덕이던 미국은 수출입 물품에 부과되는 세금에 재정을 크게 의존하고 있다. 밀수와 탈세로부터 관세와 선박세를 징수하기 위해 10척의 선박과 100명의 대원으로 이루어진 재무부 소속의 「관세해양대」(Revenue Marine)를 설립했다. 자원봉사로 연안 인명구조 업무를 하던 「인명구조대」(Surf Lifesavers)는 무역팽창과 급증하는 이민자 유입에 따른 늘어나는 조난선에 대응할 수 없었다. 이에 따라 1848년 미국 정부는 연안 인명구조를 점차 연방업무화하였다.

남북전쟁(Civil War) 이후 미국 영토가 계속 확장되고 해외무역이 확대되면서 해양안전과 안보 및 해양관리의 조정 필요성이 높아졌다. 이에 따라 미국은 단일 목적의 기관을 다목적 기관으로 재편하면서 1915년 우드로 윌슨 대통령은 「인명구조청」(Life-Saving Service)과 「관세선박청」(Revenue Cutter Service)을 통합하여 「코스트 가드」(Coast Guard)를 창설하였다.

USCG는 이후 두 차례의 세계대전과 「금주법」(National Prohibition Act of 1919)의 집행을 통하여 임무와 규모가 크게 확대되었다. 제1차 세계대전 시 USCG의 모든 임무는 해군의 통제하에 놓이며 국내 항만 보호 임무를 수행했다. 주류의 제조·판매·유통을 금지한 「금주법」에 따른 해상 단속은 USCG가 담당했다. 이에 따라 다수의 순찰정을 건조하고, 통신, 장비, 절차, 정보수집 방법이 개선되었고 항공기의 역할이 증가했다.

1938년 USCG는 상선 선원 업무를 담당하는 「미국 해양사무청」(U.S. Marine Service)을 통합했다. 1939년에는 보트 활동을 관리하기 위해 민간 자원봉사원으로 구성된 「코스트 가드 보조대」(Coast Guard Auxiliarly)를 창설하고 「등대관리청」(Lighthouse Service)을 통합했다. 제2차 세계대전 동안 USCG는 두 번째 해군 통제를 받았다. USCG 함정과 항공기는 대서양과 태평양에서 광범위한 해상호송업무와 대잠수함 작전을 수행했다. 이 시기에 인력은 10배 가까이 늘었다. 1946년 「해양검사·항해국」(Bureau of Marine Inspection and Navigation)이 코스트 가드에 통합되었다. 이 결과 USCG의 임무는 해양활동의 전 분야와 해외까지 확대되었다. 베트남전에서 USCG는 북베트남이 침투와 보급을 위해 사용한 트롤 어선 단속에 큰 역할을 했다.

징세업무 비중이 줄어들면서 USCG는 1967년 재무부에서 「교통부」(Department of Transportation) 소속으로 바뀌었다. 베트남전 후에는 불법 이민과 마약 단속과 같은 해양보안(maritime security)으로 임무 비중이 이동했다. 「Torrey Canyon」, 「Amoco Cadiz」, 「Exxon Valdez」 기름유출 사고와 같은 대규모 유류오염 사고가 발생하면서 USCG의 해양환경 보호 임무의 중요성이 커졌다. 미국의 200해리 EEZ를 규정한 「매그너슨-스티븐스 어업보존법」(Magnuson-Stevenson Fishery Conservation Act)에 따라 USCG는 해양집행 업무의 주무기관이 되었고, 미국 관할수역 내 해양생물자원의 보호자로 역할이 확대되었다.

2001년 「9/11테러 사건」은 USCG를 여러모로 변화시킨 분수령이 되었다. 9/11테러 사건이 일어나자 USCG는 항만보안과 오대호와 내륙수로를 포함한 해안경계를 강화하였고, 제2차 세계대전 이후 가장 큰 규모의 국토방위와 항만보안 작전에 2,700명의 예비역을 동원하였다. 「2002 국토안보법」(Homeland Security Act of 2002)에 따라 USCG는 교통부에서 신설된 「국토안보부」(Department of Homeland Security)로 소속이 전환되었다.

글로벌 대테러전과 2003년 이라크전을 수행하면서 USCG의 업무 중점도 국토안보로 옮겨졌다. 그러나 2005년 허리케인 「카트리나」(Katrina) 대응과 2010년 「딥워터 호리즌」(Deepwater Horizon) 유류오염 사고 대응과 같이 USCG의 본연의 임무는 변하지 않았다.

3 역할과 임무

USCG의 임무와 책임은 전 세계 어떤 코스트 가드보다 광범위하고 포괄적이라 할 수 있다. 「미국 연방법」 제14장(Title 14 of the U.S. Code)에서 USCG의 주요 임무 11가지를 규정하고 있다.[16] 크게 국토안보 임무(homeland security missions)와 비국토안보 임무(non-homeland security missions)로 구분할 수 있다.[17] 국토안보임무는 (1) 항만, 수로, 해안 보안, (2) 마약 단속, (3) 밀입국단속, (4) 방위태세, (5) 법 집행 등이고, 비국토안보임무는 (1) 해양안전, (2) 수색구조, (3) 항해보조, (4) 생물자원, (5) 해양환경보호, (6) 쇄빙작전을 포함한다.

4 조직구조

USCG는 「국토안보부」(Department of Homeland Security) 소속 기관으로서 국토안보부 장관의 지휘를 받는다. USCG 조직은 대서양과 태평양의 두 개의 「지역사령부」(Area), 9개의 「관구」(District), 35개의 「구역」(Sector), 「기지」(Station), 항공대, 정비창과 「코스트 가드 사관학교」(U.S. Coast Guard Academy)와 훈련센

---

16 14 U.S. Code §2.

17 S. Rept. 115-89-COAST GUARD AUTHORIZATION ACT of 2017(115th Congress (2017 -2018)).

터로 이루어져 있다. 작전 지휘와 항공대의 운영은 지역사령부, 관구 및 구역에 위임되어 있다.

워싱턴 D.C에 위치한 코스트 가드 본부(Headquarters)는 코스트 가드의 정책 감독, 정책개발과 인사를 담당한다. 코스트 가드 사령관(Commandant)은 대장 (Admiral)으로서 네 명의 중장 중에서 임명되며 임기는 4년이다. 사령관 부재 시 사령관의 직무를 행하는 대장 계급의 1명의 부사령관이 있다. 본부 산하에 중장 (Vice Admiral)이 지휘하는 두 개의 「지역사령부」(Area)가 있고, 지역사령부 산하 에 9개의 「관구」(District)가 있다. 관구사령관은 소장(Rear Admiral)이며 해안선을 따라 구분된 관할구역의 코스트 가드를 지휘한다.

해군의 통제를 받던 제2차 세계대전 시기에는 14개의 관구가 있었으나 통합 을 거쳐 현재의 9개의 관구가 되었다. 관구 산하에는 35개의 구역이 있다. 구역 지휘관은 대령이 맡고 있다. USCG는 일본 요코하마의 극동기지, 네덜란드의 쉔 넨기지, 바레인의 서남아시아기지 등 세 개의 해외 기지를 운영하고 있다.

▶ 그림 1 미국 코스트 가드 지역 및 관구사령부

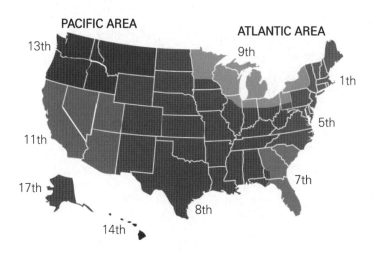

자료: USCG

▶ 그림 2 미국 코스트 가드 조직

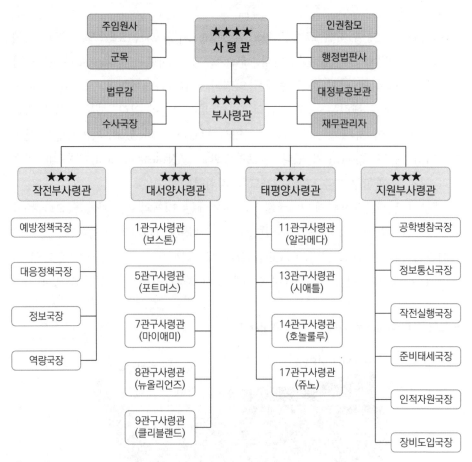

자료: USCG

5 인력

USCG의 인력은 현역(Active), 민간인(Civilian), 예비역(Reserve), 보조대
(Auxiliary)로 구성된다. 임무에 따라 작전부서와 참모부서 대원으로 구분된다.
USCG는 84,388명의 인력(2022년 기준) 중 현역 군인 41,426명, 민간인 군속
9,962명, 예비역 군인 7,000명, 민간 보조대 26,000명으로 구성되어 있다. 현역
군인은 장교, 준사관, 사병으로 구성되어 있다.

┃ 표 2 USCG 인력 현황(2022 기준)

구분	인력	계
군인(Military)	41,426	
민간인(Civilian)	9,962	8,4388
예비역(Reserve)	7,000	
보조대(Auxiliary)	26,000	

자료: USCG

가. 장교(Commissioned Officers)

장교는 O-1(소위)에서 O-10(대장)의 10계급이며 장교로 임관되는 경로는 다음의 3가지 경로이다.

1) 코스트 가드 사관학교(Coast Guard Academy)

매년 200명의 사관생도가 소위로 임관되고 최소 5년간 현역으로 복무하게 된다. 사관생도는 임관과 동시에 함정근무를 하게 되고, 일부는 항공대, 육상 본부에 근무한다.

2) 간부후보생 프로그램(OCS)

학사 학위를 가지고 있는 사병은 17주의 「간부후보생 프로그램」(Officer Candidate School Program)을 통하여 장교로 임관할 수 있다.

3) 장교특채

타 군에서 근무하는 변호사, 엔지니어나 정보·항공장교는 「장교특채」(Direct Commission Officer) 프로그램을 통하여 코스트 가드로 전과할 수 있다. 해양대학 졸업자와 특정 자격소지자도 코스트 가드 장교로 특채될 수 있다.

나. 사병(Enlisted Members)

코스트 가드 대원에 지원하기 위해서는 다음의 요건을 갖추어야 한다.

- 미국 시민이거나 영주권 외국인
- 17 – 31세(예비역 17 – 40세)
- 고교졸업장
- 3자녀 미만
- 군복무 적성시험(Armed Services Vocational Aptitude Batttery) 통과

신규 대원은 입대 후 훈련센터에서 8주간 진행되는 기초훈련에서 체력, 팀 웍, 코스트 가드의 핵심가치를 함양한다. 훈련 후 자대에 배치되며, 특기 교육을 위한 「A School」 입교 준비를 한다. 사병은 E – 1에서 E – 9의 호봉체계이며 해군 계급구조를 따른다. 4호봉 이상은 부사관이다. 7호봉 이상은 원사(Chief Petty Officer)이며 8호봉으로 승진하기 위해서는 원사 사관학교(Chief Petty Officer Academy)를 졸업하거나 동등한 국방부 학교를 졸업해야 한다.

다. 민간인 군속

민간인 군속은 코스트 가드 수사대의 특별요원, 변호사, 기술자, 행정요원, 장인, 소방대원과 같은 200여 종의 직종에서 코스트 가드의 업무를 지원하는 역할을 하고 있다.

라. 예비역

「USCG 예비역부대」(U.S. Coast Guard Reserve)는 1941년 창설된 예비부대이다. 예비역은 한 달에 두 번의 훈련과 연중 12일의 현역 복무를 한다. 예비역은 현역과 같은 훈련을 받고 동등한 자격을 가지고 있으며 전시나 재난, 사고 시에 동원된다. 2001년 「9/11테러」 이후 예비역 동원령이 내려져 페르시아만(Persian Gulf), 미국 북중사령부(U.S. Northern and Central Commands)에 배치되었다. 항만 보안은 대부분 예비역이 맡고 있다. 예비역 관리는 예비역 · 군인사감(Directorate of Reserve and Military Personnel)이 맡고 있다.

마. 보조대

「USCG 보조대」(U.S. Coast Guard Auxiliary, USCGA)는 USCG의 자원봉사 제복 조직이다. 레저보트의 안전관리 필요성이 급증하자 미국 의회는 1939년 USCGA 를 창설했다. USCGA는 법 집행이나 교전을 제외하고 코스트 가드의 모든 임무를 지원하는 역할을 한다. USCGA는 안전·보안 순찰, 수색구조, 대규모 재난대응, 오염방제·순찰, 국토안보, 레저보트 안전, 낚시어선·선박 검사, 코스트 가드 대원 모집 등 다양한 역할을 수행한다. 이 중 레저보트의 안전 증진이 가장 큰 역할이며 무료 안전점검을 해주고 있다. USCGA는 50개 주의 825개 지역 단위에서 2만 6천여 명이 근무하고 있다(2022년 기준).

6 자산 및 무장

USCG는 함정(Cutter)[18] 243척, 고정·회전익 항공기 201대, 보트(Boat)[19] 1,600척을 보유하고 있다. 수상 및 항공자산의 작전통제권은 지역사령부(Area), 관구(District), 구역(Sector)에 있다.

▎표 3 USCG 자산(2022년 현재)

구분	형태	대수	유형	대수
함정(Cutters) 259	쇄빙선(극지/ 오대호)	(3/1)	부이 정비함-해양/연안(Buoy Tenders-Seagoing/Coastal)	16/14
	국가안보함(National Security Cutters)	8	부이 정비함-내륙, 강(Buoy Tenders-Inland, River)	22
	고내력함(High-Endurance Cutters)	2	공사함(Construction Tenders)	13
	신속대응함(Fast Response Cutters)	41	쇄빙 예인선(Icebreaking Tugs)	9
	중내력함(Medium-Endurance Cutters)	28	항만 예인선(Harbor Tugs)	11

---

18 20미터 이상의 선박.
19 20미터 이하의 선박.

구분	형태	대수	유형	대수
	순찰정(Patrol Boats)	90	훈련함(Training Cutter)	1
항공기 (200)	MH-65(헬리콥터)	98	HC-144(비행기)	18
	MH-60T(헬리콥터)	45	HC-27J(비행기)	14
	HC-130H(비행기)	10	C-37(비행기)	2
	HC-130J(비행기)	13		
순찰정(Boats) (1,602)	소형대응정(Response Boat Small)	367	항해보조정(Aids to Navigation Boats)	160
	중형대응정(Response Boat Medium)	174	함정보조정(Cutter Boats)	424
	동력인명구조정(Motor Life Boats)	117	기타 순찰정	360

자료: USCG

「국가안보함」(National Security Cutter)은 USCG 함정 중 가장 규모가 크고 최신 장비를 갖춘 함정이다. 길이 127미터, 최대 속력 28노트, 중량 4,500톤이며, 122명의 승조원이 승선한다. 현대적 지휘(Command), 통제(Control), 통신(Communication), 전산(Computer), 정보(Intelligence), 감시(Surveillance) 및 정찰(Reconnaissance)(C4ISR) 시스템을 갖추고 있어 해군 시스템과 상호운용이 가능하다. 또한 「해양정보체계」(Maritime Domain Awareness)를 제고하기 위한 공통적 작전 요소도 제공한다. 「국가안보함」은 57mm 포 1문, 50mm 포 4문을 장착하고 있다.[20]

「고내력함」(High Endurance Cutter)은 길이 115미터, 중량 3,340톤, 최대 속력 29노트의 대형함정으로서 다양한 임무를 수행한다. 군함과 유사한 높은 내구성과 성능 때문에 해군 항모전단에 배치되기도 한다. 「함정」(Cutter)은 장거리, 고내구력 임무, 마약단속, 불법 이민단속, 어로보호와 같은 해양보안 작전에 적합하다. 일부 퇴역 함정은 나이지리아, 필리핀, 방글라데시 해군에 제공되었다.[21]

20미터 이하는 「순찰정」(Boat)으로서 연안, 내륙수로에서 운용하고, 함정(Cutter)

---

20 U.S. Coast Guard, 「The Cutters, Boats, and Aircraft of the U.S. Coast Guard」.
21 위의 자료.

에 소속된다. 순찰정은 악기상 대응정, 특수목적정, 이민단속정, 함정소속정 등이 있다. 순찰정은 20~4미터 크기이다. 국토안보업무의 비중이 커지면서 작고 속력이 빠른 소형대응정(Response Boat-Small)과 중형대응정(Response Boat-Medium)이 배치되고 있다.

USCG는 200여대의 항공기를 운용하고 있다. 대부분 항공기는 국토안보작전 임무를 수행하고 일부는 무장을 갖추고 있다. 항공대는 특수임무는 독자적으로 수행할 수 없다는 원칙에서 운영되고 있으며, 다양한 임무를 수행할 수 있는 항공기에 집중하고 있다.[22]

7 법 집행

「미국 연방법」(U.S. Code)에 따라 USCG는 공해 및 미국 관할 수역에서 미국 연방법을 집행할 권한을 가진다.[23] 이 규정에 따라 USCG의 모든 사관, 준사관, 부사관은 법 집행 권한을 가진다. USCG는 "공해와 미국이 관할권이 가지는 수역에서 미국 법 위반의 예방·탐색·제압을 위해 심문(inquiry), 조사(examination), 검사(inspection), 체포(arrest)할 수 있다."[24] "체포에 합당한 법 위반이 있는 경우 범법자를 체포하거나 육상으로 도주하는 경우 육상에서 추적·체포하거나 다른 합법적이고 합당한 조치를 취한다."[25] 법 위반이 선박이나 적재 물품의 압수에 합당한 경우, 선박이나 물품 또는 두 가지 모두 압류한다."[26]

"USCG 대원이 미국의 특정 법을 집행하는 경우 그 법을 관장하는 기관의 공무원인 것으로 간주된다."[27] "가이드 라인에 따라 USCG 대원은 직무수행 시 총기를 휴대할 수 있고 법령에 정한 시설에서 법 위반에 대하여 영장없이 체포할 수 있고 재산을 압류할 수 있다."[28]

---

22 위의 문서.
23 14 U.S. Code § 2.
24 14 U.S. Code § 89(a).
25 위 법령.
26 14 U.S. Code § 89(b).
27 위의 법.
28 14 U.S. Code § 99.

USCG는 104개 연방 법집행기관의 하나이며, 3,780명의 「승선 법 집행관」 (Maritime Law Enforcement Boarding Officers)과 192명의 「범죄수사관」이 있다. 범죄수사관은 「코스트 가드 범죄수사대」(Coast Guard Investigative Service, CGIS) 소속이다. CGIS 특수요원은 현역 군인, 예비역, 민간인 군속으로 구성되며, 체포와 영장청구 권한이 있다. CGIS의 임무는 전문 범죄수사, 경호서비스, 정보수집, 법 집행 소통, 직원 복지보호, 연방 마약·이민·어로·환경법, 미국 관할수역 및 공해상 국제법 및 협약 단속 등의 임무를 수행한다.

광범위한 법 집행권을 가진 CGIS는 대도시 경찰과 유사한 수사 기능을 한다. 이들은 코스트 가드 내의 사기, 절도, 살인, 강간과 같은 내부 사건과 해양 관련 이민, 마약 밀수, 살인, 강간, 거짓 조난신고, 환경법 위반과 같은 외부사건을 수사한다.

SECTION 06   일본 해상보안청(Japan Coast Gaurd)

「일본 해상보안청」(JCG)은 준군사형 코스트 가드이다. JCG는 법률상 민간기관이지만, 조직 특성상 「준군사기관」으로 분류할 수 있다. 일본 해상보안청은 해양이익을 보호하기 위한 비해군 기관을 창설하고자 했던 아시아 국가들의 모델이었다. JCG의 모토는 「인의」(仁義)이다.

1 JCG 창설

일본이 제2차 세계대전에서 패하기 전 코스트 가드 기능은 해군이 수행했다. 패전으로 해군이 해산한 뒤 해양질서를 유지할 수 있는 경찰력이 사라지면서 밀수가 급증했고 해적행위도 성행했다. 일본 정부는 해양경찰기관 창설을 위해 연합국과 협의를 했으나 일본의 비무장화 정책에 위반된다는 이유로 반대에 직면했다.

그러나 연합국 사령부는 해상에서 법과 질서를 유지할 경찰력이 없다는 문제를 심각하게 인식했고, 미국 코스트 가드로부터 밀즈(Frank Meals) 대령을 초빙하여 상황을 평가하도록 했다. 밀즈 대령은 미국 코스트 가드를 모델로 한 종합적인 코스트 가드 조직을 창설할 것을 제안했고, 이에 따라 1948년 교통부 소속의 민간 법 집행기관으로서 「해상보안청」(Maritime Safety Agency)이 설립되었다. 2000년 「Japan Coast Guard」로 영문명이 변경되었다. 현재 국토교통부 외국(外局)이다.[29]

---

29 해상보안청법, 제1조.

② 조직 성격

해상보안청은 법령에 정한 특정 사안에 대하여만 사법경찰권을 가지는 「공안기관」이지만, 성격상 해상에서 실질적인 경찰업무를 하는 해양경찰기관이다. 해상보안청은 범죄단속과 같은 사법경찰기능과 해상교통행정과 같은 행정경찰 기능을 갖고 있다. 해상보안청은 일본 국내법상 해양경찰 기관이고, 「해상보안청법」 제25조에 의하여 "군대로 훈련·조직 및 기능을 하는 것을 금지"하여 군대로서의 성격을 분명히 부인하고 있다.

따라서 국내법, 제도상 해상보안청이 일정한 행정 목적 확보와 법 질서유지를 기본 임무로 하는 경찰기관으로 설치되었다.[30] 해상보안관은 일반사법권을 가진 경찰관이 아니고, 「해상보안청법」 제31조 및 「형사소송법」 제190조에 의하여 특정 사안에 대하여 사법권을 행사하는 「특별사법경찰관」이다.

③ 임무와 관할수역

가. 임무

해상보안청의 임무는 「해상보안청법」 제2조에 규정되어 있다. 해상에서 안전과 질서를 위해 해상보안청은 (1) 해난수색구조, (2) 해양오염 예방, (3) 해상범죄 예방 및 진압, (4) 해상에 있어서 범인 수사 및 체포, (5) 선박교통 규제, (6) 수로 및 항로표식에 관한 사무, (7) 기타 해양안전 서비스 업무를 수행한다.[31] 「해상보안청법」 제5조에서는 해상보안청의 임무를 보다 구체적으로 정하고 있다.[32]

- 해상에서의 법령의 준수
- 해난시의 인명·적하·선박의 구조

---

30 김경석, 「일본의 해상보안청」, 맞춤형 법제정보, 한국법제연구원.
31 해상보안청법, 제2조.
32 위의 법, 제5조.

- 조난선박 구호, 표류물 및 침몰품 등의 처리
- 해난 조사
- 선박교통 장애 제거
- 해상보안청 이외의 자가 수행한 구조·방해 제거의 감독
- 여객 또는 화물의 해상운송에 종사하는 자에 대한 해상에서 보안을 위해 필요한 감독
- 선박 및 선박교통에 관한 신호
- 항칙(港則)
- 폭주 해역교통 안전확보
- 해상오염·재해방지
- 연안수역 순시경계
- 해상에서 폭동·소란 진압
- 해상에서 범인 수사·체포
- 유치 업무
- 국제수사 공조
- 경찰청 및 도도부현(都道府縣) 경찰, 세관, 검역소 그 외 관계 행정청과의 사이에서의 협력, 공조 및 연락
- 국제긴급지원대 파견에 관한 법률에 근거한 국제긴급원조 활동
- 수로의 측량 및 해상의 관측
- 수로지도 및 항공지도의 제작 및 공급
- 선박교통의 안전을 위해서 필요한 사항의 정보
- 등대, 그 외 항로표식의 건설, 보수, 운용 및 용품
- 등대, 그 외 항로표식의 부속설비에 의한 기상의 관측 및 그 정보
- 해상보안청 이외의 자의 등대, 그 외 항로표식의 건설, 보수 및 운용을 수행하는 자의 감독
- 소관 사무에 관한 국제협력
- 법령에서 정하는 문교연수 시설에 관한 사무
- 소관 사무를 수행하기 위해 사용하는 선박 및 항공기의 건조, 유지에 관한 사무
- 소관 사무를 수행하기 위해 사용하는 통신시설의 건설, 보수, 유지에 관한 사무
- 위 각호에 게재된 것 외, 제2조제1항에서 규정하는 사무

나. 관할수역

해상보안청의 관할수역은 영해, 접속수역, EEZ와 「일·미수색구조(SAR)협정」
에 의한 수색구조 수역(본토로부터 남동 1,200해리)을 포함한다. 이 중 영해와 EEZ
를 합친 수역은 447만km²로서 국토면적 38km²의 11.8배에 해당한다. 여기에
SAR구역을 더하면 해상보안청의 관할수역은 국토면적의 약 36배에 해당한다.
수색구조업무 수행 중 해상보안청의 능력으로 대처가 곤란한 경우 각 관구해상
보안본부로부터 「해상자위대」에 재해파견을 요청할 수 있다. 재해파견요청을
받은 해상자위대는 호위선, 초계기, 구난항공기를 파견하여 해상보안청의 활동
에 협력한다.

해양보안청의 활동 범위는 당초 "항, 만, 해협 그 외 일본의 연안수역"(제정
당시의 해상보안청법 제1조제1항)으로 한정되어 있었으나, 개정된 「해상보안청법」
에서는 "해상으로"로 규정하였다(해상보안청법 제1조). 이에 따라 해상보안청의
활동 범위는 전 세계에 미치며, 해상보안청 함정 「사미시마」에 의해 유럽－일본
간의 플루토늄 수송 호위임무, 말라카해협에서 해적퇴치 임무를 수행했다.[33]

다. 조직 구조

1) 본부

해상보안청의 본부는 도쿄에 있다. 해상보안청의 장은 「해상보안청장관」이
며 차장과 경비감, 두 명의 부사령관이 있다. 해상보안청장관은 국토교통부 대
신의 지휘·감독을 받고, 국토교통부 대신 이외의 소관에 속하는 사무에 대해서
는 해당 소관 대신의 지휘·감독을 받는다(해상보안청법 제10조제2항). 주무대신이
일반적인 감독 권한을 갖지만, 동 조 규정에 따라 다른 대신에게도 해상보안청
장관에 대한 지휘·감독권을 부여하고 있다.

구체적으로 해상보안청 장관은 어업관계 법령은 농림수산대신, 출입국관계
법령의 집행은 법무부 대신의 지휘·감독을 받는다. 일정한 소관 사무에 따라
다른 정부기관장의 지휘·감독을 인정하는 규정은 다른 기관에서는 유사한 규정
을 찾기 힘들다.[34]

---

33 김경석, 전게 논문.

해상보안청 본부는 내부부와 부속기관으로 구성된다. 부는 (1) 총무부, (2) 장비기술부, (3) 경비구난부, (4) 해양정보부, (5) 교통부가 있고, 장관 직속으로 수석 행정감찰관이 있다. 본부 소속기관으로 해상보안대학과 두 개의 해상보안학교(모지, 미야기)가 있다.

▶ 그림 3 일본 해상보안청 조직체계

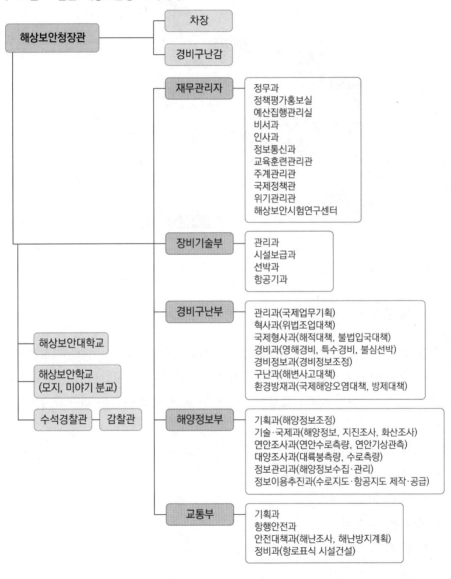

해상보안청장관
— 차장
— 경비구난감

재무관리자
- 정무과
- 정책평가홍보실
- 예산집행관리실
- 비서과
- 인사과
- 정보통신과
- 교육훈련관리관
- 주계관리관
- 국제정책관
- 위기관리관
- 해상보안시험연구센터

장비기술부
- 관리과
- 시설보급과
- 선박과
- 항공기과

경비구난부
- 관리과(국제업무기획)
- 혁사과(위법조업대책)
- 국제형사과(해적대책, 불법입국대책)
- 경비과(영해경비, 특수경비, 불심선박)
- 경비정보과(경비정보조정)
- 구난과(해변사고대책)
- 환경방재과(국제해양오염대책, 방제대책)

해상보안대학교
해상보안학교
(모지, 미야기 분교)
수석경찰관 — 감찰관

해양정보부
- 기획과(해양정보조정)
- 기술·국제과(해양정보, 지진조사, 화산조사)
- 연안조사과(연안수로측량, 연안기상관측)
- 대양조사과(대륙붕측량, 수로측량)
- 정보관리과(해양정보수집·관리)
- 정보이용추진과(수로지도·항공지도 제작·공급)

교통부
- 기획과
- 항행안전과
- 안전대책과(해난조사, 해난방지계획)
- 정비과(항로표식 시설건설)

---

34 위의 논문.

자료: 일본 해상보안청

2) 지방조직

해상보안청의 업무는 전국의 해안선을 따라 설치된 11개의 「관구해상본부」에 의해 수행된다. 관구에는 관구 본부가 있고 산하에 해양보안서, 기지, 항공대 및 수로 서비스센터가 있다. 해상보안청 관구와 본부 소재지는 다음과 같다.

- 제1관구: 홋카이도 오타루
- 제2관부: 미야기현 시오가마
- 제3관구: 요코하마
- 제4관부: 나고야
- 제5관구: 고베
- 제6관구: 히로시마
- 제7관구: 키타큐슈

- 제8관구: 교토 마이주루
- 제9관구: 니이가타
- 제10관구: 가고시마
- 제11관구: 오키나와 나하

라. 법 집행

해상보안관은 특별사법경찰관으로서 법령에 규정된 한정된 범위 내에서 경찰사법권을 행사한다. 「해상보안청법」 제15조에 의해 "해상보안관이 법령 준수에 관한 사무를 실시하는 경우 당해 해상보안관은 각각의 법령의 시행에 관한 사무를 소관하는 행정관청의 당해 관리라 간주하고 당해 법령의 준수에 관한 사무에 관해서 행정관청이 제정하는 규칙의 적용을 받는다." "범인의 수사 및 체포와 같은 사법경찰 목적의 행위는 「형사소송법」의 절차에 의한다"(해상보안청법 제31조).

해상보안관이 당해 관리로서 임무를 수행하는 동안 「해상보안청법」 제10조에 따라 해상보안청장관은 당해 임무를 수행하는 장관의 지휘·감독을 받게 되기 때문에 해상보안청장관의 지휘권을 유지한다. 해상보안관은 직무수행을 위해 서류제출명령, 현장검사 및 질문권(제17조), 강제적 조치권(제18조), 무기사용(제20조)의 권한을 행사할 수 있다.

무기사용에 관련해서 "해상보안관 및 해상보안관보의 무기사용에 관해서는 「경찰관직무집행법」 제7조의 규정을 준용"(제20조제1항)하고 있다. 동 조 제2항 (2001년 개정시 추가)은 「경찰관직무집행법」에서 무기사용을 허용하는 경우 이외의 상황에서 무기를 사용할 수 있는 경우를 규정하고 있다.

즉, 「경찰관직무집행법」에 따라 정선 명령을 반복해도 따르지 않고, 해상보안관 등의 직무집행에 저항하거나 또는 도주하려는 경우에 해상보안청장관이 "선박의 외견, 항해의 태양, 승조원 등의 이상한 거동, 그 외"의 사정 등으로부터 합리적으로 판단해서 "다음 각호의 모두에 해당하는 사태"라고 인정한 때에는 해상보안관 등은 "당해 선박의 진행을 정지시키기 위해서 다른 수단이 없다고 믿는 데에 충분한 이유가 있는 때"에는 "그 사태에 따라 합리적으로 필요하다고 판단되는 한도에서 무기를 사용할 수 있다"라고 규정하고 있다(제20조제2

항). 이와 같은 사항은 다음의 네 가지로 규정하고 있다.

- 당해 선박이 외국선박(외국 군함 및 비상업목적 정부 선박 제외)이라고 판단되고, 「유엔해양법법협약」제19조가 정하는 무해통항이 아닌 통항이 일본의 영해에서 현재 이루어지는 것
- 당해 항해를 방치하면 장래 반복해 이루어질 개연성이 있다고 인정되는 경우
- 당해 항해가 일본의 영역 내에서 사형 또는 무기 혹은 장기 3년 이상의 징역 혹은 금고에 해당하는 중대 흉악범죄를 범하는 것에 필요한 준비를 위해 이루어지는 것이라는 의심을 불식할 수 없다고 인정되는 경우
- 당해 선박의 현장검사를 함으로써 알 수 있는 정보에 근거해서 조치를 취하지 않으면 장래에 중대 흉악범죄의 발생을 미연에 방지할 수 없다고 인정되는 경우

마. 장비 · 인력

일본 해상보안청은 449척의 다양한 목적의 함정을 보유하고 있다(2020년 기준). 함정은 크게 (1) 경비구난용 선박(순시선, 순시정, 특수경비구난정), (2) 측량선과 같은 해양정보업무용 함정, (3) 등대관리선박과 같은 항로표식업무용 선박, (4) 실습정과 같은 교육업무용 선박으로 분류된다.

경비구난용 선박으로는 141척의 순시선과 238척의 순시정 등 총 379척을 보유하고 있다. 순시선은 함정 탑재 대형순시선 17척, 대형순시선 49척, 중형 순시선 38척, 소형 순시선 36척, 소방정 1척이 있다, 대형함정은 1,000톤 이상, 중형함정은 350-500톤, 소형함정은 350톤 이하의 선박이다. 해상보안청은 63척의 특수경비구난정과 19척의 수로조사 및 등대관리정을 보유하고 있다.

해상보안청은 함정과 인력 면에서 아시아에서 중국해경 다음으로 규모가 크다. 함정 중 가장 큰 6,500톤 1척과 5,200톤 2척을 보유하고 있다. 해상보안청은 고정익 비행기 31대, 헬기 52대 등 총 83대의 항공기를 보유하고 있다. 인력은 14,427(2021년 기준)명으로서 지난 10여 간 매년 평균 1,000여 명씩 증가하고 있다. 인력 중 약 50퍼센트가 함정, 항공기 승무원 등 현장부서에서 근무한다.

| 표 4 일본 해상보안청 장비 현황

함정/항공기		구분	대수
함정 (449)	순시선	헬기탑재 대형함정(PLH)	17
		대형순시선(PL)	49
		중형순시선(PM)	38
		소형순시선(PS)	36
		대형소방선(FL)	1
		소계	141
	순시정	순시정	238
	특수함정	특수함정	70
항공기 (83)		고정익	31
		회전익	52

자료: 일본 해상보안청

해상보안청은 중요한 사건을 계기로 함정 증강을 통한 역량을 강화해 왔다. 첫째, 1996년 EEZ를 선포하면서 국토면적 38km²의 11.8배에 해당하는 447만 km²의 광대한 수역을 경비하기 위해 100톤급 소형 순시선, 500톤급 중형 순시선, 30미터급 순시정을 대거 증강했다. 둘째, 2001년 북한 불심선(不審船)의 일본 EEZ수역 침범을 계기로 고속 간첩선과 트롤 선박을 추적할 수 있는 고속, 자동추적 장치와 자동포를 장착한 순찰정을 대폭 증강했다. 셋째, 중국과 영유권 분쟁을 겪고 있는 센카쿠 섬 주변 수역에서 영유권 보호와 법 집행력 강화를 위해 14척의 순시선으로 구성된 전담 함대를 배치하고 있다. 이와 함께 19척의 대형 순시선을 건조하고 4대의 항공기를 도입하고 있다.[35]

---

35 Japan Coast Guard, 「Japan Coast Guard Annual Report 2019」.

SECTION 07 중국 해양경찰

1 창설

2013년 중국은 4개의 해양집행기관을 통합하여 국무원의 「국가해양국」(State Oceanic Bureau) 소속으로 「중국해경」(中國海警, China Coast Guard)을 창설했다. 통합된 집행기관은 (1) 국가해양국 소속 중국해감(海監), (2) 농업부 소속 어정국(漁政局), (3) 해관 소속 밀수단속대, (4) 공안부 변방해경(邊防海警)이다.

중국해경 창설 전 연안의 법 집행과 EEZ 해양권익 보호는 변방해경과 해감이 맡고 있었다. 공안부 변방국의 해양부서로서 「변방해경」은 무장경찰(武警)의 한 기관으로서 영해 및 접속수역에서 법 집행, 수색구조 임무를 맡고 있었다. 변방해경은 준군사형 경찰기관으로서 무장조직이며 경찰권을 보유하고 있었다. 「해감」(Marine Surveillance)은 EEZ에서 해양권익 수호, 해양이용 감시, 해양환경 보호를 수행하는 기관이다. 「어정국」은 중국 영해와 EEZ에서 어업법 집행과 어자원 보호, 어선·어민 보호, 어업분쟁 해결, 불법조업 방지를 담당하는 기관이다.

국가해양국의 해경국이 통합 중국해경의 본부 역할을 했다. 중국해경은 국가해양국의 지휘·감독을 받지만, 작전지침은 공안부로부터 받는 「이중 지휘구조」(dual command)였다. 이러한 이중지휘 구조는 민간기관과 무장 경찰조직이 합쳐진 조직 특성을 반영한다. 통합 중국해경을 창설한 것은 다음과 같은 배경에서였다.

첫째, 해양강국을 지향하는 중국의 해양전략이다. 중국은 해양강국으로 부상하기 위해 (1) 해양권익 수호, (2) 해양경제개발, (3) 해양환경 보호, (4) 해양자원 개발역량 강화 등 네 가지 요소를 목표로 하고 있다. 통합 중국해경의 창설은 해양권익 수호를 위한 목적이다.[36]

둘째, 격화되고 있는 남·동중국해의 해양분쟁에 대응할 수 있는 통합적이고

---

36 Lyle J. Morris, 「Blunt Defenders of Sovereignty: The Rise of Coast Guards in East and Southeast Asia」(2017) 70(2), *Naval War College Review*, p. 85.

강력한 코스트 가드의 필요성 때문이다. 여러 국가와 영유권, 해양관할권 분쟁을 겪고 있는 상황에서 중국 정부는 기존의 해양집행기관의 역량으로는 해양권익수호 임무를 충분히 수행할 수 없다고 판단했다.[37]

셋째, 해양집행기관의 업무 중복과 관료제로 인한 비능률과 고비용, 소통과 협력 문제를 해결하기 위해서이다.

▶ 그림 5 통합 중국해경 거버넌스

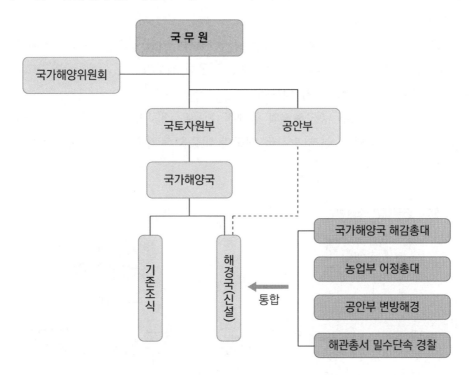

37 Lyle J. Morris, 위의 논문.

2 중국해경의 소속변경

창설 후 5년 만에 중국해경은 2018년 국무원 산하「국가해양국」에서 중국 공산당「중앙군사위원회」(Central Military Commission)로 소속이 변경되었다. 중국해경의 중앙군사위 소속으로 조직변경은 다음과 같은 의미를 지닌다.

첫째, 중국해경에 대한 행정적 통제가 민간으로부터 군으로 이전되었다. 국무원 소속에서 중앙군사위로 변경되면서 중국해경은 조직체계에서 군사조직화되었다.

둘째, 중국해경의 조직구조 변화는 중국 해군의 역량 강화를 위한 목적이다. 조직구조 변화로 중국해경이 유사시 해군과 함께 전투작전을 수행할 수 있도록 훈련과 장비를 갖출 수 있기 때문이다.

셋째, 군사조직화된 중국해경의 공세적 행동은 정치적, 군사적 의미를 내포하는 것으로 인식되고, 분쟁 당사국 해군의 대응을 불러올 수 있어 군사적 대결로 비화될 수 있다.

▶ 그림 6 중국해경 소속변경

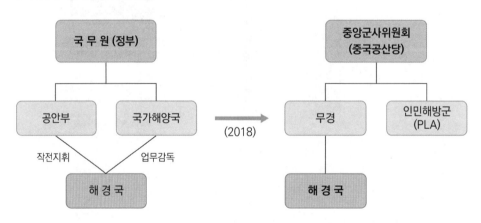

3 역량 강화

중국해경은 16,200여 명의 인력을 보유하고 있다. 중국해경으로 통합된 네 기관의 자산을 근거로 전체 함정은 950여 척으로 추정된다. 중국해경은 조직구조 전환과 함께 대형함정을 급속히 증강했다. 대형함정은 남중국해와 동중국해의 해양거점을 수호하고 경제활동을 지원하기 위한 목적이다. 중국해경은 전 세계 코스트 가드 함정 중 가장 큰 12,000톤급의 「하이찡(海警) 2901」과 「하이찡(海警) 3901」을 동중국해와 남중국해에 배치했다. 이들 함정은 26노트의 속력, 76mm포로 무장하고 있다.

이와 함께 중국해경은 해군에서 퇴역한 4,000톤급 함정을 인수하여 사용하고 있다. 중국해경은 1,000톤급 이상 대형함정을 2012년 40여 척에서 2019년 135 척으로 증강시켰다.[38] 이 같은 배경은 중국 관할수역에서 해양권익 보호 목표가 가장 주된 이유이다. 둘째, 대양에서 작전을 위해서는 높은 내구력과 감항성을 가진 대형함정이 필요하기 때문이다. 셋째, 해양분쟁 시 함정의 규모 자체가 위력을 과시하는 수단으로 사용될 수 있기 때문이다.

4 임무와 역할

중국해경은 2021년 2월 「중국해경법」을 제정하였다. 「중국해경법」 제12조에서는 중국해경의 직무를 다음과 같이 명시하고 있다.

- 해역의 순항 및 경계, 주요 섬과 암초 수비, 해상경계 관리, 국가 주권, 안전 및 해양권리와 이익 위해행위 예방·억제
- 해상 중요 목표 및 주요 활동에 대한 보안 제공 및 주요 암초, 배타적 경제수역, 대륙 선반의 인공섬 및 구조물의 안전보호 조치
- 해상치안관리,* 해상치안관리 위배행위 조사, 출입국 위배행위 조사·처벌, 해상테러 활동 예방·관리, 해상보안질서 유지
- 해상밀수혐의 운송수단, 물품 또는 인원 검사 및 해상밀수 불법행위 조사·처벌
- 직무 범위 내에서 해양의 사용, 섬 보호, 개발 및 활용, 해양광물자원 탐사 및 개발, 해저 전기 케이블 및 배관 설치·보호, 해양조사 및 측정, 해양기

---

38 Ministry of Foreign Affairs of Japan, 「Status of activities by Chinese government vessels and Chinese fishing vessels in waters surrounding the Senkaku Islands」.

조 제작, 외국 관련 해양과학 연구 및 기타 활동에 대한 감독·점검
- 해양공사 건설사업, 해양오염 피해에 대한 해양폐기물 투기, 자연보호지역 해안선의 해양측면 보호 및 활용에 대한 감독·검사, 불법행위 조사·처벌, 해양환경오염 사고의 비상대응, 조사·처리 참여
- 어선의 바다 트롤링 금지 구역의 외부해역 및 특정 수산자원 어업의 어업생산 및 운영, 해양 야생동물 보호 및 기타 활동에 대한 감독·검사, 불법행위의 조사·처벌, 법에 따른 어업생산 안전사고 및 어업생산 분쟁 조사·처리 참여
- 해양범죄 행위의 예방·제지 및 수사
- 해상비상 사태 대응
- 법률, 규정 및 중국이 체결하거나 참여한 국제조약에 따라 관할해역 이외의 지역에서 관련 법집행 임무 수행
- 법률과 규정에 따른 기타 책임 수행

이상의 내용과 같이 중국해경은 공안, 자원자원, 생태환경, 교통운수, 어업어정, 세관 등 주무부처와 역할을 나누어 국가관련 규정에 따라 임무 수행한다.

SECTION 08 캐나다 코스트 가드

1 창설

「캐나다 코스트 가드」(Canadian Coast Guard, CCG)는 「일반 행정기관형 코스트 가드」의 대표적인 기관이다. CCG는 해양수산부(Department of Fisheries and Oceans)의 「특별운영기관」(Special Operating Agency)이다. 이러한 조직구조로 인해 CCG는 인력, 법 집행 권한, 대정부 관계, 무장 등에서 다른 국가의 코스트 가드와 구별되는 특성을 가지고 있다.

CCG의 역사는 캐나다 동부 해안에 구명선과 등대가 설치된 1700년대에 시작되었다. 1868년 해양수산부가 설립되면서 CCG가 해양집행 업무를 수행하게 되었다. 1936년 해양운송업무가 「운수부」(Department of Transport)로 이관되었으나, 코스트 가드의 필요성이 커지면서 1962년 운수부 함대를 전환하여 「캐나다 코스트 가드」를 설립했다.

CCG 창설 배경은 무엇보다 해양에서 수색구조를 전담하고 북극해 순찰과 IMO 등 국제기구와 업무를 수행할 기관이 필요했기 때문이다. 1995년 해양조사 선단과 해양보존·보호 선단을 CCG와 통합하고 CCG를 해양수산부 소속으로 변경했다. 캐나다 코스트 가드의 모토는 "안전 제일, 항시 서비스"(Safety First, Service Always)이다.

2 임무

캐나다 코스트 가드의 임무는 정부의 정책과 경제성장을 지원하고, 캐나다 관할 수역의 안전, 접근성과 보안을 확립하는 것이다.[39] 해양수산부의 특별운영 기관으로서 CCG는 해양수산부의 임무 수행을 지원하는 데 중점을 두고 있다.

---

39 Canada Coast Guard, 「History of the Canadian Coast Guard」.

CCG의 임무는 「해양법」과 「캐나다 해운법」에 규정되어 있다.

- 항해보조시설 관리
- 해양통신 및 교통관리
- 쇄빙 및 얼음 관리
- 해협관리
- 해양오염방제
- 타 정부기관에 선박, 항공기 및 기타 서비스 제공
- 수색구조
- 해양안보
- 환경방제
- 과학조사
- 수로관리

③ 조직구조 및 거버넌스

캐나다 코스트 가드는 군사 업무나 법 집행 책임이 없는 민간, 비군사 조직이다. 해군 활동은 전적으로 캐나다 해군(Royal Canadian Navy)의 책임이다. CCG의 민간 행정조직으로서의 특성은 계급구조에 반영되어 있다. 캐나다 코스트 가드의 계급체계는 민간 상선 선원의 계급체계와 유사하다. CCG의 장은 청장(Commissioner)으로서 연방 경찰인 「왕립캐나다기마경찰」(Royal Canadian Mounted Police)과 같지만, 대원들의 계급과 휘장은 경찰, 해군과 다르다.

조직체계에서 CCG는 특별운영기관으로서 업무수행과 조직운영에서 자율권이 있는 해양수산부의 내부 조직이다. 청장은 해양수산부 장관의 직접적인 통제를 받지만 모든 조직운영을 책임지며, 업무에 대하여 해양수산부 차관에게 직접 보고한다. 본부에는 청장 아래에 작전을 책임지는 부청장과 전략과 함정건조를 책임지는 부청장 등 두 명의 부청장과 세 명의 부청장보를 두고 있다. 청장 아래 국가전략(National Strategies), 작전(Operations), 통합서비스(Integrated Services), 통합업무관리서비스(Integrated Business Management Services), 주요 프로젝트

(Major Projects)국 등 5개의 국이 있다.

지방조직으로는 「대서양지역」(Atlantic Region), 「중앙·북극지역」(Central and Artic Region), 「서부지역」(Western Region)의 세 개의 지역본부가 있다. 지역본부 소속으로 대서양과 태평양 해안을 따라 여러 「기지」(Base)와 「서」(Station)가 있다.

캐나다 코스트 가드의 최고 의사결정기관은 「캐나다 코스트 가드 관리위원회」(CCG Management Board, MB)이다. 관리위원회는 청장, 부청장, 국장, 청장보, 코스트 가드 대학교의 집행국장 등으로 구성되고, 청장이 의장을 맡는다. 해양수산부의 선임 인사참모, 선임 법률참모, 청장의 집행참모도 위원회의 구성원이다. 관리위원회는 상설, 비상설 하부 위원회의 보좌를 받는다.

4 법 집행권

캐나다 코스트 가드는 비 법 집행기관이다. 영해에서 법 집행 권한은 캐나다 연방경찰인 「왕립캐나다기마경찰」(Royal Canadian Mounted Police)에 있다. 해양에서 연방법 집행은 연방, 주, 자치단체 법집행기관의 「보안관」(Peace Officers)이 맡고 있다. 연방 어업법 집행은 해양수산부 「어업관」(Fisheries Officers)이 담당한다. CCG는 이들이 해상에서 법 집행을 위해 필요한 서비스를 제공하는 역할을 하고 있다. CCG의 법 집행과 안전서비스 제공에 대한 명확한 권한과 규정이 미비하여 서비스를 충분히 제공할 수 없거나 기관 간 서비스의 중복이 발생하기도 한다.[40]

---

40 Union of Canadian Transportation Employees, 「The Canadian Coast Guard: A Case for Change」, An Update to the UCTE January 2012 Report.

⑤ 인력 및 장비

캐나다 코스트 가드의 인력은 4,756명(2015년 기준)으로 해상근무자는 53퍼센트, 육상근무자는 47퍼센트이다.[41] 해상근무자는 「해운법」에 따른 전문능력자격이 있어야 한다. CCG는 2009년 「함정근무자명부」(CCG's Ships' Crewing Profiles)를 개발하여 시행하고 있다. 해상근무자 중 결원이 생기면 명부에 등록된 자 중에서 후임을 선발하게 된다. 자격과 승진은 해상근무 경력과 선원 능력시험 통과에 따라 결정된다.

CCG 직원은 노조에 가입할 수 있다. CCG에는 7개의 노조가 있고, CCG 직원의 약 77퍼센트는 「캐나다 운수노동자노조」(Union of Canadian Transportation Employees)나 「캐나다 선원조합」(Canadian Merchant Service Guild) 소속이다.[42]

CCG는 해양과 호수에서 운용하는 선박, 공기부양정, 항공기를 보유하고 있다. 함정근무는 120척의 함정에 2,400여 명의 직원이 근무하고 있다. 함정 크기와 임무에 따라 5명에서 30명가량의 승조원이 탑승한다. 세계에서 가장 긴 202,080㎞의 해안선을 순찰해야 하는 점을 고려하면 함정 수가 적은 편이다. CCG는 7척의 쇄빙선을 보유하고 있고 가장 큰 쇄빙선은 11,345톤이다.

쇄빙선 규모가 큰 것은 북극해(the Artic), 세인트 로렌스만(Gulf of St. Lawrence), 오대호(the Great Lake)에서 쇄빙 및 호위업무의 비중을 반영한다. CCG는 11개 기지에서 20대의 헬리콥터를 운영하고 있고, 8대의 고정익 항공기는 캐나다 운수부에서 운영하고 있다.

⑥ 무장

함정의 무장 문제는 CCG의 가장 어려운 과제이다. 민간서비스 기관의 특성을 반영하여 대다수의 CCG 함정은 비무장이다. 무장이 필요한 경우 「왕립기마경찰」 소속의 무장 경찰관이 승선한다. CCG 함정의 무장 필요성은 그동안 여러

---

41 Canadian Coast Guard, 「Canadian Coast Guard Integrated Business and Human Resourc es Plan 2105-2018」.

42 Union of Canadian Transportation Employees, 앞의 문서.

번 제기되었다. 1995년 해양수산부로 소속이 바뀐 후 의회는 CCG를 운수부 산하의 독립기관, 함정에 포를 갖추고 해양안보 역할을 하는 준군사조직, 직원은 해양과 오대호에서 연방법을 집행하는 보안관의 지위를 부여할 것을 권고했다.[43]

그러나 이러한 지위를 부여하는 대신 CCG는 기마경찰, 국경관리청(Border Service Agency)과 팀을 이루어 미국－캐나다 국경 수역을 순찰하는 것으로 조정되었다. 함정 무장에 대한 필요성 제기에도 불구하고 대다수의 캐나다 코스트 가드 함정은 비무장이다.

7 보조대(Auxiliary)

「CCG 보조대」(Canadian Coast Guard Auxiliary, CCGA)는 5개의 지역조직과 한 개의 전국적 비영리 조직으로서 4,000명의 대원이 1,100척의 선박을 운영하고 있다. CCGA는 해양수색구조와 보트안전프로그램을 통하여 CCG를 지원하며, 매년 평균 6,000여 건에 달하는 조난사고의 25퍼센트 이상 대응하고 있다.

보조대 선박은 해상교통량이 많은 사고 고위험 해역에서 CCG 함정들 사이에 전략적으로 배치된다. 자원봉사자들은 구조지원 요청에 대응하기 위해 항해 시즌에는 대기해야 하며 최신 구조기술을 연마하고 훈련과 연습에 참여해야 한다.[44]

자원봉사자들은 사고와 인명 손실을 예방하기 위해 (1) 유람선, 소규모 어선에 관한 시험, (2) 해양안전장비 시범, (3) 보트안전코스 참여 및 보트 쇼 참여를 한다. 자원봉사자들은 급여를 받지 않는 대신 수색구조업무에 참여하는 경우 선박 소유주는 수색구조에 소요되는 비용을 지급받는다.

---

43 위의 문서.
44 Canadian Coast Guard Website, 「Volunteers」.

PART

04

해양경찰 법집행론

해양경찰의
법치행정

SECTION 01 법치행정

해양경찰작용은 「법치행정」의 원칙에 따라서 행해져야 한다. 법치행정은 행정은 헌법과 법률에 근거를 두어야 하고, 헌법과 법률이 정한 범위 내에서 행사되어야 하며, 한계를 벗어나 자의적으로 행해져서는 안된다는 의미이다. 해양경찰작용에서 법치행정의 의미는 해양경찰의 모든 활동과 경찰권한의 행사는 헌법과 법률에 그 근거가 있어야 하고 그 범위를 넘어서 행사되지 않아야 한다는 의미이다.

국가권력의 본질은 국가가 합법적, 독점적으로 행사할 수 있는 강제적 물리력이고, 경찰권은 바로 이러한 국가권력의 구체적 형태이다.[1] 경찰작용은 아직 발생하지 않은 위험을 사전적으로 예방하는 「위험방지 활동」과 이미 발생한 범죄에 대한 사후적이고 진압적인 조치인 「범죄수사」의 두 가지로 구분된다. 경찰의 위험방지 활동은 「행정경찰작용」에 속한다. 행정경찰작용은 "각종 법규의 수권에 따라 명령, 강제 등 권력적인 수단과 행정지도, 계몽 등 비강제적 수단을 사용하여 위험을 방지하거나 제한함으로써 사회 공공의 안전과 질서유지를 위한 작용"으로 정의된다.[2] 해양경찰의 활동 중 해상안전을 위한 지도, 점검, 계몽, 경비 활동 등이 이에 해당한다.

해양경찰의 범죄수사는 「사법경찰작용」에 속한다. 해양경찰은 국가형벌권을 실현하는 형사사법기관의 하나로서 사법경찰권을 가지고 사법경찰작용을 수행한다. 사법경찰작용은 "위험이 현실적으로 발생한 경우에 형사법 및 형사소송법 등의 수권에 따라 범죄사실을 조사하고 범인 및 증거를 발견·수집·보전하기 위하여 임의수단 및 강제수단을 사용하는 경찰작용"으로 정의된다.[3] 해상에서 범죄와 해양관련 범죄수사를 하는 해양경찰 내의 수사조직이 사법경찰작용을 담당하고 있다. 이러한 해양경찰의 행정경찰작용과 사법경찰작용은 개념적으로

---

1 노성훈, 「경찰학」(PUBLIUS Publishing, 2020), 157면.
2 김충남, 「경찰학개론」(박영사, 2008), 191면.
3 김충남, 위의 책.

구분되지만 실무에서는 두 작용이 중첩적으로 또는 연이어 이루어지기도 한다.[4]

이러한 해양경찰의 작용은 법치행정의 원리에 따라 법률에 위반되어서는 안되며, 국민의 권리를 제한하거나 의무를 부과하는 경우와 그 밖에 국민생활에 중요한 영향을 미치는 경우에는 법률에 근거하여야 한다.[5]

---

4 노성훈, 앞의 책.
5 행정기본법, 제8조.

SECTION 02 해양경찰작용의 법원

　　해양경찰작용의 근거가 되는 법의 존재형식, 즉 「법원」(法源, Sources of Law)
은 크게 성문법과 불문법으로 나누어진다. 성문법은 법에서 정하고 있는 목적과
내용이 법전의 형식을 갖추고 있고, 입법절차에 따라 제정된 법이다. 성문법에
는 헌법, 법률, 법규명령, 조례 등이 있다. 우리나라는 성문법주의를 취하고 있
다. 이에 비해 불문법은 문서화된 법전의 형태를 갖추지 못하고 있는 형태의 법
을 의미하며, 관습법, 판례, 조리 등이 이에 해당한다.

1 성문법원

가. 헌법

　　「헌법」은 모든 법의 기본법이며 최고의 효력을 갖는 법이다. 「헌법」에서 "국
민은 인간으로서의 존엄과 가치를 가지고 행복을 추구할 권리를 가지며, 국가는
개인이 가지는 불가침의 기본적 인권을 확인하고 이를 보장할 의무를 진다"(제
10조)고 규정하고 있다. 「헌법」상 요구되는 국가의 의무를 수행하기 위해 국가
는 해양경찰에게 경찰권을 부여하여 해양경찰작용을 하도록 하고 있다. 「헌법」
은 예외적인 경우에 한해 경찰권이 국민의 기본권을 제약할 수 있도록 허용하고
있다. 즉 「헌법」은 "국민의 모든 자유와 권리는 국가안전보장·질서유지 또는
공공복리를 위하여 제한 할 수 있지만, 반드시 법률에 의하여야 한다"고 명시하
고 있다(제37조제2항).

나. 법률

　　법률은 헌법에 규정된 입법절차에 따라 국회에서 제정한 법 규범을 말한다.
해양경찰작용이 국민의 권리를 제한하거나 침해하는 성격인 경우, 반드시 법률
에 의하여 권한을 부여받아야 한다(헌법 제37조제2항). 경찰작용에 대한 권한을

부여하는 법률상의 조항을 「수권조항」이라 한다. 구체적이고 개별적인 경찰작용에 대해 법적 권한을 부여하는 조항을 「개별적 수권조항」, 경찰권 행사의 법적 근거로 일반적인 위험방지라는 포괄적 내용을 규정하는 조항을 두는 것을 「개괄적(또는 일반적) 수권조항」이라 한다.

「경찰관 직무집행법」은 경찰의 직무와 권한에 대하여 일반적인 규정을 담고 있고, 개별적 수권조항을 규정하고 있다. 개별적 수권조항으로는 불심검문(제3조), 보호조치(제4조), 위험방지를 위한 출입(제7조), 사실조회(제8조), 경찰장비·장구·무기사용(제10조, 제10조의2, 제10조의4) 등이 있다.

이외에도 해양경찰작용의 법원이 되는 법률로는 「해양경찰법」, 「해양경비법」, 「수상에서 수색·구조 등에 관한 법률」, 「수상레저안전법」, 「연안사고 예방에 관한 법률」, 「선박교통관제에 관한 법률」, 「해양경찰 장비도입 및 관리에 관한 법률」, 「밀항단속법」과 「형법」, 「형사소송법」 등이 있다.

다. 국제법

국제법은 국제사회에서 국가 간의 법적 관계를 규율하는 법이다. 국제법은 국제조약과 국제법규로 구분된다. 국제조약은 조약·협약·협정 등 그 명칭을 불문하고 국가와 국가 또는 국제기구 사이의 법적 구속력이 있는 합의를 말한다. 국제법규는 우리나라가 당사국이 아닌 국제조약으로서 국제사회에서 일반적으로 그 규범성이 승인된 것과 국제관습법을 말한다.

우리나라 「헌법」에서 "헌법에 의하여 체결·공포된 조약과 일반적으로 승인된 국제법규는 국내법과 같은 효력을 가진다"(제6조제1항)고 명시하여 국제법규의 효력을 국내법과 동일시 하고 있다. 「유엔해양법협약」, 「어업협정」, 「범죄인인도조약」, 「난민의 지위에 관한 협약」, 「마약 및 향정신성물질의 불법거래방지에 관한 국제연합협약」 등이 그 예이다. 해양경찰의 작용이 이 같은 국제법에 위배되는 경우 그 작용은 위법한 것이 된다.[6]

---

6 박균성·김재광, 「경찰행정법」(박영사, 2016), 17면.

라. 행정입법(법규명령)

행정입법은 행정기관이 법률을 시행하기 위해 필요한 사항을 법규성 있는 명령으로 제정하는 것을 의미한다. 「법규명령」은 행정입법으로 제정된 법규이다. 헌법은 "대통령은 법률에서 구체적으로 범위를 정하여 위임받은 사항과 법률을 집행하기 위하여 필요한 사항에 관하여 대통령령을 발할 수 있고"(제75조), "국무총리 또는 행정 각부의 장은 소관사무에 대하여 법률이나 대통령령의 위임 또는 직권으로 총리령 또는 부령을 발할 수 있다"(제95조)라고 규정하고 있다.

이에 따라 헌법은 행정입법인 법규명령의 법원성을 인정하고 있다. 대통령이 제정하는 명령을 「대통령령」, 총리가 제정하는 명령을 「총리령」, 행정 각부의 장이 발하는 명령을 「부령」이라 한다. 통상 대통령령은 「시행령」, 총리령과 부령은 「시행규칙」이라 한다.

마. 자치법규

자치법규는 지방자치단체가 제정하는 법규를 말하며, 「조례」와 「규칙」이 있다. 조례는 광역, 기초 등 지방자치단체의 의회가 법령의 범위 안에서 지방자치권에 의하여 제정하는 법규이며, 규칙은 지방자치단체의 장이 법령 또는 조례가 위임한 범위 안에서 그 권한에 속하는 사무에 관하여 제정하는 법규를 말한다. 다만, 조례로 주민의 권리 제한 또는 의무 부과에 관한 사항이나 벌칙을 정할 때는 법률의 위임이 있어야 한다(지방자치법 제22조).

2 불문법원

가. 관습법

관습법은 오랜 세월에 걸쳐 행해진 사회의 관행이 법적 확신을 얻어 법적 규범으로 승인·강제되는 것을 말한다. 관습법의 성립에 법적 확신 이외에 다른 요건이 필요한지에 대하여 논란이 있다. 법적 확신 이외에는 불필요하다는 「확신설」과 국가가 법 규범으로 승인하는 것이 필요하다는 「국가승인설」이 대립하고 있다. 관습법은 생성된 것이지 의도된 것은 아니기 때문에 국가의 승인은 필

요하지 않다는 법적 확신설이 통설이다.[7]

「행정절차법」은 "행정청은 법령 등의 해석 또는 행정청의 관행이 일반적으로 국민들에게 받아들여진 때에는 공익 또는 제3자의 정당한 이익을 현저히 해할 우려가 있는 경우를 제외하고는 새로운 해석 또는 관행에 의하여 소급하여 불리하게 처리하여서는 아니된다"(제4조제2항)고 규정하여 관습법을 부분적으로 인정하는 태도를 취하고 있다.[8]

나. 판례법

판례법은 소송사건에 대한 법원의 심리과정에서 법규의 내용이 구체화되어 법규해석이나 운용의 기준으로 작용하고, 이것이 대법원에 의해 지지됨으로써 하나의 법 규범과 같이 다른 소송사건의 해결기준으로 작용하는 것을 말한다.[9] 우리나라에서는 실정법상으로 대법원 판례의 법원성을 인정하지 않고 있다. 그러나 행정권이 법률의 해석과 적용에 있어 대법원 판례를 따라야 하고, 대법원에서 판시한 헌법, 법률, 명령, 규칙의 해석적용에 관한 의견을 변경할 필요가 있음을 인정하는 경우 대법원 합의체에서 심판해야 하는 점 등을 볼 때 대법원 판례의 법원성을 인정할 수밖에 없다.[10]

다. 조리

조리(條理)는 공동체 사회에서 준수해야 할 당연한 윤리적 약속, 정의나 법의 일반원칙 또는 보편적 약속을 말한다. 법의 일반원칙에는 다음과 같은 원칙이 있다. (1) 정당화할 만한 사유가 없는 한 다른 자에 대한 처분보다 불리한 처분을 해서는 안된다는 평등의 원칙, (2) 행정작용에 있어서 목적 실현을 수단과 당해 목적 사이에는 합리적인 비례관계가 있어야 한다는 「비례의 원칙」, (3) 행정기관의 일정한 언동의 정당성 또는 존속성에 대한 개인의 보호가치 있는 신뢰는 보호해 주어야 한다는 「신뢰보호의 원칙」, (4) 행정권 행사를 통해 이미 행한

---

7 정형근, 「행정법」(피앤씨미디어, 2019), 23면.
8 허경미, 「경찰찰학」(박영사, 2021), 221면.
9 허경미, 위의 책.
10 홍정선, 「신행정법특강」(박영사, 2020), 25면.

행정결정 또는 행정규칙에 근거하여 미래에 예견되는 행정결정의 체계에 행정청이 구속받는다는 「자기구속의 원칙」, (5) 행정작용과 사인이 부담하는 급부는 부당한 내적인 관련을 가져서는 안 되고 또한 부당하게 상호결부되어서도 안 된다는 「부당결부금지의 원칙」, (6) 행정청은 직무를 수행함에 있어서 신의에 따라 성실히 하여야 한다는 「신의성실의 원칙」 등이다. 법의 일반원칙에 위반한 행위는 당연히 위법한 행위가 된다.[11]

---

11 홍정선, 「행정법원론(상)」(박영사, 2020), 101면.

SECTION 03 해양경찰권한 행사원칙과 한계

해양경찰작용과 법률에 따라 부여된 경찰 권한은 일정한 원칙과 한계 내에서 행사되어야 한다. 해양경찰의 작용과 권한의 행사가 일탈되거나 남용되어 부당하게 국민의 기본권을 침해하거나 제약하는 것을 막기 위해서는 원칙을 준수하며 권한의 한계 내에서 행사되어야 한다. 아래에서 경찰 권한의 행사에서 준수해야 하는 원칙을 소개한다.

1 법규상의 한계

가. 법률의 법규창조력

법률의 법규창조력은 국민의 대표기관인 국회가 제정한 법률만이 국민을 구속하는 법규로서 힘을 가진다는 의미이다. 그러나 오늘날은 행정법의 일반원칙이나 관습법도 법규성을 가지며, 행정규칙도 법규성이 인정되는 경우가 있기 때문에 법률만이 법규창조력을 갖는다고 하기 어렵다.[12]

나. 법률우위의 원칙

법률의 우위는 국가의 행정은 합헌적 절차에 따라 제정된 법률에 위반되어서는 아니된다는 것을 의미한다. 법률에는 헌법, 국회 제정의 형식적 의미의 법률, 법률의 위임에 따른 법규명령, 행정법의 일반원칙이 포함된다.[13]

---

12 홍정선, 「경찰행정법」(박영사, 2013), 45면.
13 홍정선, 위의 책.

다. 법률유보의 원칙

행정의 법적 구속으로서 법률의 유보는 "국가의 행정은 법적 근거를 갖고 있어야 한다"는 것을 의미한다.[14] 경찰작용에 관련된 「법률유보의 원칙」은 국가가 국민에게 새로운 의무를 부과할 때에는 국회가 제정한 법률에 의하거나 법률에 근거가 있어야 한다는 원칙이다. 법률유보 원칙의 경찰에 적용은 경찰조직과 경찰작용으로 나누어 볼 수 있다.

「헌법」(제96조, 제100조 등)에서 행정조직은 법률로써 정도록 하는 「행정조직법정주의」에 따라 경찰조직은 법률로 정하여야 한다. 그리고 개인의 자유와 재산을 제약하는 침해적이고 권력적 성격의 경찰작용은 반드시 법률에 의한 권한을 부여받아 행사되어야 한다.

라. 적법절차의 원칙

국가가 국민의 기본권을 제한할 때에는 법률에서 정한 「적법한 절차」(due process)를 따라야 한다는 원칙이다. 형사상 절차에 있어서 형사사법기관이 부여된 권한을 행사하는 과정에서 준수해야 할 원칙을 말한다. 예컨대 범죄인에 대하여 체포, 구속, 압수, 수색, 심문 등 형사상 강제처분에는 「형사소송법」이나 그 외 다른 법령에서 정한 적법한 절차를 준수해야 한다.

예컨대 해양경찰관이 해상범죄의 피의자를 체포할 때 「형사소송법」 제200조의5에 규정된 바에 따라, 피의사실의 요지, 체포이유와 변호인을 선임할 수 있는 권리가 있음을 알리고 변명할 기회를 주어야 한다. 이러한 요건을 준수하지 않으면 적법절차를 어겨 불법체포가 된다.[15]

---

14 홍정선, 위의 책, 46면.
15 노성훈, 앞의 책, 168면.

2 조리상의 한계

가. 경찰소극목적의 원칙

「경찰소극목적의 원칙」은 경찰권은 공공의 안녕과 질서유지라는 소극목적을 위해서만 발동될 수 있으며, 적극적으로 복지증진을 위해서는 발동할 수 없다는 것을 말한다. 그러나 복지행정의 발달로 점차 경찰의 복지영역에의 확대가 이루어지며, 국가에 따라서는 일부 복지행정의 영역까지 경찰권의 확대되는 경향이 보인다.[16]

나. 경찰공공의 원칙

「경찰공공의 원칙」이란 경찰권은 공공의 안녕과 질서의 유지에 관계없는 사적 관계에 발동되어서는 안 된다는 원칙이다.[17] 경찰공공의 원칙은 다음의 원칙을 포함한다.

1) 사생활불간섭의 원칙

경찰은 공공의 안녕과 질서에 직접적인 관계가 없는 개인의 사생활에 대하여 간섭할 수 없다는 원칙이다. 그러나 개인의 사생활이 동시에 공공사회에 영향을 미치는 경우에는 개입할 수 있다. 「경찰관 직무집행법」상 주취자 보호조치, 가출인에 대한 귀가조치 등이 그 예다.[18]

2) 사주소불가침의 원칙

경찰은 일반사회와 직접적인 접촉이 없는 사주소 내의 활동에 대하여 개입할 수 없는 것을 말한다. 그러나 사주소 내의 행동이라도 공공질서를 해하는 경우, 예컨대 가정 내에서 일어나는 가정폭력이나 도박행위에 대하여 경찰권을 행사할 수 있다.

---

16 허경미, 앞의 책, 223면.
17 홍정선, 「신행정법 특강」(박영사, 2020), 968면.
18 허경미, 앞의 책, 223면.

3) 민사관계 불간섭의 원칙

개인의 재산권 행사, 계약관계 등 민사관계의 영역에 대해서는 경찰권이 개입할 수 없다는 사회상규를 말한다. 다만, 민사관계가 공공의 질서를 해하는 경우, 예컨대 마약류의 판매 및 매수행위, 청소년에 대한 술·담배 판매행위 등에는 경찰권을 발동할 수 있다.

다. 경찰비례의 원칙

경찰비례란 경찰행정의 목적과 그 목적을 실현하기 위한 수단의 관계에서 수단은 목적을 실현하는 데 적합하고 최소침해를 가져오는 것이어야 하며, 그 수단의 도입으로 인한 침해가 의도하는 이익·효과를 초과해서는 안된다는 원칙이다. 넓은 의미의 비례원칙을 「과잉금지의 원칙」이라 한다.[19] 「경찰비례의 원칙」은 경찰목적의 원칙, 적합성의 원칙, 최소침해의 원칙, 상당성의 원칙, 보충성의 원칙으로 구분된다.

1) 경찰목적의 원칙

경찰권의 발동은 공공의 안녕과 사회질서를 해하는 위험 또는 경찰상 장애가 발생한 경우에만 발동되어야 한다는 원칙이다.

2) 적합성의 원칙

경찰상 장애를 제거하거나 위험방지에 사용하는 수단 및 조치는 경찰목적을 달성하는데 적합하여야 한다. 즉, 경찰목적 달성을 위하여 적합한 수단을 사용하여야 하며, 이를 위반시 위법 또는 재량권 남용 행위가 될 수 있다.[20] 어업법을 위반한 어선이 경비정의 명령에 순응하는데 불구하고 총기를 사용하여 위반어선을 제압하거나 나포하는 행위는 적합성의 원칙에 위배되는 경찰권 행사이다.

---

19 홍정선, 앞의 책.
20 허경미, 위의 책. 230면.

3) 최소침해의 원칙

최소침해의 원칙은 경찰목적을 달성하기 위해 적합한 수단을 선택했다 하더라도 그 수단이 개인이나 공공에 최소한의 침해를 가져오는 것이어야 한다는 것을 말한다. 「최소침해의 원칙」은 「필요성의 원칙」이라고 한다.[21] 경찰조치가 야기하는 침해의 정도가 목적달성을 위해 필요한 정도에 그쳐야 하며 이를 초과해서는 안 된다.

선박에서 소란을 피우는 주취자를 제압하기 위해 출동한 해양경찰관이 완력으로 충분히 제압이 가능한 상황에서 총기를 사용했다면 상대방에게 불필요한 침해를 사용했다고 할 수 있다. 「경찰관 직무집행법」은 이러한 원칙을 반영하여 "경찰관의 직권은 그 직무수행에 필요한 최소한도에서 행사되어야 하며, 남용되어서는 안된다"(제1조제2항)고 명시하고 있다.

4) 상당성의 원칙

경찰권의 발동은 경찰권 발동으로 인하여 얻는 이익이 경찰권을 발동하지 않았을 때의 불이익보다 큰 경우에 이루어져야 한다는 원칙이다. 「좁은 의미의 비례성 원칙」이라 한다. 경찰목적을 달성하기 위한 수단이 일차적으로 적합성과 최소침해의 원칙을 통과한 후 마지막으로 상당성의 원칙을 고려해야 한다. 경찰목적에 부합하고 침해할 수 있는 수단이더라도 물리력 행사를 통해 얻어지는 공익이 침해되는 이익보다 더 클 때 비로소 경찰권이 행사될 수 있다.[22]

5) 보충성의 원칙

경찰기관이 경찰권을 발동할 때는 경찰권 발동 이외에는 다른 수단이 없는 경우에 행하여야 한다. 즉 다른 행정관청의 권한 행사를 통하여 목적을 달성할 수 있거나 경찰권 발동 이외의 다른 수단이 있는 경우, 경찰관련 이외의 법령으로 해결할 수 있는 경우 등에는 경찰권을 발동할 수 없다.[23]

---

21 노성훈, 앞의 책, 170면.
22 노성훈, 앞의 책, 171면.
23 허경미, 앞의 책, 232면.

라. 경찰책임의 원칙

원칙적으로 경찰권은 경찰위반 상태에 대하여 책임있는 자, 즉 공공의 안녕과 질서유지를 방해한 사람에게만 발동되는 것을 말한다. 예외적으로 경찰긴급사태에 대하여는 비책임자에 대하여도 경찰책임이 인정된다.[24]

마. 경찰평등의 원칙

평등원칙이란 경찰작용에 있어서 그를 정당화할 사유가 없는 한, 다른 자에 대한 처분보다 상대방에게 불리한 처분을 하여서는 안된다는 원칙이다. 평등원칙은 재량권 행사의 한계원리로서 중요한 의미를 가진다.[25]

바. 신뢰보호의 원칙

행정기관의 일정한 언행(명시적·묵시적)의 정당성 또는 존속성에 대한 개인의 보호가치 있는 신뢰에 대해 행정기관이 책임을 부담할 것을 말한다. 신뢰보호원칙은 행정행위의 취소나 철회, 행정계획의 변경, 확약, 실천 등에 적용된다. 신뢰보호원칙의 일반법적 근거로는 「행정절차법」상의 신의성실, 관련규정과 개별법으로는 「국세기본법」상의 세법해석의 기준, 소급과세의 금지 등이 있다.[26]

❸ 한계 이탈의 효과

경찰권 발동이 법규상 한계와 조리상 한계를 이탈하여 행하여 지면 경찰권한의 행사는 위법한 행위가 된다. 이에 따라 권한을 넘어선 행위는 권한의 남용이나 자의적 권한 행사가 되어 무효·취소의 원인이 된다. 행위자는 위법행위에 대하여 형사·민사적 책임과 소속 기관 내에서 징계와 같은 행정적 책임을 지게된다.

---

24 허경미, 앞의 책, 224면.
25 김남철, 「행정법강론」(박영사, 2015), 149면.
26 석종현·송두수, 「일반행정법총론」(박영사, 2020), 53면.

SECTION 06 해양경찰작용의 형태

해양경찰작용은 해양경찰의 목적달성을 위해 일반통치권에 따라 국민에게 명령·강제하는 권력적 행위를 말한다. 해양경찰작용은 법적 효과 발생을 목적하는지 여부를 기준으로 「사실행위」와 「법적행위」로 구분할 수 있다.

1 해양경찰작용상 사실행위

해양경찰상의 사실행위는 해양경찰기관의 행위 가운데 필요한 사실상의 효과의 발생만을 목적으로 하는 해양경찰작용을 말한다. 법적 규율을 목적으로 하는 것이 아니라는 점에서 해양경찰 행정행위와 구분된다. 해양경찰작용의 사실행위의 예로서는 여객선 주취자 보호행위, 선박에 대한 불심검문, 태풍 피해를 막기 위해 항내 선박의 강제이동, 도주 선박에 대한 총기의 발사 등이 있다.

2 해양경찰상 행정행위

해양경찰상 행정행위란 구체적 사실에 대한 법 집행으로서 법적 효과발생을 목적으로 행하는 권력적·단독적 공법행위를 의미한다. 경찰하명, 경찰허가, 경찰면제 등이 있다.

가. 경찰하명

1) 의의

경찰하명은 국가의 일반통치권에 의하여 경찰상의 목적을 달성하기 위하여 개인에게 작위·부작위·수인·급부 등의 의무를 명하는 경찰행정행위를 말한다. 경찰하명은 개인의 자유와 권리를 제한하는 권력적 작용이므로 법률유보 원칙에 따라 반드시 법적 근거가 있어야 한다. 하명은 원칙적으로 문서로 하여야 하며, 예외적으로 구두 또는 그 밖의 방법으로 할 수 있다.

2) 형식

A. 법규하명

법규하명이란 별도의 행정행위를 요하지 않고 법령에 의하여 직접 일정한 경찰의무를 발생하게 하는 경우의 경찰하명을 말한다. 법규 제정 후 공포에 의하여 효력이 발생한다. 법규하명은 불특정 다수인에게 직접 하명의 효과가 발생한다. 「해사안전법」 및 「수상레저안전법」상의 주취운항 금지, 「공유수면 관리 및 매립에 관한 법률」상의 공유수면에서의 오염물질배출금지, 「청소년 보호법」에 의한 미성년자에 대한 술·담배 판매 금지 등이 이에 해당한다.

B. 처분하명

「경찰처분」이라고 하는 처분하명은 법령에 의하여 특정인이나 불특정 다수인에게 특정한 의무를 과하는 행정행위를 말한다. 「협의의 경찰하명」이라 한다.

3) 종류

A. 작위(作爲)

작위란 일정한 행위를 적극적으로 행할 의무를 말한다. 「해사안전법」(제28조)에 따라 사고선박의 선주 등 항해장애물 제거 책임자는 원활한 해상교통을 위하여 항로상의 항해장애물을 제거하여야 하는 의무는 작위의무에 해당한다.

B. 부작위(不作爲)

부작위란 일정한 행위를 하지 아니할 의무를 명하는 경찰하명으로 「경찰금지」라고 한다. 사고 위험 수역에 통항을 일시적으로 금지하거나 레저활동을 금지하는 것 등이 부작위의무에 해당한다.

C. 수인(受忍)

개인의 신체·재산·가택·선박 등에 대하여 행해지는 해양경찰의 강제적 작용에 대하여 항거하지 않고 순응할 의무를 말한다. 「수상레저안전법」에 따라 해양경찰관이 조종면허 소지 여부를 조사하기 위해 면허증 제시를 요구했을 때 면허증을 내보여야 하는 의무(제12조)가 이에 해당한다.

D. 급부(給付)

급부란 경찰대상자에게 금전, 기타 물품 등을 일정한 기간 내에 납부할 의무를 부과하는 것을 말한다. 「수상레저안전법」에 따라 면허시험 종사자의 교육의무 미이행에 대한 과태료(제16조), 수상레저활동 중 안전장비 미착용에 따른 과태료(제17조) 처분을 받은 자는 과태료를 납부해야 하는 의무를 진다.

4) 효과

하명을 받은 개인은 하명의 내용인 작위·부작위·수인·급부 의무가 발생한다. 하명에 의해 부과된 의무를 이행하지 않는 경우 강제집행과 경찰벌이 과하여 진다. 명시적 규정이 없는 한 의무를 위반하면서 이루어진 법률행위 자체가 무효인 행위가 된다고 볼 수 없다.[27]

하명이 법규에 의하여 행하여 지는 법규하명의 경우 대상이 불특정 다수인이지만, 행정처분에 의한 협의의 경찰하명(경찰처분)인 경우에는 특정인이 그 대상이 된다. 대인적 처분은 특정인에게 효과가 미치지만 대물적 처분은 처분의 상대방이 아닌 자에게도 미친다.[28] 지역적 범위에서 경찰하명은 원칙적으로 그 하명을 행한 당해 경찰관청의 관할 구역내에 국한된다. 다만, 법령의 규정이나 당해 명령의 성질상 관할 구역 외에 미치는 경우도 있다.[29]

---

27 홍정선, 「행정법원론(하)」(박영사, 2020), 489면.
28 홍정선, 위의 책.
29 김동희, 「행정법 Ⅱ」(박영사, 2018), 233면.

5) 위반

경찰하명에 대한 위반에 있어서 경찰의무를 불이행한 경우에는 강제집행을 행하며, 경찰의무의 위반이 있는 경우 경찰벌을 부과한다. 명시적 규정이 없는 한 의무를 위반하면서 이루어진 법률행위 그 자체가 무효인 행위가 된다고 볼 수 없다.[30]

나. 경찰허가

1) 의의

경찰허가란 경찰목적을 위하여 상대적으로 제한하였던 국민의 자연적 자유를 일정한 경우 회복시켜 그 행위를 적법하게 행할 수 있도록 하는 경찰작용이라 할 수 있다.[31] 즉, 경찰허가란 법규상 일반적·상대적 금지를 특정한 경우 해제함으로써 일정한 행위를 적법하게 행할 수 있게 하는 경찰처분을 말한다. 경찰허가는 면허·특허·인가·승인 등의 용어로도 사용된다. 「수상레저안전법」상 조종면허(제4조), 「공유수면 관리 및 매립에 관한 법률」에 의한 공유수면 점용·사용허가(제8조) 등이 이에 해당한다.

2) 법적 성질

경찰허가는 명령적 행위이며, 기속재량행위적 성격을 띤다. 경찰허가는 일반적·상대적으로 금지된 행위를 해제하여 적법하게 행위할 수 있도록 한다는 점에서 명령적 행위이며, 새로운 권리·능력을 설정하는 형성적 행위와 구분된다.[32] 경찰허가는 원칙적으로 법령에 특별한 규정이 없는 한 재량의 여지가 없는 기속행위이지만, 예외적으로 중대한 공익상 필요가 있는 경우 기속재량행위인 허가가 있다. 허가 시 중대한 공익의 고려가 필요하여 이익형량이 요구되는 경우 허가는 재량행위로 보아야 한다.[33]

---

30 홍정선, 앞의 책, 499면.
31 허경미, 앞의 책, 241면.
32 석종현·송동수, 「일반행정법총론」(박영사, 2020), 189-190면.
33 박균성·김재광, 「경찰행정법」(박영사, 2016), 246면.

3) 종류

A. 대인적 허가

경찰허가의 요건이 개인의 능력이나 기술 등의 주관적 요건을 갖춘 경우, 즉, 일신전속적 성격을 가지며 이전성이 제한된다. 수상레저 조종면허가 이에 해당한다.

B. 대물적 허가

경찰허가의 요건이 물건의 사정을 기준으로 한 것으로 물건의 승계자나 매수자에게 그 효력이 이전된다. 선박검사 합격처분이 이에 해당한다.

C. 혼합적 허가

경찰허가의 요건이 인적 사정과 물적 사정을 모두 고려하여 행해지는 경우로 원칙적으로 그 이전성이 제한된다. 조종면허 대행기관 면허, 총포·도검·화약류 등 제조영업소 허가, 특수경비업 허가 등이 이에 해당한다.

4) 형식 및 요건

경찰허가는 원칙적으로 개인의 신청에 의하여 행정처분의 형식으로 행해진다. 동력레저 조종면허와 같이 일정한 시험에 합격하거나 조종면허 시험대행기관 등의 요건에 합격한 경우 면허를 발급한다. 경찰기관이 경찰허가 행위 시 허가에 필요한 일정한 수수료를 허가대상자에게 납부하게 하거나 일정한 세금을 납부토록 하는 경우가 있다.

예외적으로 불특정 다수인을 상대로 직권에 의해 이루어지는 경우도 있다. 수영금지 구역의 해제, 통행금지의 해제 등이 그 예이다.[34] 경찰허가는 반드시 행정처분의 형식으로 행하여진다는 점에서 법규의 형식으로 행하여 질 수 있는 경찰하명과 구분된다. 경찰허가는 서면으로 행해지는 것이 일반적이다.

---

34 박주상·김경락·윤성현, 「해양경찰학개론」(박영사, 2021), 236면.

5) 효과

경찰허가는 특정 법령상 일반적·상대적 금지를 해제하여 자연적 자유를 회복시켜준다. 경찰허가는 특정 법령상의 금지를 해제하는 것이므로 다른 법령에 의한 금지까지 해제하는 것은 아니다. 허가 자체로서 개인에게 새로운 권리·능력을 설정하여 주는 것은 아니다.[35]

6) 위반

경찰허가가 필요한 경우 허가를 받지 않고 하는 행위, 즉 무허가 행위는 경찰벌이나 강제집행의 대상이 된다. 그러나 무허가 행위 자체의 효력은 유효하다.[36]

다. 경찰면제

경찰면제는 법령에 의하여 과하여진 경찰상의 작위·급부·수인 의무를 특정한 경우에 해제하여 주는 경찰상의 행정행위를 말한다. 경찰상의 의무를 해제해 주는 행위이므로 명령적 행위에 속하며, 경찰면제를 해주는 여부는 원칙적으로 경찰기관의 기속재량에 속한다. 경찰면제는 경찰허가와 의무의 해제라는 점에서 공통점이 있다. 그러나 경찰허가가 경찰상의 부작위의무를 해제하는 것에 비해, 경찰면제는 경찰상의 작위·급부·수인 의무를 해제하는 행위로서 해제되는 경찰의무의 종류가 다르다.

---

35 김동희, 앞의 책, 237면.
36 석종현·송동수, 「일반행정법총론」(박영사, 2020), 195면.

SECTION 07 경찰상 의무이행 확보수단

1 경찰강제

경찰강제는 공공안전과 질서유지를 위하여 사람의 신체나 재산에 실력을 가함으로써 경찰상 필요한 상태를 실현하는 권력적 행위를 말한다. 경찰강제에는 「경찰상 강제집행」, 「경찰상 즉시강제」, 「경찰조사」가 있다.

가. 경찰상 강제집행

1) 의의

경찰상 강제집행은 법규상의 의무 또는 경찰처분상의 의무가 불이행된 경우에 경찰관청이 의무자의 신체 또는 재산에 직접적인 실력을 가하여 강제적으로 그 의무를 이행하게 하거나 이행된 것과 동일한 상태를 실현하는 작용을 말한다. 경찰상 강제집행의 법적 근거로는 일반법으로서 「행정대집행법」과 강제징수에 관한 일반법으로서 「국세징수법」이 있다. 그 외 개별법으로서 「건축법」, 「출입국관리법」, 「관세법」 등이 있다.

2) 대집행

A. 의의

대집행은 "법률(법률의 위임에 의한 명령, 지방자치단체의 조례 포함) 의하여 직접 명령되었거나 또는 법률에 의거한 행정청의 명령에 의한 행위로서 타인이 대신하여 행할 수 있는 행위를 의무자가 이행하지 아니하는 경우, 다른 수단으로써 그 이행을 확보하기 곤란하고 또한 그 불이행을 방치함이 심히 공익을 해할 것으로 인정될 때에는 당해 행정청은 스스로 의무자가 하여야 할 행위를 하거나 또는 제삼자로 하여금 이를 하게 하고 비용은 의무자로부터 징수할 수 있게 하는 것"을 말한다.[37] 대집행의 주체, 즉 대집행권자는 경찰의무를 부과한 당해 경찰관청, 즉 처분청을 의미하며 감독청은 주체가 될 수 없다.

---

37 행정대집행법, 제2조.

B. 요건

대집행은 (1) 대체적 작위의무가 있어야 하고, (2) 다른 수단으로는 그 이행을 확보하기 곤란할 것(보충성의 원칙), (3) 불이행을 방치하면 공익을 심히 해할 것(비례성의 원칙)의 요건을 충족해야 한다.

C. 절차

「행정대집행법」(제3조)에서 정한 대집행의 절차는 다음과 같다.

- 대집행을 하기 위해서는 상당한 이행기한을 정하여 그 기한까지 이행되지 아니할 때에는 대집행을 한다는 뜻을 미리 문서로써 계고하여야 한다.
- 의무자가 계고를 받고 지정기한까지 그 의무를 이행하지 아니할 때에는 당해 행정청은 대집행영장으로써 대집행을 할 시기, 대집행을 시키기 위하여 파견하는 집행책임자의 성명과 대집행에 요하는 비용의 개산에 의한 견적 액을 의무자에게 통지하여야 한다. 비상시 또는 위험이 절박한 경우에 있어서 당해 행위의 급속한 실시를 요하여 규정한 수속을 취할 여유가 없을 때에는 그 수속을 거치지 아니하고 대집행을 할 수 있다.
- 행정청(대집행을 실행하는 제3자를 포함)은 예외적인 경우를 제외하고 해가 뜨기 전이나 해가 진 후에는 대집행을 하여서는 아니 된다.
- 대집행에 요한 비용의 징수에 있어서는 실제에 요한 비용액과 그 납기일을 정하여 의무자에게 문서로써 그 납부를 명하여야 한다.

D. 대집행에 대한 구제

대집행 실행 전에는 대집행 계고 또는 대집행 영장에 의한 통지 자체를 대상으로 취소 또는 무효확인을 구하는 행정심판이나 행정소송을 제기할 수 있다. 대집행의 실행이 완료된 후에는 대집행의 위법이나 과잉 집행을 이유로 손해배상 또는 원상회복 청구나 대집행비용 산정의 위법을 이유로 비용납무명령의 취소·변경을 청구할 수 있다. 단, 대집행의 취소로 회복되는 법률상의 이익이 있는 때에는 그 취소를 구하는 행정소송을 할 수 있다.

3) 집행벌(이행강제금)

이행강제금은 부작위의무 또는 증인출석의무, 의사의 진료의무와 같은 비대체적 작위의무를 이행하지 않는 경우에, 그 의무자에게 심리적 압박을 가해 장래의 의무이행을 간접적으로 강제하는 금전적 부담 또는 강제금을 말한다. 물리적 강제수단에 의하여 직접적으로 강제하는 대집행과 직접강제와는 달리 금전납부라는 심리적 압박에 의한 간접적인 방법으로 이행을 강제하는 데서 차이가 있다. 이전에는 집행벌의 적용대상이 부작위의무 또는 비대체적 작위의무 불이행이었으나 최근에는 대체적 작위의무의 이행수단으로도 사용된다.

집행벌은 장래의 의무이행을 강제하기 위한 수단이라는 점에서 과거의 의무위반행위에 대한 제재의 성질을 가지는 경찰벌(경찰형벌과 경찰질서벌)과 구별된다. 집행벌은 경찰벌과 병과될 수 있으며 의무가 이행될 때까지 계속적으로 부과될 수 있다. 집행벌의 일반법은 없고, 「건축법」 제80조[38], 「부동산 실권리자명의 등기에 관한 법률」(부동산 실명법) 제6조[39], 「교통약자의 이동편의 증진법」 등에 이행강제금[40]을 부과하는 규정이 있다.

4) 직접강제

직접강제는 "의무자가 행정상 의무를 이행하지 아니하는 경우 행정청이 의무자의 신체나 재산에 실력을 행사하여 그 행정상 의무의 이행이 있었던 것과 같은 상태를 실현하는 것"을 말한다.[41] 「출입국관리법」을 위반한 외국인에 대한 강제퇴거(출입국관리법 제46조), 의무위반 영업소에 대한 폐쇄조치(식품위생법 제79조),[42] 감염병 병원체에 오염된 장소에 대한 일시폐쇄(감염병의 예방 및 관리에 관한 법률 제47조), 군사기지나 군사시설 침범에 대한 강제퇴거(군사기지 및 군사시설 보호법 제11조)[43] 등이 그 예이다.

---

38 허가권자는 건축주가 시정명령을 받은 후 시정명령 기간 내에 시정명령을 이행하지 않는 경우 이행강제금을 부과한다.
39 명의신탁한 자가 지방자치단체장으로부터 과징금을 부과받고 지체없이 부동산을 자신의 명의로 등기하여야 할 의무를 위반한 경우 이행강제금을 부과한다.
40 교통사업자가 공사시에 이동편의시설을 설치하고 유지·관리해야 할 의무를 위반한 경우 시정명령을 받은 사업자가 시정기간 내에 이동편의시설을 설치하지 않은 경우 3000만원 이하의 이행강제금을 부과한다.
41 행정기본법, 제30조제2호.
42 식품의약품안전처장이나 지방자치단체장은 영업허가를 받지 않은 무허가 영업이나 영업허가가 취소된 후에도 영업을 하는 경우 해당 영업소에 대한 폐쇄조치를 할 수 있다.

직접강제는 의무의 불이행을 전제로 하는 점에서 경찰상 즉시강제와 구별되고, 의무자의 신체 및 재산에 직접적 실력을 가하여 의무이행의 상태를 실현한다는 점에서 경찰상 대집행과 구분된다.[44] 직접강제의 근거가 되는 일반법은 없고, 개별법으로 「출입국관리법」, 「도로교통법」, 「식품위생법」, 「공중위생관리법」, 「군사기지 및 군사시설 보호법」 등이 있다.

5) 강제징수

강제징수는 경찰상 금전급부의무 불이행의 경우에 경찰관청이 의무자의 재산에 실력을 가하여 의무가 이행된 것과 동일한 상태를 실현하는 작용이다. 근거법으로 「국세징수법」이 있다. 「국세징수법」(제23조, 24조 및 제61조)상 강제징수는 독촉, 체납처분으로 분류되며, 체납처분은 재산압류, 압류재산의 매각, 청산과정을 거쳐 행해진다.

나. 경찰상 즉시강제

1) 의의

즉시강제는 현재의 급박한 행정상의 장애를 제거하기 위한 경우로서, (1) 행정청이 미리 행정상 의무이행을 명할 시간적 여유가 없는 경우, 또는 (2) 그 성질상 행정상 의무이행을 명하는 것만으로는 행정목적 달성이 곤란한 경우에 행정청이 곧바로 국민의 신체 또는 재산에 실력을 행사하여 행정목적을 달성하는 것을 말한다.[45] 화재건물 인근의 연소위험건물에 대한 강제처분(소방기본법 제25조)이나 감염병 환자에 대한 강제처분(감염병의 예방 및 관리에 관한 법 제42조) 등이 그 예에 해당한다.

---

43 군사시설의 관할부대장은 허가없이 군사시설에 들어온 자를 강제퇴거할 수 있다.

44 허경미, 앞의 책, 251면.

45 행정기본법, 제30제5호.

2) 법적 성질

즉시강제는 경찰상 의무존재를 요하지 않으며, 의무불이행을 전제로 하지 않는다는 점에서 「직접강제」와 「경찰상 강제집행」과는 구별된다. 또한 즉시강제는 경찰상 필요한 상태를 실현하기 위한 목적을 갖는 점에서 정보나 자료의 수집을 목적으로 하는 경찰상 조사와도 구별된다.

3) 법적 근거

행정상 즉시강제는 국민의 신체 자유와 재산권에 대한 침해의 소지가 크기 때문에 예외적으로 인정되어야 할 강제수단이다. 「행정상 즉시강제」는 엄격한 실정법상의 근거를 필요로 한다. 그 발동에 있어서는 법규의 범위 안에서도 다시 행정상의 장애가 목전에 급박하고, 다른 수단으로는 행정목적을 달성할 수 없는 경우이어야 한다.[46] 그리고 그 행사는 필요 최소한도에 그쳐야 하는 조리상의 한계를 가진다. 일반법으로 「경찰관 직무집행법」이 있고, 개별법으로는 「해양경비법」, 「소방기본법」, 「식품위생법」, 「재해구호법」, 「감염병의 예방 및 관리에 관한 법률」 등이 있다.

4) 종류

A. 대인적 강제

대인적 강제는 사람의 신체에 실력을 가하여 경찰상 필요한 상태를 실현시키는 경찰작용을 말한다. 「경찰관 직무집행법」에 의한 보호조치(제4조), 위험발생 방지조치(제5조), 「감염병 예방 및 관리에 관한 법률」(제42조)상의 강제격리·교통차단·강제진료, 「출입국관리법」(제46조 및 제51조)상의 강제퇴거·보호명령, 「소방기본법」(제11조 및 제11의2)상의 원조강제 등이 있다.

B. 대물적 강제

대물적 강제는 재산에 대한 소유권 또는 권리권 등을 실력으로써 경찰상 필요한 상태를 실현시키는 경찰작용을 말한다. 「경찰관 직무집행법」상 구호대상

---

46 박주상·김경락·윤성현, 앞의 책, 240면.

자의 위험물질 임시영치(제4조), 위험발생 방지조치(제5조), 「식품위생법」상 유해식품의 수거·폐기(제72조), 「소방기본법」상 위험시설물에 대한 긴급조치(제27조), 「도로교통법」상 교통장애물의 제거(제72조) 등이 있다.

C. 대가택적 강제

대가택적 강제는 타인의 가택이나 영업소 등에 실력을 가하여 경찰상 필요한 상태를 실현하는 권력적 작용을 말한다. 주로 출입 또는 수색, 검문, 조사 등의 형태로 나타난다.[47]「경찰관 직무집행법」(제7조)상의 가택·영업장 출입, 「식품위생법」(제22조)에 따른 공무원의 영업소 출입·검사 등이 그 예이다.

여기서 경찰관의 출입은 「헌법」상 영장주의의 적용을 받는 주거수색과는 다른 개념이다. 「헌법」(제16조)에 의한 주거의 자유는 영장에 의하지 않고 국가기관에 의한 압수·수색을 당하지 않을 권리이다. 위험요소가 있는 지 여부를 확인하기 위해 피상적으로 내부를 둘러보는 주거출입은 영장주의가 적용되지 않는다고 보는 것이 타당하다.[48] 따라서 「경찰관 직무집행법」(제7조)에 따라 위험방지를 위해 어떤 장소에 출입하는 경우 책임자의 동의를 받지 않고 내부를 수색할 수 없다.

5) 한계

A. 실체법상 한계

경찰상 즉시강제는 예외적인 권력작용이기 때문에 그 발동에 있어서 엄격한 법규의 근거가 있어야 하고, 그 범위 안에서도 일정한 법 원칙과 한계에 따라서 행사되어야 한다. 경찰상 즉시강제를 위해서는 (1) 수단과 목적의 비례성, (2) 급박성, (3) 수단의 보충성, (4) 목적의 소극성 등의 한계가 지켜져야 한다.

B. 절차상의 한계

절차상의 한계는 즉시강제에 영장주의가 적용되는 지 여부에 관한 것이다. 영장필요 여부에 의견이 대립되고 있으나 절충설이 통설과 판례이다.[49] 경찰상

---

47 허경미, 앞의 책, 253면.
48 손재영, 「경찰법」(박영사, 2018), 360－362면.
49 허경미, 앞의 책, 254면.

즉시강제는 상대방의 임의이행을 기다릴 시간적 여유가 없을 때 하명없이 바로 실력을 행사하는 것으로서 급박성으로 인해 영장을 기다려서는 그 목적을 달성할 수 없을 것이므로 원칙적으로 영장주의가 적용되지 않는다고 보아야 할 것이다.[50] 어떤 법률상의 조항이 영장주의를 배제할 만한 합리적 이유가 없을 정도로 급박성이 인정되지 아니함에도 행정상 즉시강제를 인정하고 있다면, 이러한 법률조항은 그 자체로서 「과잉금지의 원칙」에 위반되는 것으로서 위헌이라 할 것이다.[51]

6) 구제수단

A. 적법한 즉시강제에 대한 구제

적법한 즉시강제로 인하여 수인의 정도를 넘는 특별한 손실을 입게 되면 헌법(제23조제3항)에 따라 국가에 보상을 청구할 수 있다. 「경찰관 직무집행법」(제11조의2제1항)은 경찰관의 적법한 직무집행으로 손실을 입은 자에 대한 보상을 규정하고 있다.

B. 위법한 즉시강제에 대한 구제

위법한 즉시강제로 손해를 입은 피해자는 그 행위의 취소·정지를 청구할 수 있고, 행정심판과 행정소송 같은 행정쟁송을 제기할 수 있다. 또한 「국가배상법」에 의한 손해배상을 청구할 수 있다. 부당하게 인신의 자유를 침해당한 경우 「인신보호법」상 구제를 청구할 수 있으며, 기본권을 침해 받은 경우 헌법 소원을 청구할 수 있다. 해당 공무원은 징계 및 형사책임의 대상이 될 수 있다.

다. 경찰상 행정조사

「행정조사기본법」(제2조)에서는 행정조사를 "행정기관이 정책을 결정하거나 직무를 수행하는 데 필요한 정보나 자료를 수집하기 위하여 현장조사·문서열람·시료채취 등을 하거나 조사대상자에게 보고요구·자료제출요구, 출석·진술요구

---

50 박주상·김경락·윤성현, 앞의 책, 241면.

51 위의 책, 241면.

를 행하는 활동"으로 규정하고 있다. 「경찰관 직무집행법」(제8조)에 따라 경찰관은 국가기관이나 공사단체에 직무수행에 관련된 사실을 조회할 수 있고, 현장에서 확인하거나 관계인에게 출석을 요구할 수 있다.

② 경찰벌

가. 의의

경찰벌이란 경찰작용의 상대방이 경찰관련 법령상의 의무를 위반한 경우에 의무위반에 대한 제재로서 국가가 상대방에 과하는 벌을 말한다. 경찰벌의 대상을 「행정범」이라 한다. 경찰벌에는 「경찰형벌」과 「경찰질서벌」(과태료)이 있다.

- 경찰벌은 과거의 의무위반에 대한 제재로서 과하여진다는 점에서 장래의 의무이행의 강제 또는 확보를 목적으로 하는 「경찰상 강제집행」과 구별된다.
- 경찰벌은 일반권력관계에서 의무위반자에 대한 제재라는 점에서 특별권력관계의 내부질서를 유지하기 위한 「징계벌」과 구별된다.
- 경찰벌은 행정법상의 의무위반이나 불이행에 대한 제재라는 점에서 형법상의 범죄에 대한 제재인 「형사벌」과 구분된다. 경찰벌과 형사벌의 구분은 상대적이다. 다만, 구별의 실익은 경찰벌은 죄형법정주의에 반하지 않는 범위 내에서 형법총칙의 적용을 배제할 수 있고, 하나의 행위가 형사법과 경찰법규를 동시에 위반한 경우 상상적 경합이 아닌 법조경합으로 볼 수 있다는 점에 있다.[52]

나. 법적 근거

경찰벌은 「헌법」상 죄형법정주의에 따라 반드시 국회가 제정한 법률의 근거가 있어야 한다. 법률에서 구체적 범위를 정하여 경찰벌의 벌칙을 행정입법에 위임하여 규정할 수 있다. 「지방자치법」(제27조)에 따라 지방자치단체는 조례로

---

52 홍정선, 앞의 책, 420−421면.

써 일반적으로 조례위반 행위에 대하여 1천 만원이하의 과태료의 벌칙을 정할 수 있도록 하고 있다.

다. 경찰형벌

1) 의의

경찰형벌은 경찰법규를 위반한 행위에 대한 제재로서 「형법」(제41조)에 규정된 형벌(사형, 징역, 금고, 자격상실, 자격정지, 벌금, 구류, 과료, 몰수)을 과하는 경찰벌을 말한다. 경찰형벌은 형법총칙이 적용되나 타 법령에 특별 규정이 있으면 예외로 한다. 원칙적으로 「형사소송법」에 의한 절차를 따르되, 예외적으로 즉결심판절차 또는 통고처분 절차에 따라 과해지는 경우도 있다.

2) 요건

경찰형벌을 부과하기 위해서는 「형법」상 위반행위자의 행위가 고의범 또는 과실범의 구성요건에 해당하고 위법하며, 책임있는 행위여야 한다. 대법원은 행정범에서 과실행위를 처벌한다는 명문의 규정이 있는 경우뿐만 아니라 행정형벌 법규의 해석에 의하여 과실행위도 처벌한다는 뜻이 도출되는 경우에는 과실범도 처벌된다고 본다.[53]

라. 경찰질서벌

1) 의의

경찰질서벌은 경찰법상의 의무위반에 대한 제재로서 행정목적 달성에 장해를 줄 위험성이 있는 경미한 행위에 대하여 「과태료」를 과하는 경찰벌을 말한다. 과태료에 대해서는 형법총칙이 적용되지 않으며, 과벌절차는 「질서위반행위규제법」 및 「비송사건절차법」이 정하는 바에 의한다.

---

53 박주상 · 김경락 · 윤성현, 앞의 책, 245면.

2) 부과요건

「질서위반행위규제법」(제6조)에서 과태료의 부과는 법률에 따르지 아니하고는 어떤 행위도 질서위반행위로 과태료를 부과하지 아니하는 과태료부과 법정주의를 규정하고 있다. 동 법에서 정하고 있는 과태료의 부과요건은 다음과 같다.

A. 고의 또는 과실(제6조)

고의 또는 과실이 없는 질서위반행위에 대하여 과태료를 부과하지 않는다.

B. 위법성의 착오(제8조)

자신의 행위가 위법하지 아니한 것으로 오인하고 행한 질서위반행위는 그 오인에 정당한 이유가 있는 때에 한하여 과태료를 부과하지 아니한다.

C. 책임연령(제9조)

14세가 되지 아니한 자의 질서위반행위는 과태료를 부과하지 아니한다. 다만, 다른 법률에 특별한 규정이 있는 경우에는 그러하지 아니하다.

D. 심신장애(제10조)

심신장애로 인하여 행위의 옳고 그름을 판단할 능력이 없거나 그 판단에 따른 행위를 할 능력이 없는 자의 질서위반행위는 과태료를 부과하지 아니한다. 심신장애로 인하여 능력이 미약한 자의 질서위반행위는 과태료를 감경한다. 그러나 스스로 심신장애를 일으킨 경우는 예외로 한다.

3) 부과대상자(제11조)

과태료의 부과대상은 원칙적으로 질서위반을 직접한 개인이다. 그러나 법인의 대표자, 법인 또는 개인의 대리인·사용인 및 그 밖의 종업원이 업무에 관하여 법인 또는 그 개인에게 부과된 법률상의 의무를 위반한 때에는 법인 또는 그 개인에게 과태료를 부과한다.

4) 다수인(제12조) 및 수 개의 질서위반행위(제13조) 처리

2인 이상이 질서위반행위에 가담한 때에는 각자가 질서위반행위를 한 것으로 본다. 하나의 행위가 2 이상의 질서위반행위에 해당하는 경우에는 각 질서위반행위에 대하여 정한 과태료 중 가장 중한 과태료를 부과한다.

5) 시효(제15조)

과태료는 행정청의 과태료 부과처분이나 법원의 과태료 재판이 확정된 후 5년간 징수하지 아니하거나 집행하지 아니하면 시효로 인하여 소멸한다.

마. 경찰벌의 과형절차

1) 경찰형벌

경찰형벌은 일반형벌과 같이 원칙적으로 「형사소송법」에서 정한 절차에 따라 법원이 과한다. 그러나 간이특별절차로서 통고처분과 즉결심판이 있다.

A. 통고처분

통고처분은 의무위반자에 대하여 「형사소송법」 절차에 따라 형벌을 대신하여 금전적 제재인 범칙금을 납부하도록 하는 과형절차를 말한다. 범칙금은 행정형벌과 행정질서벌의 중간적 성격의 행정벌이다. 「도로교통법」(제14장)에서는 교통법규 위반자에 대하여 범칙금 부과를 규정하고 하고 있다.

범칙금은 통고처분을 받은 자가 지정된 기한 내에 범칙금을 납부하면 위반행위에 대한 제재를 신속·간편하게 종결할 수 있고, 신체형이나 벌금을 부과하여 전과자를 양산을 방지하는 것을 목적으로 하는 제도이다. 통고처분을 따르지 않는 경우에는 즉결심판에 회부하여 형사절차에 따라 형벌을 과하도록 하고 있다.

2) 즉결심판

「즉결심판에 관한 절차법」(제2조 및 제3조)에 의해 피고인에게 20만원 이하의 벌금, 구류 또는 과료에 처할 수 있는 경미한 범죄에 대하여는 관할경찰서장 또는 해양경찰서장의 청구에 의하여 즉결심판절차에 따른다. 즉결심판에 불복하는 자는 법원처분의 고지를 받은 날로부터 7일 이내에 정식재판을 청구할 수 있다(질서위반행위규제법 제54조).

바. 경찰질서벌 과형절차

과태료의 부과 및 납부에 관한 절차는 「질서위반행위규제법」에서 구체적으로 정하고 있다.

1) 사전통지 및 의견제출

행정청이 질서위반행위에 대하여 과태료를 부과하고자 하는 때에는 미리 당사자에게 통지하고, 10일 이상의 기간을 정하여 의견을 제출할 기회를 주어야 한다. 당사자는 의견제출 기한 이내에 행정청에 의견을 진술하거나 필요한 자료를 제출할 수 있다. 지정된 기일까지 의견제출이 없는 경우에는 의견이 없는 것으로 본다(제16조).

2) 과태료 부과

행정청은 의견제출 절차를 마친 후에 서면(당사자가 동의하는 경우에는 전자문서를 포함)으로 과태료를 부과하여야 한다(제17조). 행정청은 질서위반행위가 종료된 날(다수인이 질서위반행위에 가담한 경우에는 최종행위가 종료된 날)부터 5년이 경과한 경우에는 해당 질서위반행위에 대하여 과태료를 부과할 수 없다(제19조).

3) 이의제기

행정청의 과태료부과에 불복하는 당사자는 과태료 부과 통지를 받은 날부터 60일 이내에 해당 행정청에 서면으로 이의제기를 할 수 있다(제20조제1항). 이의제기가 있는 경우에는 행정청의 과태료 부과처분은 그 효력을 상실한다(제20조제2항). 행정청으로부터 통지를 받기 전까지는 행정청에 대하여 서면으로 이의제기를 철회할 수 있다(제20조제3항).

4) 법원에의 통보 및 재판

이의제기를 받은 행정청은 이의제기를 받은 날부터 14일 이내에 이에 대한 의견 및 증빙서류를 첨부하여 관할 법원에 통보하여야 한다(제21조). 법원의 결정은 당사자와 검사에게 고지함으로써 효력이 생긴다. 결정의 고지는 법원이 적당하다고 인정하는 방법으로 한다. 다만, 공시송달을 하는 경우에는 「민사소송법」에 따라야 한다(제37조).

사. 경찰형벌과 경찰질서벌의 병과

행정법상의 질서벌인 과태료의 부과와 형사벌은 그 성질이나 목적을 달리하는 것이므로 과태료 처분을 한 후 형사처분을 하여도 일사부재리 원칙에 반하는 것이 아니다.[54]

---

54 박주상·김경락·윤성현, 앞의 책, 250면.

SECTION 08 경찰작용에 대한 구제수단

경찰권의 행사 또는 불행사로 인하여 손해 또는 손실을 입은 국민은 손해배상제도나 손실보상제도를 통하여 구제를 받을 수 있다. 또한 경찰권의 행사가 위법·부당한 경우 행정쟁송제도(행정심판·행정소송)를 통하여 권리를 구제받을 수 있다.

1 행정상 손해배상

가. 의의

행정상 손해배상 또는 국가배상제도는 위법한 국가작용으로 인하여 발생한 국민의 생명·신체에 대한 피해나 재산상의 손해에 대하여 배상을 해주는 제도이다. 손해배상은 위법행위에 대한 구제라는 점에서 적법행위로 인해 입은 피해에 대하여 손실을 보상해주는 손실보상제도와 구별된다. 「헌법」(제29조제1항)에서 "공무원의 직무상 불법행위로 손해를 받은 국민은 법률이 정하는 바에 의하여 국가 또는 공공단체에 정당한 배상을 청구할 수 있다"고 규정하여 국가배상제도를 헌법적으로 보장하고 있다. 이러한 헌법적 규정에 따라 「국가배상법」이 마련되어 있다.

나. 유형

「국가배상법」은 배상책임의 유형으로, (1) 공무원의 직무상 불법행위로 인한 배상책임, (2) 영조물의 설치·관리상의 하자로 인한 배상책임의 두 가지를 규정하고 있다.

공무원의 직무상 불법행위로 인한 배상책임은 (1) 공무원의 작위로 인한 손해 발생과 (2) 부작위로 인한 손해에 대한 배상책임으로 구분할 수 있다. 「국가배상법」은 국가나 지방자치단체가 사인의 지위에서 행하는 사경제작용으로 인

한 손해배상책임에 대해서는 규정하지 않고 있다. 이러한 배상책임은 「민법」에 의한다.[55]

1) 직무상 불법행위에 대한 손해배상

"국가나 지방자치단체는 공무원 또는 공무를 위탁받은 사인이 직무를 집행하면서 고의 또는 과실로 법령을 위반하여 타인에게 손해를 입히거나, 「자동차손해배상 보장법」에 따라 손해배상의 책임이 있을 때에는 이 법에 따라 그 손해를 배상하여야 한다"(국가배상법 제2조제1항).

"다만, 군인·군무원·경찰공무원 또는 예비군대원이 전투·훈련 등 직무집행과 관련하여 전사·순직하거나 공상을 입은 경우에 본인이나 그 유족이 다른 법령에 따라 재해보상금·유족연금·상이연금 등의 보상을 지급받을 수 있을 때에는 이 법 및 「민법」에 따른 손해배상을 청구할 수 없다"(국가배상법 제2조제1항). "공무원에게 고의 또는 중대한 과실이 있으면 국가나 지방자치단체는 그 공무원에게 구상할 수 있다"(국가배상법 제2조제2항).

법령에 의해 경찰권의 행사가 의무적으로 규정되어 있는 경우에는 그 불행사에 고의 또는 과실이 인정되면 국가는 그 행위에 대하여 배상책임을 진다. 그러나 당해 경찰권의 행사가 재량행위인 경우에는 그 불행사가 재량의 한계를 벗어나지 않는 한 원칙적으로 국가는 그 행위에 대한 손해배상책임을 지지 않는다.[56]

법령에 경찰권의 행사가 의무적으로 규정되어 있음에도 불행사하는 경우, 그 불행사에 고의 또는 과실이 인정되면 국가는 그 행위에 대하여 손해배상책임을 진다.[57] 그러나 당해 경찰권의 행사가 재량행위인 경우에는 그 행사 또는 불행사는 경찰기관의 재량적 판단에 속하는 것이므로 그 불행사가 재량의 한계를 벗어나지 않는 한 원칙적으로 국가는 그 행위에 대한 손해배상책임을 지지 않는다.[58]

---

55 대판 1999.6.22., 99다7008.
56 김동희, 「행정법 Ⅱ」(박영사, 2018), 249면.
57 김동희, 앞의 책, 249면.
58 김동희, 앞의 책.

2) 공공의 영조물의 설치 및 관리상의 하자로 인한 손해배상

"도로·하천, 그 밖의 공공의 영조물의 설치나 관리에 하자가 있기 때문에 타인에게 손해를 발생하게 하였을 때에는 국가나 지방자치단체는 그 손해를 배상하여야 한다." "손해의 원인에 대하여 책임을 질자가 따로 있으면 국가나 지방자치단체는 그 자에게 구상할 수 있다"(국가배상법 제5조).

2 행정상 손실보상

가. 의의

행정상 손실보상은 적법한 국가작용에 의해 개인의 재산에 가하여진 특별한 손실에 대한 재산적 보상을 말한다. 행정상 손실보상은 공무원의 적법행위로 인한 손실보상이라는 점에서 불법행위로 인해 초래된 손해에 대한 배상인 손해배상과 구별된다. 지방자치단체가 교통체증을 해결하기 위해 도로 폭을 넓히기 위해 토지를 수용하면 소유주에게 정당한 보상을 하여야 하는 것이 그 예이다.

적법한 경찰권의 행사로 인하여 통상적 수인한도를 넘지 않는 범위 내에서 사인에게 손실이 발생한 경우에는 원칙적으로 그에 대한 손실보상은 필요하지 않는다. 경찰권은 공공의 안녕·질서에 대한 장해를 발생시킨 자에 대하여 발동하는 것이므로 그로 인한 손실은 수인되어야 한다고 보기 때문이다.[59]

나. 법적 근거

A. 헌법 등

「헌법」(제23조제3항)은 "공공필요에 의한 재산권의 수용·사용 또는 제한 및 그에 대한 보상은 법률로써 하되, 정당한 보상을 지급하여야 한다"라고 명시하고 있다. 손실보상에 대한 일반법은 없다. 공익사업에 필요한 토지 등의 수용 및 사용과 그 손실보상에 대한 일반법으로 「공익사업을 위한 토지 등의 취득 및 보상에 관한 법률」이 있다. 그 외에 「도로하천법」과 같은 개별법이 있다.

---

59 김동희, 앞의 책.

B. 경찰관 직무집행법

「경찰관 직무집행법」에서 경찰관의 적법한 직무집행으로 손실을 입은 자에 대한 손실보상을 규정하고 있다. "국가는 경찰관의 적법한 직무집행으로 인하여 다음 어느 하나에 해당하는 손실을 입은 자에 대하여 정당한 보상"을 해야 한다 (제11조의2제1항).

- 손실 발생의 원인에 대하여 책임이 없는 자가 생명·신체 또는 재산상의 손실을 입은 경우(손실 발생의 원인에 대하여 책임이 없는 자가 경찰관의 직무집행에 자발적으로 협조하거나 물건을 제공하여 생명·신체 또는 재산상의 손실을 입은 경우 포함)
- 손실 발생의 원인에 대하여 책임이 있는 자가 자신의 책임에 상응하는 정도를 초과하는 생명·신체 또는 재산상의 손실을 입은 경우

보상을 청구할 수 있는 권리는 손실이 있음을 안 날부터 3년, 손실이 발생한 날부터 5년간 행사하지 아니하면 시효의 완성으로 소멸한다(제11조의2제2항). 손실보상신청 사건을 심의하기 위하여 「손실보상심의위원회」를 둔다(제11조의2제3항).

❸ 행정쟁송

경찰권의 위법·부당한 행사 또는 불행사가 있는 경우에 당해 경찰작용이 「행정심판법」이나 「행정소송법」상의 처분 등에 해당하는 경우 행정쟁송을 제기하여 그 취소 등을 구할 수 있다.

가. 행정심판

1) 의의

행정심판은 행정청의 위법 또는 부당한 처분이나 부작위로 인해 국민의 권리나 이익이 침해받았을 경우 법원의 판결에 의하지 아니하고 행정부 내에서 심판을 통하여 신속하게 구제받을 수 있는 제도이다. 행정심판은 행정기관이 심판한

다는 점에서 재판 절차에 의해 법원의 심판을 구하는 행정소송과 구별된다. 행정심판의 대상은 다른 법률에 특별한 규정이 있는 경우를 제외하고 "행정청의 처분 또는 부작위"이다(행정심판법 제3조제1항). 대통령의 처분 또는 부작위에 대하여는 원칙적으로 행정심판을 청구할 수 없다(행정심판법 제3조제2항).

- "행정청"이란 "행정에 관한 의사를 결정하여 표시하는 국가 또는 지방자치 단체의 기관, 그 밖에 법령 또는 자치법규에 따라 행정권한을 가지고 있거나 위탁을 받은 공공단체나 그 기관 또는 사인을 말한다"(행정심판법 제2조 제4호).
- "처분"이란 "행정청이 행하는 구체적 사실에 관한 법 집행으로서의 공권력의 행사 또는 그 거부, 그 밖에 이에 준하는 행정작용을 말한다"(행정심판법 제2조제1호).
- "부작위"란 "행정청이 당사자의 신청에 대하여 상당한 기간 내에 일정한 처분을 하여야 할 법률상 의무가 있는데도 처분을 하지 아니하는 것을 말한다"(행정심판법 제2조제2호).

2) 종류(행정심판법 제5조)

A. 취소심판
행정청의 위법 또는 부당한 처분을 취소하거나 변경하는 행정심판

B. 무효등확인심판
행정청의 처분의 효력 유무 또는 존재 여부를 확인하는 행정심판

C. 의무이행심판
당사자의 신청에 대한 행정청의 위법 또는 부당한 거부처분이나 부작위에 대하여 일정한 처분을 하도록 하는 행정심판

3) 행정심판위원회

국가행정기관장의 처분과 특별시장, 광역시장, 도지사 등의 행정처분과 부작

위에 대한 행정심판을 심리·재결하기 위해 국가권익위원회에「중앙행정심판위원회」를 둔다(행정심판법 제6조제2항). 시·도 소속 행정청, 시·군·구의 장이 행한 처분과 부작위에 대한 행정심판을 위하여 시·도지사 소속의 행정심판위원회를 둔다(행정심판법 제6조제3항). 행정심판은 정당한 사유가 있는 경우를 제외하고 처분이 있음을 알게 된 날로부터 90일 이내, 처분이 있었던 날부터 180일이 지나면 청구하지 못한다(행정심판법 제27조).

4) 재결

행정심판위원회의 결정을「재결」이라 한다(행정심판법 제43조). 재결은 각하·기각재결, 인용재결과 사정재결로 구분되고, 인용재결은 행정심판의 청구에 따라 취소·변경 재결, 무효등확인재결, 의무이행재결로 나누어진다. 인용재결이란 피청구인의 처분이나 부작위가 위법 또는 부당함을 인정해 청구인이 신청한 내용을 받아들이는 행정심판위원회의 판단을 말한다(행정심판법 제43조제3항·제4항·제5항).

A. 각하재결
행정심판위원회는 심판청구가 적법하지 아니하면 그 심판청구를 각하한다.

B. 기각재결
행정심판위원회는 심판청구가 이유가 없다고 인정하면 그 심판청구를 기각한다.

C. 인용재결
인용재결이란 피청구인의 처분이나 부작위가 위법 또는 부당함을 인정해 청구인이 신청한 내용을 받아들이는 행정심판위원회의 결정을 말한다(행정심판법 제43조제3항·제4항·제5항).「행정심판법」에 의하면 인용재결은 행정심판의 청구에 따라, 취소·변경 재결, 무효등확인재결, 의무이행재결로 나누어진다.

a) 취소·변경재결
행정심판위원회가 취소심판의 청구가 이유 있다고 인정하는 때에 처분을 취

소 또는 변경하거나 처분청에게 취소 또는 변경할 것을 명하는 재결이다(제43조
제3항).

b) 무효등확인재결

무효등확인심판의 청구가 이유 있다고 인정할 때 해당 처분의 효력의 유무
또는 존재 여부를 확인하는 재결이다(제43조제4항).

c) 의무이행재결

의무이행재결이란 의무이행심판 청구가 이유 있다고 인정해 그 부작위의 바
탕이 된 신청에 따른 처분을 하거나 하도록 명하는 재결이다(제43조제5항).

D. 사정재결

사정재결이란 심판청구가 이유 있다고 인정되는 경우에도 이를 인용하는 것
이 공공복리에 크게 위배될 때에 그 심판청구를 기각하는 재결을 말한다(제44조
제1항). 사정재결은 취소심판과 의무이행심판에만 적용되며, 무효등확인심판에
는 적용되지 않는다(제44조제3항). 사정재결을 하는 경우 행정심판위원회는 해당
처분이나 부작위의 위법·부당함을 확정함으로써 행정상 손해배상청구 등을 쉽
게 할 수 있도록 재결의 주문에서 그 처분이나 부작위가 위법 또는 부당한 것임
으로 명시해야 한다(제44조제1항).

5) 재결의 효력

A. 기속력

기속력이란 심판청구의 당사자인 행정청과 관계 행정청이 재결의 취지에 따
르도록 하는 효력을 의미한다. 재결은 피청구인인 행정청과 그 밖의 관계 행정
청을 기속한다(제49조제1항). 행정청은 재결에 기속되므로 처분청은 처분을 취소
하는 재결이 있는 경우 재결의 취지에 반하는 처분을 다시 해서는 안된다(반복금
지의 소극적 의무).

재결에 의하여 취소되거나 무효 또는 부존재로 확인되는 처분이 당사자의 신
청을 거부하는 것을 내용으로 하는 경우에는 그 처분을 한 행정청은 재결의 취
지에 따라 다시 이전의 신청에 대한 처분을 해야 한다(제49조제2항). 당사자의 신

청을 거부하거나 부작위로 방치한 처분의 이행을 명하는 재결이 있으면 행정청은 지체없이 이전의 신청에 대하여 재결의 취지에 따라 처분을 하여야 한다(반복금지의 적극적 의무) (제49조제3항).

피청구인인 행정청이 재결에 따른 처분을 하지 않는 경우, 행정심판위원회는 당사자가 신청하면 기간을 정해 서면으로 시정을 명하고 그 기간에 이행하지 않으면 직접 처분을 할 수 있다. 다만, 그 처분의 성질이나 그 밖의 불가피한 사유로 행정심판위원회가 직접 처분을 할 수 없는 경우는 그렇지 않다(제50조제1항).

B. 형성력

형성력이란 행정심판위원회에서 처분을 취소 또는 변경하는 재결을 한 경우, 피청구인인 행정청에 의한 별도의 처분을 기다릴 필요 없이 재결의 내용에 따라 행정상 법률관계에 변동이 생기는 효력을 말한다. 예컨대 건축허가취소처분을 취소하는 재결이 있으면, 해당처분은 처분청이 별도의 건축허가취소의 취소처분을 하지 않아도 처분 당시로 소급해 효력이 소멸한다.

C. 불가쟁력

행정심판위원회의 재결은 그 자체에 위법이 있는 경우 그에 대한 행정소송을 제기할 수 있으나, 그 제소기간이 경과하면 더 이상 재결의 효력을 다툴 수 없게 된다. 행정심판청구가 있은 경우에 행정소송은 행정심판의 재결서 정본을 송달받은 날부터 90일, 재결이 있은 날로부터 1년 이내에 제기해야 한다(행정소송법 제20조).

D. 불가변력

일부의 행정행위는 처분청 스스로 그 내용에 구속되어 더 이상 직권으로 취소·변경할 수 없는데, 행정행위의 이러한 효력을 불가변력이라고 한다. 행정심판위원회의 재결은 쟁송절차에 따른 판단행위이기 때문에 일단 재결이 행해진 이상 행정심판위원회 스스로도 이를 취소·변경할 수 없는 불가변력이 생긴다.

E. 공정력

공정력이란 행정행위에 하자가 있더라도 당연무효가 아닌 한 권한 있는 기관에 의하여 취소될 때까지는 잠정적으로 유효한 것으로 통용되는 효력을 말한다.[60] 행정심판위원회의 재결은 행정처분의 일종으로서 공정력을 가진다.

나. 행정소송

1) 의의

"행정청의 위법한 처분 그 밖에 공권력의 행사·불행사 등으로 인한 국민의 권리 또는 이익의 침해를 구제하고, 공법상의 권리관계 또는 법 적용에 관한 다툼을 적정하게 해결"하기 위해 행정소송제도를 두고 있다(행정소송법 제1조). 행정소송은 행정청의 처분이나 공권력의 행사나 불행사로 인한 권리 침해에 대하여 재판절차에 의해 권리나 이익을 구제하는 제도이다.

2) 유형

행정소송은 다음의 네 가지로 구분한다(행정소송법 제3조).

A. 항고소송

행정청의 처분 등이나 부작위에 대하여 제기하는 소송이다. 항고소송은 (1) 행정청의 위법한 처분 등을 취소 또는 변경하는 취소소송, (2) 행정청의 처분 등의 효력 유무 또는 존재 여부를 확인하는 무효등확인소송, (3) 행정청의 부작위가 위법하다는 것을 확인하는 부작위 위법확인소송이 있다(행정소송법 제4조).

B. 당사자소송

행정청의 처분 등을 원인으로 하는 법률관계에 관한 소송, 그 밖에 공법상의 법률관계에 관한 소송으로서 그 법률관계의 한쪽 당사자를 피고로 하는 소송이다. 항고소송은 공행정주체가 우월한 지위에서 갖는 공권력의 행사 또는 불행사와 관련된 분쟁의 해결을 위한 절차인 데 반해, 당사자소송은 그러한 공권력행사 또는 불행사의 결과로서 생긴 법률관계에 관한 소송이다. 예컨대 시립무용단원의 위촉은 공법상의 계약관계이므로 단원의 해촉에 대하여 공법상의 당사자소송을 청구할 수 있다.

---

60 대판 1993.11.9., 93누14271 판결

C. 민중소송

국가 또는 공공단체의 기관이 법률에 위반되는 행위를 한때에 직접 자기의 법률상 이익과 관계없이 그 시정을 구하기 위하여 제기하는 소송이다.

D. 기관소송

국가 또는 공공단체의 기관상호간에 있어서의 권한의 존부 또는 그 행사에 관한 다툼이 있을 때에 이에 대하여 제기하는 소송을 말한다(헌법재판소의 관장사항으로 되는 소송은 제외).

3) 소송제기

취소소송은 법령의 규정에 의하여 당해 처분에 대한 행정심판을 제기할 수 있는 경우에도 이를 거치지 아니하고 제기할 수 있다. 다만, 다른 법률에 당해 처분에 대한 행정심판의 재결을 거치지 아니하면 취소소송을 제기할 수 없다는 규정이 있는 때에는 그러하지 아니하다(행정소송법 제18조제1항).

취소소송은 처분등이 있음을 안 날부터 90일 이내에 제기하여야 한다. 다만, 제18조제1항 단서에 규정한 경우와 그 밖에 행정심판청구를 할 수 있는 경우 또는 행정청이 행정심판청구를 할 수 있다고 잘못 알린 경우에 행정심판청구가 있은 때의 기간은 재결서의 정본을 송달받은 날부터 기산한다(행정소송법 제20조제1항).

해양경찰작용의
직무권한과 한계

경찰관 직무집행법

1 의의

「경찰관 직무집행법」은 경찰작용에 관한 기본법이다. 즉 공공의 안녕과 질서 유지 및 개인의 생명과 신체, 재산보호를 목적으로 하는 경찰관의 직무수행을 위한 근거가 되는 법이다. 경찰권은 경찰목적을 달성하기 위해 국민에게 명령·강제하는 작용이므로 잘못 사용되면 국민의 기본권을 침해하고 제약할 수 있다. 따라서 경찰권이 본래의 목적대로 사용되도록 하기 위해서는 엄격한 법규의 제약이 필요하고, 경찰권은 그 법규 한도 내에서 사용되어야 한다.

「경찰관 직무집행법」은 경찰관의 직무수행에 필요한 권한과 그 한계에 대하여 규정한 경찰직무수행의 기본법이다. 경찰관의 직무는 개별법을 근거로 수행되기도 하지만 경찰직무와 그 권한은 「경찰관 직무집행법」에 근거를 두고 있다. 해양에서 직무수행과 직무수행을 위한 해양경찰관의 권한은 「해양경비법」, 「수상레저안전법」, 「해사안전법」 등 개별법에서 정하고 있지만, 경찰관으로서의 직무수행과 권한 행사는 기본적으로 「경찰관 직무집행법」에 그 법적 근거를 두고 있다.

「경찰관 직무집행법」은 1953년 12월 14일 법률 제299호로 제정된 이후 2022년까지 2월 현재까지 총 24번의 개정을 거쳤다. 9개 조문으로 제정된 「경찰관 직무집행법」은 개정을 거치면서 21개의 조문으로 늘어났다.

2 경찰관 직무 범위(제2조)

「경찰관 직무집행법」에서 경찰관의 직무를 다음과 같이 규정하고 있다.

- 국민의 생명·신체 및 재산의 보호
- 범죄의 예방·진압 및 수사

- 범죄피해자 보호
- 경비, 주요 인사 경호 및 대간첩·대테러 작전 수행
- 공공안녕에 대한 위험의 예방과 대응을 위한 정보의 수집·작성 및 배포
- 교통 단속과 교통 위해의 방지
- 외국 정부기관 및 국제기구와의 국제협력
- 그 밖에 공공의 안녕과 질서유지

경찰관의 직무는 「경찰관 직무집행법」에서 정한 범위 내에서 수행되어야 한다. 정한 범위를 넘어서는 경찰관의 행위는 직무 범위를 넘는 권한 외의 행위로서 위법한 행위가 되며, 그 행위로 인해 피해를 받은 국민은 권리구제 수단을 통하여 구제를 받을 수 있다. 권한을 넘는 행위를 행한 경찰관은 징계 및 형사상의 책임을 지게 된다.

SECTION 02 경찰관 직무집행법상 권한

1 불심검문(제3조)

가. 의의

불심검문은 경찰관이 범죄의 예방이나 범인의 검거를 목적으로 거동이 수상한 자를 정지시켜 질문하여 필요한 내용을 조사하는 권력적 작용을 말한다. 불심검문은 범죄예방과 범인 검거 및 수사를 위한 기초적인 경찰활동으로서 범행의 예비 및 실행단계에서 이를 포기 또는 저지시키거나 장물발견 등으로 범죄수사의 단서를 확보하기 위해 행해진다.[1]

나. 대상

경찰관은 다음의 경우에 해당하는 사람을 정지시켜 질문할 수 있다.

- 수상한 행동이나 그 밖의 주위 사정을 합리적으로 판단하여 볼 때 어떠한 죄를 범하였거나 범하려 하고 있다고 의심할 만한 상당한 이유가 있는 사람
- 이미 행하여진 범죄나 행하여지려고 하는 범죄행위에 관한 사실을 안다고 인정되는 사람

다. 흉기의 조사

경찰관은 사람에게 질문을 할 때에 그 사람이 흉기를 가지고 있는지를 조사할 수 있다.

라. 임의동행

경찰관은 사람을 정지시킨 장소에서 질문을 하는 것이 그 사람에게 불리하거

---

1 허경미, 「경찰학(박영사, 2021), 제270면.

나 교통에 방해가 된다고 인정될 때에는 질문을 하기 위하여 가까운 경찰관서로 동행할 것을 요구할 수 있다. 동행을 요구받은 사람은 그 요구를 거절할 수 있다.

마. 준수 사항

경찰관은 질문을 하거나 동행을 요구할 경우 자신의 신분을 표시하는 증표를 제시하면서 소속과 성명을 밝혀야 한다. 질문이나 동행의 목적과 이유를 설명하여야 하며, 동행을 요구하는 경우에는 동행 장소를 밝혀야 한다. 또한 임의 동행자의 가족이나 친지 등에게 경찰관의 신분, 동행 장소, 동행 목적과 이유를 알리거나 본인으로 하여금 즉시 연락할 수 있는 기회를 주어야 하고 변호인의 도움을 받을 권리가 있음을 알려야 한다. 경찰관은 임의동행자를 6시간을 초과하여 경찰관서에 머물게 할 수 없다.

바. 피검문자의 권리

질문을 받거나 동행을 요구받은 사람은 형사소송에 관한 법률에 따르지 아니하고는 신체를 구속당하지 아니하며, 그 의사에 반하여 답변을 강요당하지 아니한다.

4 보호조치(제4조)

가. 의의

경찰관이 거동 수상자나 그 밖에 주위의 사정을 합리적으로 판단해 볼 때 응급구호가 필요하다고 믿을 만한 상당한 사유가 있는 자를 발견했을 때에는 보건의료기관이나 공공구호기관에 긴급구호를 요청하거나 경찰관서에 보호하는 등 적절한 조치를 할 수 있는 경찰작용을 말한다.[2] 보호조치는 임의적인 경우 비권력적 사실행위이나 강제적인 경우는 대인적 즉시강제의 성격을 지닌다. 따라서 보호조치는 제한적으로 이루어져야 한다.[3]

---

2 경찰관 직무집행법, 제4조.
3 홍정선, 「행정법원론」(박영사, 2018), 450면.

나. 대상자

경찰관은 다음의 하나의 경우에 해당되는 사람에 대하여 보호조치를 취할 수 있다.

- 정신착란을 일으키거나 술에 취하여 자신 또는 다른 사람의 생명·신체·재산에 위해를 끼칠 우려가 있는 사람
- 자살을 시도하는 사람
- 미아, 병자, 부상자 등으로서 적당한 보호자가 없으며 응급구호가 필요하다고 인정되는 사람. 다만, 본인이 구호를 거절하는 경우는 제외한다.

다. 긴급구호 지원

긴급구호를 요청받은 보건의료기관이나 공공구호기관은 정당한 이유 없이 긴급구호를 거절할 수 없다.

라. 무기·흉기 영치

경찰관은 구호대상자가 휴대하고 있는 무기·흉기 등 위험을 일으킬 수 있는 것으로 인정되는 물건을 경찰관서에 임시로 영치하여 놓을 수 있다. 물건을 영치하는 기간은 10일을 초과할 수 없다.

마. 경찰관의 조치

경찰관이 보호조치를 하였을 때에는 지체 없이 구호대상자의 가족, 친지나 연고자에게 그 사실을 알려야 한다. 연고자가 발견되지 아니할 때에는 구호대상자를 적당한 공공보건의료기관이나 공공구호기관에 즉시 인계하여야 한다. 해당 기관에 보호대상자를 인계하였을 때에는 즉시 그 사실을 소속 경찰서장이나 해양경찰서장에게 보고하여야 한다. 보고를 받은 경찰관서장은 구호대상자를 인계한 사실을 지체없이 해당 공공보건의료기관 또는 공공구호기관의 장 및 그 감독 행정청에 통보하여야 한다. 구호대상자를 경찰관서에서 보호하는 기간은 24시간을 초과할 수 없다.

5 위험발생의 방지(제5조)

가. 의의

위험발생 방지는 경찰관이 사람의 생명 또는 신체에 위해를 끼치거나 재산에 중대한 손해를 끼칠 우려가 있는 천재, 사변, 인공구조물의 파손이나 붕괴, 교통사고, 위험물의 폭발, 위험한 동물 등의 출현, 극도의 혼잡, 그 밖의 위험한 사태가 있을 때 경고, 억류, 피난, 접근금지, 통행금지 등의 조치를 할 수 있는 경찰권한을 말한다. 위방발생 방지조치는 경찰의 대인적·대가택적 즉시강제 작용이라 할 수 있다. 경찰관의 위험발생방지 조치는 재량적 행위이며, 재량권 발동에는 일정한 한계가 따른다.[4]

나. 위험발생 방지 수단

1) 경고

경찰관은 위험한 장소에 모인 사람, 사물의 관리자, 그 밖의 관계인에게 필요한 경고를 할 수 있다.

2) 억류 또는 피난

경찰관은 매우 긴급한 경우에는 위해를 입을 우려가 있는 사람을 필요한 한도에서 억류하거나 피난시킬 수 있다.

3) 위험방지 조치

경찰관은 위험한 장소에 있는 사람, 사물의 관리자, 그 밖의 관계인에게 위해를 방지하기 위하여 필요하다고 인정되는 조치를 하게 하거나 직접 그 조치를 할 수 있다.

---

4 홍정선, 앞의 책, 453면.

4) 접근 · 통행 제한 또는 금지

경찰관서의 장은 대간첩작전의 수행이나 소요사태의 진압을 위하여 필요하다고 인정되는 상당한 이유가 있을 때에는 대간첩 작전지역이나 경찰관서 · 무기고 등 국가 중요시설에 대한 접근 또는 통행을 제한하거나 금지할 수 있다.

6 범죄의 예방과 제지(제6조)

범죄예방과 제지 권한은 경찰관은 범죄행위가 목전에 행하여지려고 하고 있다고 인정될 때에는 이를 예방하기 위하여 관계인에게 필요한 경고를 하고, 그 행위로 인하여 사람의 생명 · 신체에 위해를 끼치거나 재산에 중대한 손해를 끼칠 우려가 있는 긴급한 경우에는 그 행위를 제지할 수 있는 것을 말한다. 범죄예방과 제지는 경찰의 대인적 즉시강제 작용에 해당한다.[5]

7 위험방지를 위한 출입(제7조)

가. 의의

위험방지를 위한 출입은 경찰관이 「경찰관 직무집행법」상 위험한 사태가 발생하여 사람의 생명 · 신체 또는 재산에 대한 위해가 임박한 때에 그 위해를 방지하거나 피해자를 구조하기 위하여 부득이하다고 인정하면 합리적으로 판단하여 필요한 한도에서 다른 사람의 토지 · 건물 · 배 또는 차에 출입할 수 있는 권한을 말한다.

출입은 엄격한 법적 조치를 요하며, 「풍속영업의 규제에 관한 법률」(제9조), 「총포 · 도검 · 화약류단속법」(제44조), 「식품위생법」(제22조) 등에서도 근거를 찾을 수 있다. 경찰관의 위험방지를 위한 출입은 재량적 행위이며, 대가택적 즉시강제행위이다.[6]

---

5 허경미, 앞의 책, 283면.
6 박균성, 「행정법강의」(박영사, 2015), 1239면.

나. 출입유형

1) 예방출입

경찰관은 흥행장, 여관, 음식점, 역, 그 밖에 많은 사람이 출입하는 장소의 관리자나 그에 준하는 관계인은 경찰관이 범죄나 사람의 생명·신체·재산에 대한 위해를 예방하기 위하여 해당 장소의 영업시간이나 해당 장소가 일반인에게 공개된 시간에 그 장소에 출입하겠다고 요구하면 정당한 이유 없이 그 요구를 거절할 수 없다.

2) 긴급출입

긴급출입이란 「경찰관 직무집행법」상 일정한 장애상태가 발생한 경우에 대상 장소에 경찰관이 출입하여 일정한 조치를 취하는 것을 말한다. 긴급출입의 요건은 인명 또는 신체에 위해를 미치거나 재산에 중대한 손해를 끼칠 수 있는 천재·사변·공작물의 손괴·교통사고·위험물의 폭발·광견 등의 출현 및 극도의 혼잡한 상태 및 대간첩작전 수행 중이거나 소요사태가 발생한 경우, 범죄행위가 목전에 행하여지려고 하는 것으로 인정되는 때 등이다.

긴급출입의 대상은 타인의 토지·건물 또는 선차 내 및 항공기, 경찰상 공개된 장소이다. 이들 대상이 반드시 소유주 또는 관리자의 지배하에 있을 필요는 없다. 경찰관은 출입대상에 입장하여 위험의 예방 및 진압을 위해 필요한 조치, 즉 불심검문, 동행요구, 현행범체포, 범죄제지, 정선·정차 등을 할 수 있다.[7]

3) 대간첩작전을 위한 검색

경찰관은 대간첩작전 수행에 필요할 때에는 작전지역에서 경찰상 공개된 장소에 대한 검색을 할 수 있다.

다. 신분증 제시

경찰관은 필요한 장소에 출입할 때에는 그 신분을 표시하는 증표를 제시하여야 하며, 함부로 관계인이 하는 정당한 업무를 방해해서는 아니 된다.

---

7 허경미, 앞의 책, 288면.

⑧ 사실의 확인 및 출석요구(제8조)

경찰관서의 장은 직무수행에 필요하다고 인정되는 상당한 이유가 있을 때에는 국가기관이나 공사단체 등에 직무수행에 관련된 사실을 조회할 수 있다. 다만, 긴급한 경우에는 소속 경찰관으로 하여금 현장에 나가 해당 기관 또는 단체의 장의 협조를 받아 그 사실을 확인하게 할 수 있다. 경찰관은 다음의 직무를 수행하기 위하여 필요하면 관계인에게 출석하여야 하는 사유·일시 및 장소를 명확히 적은 출석 요구서를 보내 경찰관서에 출석할 것을 요구할 수 있다.

- 미아를 인수할 보호자 확인
- 유실물을 인수할 권리자 확인
- 사고로 인한 사상자 확인
- 행정처분을 위한 교통사고 조사에 필요한 사실 확인

사실확인행위는 법률행위적 성격을 가지는 행정행위가 아니라 임의적 사실행위에 속한다. 따라서 이를 거부하거나 위반하여도 경찰강제 및 경찰벌의 대상이 되지 않는다.[8]

⑨ 정보의 수집(제8조의2)

경찰관은 범죄·재난·공공갈등 등 공공안녕에 대한 위험의 예방과 대응을 위한 정보의 수집·작성·배포와 이에 수반되는 사실의 확인을 할 수 있다. 정보의 구체적인 범위와 처리 기준, 정보의 수집·작성·배포에 수반되는 사실의 확인 절차와 한계는 대통령령에서 정하고 있다(시행령 제3조). 경찰관이 수집·작성·배포할 수 있는 정보의 구체적인 범위는 다음과 같다.

- 범죄의 예방과 대응에 필요한 정보

---

8 위의 책, 290면.

- 수형자·가석방자의 재범방지 및 피해자의 보호에 필요한 정보
- 국가중요시설의 안전 및 주요 인사의 보호에 필요한 정보
- 방첩·대테러활동 등 국가안전을 위한 활동에 필요한 정보
- 재난·안전사고 등으로부터 국민안전을 확보하기 위한 정보
- 집회·시위 등으로 인한 공공갈등과 다중운집에 따른 질서 및 안전 유지에 필요한 정보
- 국민의 생명·신체·재산의 보호와 공공안녕에 대한 위험의 예방과 대응을 위한 정책에 관한 정보(해당 정책의 입안·집행·평가를 위해 객관적이고 필요한 사항에 관한 정보로 한정하며, 이와 직접적·구체적으로 관련이 없는 사생활·신조 등에 관한 정보는 제외)
- 도로 교통의 위해 방지·제거 및 원활한 소통 확보를 위한 정보
- 경찰청장이 위탁받은 신원조사 또는 공공기관의 장이 법령에 근거하여 요청한 사실의 확인을 위한 정보
- 그 밖에 위에 규정한 사항에 준하는 정보

경찰의 정보수집은 공공의 안녕과 질서유지, 개인의 생명과 재산보호라는 경찰목적 달성을 필수인 사항이지만 잘못 운용되면 국민의 기본권과 사생활을 심각하게 침해할 수 있다. 이러한 폐해를 막기 위해 정보수집은 국민의 자유와 권리를 보호하는 것을 목적으로 해야 하고, 필요한 최소한의 범위에 그치도록 하고 있다(시행령 제2조제1항). 이와 함께 정보활동과 관련해서 금지되는 행위를 명시하고 있다(시행령 제2조제2항).

- 정치에 관여하기 위해 정보를 수집·작성·배포하는 행위
- 법령의 직무 범위를 벗어나 개인의 동향 등을 파악하기 위해 사생활에 관한 정보를 수집·작성·배포하는 행위
- 상대방의 명시적 의사에 반해 자료 제출이나 의견 표명을 강요하는 행위
- 부당한 민원이나 청탁을 직무 관련자에게 전달하는 행위
- 직무상 알게 된 정보를 누설하거나 개인의 이익을 위해 사용하는 행위
- 직무와 무관한 비공식적 직함을 사용하는 행위

🔟 경찰장비의 사용(제9조)

가. 의의

경찰장비란 무기, 경찰장구, 최루제와 그 발사장치, 살수차, 감식기구, 해안 감시기구, 통신기기, 차량·선박·항공기 등 경찰이 직무를 수행할 때 필요한 장치와 기구를 말한다.

나. 사용원칙

경찰관은 직무수행 중 경찰장비를 사용할 수 있다. 다만, 사람의 생명이나 신체에 위해를 끼칠 수 있는 경찰장비를 사용할 때에는 필요한 안전교육과 안전검사를 받은 후 사용하여야 한다. 경찰관은 경찰장비를 함부로 개조하거나 경찰장비에 임의의 장비를 부착하여 일반적인 사용법과 달리 사용함으로써 다른 사람의 생명·신체에 위해를 끼쳐서는 아니 된다. 위해성 경찰장비는 필요한 최소한도에서 사용하여야 한다.

다. 해양경찰장비

「해양경찰장비 도입 및 관리에 관한 법률」(해양경찰장비법)에서 "해양경찰장비는「해양경찰법」제14조에 따른 해양경찰의 직무를 수행하는 데 필요한 함정·항공기 및 탑재장비"라고 규정하고 있다.

1️⃣1️⃣ 경찰장구의 사용(제10조의2)

경찰장구란 "경찰관이 휴대하여 범인 검거와 범죄 진압 등의 직무수행에 사용하는 수갑, 포승, 경찰봉, 방패 등"을 말한다. 경찰관은 다음의 상황에서 직무를 수행하기 위하여 필요하다고 인정되는 상당한 이유가 있을 때에는 그 사태를 합리적으로 판단하여 필요한 한도에서 경찰장구를 사용할 수 있다.

• 현행범이나 사형·무기 또는 장기 3년 이상의 징역이나 금고에 해당하는

죄를 범한 범인의 체포 또는 도주 방지
- 자신이나 다른 사람의 생명·신체의 방어 및 보호
- 공무집행에 대한 항거 제지

🔢 무기의 사용(제10조의4)

가. 의의

무기란 사람의 생명이나 신체에 위해를 끼칠 수 있도록 제작된 권총·소총·도검 등을 말한다.

나. 무기사용의 원칙

1) 필요성의 원칙

범인의 체포, 범인의 도주 방지, 자신이나 다른 사람의 생명·신체의 방어 및 보호, 공무집행에 대한 항거의 제지를 위하여 필요하다고 인정되는 상당한 이유가 있어야 한다. 주관적 판단이 아닌 사회통념상 객관성이 인정되어야 한다.

2) 합리성의 원칙

무기사용이 필요하다는 상당한 이유가 있을 때에는 그 사태를 합리적으로 판단하여야 한다.

3) 협의의 비례원칙

무기를 사용하지 않고서는 다른 수단이 없다고 인정되는 불가피성(보충성의 원칙)이 존재해야 한다.

다. 무기사용 시 위해를 수반할 수 있는 경우

다음 경우를 제외하고는 무기사용 시 사람에게 위해를 끼쳐서는 아니 된다.

- 「형법」에 규정된 정당방위와 긴급피난에 해당할 때
- 사형·무기 또는 장기 3년 이상의 징역이나 금고에 해당하는 죄를 범하거나 범하였다고 의심할 만한 충분한 이유가 있는 사람이 경찰관의 직무집행에 항거하거나 도주하려고 할 때
- 체포·구속영장과 압수·수색영장을 집행하는 과정에서 경찰관의 직무집행에 항거하거나 도주하려고 할 때
- 제3자가 위의 두 사항에 해당하는 사람을 도주시키려고 경찰관에게 항거할 때
- 범인이나 소요를 일으킨 사람이 무기·흉기 등 위험한 물건을 지니고 경찰관으로부터 3회 이상 물건을 버리라는 명령이나 항복하라는 명령을 받고도 따르지 아니하면서 계속 항거할 때
- 대간첩작전 수행 과정에서 무장간첩이 항복하라는 경찰관의 명령을 받고도 따르지 아니할 때

라. 공공화기 사용

대간첩·대테러 작전 등 국가안전에 관련되는 작전을 수행할 때에는 개인화기외에 공용화기를 사용할 수 있다.

SECTION 02　해양경비법상 해양경찰관의 권한

1 의의

「해양경비법」(법률 11372호)은 2012년 12월 22일 제정되었다. 「해양경비법」은 육상에서의 공공질서 및 치안의 확보 등을 주된 목적으로 하는 일반 경찰활동과는 다른 특성을 가진 해양경비 업무수행에 관한 법적인 근거를 마련하고 있다. 「해양경비법」의 제정 목적은 다음과 같다.[9]

- 급변하는 해양환경의 변화에 능동적으로 대처하여 해양안보를 수호하고 해양 자원을 보호하기 위한 해양경찰의 활동범위 명확화
- 해양경찰 활동의 수행을 위한 해상검문·검색, 선박 등의 추적·나포, 해상 항행 보호조치 등의 대상 및 발동요건 구체화
- 해양경찰관이 사용가능한 장비와 장구 등을 명시하여 해양경찰활동이 엄격한 법적 절차에 따라 진행되도록 함

「해양경비법」이 제정되기 전 해양경찰의 법 집행권은 「경찰관 직무집행법」에 근거를 두고 있었으나, 해경의 다양한 해상활동에 대한 법적 근거로는 불충분하고, 특히 불법 중국어선에 대해 강력히 대응하기 위한 법적 뒷받침으로 미약하다는 문제가 있었다. 또한 해양경찰 업무의 중요성이 증가하면서 법적 뒷받침을 하기 위한 입법 조치의 필요성으로 「해양경비법」이 제정되었다.

9　해양경비법(법률 제11372), 2012. 12. 22 제정, 2012. 8. 23 시행, 제정이유.

② 해양경비 활동의 범위(제7조)

해양경찰관은 다음의 해양경비 활동을 수행한다.

- 해양 관련 범죄에 대한 예방
- 해양오염 방제 및 해양수산자원 보호에 관한 조치
- 해상경호, 대테러 및 대간첩작전 수행
- 해양시설의 보호에 관한 조치
- 해상항행 보호에 관한 조치
- 그 밖에 경비수역에서 해양경비를 위한 공공의 안녕과 질서유지

③ 해상검문·검색(제12조)

가. 의의

해상검문·검색이란 "해양경찰청장이 경비세력을 사용하여 경비수역에서 선박등을 대상으로 정선 요구·승선·질문·사실 확인·선체 수색이나 그 밖에 필요한 조치를 하는 것"을 말한다(제2조제9호). 해상검문·검색의 법적 근거 규정인 「경찰관 직무집행법」에 따른 불심검문은 육상을 공간적 배경으로 하고 있기 때문에 해상에서의 선박에 대한 검문·검색의 법적 근거로는 미흡한 문제점이 있었다. 이에 따라 미흡한 법적 근거에 따라 수행되어 온 해상검문검색 활동에 대한 명확한 법적 근거가 필요했다. 「해양경비법」은 법령이나 조약을 위반한 사실이 의심되는 선박 등에 대하여 주위의 사정을 합리적으로 판단하여 상당한 이유가 있는 경우 해상검문·검색을 실시할 수 있는 법적 근거를 명확히 했다.

나. 대상

해양경찰관은 해양경비 활동 중 다음의 경우에 해당하는 선박등에 대하여 주위의 사정을 합리적으로 판단하여 상당한 이유가 있는 경우 해상검문·검색을 실시할 수 있다. 검문·검색의 대상이 되는 "선박등"이란 "「선박법」에 따른 선

박, 「수상레저안전법」에 따른 수상레저기구, 「어선법」에 따른 어선, 그 밖에 수상에서 사람이 탑승하여 이동 가능한 기구"를 말한다(제2조제10호).

- 다른 선박의 항행 안전에 지장을 주거나 진로 등 항행상태가 일정하지 아니하고 정상적인 항법을 일탈하여 운항되는 선박등
- 대량파괴무기나 그 밖의 무기류 또는 관련 물자의 수송에 사용되고 있다고 의심되는 선박등
- 국내법령 및 대한민국이 체결·비준한 조약을 위반하거나 위반행위가 발생하려 하고 있다고 의심되는 선박등

외국선박에 대한 해상검문·검색은 대한민국이 체결·비준한 조약 또는 일반적으로 승인된 국제법규에 따라 실시한다. 이에 따라 「유엔해양법협약」(제17조 및 제19조)에 따라 우리나라 영해에서 무해통항을 하는 외국선박에 대하여 무해통항권이 침해되지 않도록 하여야 한다.

다. 고지

해양경찰관은 해상검문·검색을 목적으로 선박등에 승선하는 경우 선장(선박등을 운용하는 자를 포함)에게 소속·성명·해상검문·검색의 목적과 이유를 고지하여야 한다.

４ 추적 및 나포(제13조)

해양 관련 개별 법령에 해양경찰관이 법령, 조약 위반이 확실시되는 선박 등을 추적하여 나포할 수 있는 명확한 법적 근거가 없는 문제점이 있었다. 「해양경비법」에서는 이에 대한 법적 근거를 명확히 하고 있다. 해양경찰관은 다음의 어느 하나에 해당하는 선박등에 대하여 추적·나포할 수 있다.

- 해상검문·검색에 따르지 아니하고 도주하는 선박등
- 해당 경비수역에서 적용되는 국내법령 및 대한민국이 체결·비준한 조약을 위반하거나 위반행위가 발생하려 하고 있다고 확실시되는 상당한 이유가 있는 선박등

외국 선박에 대한 추적권의 행사는 「유엔해양법협약」 제111조[10]에 따른다.

---

10 1. 외국선박에 대한 추적은 연안국의 권한있는 당국이 그 선박이 자국의 법령을 위반한 것으로 믿을만한 충분한 이유가 있을 때 행사할 수 있다. 이러한 추적은 외국선박이나 그 선박의 보조선이 추적국의 내수·군도수역·영해 또는 접속수역에 있을 때 시작되고 또한 추적이 중단되지 아니한 경우에 한하여 영해나 접속수역 밖으로 계속될 수 있다. 영해나 접속수역에 있는 외국선박이 정선명령을 받았을 때 정선명령을 한 선박은 반드시 영해나 접속수역에 있어야 할 필요는 없다. 외국선박이 제33조에 정의된 접속수역에 있을 경우 추적은 그 수역을 설정함으로써 보호하려는 권리가 침해되는 경우에 한하여 행할 수 있다.
    2. 추적권은 배타적경제수역이나 대륙붕(대륙붕시설 주변의 안전수역 포함)에서 이 협약에 따라 배타적경제수역이나 대륙붕(이러한 안전수역 포함)에 적용될 수 있는 연안국의 법령을 위반한 경우에 준용한다.
    3. 추적권은 추적당하는 선박이 그 국적국 또는 제3국의 영해에 들어감과 동시에 소멸한다.
    4. 추적당하는 선박이나 그 선박의 보조선이 또는 추적당하는 선박을 모선으로 사용하면서 한 선단을 형성하여 활동하는 그 밖의 보조선이 영해의 한계 내에 있거나, 경우에 따라서는, 접속수역·배타적경제 수역 한계내에 또는 대륙붕 상부에 있다는 사실을 추적선박이 이용가능한 실제적인 방법으로 확인하지 아니하는 한, 추적은 시작된 것으로 인정되지 아니한다. 추적은 시각이나 음향 정선신호가 외국선박이 보거나 들을 수 있는 거리에서 발신된 후 비로소 이를 시작할 수 있다.
    5. 추적권은 군함·군용항공기 또는 정부업무에 사용중인 것으로 명백히 표시되어 식별이 가능하며 그러한 권한이 부여된 그 밖의 선박이나 항공기에 의하여서만 행사될 수 있다.
    6. 어느 국가의 관할권 내에서 나포되어 권한있는 당국의 심리를 받기 위하여 그 국가의 항구에 호송된 선박은 부득이한 사정에 의하여 그 항행도중에 배타적경제수역의 어느 한 부분이나 공해의 어느 한 부분을 통하여 호송되었다는 이유만으로 그 석방을 주장할 수 없다.
    8. 추적권의 행사가 정당화되지 아니하는 상황에서 선박이 영해 밖에서 정지되거나 나포된 경우, 그 선박은 이로 인하여 받은 모든 손실이나 피해를 보상받는다.

5 해상항행 보호조치(제14조)

가. 의의

「집회 및 시위에 관한 법률」 및 「해사안전법」은 다수의 선박 등이 다른 선박의 항행을 방해하는 등 해상집단행동을 할 경우 이를 규제하지 못하는 문제점이 있다. 이를 보완하기 위해 「해양경비법」에서는 항행을 방해하는 집단행동을 규제할 수 있는 보다 명확한 법적 근거를 마련하였다.

나. 해상항행 보호조치(제14조제1항)

해양경찰관은 경비수역에서 다음의 경우에 해당하는 행위를 하는 선박등의 선장에 대하여 경고·이동·해산 명령 등 해상항행 보호조치를 할 수 있다. 다만, 외국 선박에 대한 해상항행 보호조치는 연안수역에서만 실시한다.

- 선박등이 본래의 목적을 벗어나 다른 선박등의 항행 또는 입항·출항 등에 현저히 지장을 주는 행위
- 선박등이 항구·포구 내외의 수역과 지정된 항로에서 무리를 지어 장시간 점거하거나 항법상 정상적인 횡단방법을 일탈하여 다른 선박등의 항행에 지장을 주는 행위
- 임해 중요시설 경계 바깥쪽으로부터 1킬로미터 이내 경비수역에서 선박등이 무리를 지어 위력적인 방법으로 항행 또는 점거함으로써 안전사고가 발생할 우려가 높은 행위

다. 사고선박 보호조치(제14조제2항)

해양경찰관은 경비수역(「선박의 입항 및 출항 등에 관한 법률」에 따른 무역항의 수상구역등의 수역은 제외)에서 다음의 사유로 선박등이 좌초·충돌·침몰·파손 등의 위험에 처하여 인명·신체에 대한 위해나 중대한 재산상 손해의 발생 또는 해양오염의 우려가 현저한 경우에는 그 선박등의 선장에 대하여 경고, 이동·피난 명령 등 안전조치를 할 수 있다. 다만, 외국 선박에 대한 안전조치는 연안수

역에서만 실시한다.

- 태풍, 해일 등 천재
- 위험물의 폭발 또는 선박의 화재
- 해상구조물의 파손

라. 직접강제(제14조제3항)

해양경찰관은 선박등의 통신장치 고장 등의 사유로 안전조치 명령을 할 수 없거나 선박등의 선장이 안전조치 명령에 불응하는 경우로서 인명·신체에 대한 위해, 중대한 재산상 손해 또는 해양오염을 방지하기 위하여 긴급하거나 불가피하다고 인정할 때에는 합리적으로 판단하여 필요한 한도에서 다음의 조치를 할 수 있다.

- 선박등을 안전한 곳으로 이동시키는 조치
- 선박등의 선장, 해원 또는 승객을 하선하게 하여 안전한 곳으로 피난시키는 조치
- 그 밖에 대통령령으로 정하는 조치

해양경찰관은 위의 조치를 하려는 경우에는 선박등의 선장에게 자신의 신분을 표시하는 증표를 제시하고 조치의 목적·이유 및 이동·피난 장소를 알려야 한다. 다만, 기상상황 등으로 선박에 승선할 수 없는 경우에는 무선통신 등을 이용하여 자신의 신분 고지 등을 할 수 있다. 해양경찰서장은 이동조치와 관련하여 발생한 비용을 대통령령으로 정하는 선박등의 소유자에게 부담하게 할 수 있다.

⑥ 무기사용(제17조)

가. 무기사용(제17조제1항)

해양경찰관은 해양경비 활동 중 다음에 해당하는 경우에는 무기를 사용할 수 있다. 이 경우 무기사용의 기준은 「경찰관 직무집행법」 제10조의4에 따른다. 「개인화기」란 "해양경찰청 소속 경찰공무원(의무경찰을 포함) 개인이 휴대하며 운용할 수 있는 무기"를 말한다.[11]

- 선박등의 나포와 범인을 체포하기 위한 경우
- 선박등과 범인의 도주를 방지하기 위한 경우
- 자기 또는 다른 사람의 생명·신체에 대한 위해를 방지하기 위한 경우
- 공무집행에 대한 저항을 억제하기 위한 경우

나. 공용화기 사용(제17조제2항)

「공용화기」(crew served weapon)란 "경비함정 등에서 공동 임무를 수행하기 위하여 사용하는 무기"를 말한다.[12] 권총 등 휴대할 수 있는 개인화기에 비하여 포나 중화기와 같이 공용화기는 함정에 장착되어 있다. 개인화기 외에 공용화기를 사용할 수 있는 경우는 다음과 같다.

- 대간첩·대테러 작전 등 국가안보와 관련되는 작전을 수행하는 경우
- 선박등과 범인이 선체나 무기·흉기 등 위험한 물건을 사용하여 경비세력을 공격하거나 공격하려는 경우
- 선박등이 3회 이상 정선 또는 이동 명령에 따르지 아니하고 경비세력에게 집단으로 위해를 끼치거나 끼치려는 경우

---

11 해양경찰청훈령 제127호, 「무기·탄약류 등 관리 규칙」, 제2조.
12 위의 규칙.

7 장비 및 장구의 사용(제18조)

가. 장비·장구 사용(제18조제1항)

해양경찰관은 「경찰관 직무집행법」에 따른 경찰장비 및 경찰장구 외에 해양에서 직무를 수행하는 업무 특성에 맞는 경찰장비 및 경찰장구를 사용할 수 있다.

- 해상검문·검색 및 추적·나포 시 선박 등을 강제 정선, 차단 또는 검색하는 경우 경비세력에 부수되어 운용하는 경찰장비 및 경찰장구
- 선박등에 대한 이동·해산 명령 등 해상항행 보호조치에 필요한 경찰장비 및 경찰장구
- 위의 경찰장비 및 경찰장구 외에 정당한 직무수행 중 경비세력에 부당하게 저항하거나 위해를 가하려 하는 경우 경비세력의 자체 방호를 위한 경찰장비 및 경찰장구

나. 장비·장구의 종류 및 사용기준(시행령 제5조)

해양경찰장비 및 경찰장구의 종류는 다음과 같다.

- 경찰장비: 소화포
- 경찰장구: 페인트볼 및 투색총(줄을 쏘도록 만든 특수총)

경찰장비 및 경찰장구의 사용기준은 다음과 같다.

- 통상의 용법에 따라 사용할 것
- 목적 달성에 필요한 최소한의 범위에서 사용할 것
- 다른 사람의 생명·신체에 대한 위해를 최소화할 것

SECTION 03 해양경찰의 총기사용

1 의의

해양경찰관은 직무수행에서 적법한 절차에 따라 총기를 사용 할 수 있다. 총기사용을 위한 법적 근거는 앞에서 살펴본 바와 같이 「경찰관직무집행법」과 「해양경비법」에 두고 있다.

나. 경찰관 직무집행법과 해양경비법상의 무기 사용

1) 「경찰관직무집행법」상 무기사용(제10조의4)

- 범인의 체포, 범인의 도주방지, 자신이나 다른 사람의 생명·신체의 방어 및 보호, 공무집행에 대한 항거의 제지를 위하여 필요하다고 인정되는 상당한 이유가 있을 때
- 사태를 합리적으로 판단하여 필요한 한도에서 무기를 사용

2) 「해양경비법」상 경찰관 무기사용(제17조제1항)

- 선박의 나포와 범인을 체포하기 위한 경우
- 선박과 범인의 도주를 방지하기 위한 경우
- 자기 또는 다른 사람의 생명·신체에 대한 위해를 방지하기 위한 경우
- 공무집행에 대한 저항을 억제하기 위한 경우

3) 「해양경비법」상 공용화기 사용(제17조제2항)

- 대간첩·대테러 작전 등 국가안보와 관련되는 작전을 수행하는 경우
- 선박과 범인이 선체나 무기·흉기 등 위험한 물건을 사용하여 경비세력을 공격하거나 공격하려는 경우

• 3회 이상 정선 또는 이동 명령에 따르지 아니하고 경비세력에게 집단으로 위해를 끼치거나 끼치려는 경우

다. 총기사용 정책 변화

2011년 중국어선 단속 경찰관이 선장이 휘두른 칼에 의해 사망하는 사건이 발생한 후 중국어선 단속에 투입되는 모든 직원은 총기 휴대하도록 하는 「총기 사용 가이드라인」을 제정하여 총기사용 절차를 간소화하였다. 이후 2016년 해양경찰 고속보트가 중국어선에 의해 충돌한 후 침몰한 사건을 계기로 불법 중국 어선에 대하여 엄격한 법 집행을 위해 총기사용의 새로운 지침인 「무기사용 매뉴얼」을 제정하였다.

▌표 1 「총기사용 가이드라인」과 「무기사용 매뉴얼」 비교

	2012 총기사용 가이드라인	2016 무기사용 매뉴얼
기본방침	• 흉기로 공무집행 저항 시 진압장비와 총기류 등 모든 수단 사용하여 제압 · 나포	• 흉기 등 위험한 물건으로 공무집행 저항 시 진압장비와 무기 등 모든 수단 사용하여 제압 · 나포 • 정당한 법 집행 순응시 인도적 합법적 대우
무기사용 결정권자	–	• 개인화기: 경찰관 개인 • 공용화기: 현장 지휘관
보고	–	• 선조치 후보고
사용 요건	• 선박이 선체나 무기 · 흉기 등 위험한 물건을 사용하여 경비세력을 공격한 때	• 단속 경찰관에 위해를 가하려 할 때 • 선체나 무기 · 흉기 등 위험한 물건으로 경비세력을 공격하려고 할 때
개인화기	• 단속 경찰관 안전 위협 시 • 공무집행 불가능 판단 시 • 자기 또는 타인의 생명 · 신체 방위나 진압 불가능 시	• 위험한 물건을 설치 또는 사용하여 계속 저항 시 • 자기 또는 타인의 생명 · 신체 방위나 진압 불가능 시 • 위에 준하는 급박한 상황에서 위해 방지에 필요 시

	2012 총기사용 가이드라인	2016 무기사용 매뉴얼
공용화기	• 어선 승선 단속 경찰관 안전 확보 • 단속 경찰관 피랍·사상 후 도주 시	• 공격하거나 공격 위험이 현저할 때 • 선체 이용 <u>고의 충돌시</u> • 위에 준하는 급박한 상황에서 <u>현장지휘관</u>이 필요하다고 판단 시
경고시 사용	• 위협사격의 방법만 명시	• 무기사용 경고 방법 명확화
사용절차 및 유의 사항	• 총기 장전 시 안전 조시 • <u>피해 최소화(대퇴부이하 조준)</u> • 위협 사격 및 사전 경고 • 총기 사용 채증	• 무기사용 절차 명확화: <u>경고방송 → 경고사격 → 사격</u> • 인명 피해를 최소화 할 수 있는 신체나 선체 부위 사격
인도주의 조항	• 정당한 법집행 순응 시 인도적이고 합법적 대우 보장	
안전조치	• 정당하게 무기사용 시 경찰관 책임을 묻지 않는다	

라. 결론

무기사용은 순응하지 않는 범법자와 선박을 강제하기 위한 법 집행의 핵심적 부분이며 제압을 위한 마지막 수단이다. 살상무기의 사용은 인명과 재산에 치명적인 위해를 가할 수 있기 때문에 범법자 뿐만 아니라 법 집행자에게도 가장 민감하고 위험한 사안이다. 해상에서 선박과 선박이 조우하는 상황에서 무기의 사용은 더욱 위험하다.

무기사용에 대해 국제법에는 합의된 원칙이나 명시적인 규정 없이 온전히 각국의 국내법과 정책에 맡겨져 있다. 국제재판소의 판결에서 나타난 무기사용의 원칙은 다음과 같다. (1) 무기사용은 가능한 한 피해야 하고, (2) 필요한 경우 법 집행공무원이나 승선원의 안전과 직무집행 방해와 같은 최소한의 범위에서 사용되어야 하며, (3) '필요성'과 '비례성' 원칙이 준수되어야 하고, (4) 무기사용이 불가피한 경우 손상은 최소화하고 인명이 존중되어야 하며, (5) 과도한 물리력 행사를 막기 위해 물리력 사용은 최소 수준에서 최대 수준으로 증가되어야 한다는 「물리력 사용의 순차성」(use of force continuum) 원칙이 준수되어야 한다.

선상이나 해상에서 총기사용은 목표물을 빗나가 다른 사람이나 선박에 위해를 가할 수 있는 가능성이 크기 때문에 총기사용의 원칙이 엄격히 적용되어야 하지만, 정당한 총기사용에 대해서는 법적 및 징계 책임의 면제가 필요하다.

국제해양법론

CHAPTER 14

국제해양법의 발전

1 해양법 원칙의 탄생

「해양법 원칙」(law of the sea principles)의 발전은 인류의 해양진출 역사와 궤를 같이 한다. 인류가 본격적으로 해양에 진출하고 이용하기 전까지 해양은 두려움의 대상이자 이동을 제한하는 공간이었다. 그러나 조선술, 항해술 등 해양기술이 발달하고 해양에 본격적으로 진출하면서 해양은 어업 외에도 교역, 교통을 촉진시키고 문명 간 교류를 확대하는 공간으로 이용되었다.

해양의 본격적인 이용은 필연적으로 해양세력권 확대를 둘러싼 국가 간 대립과 분쟁을 낳게 되었다. 특히, 대항해시대 스페인과 포르투갈이 항로를 개척하고 식민지를 확대하면서 해양세력간 치열한 각축전이 벌어졌다. 해양세력들은 자국의 해양세력 확대 및 해양진출을 뒷받침할 수 있는 이론적 근거를 주장하였고, 이것은 해양의 실체 및 이용에 대한 이론적 발전으로 이어졌다. 또한 해양의 본격적인 이용과 함께 해양이용에 관한 관행이 축적되고 해양질서에 관한 원칙과 제도가 생겨났다. 이러한 원칙과 제도는 근세에 들어와 국제법의 발전과 함께 조약, 협약 등의 형태로 국제 규범화되었고 오늘날의 현대 해양법의 발전으로 이어졌다.

2 폐쇄해와 자유해

현대 국제해양법 원칙과 제도의 발전은 「해양국」(maritime state)의 「해양자유의 원칙」과 「연안국」(coastal state)의 해양에 대한 「배타적 관할권 추구」라는 대립적인 이익의 조정 속에 이루어졌다. 역사적으로 해양법 원칙의 발전은 고대 로마시대로 거슬러 올라간다. 로마는 6세기경 「공유물로서의 해양」의 지위를 로마법에 법전화하였다. 그러나 당시 지중해는 「로마의 호수」라고 불릴 정도로 로마의 실효적 지배하에 있었기 때문에 「해양공유 원칙」은 당시의 공식적인 국제법이라기 보다는 로마의 국내정책이었다. 로마가 인접 해양으로 관할권을 확대한 것은 해양으로 로마세력의 확대 및 해적소탕이라는 두 가지 목적을 위한 것이었다.[1]

해양에 대한 관할권 경쟁은 대항해시대를 연 포르투갈과 스페인이 해양경쟁에 뛰어들면서 세계 해양으로 확대되었다. 양국은 1494년 역사적인 「토르데시야스 조약」(Treaty of Tordesillas)에 의해 남반구 해양에 배타적 지배권을 획득하였다. 이 조약에 의해 서부 아프리카의 「케이프 베르데」(Cape Verde) 섬의 경도선을 기준으로 서쪽의 지중해 서부, 멕시코만, 태평양은 스페인, 동쪽의 모로코 이남의 대서양, 인도양은 포르투갈이 각각 배타적 항해권을 갖게 되었다.[2]

스페인-포르투갈에 의한 독점적 해양 분할체제는 16세기 네덜란드, 영국과 같은 신흥해양세력에 의해 도전을 받았다. 1581년 스페인으로부터 독립한 네덜란드는 동인도의 포르투갈 소유지를 인수했고, 1588년 스페인의 무적함대 「아르마다」를 패퇴시킨 영국은 스페인 지배하에 있던 북아메리카의 동쪽 해안을 개척하였다.

1494년 이후 스페인-포르투갈의 배타적 해양지배를 뒷받침하던 「폐쇄해(mare clausum) 원칙」은 「자유해」(mare liberum)와 「공해의 이용의 자유 원칙」에 의해 거센 도전을 받게 되었다. 17세기 네덜란드의 법학자 휴고 그로티우스(Hugo Grotius)는 모든 국가는 해양을 이용한 여행 및 교역을 할 수 있는 자연적, 천부적 권리를 가진다고 하는 「자유해론」을 주장하였다.[3] 그로티우스는 해양은 누구나 이용할 수 있는 「인류 공유재산」(res communis)이며, 개인이나 국가는 해양에 대한 소유권을 가질 수 없다고 하였다. 영국의 존 셀던(John Selden)은 1635년 간행된 「폐쇄해론」(mare clausum)에서 영국 연안의 어획자원을 고갈시키는 외국 어선의 문제를 지적하며, 해양의 무차별적인 이용과 공유는 해양자원을 감소시키기 때문에 해양은 국가에 의해 전용될 수 있다고 주장했다.[4]

---

1 Thomas Clingan, 「The Law of the Sea: Ocean Law and Policy」(Austin and Winfield, 1994), p. 11
2 위의 책.
3 Grotius는 1602년 네덜란드의 동인도회사(Dutch East India Company) 선박이 말라카 해협에서 포르투갈 범선을 나포한 사건 변호를 위해 고용되었다. 자유해론(mare liberum)은 동인도회사의 나포사건을 변호하기 위한 변론서(Brief)의 한 章이었고, 이것은 1608년 별도로 자유해론(*Mare Liberum*)으로 출간되었다.

17세기부터 19세기까지 해양에 대한 자유로운 접근을 강조하는 「해양자유원칙」이 지배하는 가운데 연안국에 해안선으로부터 3해리 착탄거리 이내의 좁은 벨트, 즉 영해에 대한 배타적인 주권과 통제권을 허용하는 국가 관행이 성립되었다. 이리하여 「해양의 자유」와 「연안국의 영해 관할권」이라는 두 개의 지주가 국가 관행으로 정립되었다.[5]

그러나 그 시기의 해양은 사실상 「자유방임」(laissez-faire)체제 상태였다. 연안국의 좁은 영해 벨트 이원은 모두에게 이용이 자유로운 공해로 남겨졌다. 이같은 체제는 해상무역과 식민지와 원활한 소통을 촉진하고자 했던 유럽 해양강국들의 이익이 반영된 것이었다. 자유방임체제는 당시 해양이용의 주목적이었던 항행과 어족자원 이용의 여건에 적합한 체제였다. 즉 당시 선박의 크기는 작고, 선박 수도 적었으며, 어자원은 고갈되지 않는 것으로 인식되었다.[6]

③ 현대 국제해양법의 성립

해양이용의 자유를 근간으로 하는 해양의 대원칙은 이후 큰 변화 없이 지속되다 제2차 세계대전이 끝난 시기에 중대한 변화를 맞는다. 즉 해양이용을 둘러싼 이전과는 전혀 다른 새로운 국제환경의 출현으로 해양원칙은 변화와 함께 새로운 원칙이 생성되는 계기를 맞게 되었다. 또한 해양에 대한 주도권도 전후 유럽 해양국가에서 미국, 소련의 두 강대국으로 넘어가게 되었다.

전후 국제해양법의 발전을 이끈 주된 요소는 해양기술의 급속한 발전, 다수의 신생독립국의 출현, 해양자원 수요증가 등 이었다.[7] 이와 함께 세계대전과 냉전을 거치면서 군사적 목적을 위한 해양의 중요성이 더욱 커졌다. 또한 대형유조선, 해상교통량의 증가로 인하여 선박 배출물에 의한 해양오염이 심각한 문제로 대두되었다. 그러나 무엇보다 전후 다수의 신생독립국의 출현은 미국, 소련,

---

4 George V. Galdorisi and Kevin R. Vienna, 「Beyond the Law of the Sea: New Directions for U.S. Oceans Policy」(Praeger Publishers, 1997), p. 10.

5 James C. F. Wang, 「Handbook On Ocean Politics & Law」(Greenwood Press, 1992), pp. 43-44.

6 *Ibid,* p. 2.

7 James C. F. Wang, 전게서, pp. 43-44.

유럽 해양국가 중심의 해양의 자유를 근간으로 하는 기존 해양질서에 큰 변화를 초래하는 핵심적인 요인이 되었다.

라틴아메리카, 아시아, 아프리카 신생독립국들은 대륙붕에 관한 미국의 주권을 선언한 1945년 「대륙붕에 관한 트루먼 선언」 이후 잇달아 해양관할권 확대를 선언했다. 또한 발달된 해양조사기술에 의해 해양자원은 결코 비고갈 자원이 아니라는 사실이 밝혀졌다. 이와 함께 민족주의를 새로운 정치적 기치로 내걸고 경제적 주권을 추구했던 신생독립국들과 개발도상국들은 자국 연안까지 원양어업을 확대하는 선진국들에 맞서 어자원을 보호하기 위해 영해 이원으로 연안국의 배타적 관할권 확대를 주장하였다.

미국 등 선진국은 석유, 가스 등 대륙붕 천연자원 개발이 배타적 관할권 확대의 주된 목적인데 비하여, 신생독립국 및 개발도상국들은 어자원 보호가 주된 목적이었다. 좁은 해역에서 연안국의 영해 이원으로 관할권의 확대는 필연적으로 인접 연안국사이에 관할권의 중첩을 낳게 되었고, 이후 해양경계획정 분쟁이 중대한 국제문제가 되었다.

해양기술의 발전으로 대륙붕 및 심해저 자원의 개발이 가능하게 되었으나 개발기술을 갖지 못한 신생독립국 및 후진국들은 심해저는 「인류공동의 유산」(common heritage of mankind)이라는 기치를 내걸고 선진국들에게 해양기술의 이전과 심해저 개발로부터 획득한 부의 분배를 요구했다.

이러한 국제해양법을 둘러싼 변화된 국제환경과 신생독립국들의 관할권 확대 요구는 해양법 편찬화 노력과 이후 세 차례의 「유엔해양법회의」로 이어졌다. 이러한 노력은 1982년 「유엔해양법협약」 탄생의 시발점이 되었다. 이로써 17세기 이후 3세기 동안 지속되어 온 「자유로운 해양이용 원칙」은 연안국의 「연안수역에 대한 배타적 관할권」 우위 쪽으로 무게 중심이 이동하였다.

SECTION 02 국제해양법 편찬

1 트루먼 선언

1945년 9월 28일 발표된 트루먼 미국 대통령의 「대륙붕에 관한 트루먼 선언」 (Truman Proclamation on the Continental Shelf)은 현대 해양법 발전에서 분수령이 되는 획기적인 선언이었다. 선언문에서 "미국의 관할과 통제하에 있는 미국 연안의 공해 속 대륙붕의 천연자원은 미국에 부속된다"고 선언하였다.

트루먼 선언은 다음과 같은 중요한 의미를 가지고 있다. 첫째, 수세기 동안 지속되어온 자유로운 해양이용 원칙에서 제2차 세계대전 후 해양자원에 대한 연안국의 배타적 관할권이 강조되는 기폭제가 되었다. 「트루먼 선언」 이후 멕시코, 아르헨티나, 칠레, 페루 등 라틴아메리카 국가들은 연안 어족자원 보호를 목적으로 연안으로부터 200해리 또는 그 이상의 배타적 수역을 잇달아 선포하였다. 이러한 흐름에 힘입어 아프리카, 아시아의 신생독립국가들도 앞다투어 배타적 수역을 선포하였다.

둘째, 트루먼 선언을 계기로 해양법 편찬 노력이 가속화되고, 그 결과 새로운 해양질서가 등장하게 되었다. 연안국들의 배타적 수역 선언이 잇따르고 배타적 관할권을 주장하면서 새로운 해양법질서에 대한 필요성이 그 어느 때보다 높아졌다. 그 결과 1958년 「제1차 유엔해양법회의」를 시작으로 세 차례에 걸친 「유엔해양법회의」로 이어졌다.

2 인접해양에 대한 주권선언

한국도 이러한 시대적 흐름에 영향을 받아 1952년 국무원고시 14호 「대한민국 인접해양의 주권에 대한 대통령의 선언」을 발표하였다. 이 선언에서 어업자원 보호를 위하여 일정한 연안구역에서 어자원에 대한 배타적 관할권을 행사하는 이른바 「평화선」(Peace Line)을 한반도 주변해역에 설정하였다. 평화선은 당시 발달된 어업기술과 장비를 갖춘 일본 어선들에 의한 한국 연안의 무차별적인 조업으로부터 어업자원 보호가 주목적이었지만, 대외적으로 한반도 인접해역에서 수산·자연자원, 광물자원에 대한 보호 의지를 천명하였다.

이 선언의 시행을 국내법으로 뒷받침하기 위하여 1953년 위의 선언과 동일한 해역을 관할수역으로 하는 「어업자원보호법」을 제정·시행하게 되었다. 인접 해양 주권선언은 1965년 체결된 「한·일어업협정」의 발효와 더불어 효력이 정지되기는 하였지만, 「어업자원보호법」은 실정법으로서 여전히 유효하며, 다만 적용을 유보하고 있을 뿐이다.[8]

❸ 국제해양법 편찬 노력

19세기 말부터 본격적으로 개최되기 시작한 해양이용에 관한 다자간 국제회의에서 해저케이블 보호에서 해양구조물에 이르는 다수의 전문적이고 기술적인 해사협약이 탄생했다. 국가간 관행이나 관습법의 형태로 존재하던 해양이용에 관한 원칙 및 규칙을 법전화하려는 노력은 연구소, 학회 등 민간부문의 연구와 정부간 해양법회의를 통하여 시도되었다.

민간부문에 의한 해양법 편찬 노력은 「국제법 협회」(International Law Association), 「국제법 연구소」(Institute of International Law), 「하버드 로스쿨」(Harvard Law School), 「미국 법학연구소」(American Law Institute) 등에 의해 주도되었다. 이들 민간 연구기관은 영해, 공해, 해양오염, 해저 및 해저자원, 해적, 국제수로, 심해저 광업, 해저케이블 설치 등 여러 해양분야에 대한 연구 성과를 낳았다. 특히 하버드 로스쿨은 영해, 해적에 관한 주목할 만한 연구 성과를 낳았다[9]. 해양법의 법전화를 위한 정부간 노력은 이후 수년에 걸친 대규모 해양법회의를 통하여 이루어졌다.

---

8 최종화, 「현대해양국제법」(두남, 2004), p. 405.
9 R. R. Churchill, A. V. Lowe, 「The Law of the Sea」, 3rd ed. (Manchester University Press, 1999), p. 14.

1, 2차 유엔해양법회의

1 1930년 Hague 국제법 편찬회의

1924년 「국제연맹」(League of Nations)은 국제법을 편찬하려는 목적으로 전문가 위원회(Committee of Experts)를 설치하고 영해, 해적, 해양자원 이용, 국가소유 상선의 법적 지위 등 법전화를 위한 네 가지 의제를 설정하고 그 중 첫 번째 세 개 의제에 대하여 각국 정부에 설문지(Questionnaires)를 회람했다[10]. 전문가 위원회의 논의를 바탕으로 1927년 국제연맹은 국적(nationality), 국가책임(state responsibility), 영해획정(territorial sea delimitation)의 세 가지 의제에 대한 국제회의 준비를 진행시켰다. 준비과정에서 하버드 로스쿨의 「Harvard Research」와 위원회 자체의 토론자료(Bases of Discussion)의 두 가지 영해 관련 초안이 마련되었다.

1930년 48개국이 참가한 가운데 헤이그에서 열린 회의에서는 영해획정에 대한 일반적인 합의가 있었지만, 3마일 영해 이원의 접속수역 설정에 대해 강한 반대가 있었다.[11] 영해의 폭과 접속수역 인정 여부에 대한 논란 속에 종결된 「헤이그회의 최종 결의서」(The Final Act of the 1930 Hague Conference)에서는 영해의 법적 지위를 연안국 영토의 일부를 형성하는 바다의 좁은 수역(belt)으로 규정하고, 영해 상공, 해저, 하층토 및 무해통항에 대하여 규정하고 있으나 영해의 폭과 접속수역에 대하여는 정의하지 않았다.

---

10 설문지 회수결과 영국, 독일, 미국, 일본을 포함하는 25개국이 영해법 편찬 회의를 희망하고, 프랑스, 이태리, 미국 등 22개국이 해양자원 개발에 관한 회의를 선호했다.

11 James C. F. Wang, 전게서, p. 24.

② 제1차 유엔해양법회의

1945년 UN의 설립과 함께 산하에 각국 정부에 의해 선출된 34명의 저명한 법률가로 구성된 「국제법위원회」(International Law Commission, ILC)가 창설되어 1930년 「국제연맹 편찬회의」(League Codification Conference)이래 시도되었던 국제법 편찬 노력을 계속하였다. 헤이그회의의 초안을 많이 참고하였던 ILC의 연구 결과는 「제1차 유엔해양법회의」의 토대가 되었다. 이와 별도로 제1차 유엔해양법회의의 직접적인 기폭제가 된 것은 「트루먼 선언」(The Truman Proclamation)[12] 이었다.

트루먼 선언은 대륙붕의 상부 수역은 공해로서 보전한다고 명시했지만, 해양 자원에 대한 연안국들의 「편의적 관할권」(creeping jurisdiction) 주장을 촉진시키는 계기가 되었다.[13] 트루먼 선언은 제2차 세계대전 후 해양법의 방향과 범위에 가장 중요한 영향을 미친 단일사례였다. 트루먼 선언 이후 잇따르는 연안국들의 해양관할권 확대와 「배타적(exclusive) 이익」 주장과 이용국(user state)들의 「포괄적(inclusive) 이익」의 대립문제를 해소하기 위해 1958년 「제1차 유엔해양법회의」가 개최되었다.[14]

86개국이 참가한 가운데 제네바에서 열린 「제1차 유엔해양법회의」에서 관습 해양법을 성문화 시킨 4개의 협약, 즉 (1) 「영해 및 접속수역협약」, (2) 「공해협약」, (3) 「대륙붕협약」, (4) 「어업 및 공해 생물자원협약」을 합의했으나 영해의 폭[15]에 관한 합의가 이루어지지 않은 채 종결되었다.

---

12 미국은 1953년 「해저영토법」(Submerged Lands Act)와 「외측대륙붕 영토법」(Outer Continental Shelf Lands Act)를 통하여 트루만선언을 구체화하였다.

13 George V. Goldorisi and Kevin R. Vienna, 전게서, p. 22.

14 James C. Wang, 전게서, p. 25.

15 영해의 폭에 관하여 86개 참가국 중 43개국이 3해리, 13개국이 4-10 해리, 17개국이 12해리, 2개국이 12해리 이상의 영해를 각각 주장하였다.

❸ 제2차 유엔해양법회의

　　1958년 「제1차 유엔해양법회의」에서 합의하지 못한 영해의 폭 문제는 1960
년 제네바에서 열린 「제2차 유엔해양법회의」에 넘겨졌으나, 88개국이 참가한
동 회의에서 6해리 영해와 6해리 어업수역 안에 대하여 1표 차로 부결되어 성과
없이 종결되었다.[16]

16　Edward L. Miles, 「Global Ocean Politics」(Martinus Nijhoff Publishers, 1998), p. 18.

SECTION 04 제3차 유엔해양법회의

1 배경

1958년 및 1960년 해양법회의에서 영해 및 접속수역의 폭에 대한 합의도출에 실패한 후 라틴아메리카를 중심으로 연안국들이 영해의 폭 확대와 연안어업에 대한 배타적 관할권 선포가 이어지자 해양이용을 둘러싸고 긴장과 갈등이 고조되었다. 미·소 강대국들은 영해의 폭 확대에 따른 국제해협에서 자국 군함의 자유로운 통항 확보에 무엇보다 큰 관심을 기울였다.

발전된 해양조사기술에 의해 석유, 가스, 망간 등 엄청난 해저 천연자원 매장의 발견이 알려졌다. 해양기술을 가지지 못한 후진국들은 해양기술을 가진 선진국이 심해저 자원개발의 부를 독차지할 수 있다는 인식에서 심해자원 개발이익 분배와 기술이전을 요구하였다.

해양이용을 둘러싼 갈등이 점증하고 이해관계가 복잡해지면서 해양의 이용에 대한 포괄적 규범의 필요성은 그 어느 때보다 커졌다. 이런 가운데 1967년 몰타의 유엔대사 아비드 파르도(Arvid Pardo)가 공해의 해저자원은 「인류 공동유산」(common heritage of mankind) 이라고 선언할 것과 천연자원을 관리하고 모든 국가에게 천연자원을 분배할 국제행정기구의 설립을 제안했다.[17] 파르도의 제안에 대하여 개발도상국들은 강력한 지지를 표했고, 유엔총회는 1967년 10월 「해저위원회」(Seabed Committee)[18]를 설립했다. 1970년에는 공해의 해저자원은 「인류공동 자산」임을 선언했다.

한편 「제1차 유엔해양법회의」의 해양법 체제가 선진국들의 이익에 편중되어 있다고 인식하고 있던 신생독립국들은 재검토에 찬성했다. 또한 연안어자원 남

---

17 Tomotaka Ishimine, 「The Law of the Sea and Ocean Resources」, 37(2), *American Journal of Economics and Sociology*, p. 131.

18 동 위원회의 정식명칭은 「국가관할권이원의 해저 및 해상의 평화적 이용 연구 특별위원회」 (The Ad Hoc Committee to study the Peaceful Use of the Seabed and the Ocean Floor Beyond the Limits of National Jurisdiction)이다.

획, 해양오염은 1958년 「제네바협약」에서 규정한 연안국의 좁은 관할수역으로 해결될 수 없는 문제였다.[19] 이러한 배경하에서 1970년 유엔총회는 포괄적인 해양법협약의 합의를 목적으로 유엔회의를 개최하기로 결의하였다.

「해저위원회」는 해저제도 초안 작성, 회의 의제 발굴, 해양환경 및 과학조사 초안 작성을 담당하였다. 해저위원회의 논의결과를 바탕으로 해서 1973년 「제3차 유엔해양법회의」가 137개국이 참가한 가운데 뉴욕에서 개최되었다.

2 성립

1973년부터 1982년까지 11회의 공식회의와 수차례의 비공식회의를 개최한 인류역사상 유례가 없는 장기간 매머드 회의를 통하여 「유엔해양법협약」(The United Nations Convention on the Law of the Sea, UNCLOS)이 탄생하였다.[20] 오랜 기간의 협상을 거쳐 타결된 「유엔해양법협약」 안은 표결에 부쳐져 찬성 130개 국, 반대 4개국,[21] 기권 17개국으로 채택되었고, 1982년 12월 10일 자메이카의 Montego Bay에서 119개국이 서명함으로써 협약으로 성립되었다.

「유엔해양법협약」은 17장 320개의 조문, 9개의 부속서, 4개의 결의안으로 이루어져 있다. 핵심 부분은 제2장 영해 및 접속수역, 제3장 국제항행에 이용되는 해협, 제4장 군도국가, 제5장 배타적 경제수역, 제6장 대륙붕, 제7장 공해, 제8장 도서제도, 제11장 심해저, 제12장 해양환경의 보호와 보전, 제13장 해양과학 조사, 제15장 분쟁의 해결 등이다. 이 중에서 가장 쟁점이 되었던 부분은 제11장 심해저 관련 규정이었고, 이로 인해 협약의 성립이 지연되었다.

「유엔해양법협약」의 여타 규정은 조약의 일반적인 특징과 같이 구체적인 이행사항은 다른 기구나 정부간 협상에 위임하는 데 비하여 심해저 관련 규정은 예외적으로 상세하게 규정하여 외양상 국제조약보다 상거래 계약에 더 가까웠

---

19 R. R. Churchill, A. V. Lowe, 전게서, p. 16.

20 2022년 현재 168개국이 비준하고 있다. 협약안 채택을 반대했던 미국, 영국, 독일 등 선진공업국 중 독일, 영국은 1994, 1997년에 각각 비준하고, 캐나다는 2003년에 비준했으나, 미국은 심해저 관련규정에 대한 이견으로 아직 협약을 비준하지 않고 있다.

21 반대국은 미국, 이스라엘, 터키 및 베네수엘라였다.

다.[22] 미국, 영국, 독일 주요 선진공업국은 「국제해저기구」(International Sea Bed Authority)는 합당한 심해저 자원개발을 촉진하기보다는 방해할 것이라는 우려와 심해저 자원 채굴기업에 대한 규제가 불필요하게 심하다는 이유로 협약의 서명에 반대하였다.[23]

「유엔해양법협약」은 미국 등 주요 선진국의 반대에도 불구하고 "60번째 비준서나 가입서가 기탁된 날부터 12개월 후 발효한다"는 협약 제308조의 규정에 의하여 가이아나(Guyana)가 비준서를 기탁한 1년 후인 1994년 11월 16일부터 발효되었다.

한편 협약의 발효를 앞두고 심해저 자원개발에 대한 선진공업국들의 우려에 대한 해법을 찾기 위해 협상이 계속되어 「협약 제11장 이행협정」(The Agreement on the Implementation of Part XI of the Convention)이 1994년 7월 유엔총회에서 채택되었다. 「협약이행협정」은 해저기구가 비용 효과적이고, 선진공업국의 이익을 저해하지 않는 방식으로 의사결정, 건전한 상업적 방식으로 해저자원 개발 규제에 대한 접근을 목적으로 하였다.

이행협정의 채택은 「유엔해양법협약」을 비준하지 않은 선진국들을 설득하는 계기가 되었고, 호주, 칠레, 중국, 핀란드, 독일, 인도, 일본, 말레이시아, 네덜란드, 노르웨이, 러시아, 영국 등이 비준하였다.[24] 한국은 1983년 3월 정부의 서명 이후 국회에서 1996년 1월 비준함으로써 84번째 회원국이 되었다. 북한은 1982년 12월 정부 서명 이후 아직까지 비준을 하지 않고 있다.

❸ 주요 내용

「유엔해양법협약」의 주요 내용은 (1) 12해리 영해 폭, (2) 영해의 「무해통항」(innocent passage) 및 국제해협에서의 「통과통항」(transit passage) 제도, (3) 생물, 비생물 자원에 대한 연안국의 주권적 권리 및 인공섬, 시설물, 과학조사, 해양환경 보존에 대한 관할권을 부여하는 「200해리 배타적 경제수역제도」(EEZ), (4)

---

22 R. R. Churchill, A. V. Lowe, 전게서, p. 18.

23 위의 책, p.19.

24 위의 책, p. 21.

200해리 또는 그 이원의 대륙변계까지 대륙붕에 대한 연안국의 주권적 권리 인정, (5) 섬으로 이루어진 국가의 최 외곽섬을 연결하는 직선기선을 허용하고 특별한 지위를 부여하는 「군도국가 제도」(archipelagic state) 및 무해통항, (6) 선박 유출 및 해상투기에 의한 오염방지, (7) 심해저 개념 규정 및 이용을 위한 원칙·제도, (8) 제3자 분규해결제도 등이다.

4 의의와 특징

대규모 국가가 장기간에 걸쳐 참여한 「유엔해양법회의」는 여러 가지 면에서 이전까지의 다자간 국제회의와 다른 특징을 보이고 있다.[25] 결과물인 「유엔해양법협약」은 지금까지의 관습국제법과 새로운 해양규범을 집대성한 성문해양법전으로서 해양의 평화적 이용을 위한 해양질서 확립의 중대한 계기가 되었다.

「유엔해양법협약」은 「해양의 헌법」이라 불리 울 정도로 해양의 모든 이용에 대한 법적인 틀을 규정하고 있다. 전체적으로 「유엔해양법협약」은 해양이용을 둘러싸고 선진국 및 77그룹을 중심으로 한 개발도상국 사이의 대립 속에서 개도국의 「형평성」 주장이 선진국의 「통항자유 속의 해양법 질서」 주장보다 강하게 수용된 결과로 평가할 수 있다.[26]

「유엔해양법협약」의 근간이 되는 제도들은 개발도상국들의 「배타적 관할권 확대」와 미국, 소련 등 강대국들의 군사적 목적을 위한 「항해자유 확보」 사이의 타협의 산물들이다. 전통적인 3해리 영해를 주장한 미국과 서방국가들은 대세가 된 12해리 영해 폭 주장을 수용하는 대신 무해통항과 국제해협에서의 통과통항, 상공비행제도를 확보하였다.

개발도상국들은 서방 선진국의 항해, 상공비행 자유를 확보하려는 시도에 맞서 선진국으로부터 해저자원 개발에 대한 최대한의 양보를 얻어내려고 하였다.[27] 냉전의 대립에서 미·소 양국은 영해 폭 확대로 군사적으로 중요한 해협에서 자국의 군사 활동이 심각히 제한될 수 있는 상황을 맞아 국제해협의 통과통항제도를 확보하는 데 보조를 같이 하였다.

25 Edward L. Miles, 전게서, pp. 4−19.
26 James C. Wang, 전게서, p. 29.
27 George V. Goldorisi and Kevin R. Vienna, 전게서, p. 30.

CHAPTER 15

해양제도론-기선, 내수, 영해, 접속수역

SECTION 01 의의

해양의 중요성이 커지고 해양자원을 둘러싼 국가간의 이익 대립이 심화되면서 질서 있는 해양이용과 상충된 이익의 조정을 위한 제도적 장치가 필요하게 되었다. 또한 해양법의 대상이 공간적으로 관습국제법에 의한 연안국의 좁은 영해와 공해 중심에서 접속수역, 배타적 경제수역, 대륙붕, 심해저 등으로 확대되었다. 이에 따라 확대된 「해양구역」(maritime zone)을 규율할 「해양제도」(ocean regime)가 생겨났고, 국가의 관행으로 규율되던 관습해양제도는 국제법의 틀 속으로 수용되었다.

해양법 발전의 역사에서 알 수 있듯이 해양제도는 개별적으로 발전된 것이 아니다. 해양의 자유를 강조하는 해양국과 배타적 이용을 주장하는 연안국간 이익의 조정에 따라 새로운 해양제도가 생성되면서, 그 제도에 의해 영향을 받는 국가의 기존이익을 보호하기 위한 보완적인 제도도 함께 발전되었다.

이번 장과 다음 장에서 살펴볼 「유엔해양법협약」상의 여러 가지 해양제도는 다양한 이해관계를 가진 국가 그룹의 이익이 조정된 결과이다. 이번 장에서는 해양법의 공간적 범위에 따른 해양제도 중 기선, 내수, 영해, 접속수역과 그에 연관된 제도를 논의한다.

▶ 그림 1 해양구역(Maritime Zones)

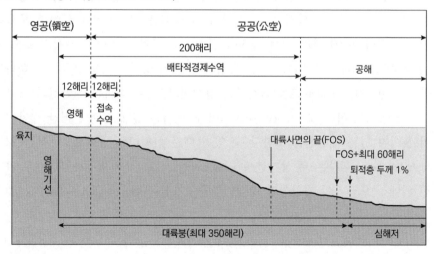

SECTION 02 기선제도

1 의의

「유엔해양법협약」의 규정에서 보듯이 「기선」(baseline)은 국가의 완전한 주권이 미치는 영해의 폭을 측정하는 기준이 되는 선이다. 기선을 기준으로 영토 쪽 수역은 내수가 되어 기선은 내수와 영해를 구분하는 경계선이 된다. 전통적으로 기선은 영해와 관련되어 논의되었으나, 연안국의 관할권이 접속수역, 배타적 경제수역(EEZ), 어업구역, 대륙붕 등으로 확대됨에 따라 기선은 「해양구역」(maritime zones) 구분의 기준이 되고 내수의 폭과 해양구역 경계획정의 출발점이 되고 있다.

연안국이 기선을 어떻게 설정하느냐에 따라 연안국의 내수의 폭과 다른 국가 선박의 무해통항의 범위와 인접 국가와의 해양구역 경계획정의 기준점이 달라지기 때문에 기선은 해양제도에서 아주 중요한 의미를 지니고 있다. 따라서 연안국은 가능한 한 기선을 자국의 입장에서 유리한 방식의 적용과 해안선에서 바다 쪽으로 멀리 설정하고자 한다.

이런 시도는 연안국에는 관할권의 확대를 가져올 수 있으나 타 국가에게는 연안국과 분할할 해양구역의 축소와 무해통항 등 해양이용에 관한 권리가 제한된다는 것을 의미한다. 특히 폐쇄해, 반폐쇄해 같은 좁은 해역에서 인접국이나 대향국간 해양구역경계 획정에서 당사국 간 기선 설정 방식은 경계획정에서 아주 중요한 의미를 가진다. 이에 따라 기선 설정을 둘러싸고 국가간 논란이 계속되고 있다.

전통적으로 영해를 획정하기 위한 방법은 두 가지 방법이 사용되었다. 그 하나는 가장 돌출된 「갑」(headland)을 연결하는 방식이고, 다른 하나는 해안선의 모양을 따라 기선을 설정하는 방식(trace parallel)이다. 전자는 깊게 잘려 들어간 해안이나 섬이 흩어져 있는 해안선을 포함할 수 있기 때문에 편리한 방식으로 「직선기선」(straight baseline), 후자는 「통상기선」(normal baseline)으로 각각 발전하였다.[1] 두 가지 기선 외에 군도국가의 기선실정 방식인 「군도기선」(archipelagic baseline)이 있다.

---

1 James C. F. Wang, 「Handbook On Ocean Politics & Law」(Greenwood Press, 1992), p. 97.

② 통상기선

통상기선은 용어가 의미하는 바와 '통상적이고 일반적인 기선'을 의미한다. 「유엔해양법협약」 제5조에서 통상기선은 "영해의 폭을 측정하기 위한 통상기선은 이 협약에 달리 규정한 경우를 제외하고 연안국이 공인한 대축척 해도에 표시된 해안의 저조선으로 한다"고 규정하고 있다. 통상기선은 해안선을 따라 저조선을 연결한 것이다. 저조선을 기준으로 함으로써 영해의 외측한계와 다른 해양구역을 바다 쪽으로 확대하는 효과가 있다.

③ 직선기선

가. 의의

통상기선은 기준이 명확하고 비교적 간단한 방식이나 리아스식 해안이나 피오르드(Fjord) 해안 등 해안선 지형이 불규칙하고 굴곡이 많은 경우 통상기선 방식에 의한 기선설정은 실제로 매우 어렵고 힘든 문제이다. 이러한 경우 직선기선은 해안선의 특수한 지형을 고려하고 기선 설정의 편리를 위해 예외적으로 적용되는 방식이다. "연안국은 통상기선과 직선기선을 서로 다른 조건에 적합하도록 교대로 사용하여 기선을 결정할 수 있다"하여 기선방법을 지형적 여건에 맞게 혼합하여 사용할 수 있게 한 「유엔해양법협약」(제14조)의 규정도 이러한 사정을 반영한 것이다.

나. 지형적 특성

「유엔해양법협약」은 직선기선을 적용할 수 있는 지형적 특성을 규정하고 있고, 나머지 4개 조항에서는 적용상의 기준을 제시하고 있다.[2] 직선기선이 적용될 수 있는 지역으로, (1) 해안이 깊게 굴곡(deeply indented)지거나 잘려 들어간 (cut into) 지역, 또는 (2) 해안을 따라 아주 가까이 흩어져 있는 섬들(a fringe of

---

2 유엔해양법협약, 제7조제1항 및 2항.

islands along the coast in its immediate vicinity)이 있는 지역, (3) 삼각주나 다른 자연적 여건으로 해안선이 매우 불안정한 곳을 규정하고 있다.

"깊게 굴곡"은 육지의 수평적 만곡을 의미하고, "잘려 들어간"은 수직적 절개를 의미한다.[3] "해안을 따라 아주 가까이 흩어져 있는 섬들"은 해안선과 섬들의 가장자리가 바다를 사이에 두고 흩어져 있는 섬들을 의미한다. 여기서 "아주 가까이"의 의미는 흩어져 있는 섬들이 해안선으로부터 가까이에 위치해 있어야 한다는 것이다. 이러한 지형상의 요건에 합치되더라도 「유엔해양법협약」에서 "사용될 수 있다"(may be employed)라고 규정하고 있어 직선기선의 설정이 의무적인 사항은 아니다.

다. 적용 요건

- 직선기선은 해안의 일반적 방향으로부터 현저하게 벗어나게 설정할 수 없으며, 직선기선 안에 있는 해역은 내수제도에 규율될 수 있을 정도로 충분히 밀접하게 육지와 관련되어야 한다. 직선기선 안의 해역이 육지와 충분한 연계를 갖도록 규정한 것은 연안국이 바다 쪽으로 직선기선을 편의적으로 확대하는 것을 막고 무해통항권 등 타국의 해양권리가 축소되는 것을 피하고자 하는 취지이다.
- 직선기선은 「간출지」(low-tide elevation)[4]까지 또는 간출지로부터 설정할 수 없다. 영구적으로 해면 위에 있는 등대나 이와 유사한 시설이 간출지에 세워진 경우나 간출지를 기준으로 한 기선 설정이 국제적 승인을 받은 경우에는 예외로 한다.[5] 간출지를 이용하여 바다 쪽으로 기선을 바다 쪽으로 너무 멀리 확대하는 것을 막기 위한 목적이다.
- 기선을 결정함에 있어서 그 지역에 특유한 경제적 이익과 그 중요성이 오랜 관행에 의하여 명백히 증명된 경우 그 경제적 이익을 고려할 수 있다.
- 직선기선의 설정으로 다른 국가의 영해를 공해나 배타적 경제수역으로부터

---

3 Victor Prescott & Clive Schofield, 전게서, p. 145.
4 「유엔해양법협약」 제13조에서 간출지를 "썰물일 때에는 물로 둘러싸여 물 위에 노출되나 밀물일 때에는 물에 잠기는 자연적으로 형성된 육지 지역"으로 정의하고 있다.
5 유엔해양법협약, 제7조제4항.

차단(cut off)하지 않아야 한다. 연안국이 최대한 해양구역에 도달할 수 있도록 허용하되, 다른 국가의 공해로의 접근통로나 해양구역, 자원에 대한 접근을 봉쇄하거나 침해해서는 안 된다는 원칙이다.

• 직선기선의 구체적인 설정 내용을 해도 또는 지리 좌표목록으로 공시하고 그 사본을 유엔사무총장에게 기탁해야 한다.

전 세계적으로 군도기선을 제외하고 현재 80여 개국이 직선기선을 채용하고 있지만, 협약상의 요건에도 불구하고 실제로는 이 요건이 잘 지켜지지 않고 있다. 아무 해안선이나 직선기선을 설정하고 그것을 관례라고 주장할 수 있을 정도로 직선기선이 남용되고[6] 직선기선의 적법성에 대한 논란이 계속되고 있다.

4 특수한 기선

「유엔해양법협약」은 위에서 규정한 직선기선의 요건에 합치되는 지역 외에 만, 하구, 항만시설, 정박지, 간출지 등 특수한 곳에 대하여 직선기선 설정 혹은 영해의 효과를 허용하고 있다.

가. 만

「유엔해양법협약」 제10조에서 만의 정의와 적용에 관한 주관적 기술과 기하학적 기준을 제시하고 있다. 첫째, 만에 관한 조항은 단일 국가에 속하는 만에만 적용되고(제1항), 둘 이상의 국가에 의해 공유되는 만에 대하여는 적용을 배제하고 있다. 둘째, 「유엔해양법협약」(제2항) 상의 만은 (1) 육지로 막힌 수역을 둘러싸고, (2) 단순한 해안굴곡 이상을 형성하여야 하고, (3) 만 입구의 폭에 비례하여 현저하게 만입되어야 하며, (4) 만입 면적은 만입의 입구를 가로질러 그은 선을 지름으로 하는 반원의 면적 이상이어야 한다.

만에 대한 기선설정 방식과 법적 효과(제4항 및 5항)는 (1) 자연적 입구 양쪽

---

6 Victor Prescott, Straight and Archipelagic Baselines in G. Blake(ed.), 「Maritime Boundaries and Ocean Resources」(Croom Helm, 1987), p. 38.

의 저조점간 거리가 24해리를 넘지 아니하는 경우 폐쇄선(closing line)을 그을 수 있으며, 그 안에 포함된 수역은 내수로 본다. (2) 자연적 입구 양쪽의 저조점 간의 거리가 24해리를 넘는 경우, 24해리 직선기선으로서 최대한 수역을 둘러싸는 방식으로 만안에 24해리 직선기선을 그어야 한다.

나. 역사적 만

「법률상의 만」(judicial bay)의 기준에는 합치되지 않지만, 연안국이 전통적으로 관할권을 행사하는 만이 있다. 오랜 기간 연안국의 관할권 행사와 다른 국가들의 암묵적 승인(acquiescence)으로 역사성을 인정받아 「역사적 만」(historic bay)이 되고, 그 수역은 「역사적 수역」(historical waters)으로서 내수의 지위를 갖는다. 그리고 기선의 육지 쪽 수역은 내수로서 연안국 영토의 일부분이 된다. 역사적 만들은 대부분 군사적, 경제적인 면에서 연안국에 중요성을 가진다. 그러나 역사적 만과 역사적 수역의 설정 기준이 없어 관습국제법이나 연안국의 판단에 맡겨져 있다.

다. 하구

강이 바다로 흘러들어 가는 경우 바다와 접하는 「강의 하구」(mouths of rivers)에서 기선 설정을 어떻게 하느냐가 문제된다. 「유엔해양법협약」(제9조)은 "강이 바다로 직접 유입하는 경우, 기선은 양쪽 강둑(bank)의 저조선상의 지점 사이의 하구를 가로질러 연결한 직선으로 한다"고 규정하고 있다. 강이 직접 바다로 유입되는 강 하구의 기선은 강과 바다가 접하는 지점의 양쪽 강둑을 연결한 직선기선으로 한다.

라. 항만시설

영해 경계획정에서 방파제 등 가장 바깥의 영구적인 「항만시설」(harbor work)은 해안의 일부로서 영해를 측정하는 기선의 일부가 된다. 「유엔해양법협약」(제11조)은 "영해의 경계를 확정함에 있어서 항만체계의 불가분의 일부를 구성하는 가장 바깥의 영구적인 항만시설은 해안의 일부를 구성하는 것으로 본다"

고 규정하고 있다. 그러나 "근해시설과 인공섬은 영구적인 항만시설로 보지 아니 한다"고 규정하여 항만에서 떨어진 하역시설과 유류저장시설은 항만시설에서 배제하고 있다. 「유엔해양법협약」은 항만시설 입구의 폐쇄선에 대하여 규정을 두고 있지 않고 있으나, 동 규정의 입법역사를 고려할 때 폐쇄선안의 항만수역은 내수가 된다.[7]

마. 정박지

선박이 화물을 싣고 내리고, 닻을 내리기 위해 사용되는 「정박지」(roadstead)는 전부 또는 부분적으로 영해 한계 밖에 있을 경우에도 영해에 포함된다(협약 제12조). 정박지는 강, 만, 항만시설 등과 같이 내수를 창출하지 못하고 영해의 면적을 증가시킨다. 제12조의 효과는 영해 한계 밖에 있는 정박지의 일부 또는 전부가 영해에 포함되는 것이다.

바. 간출지

「간출지」(low-tide elevation)는 저조시에는 물에 둘러싸이고 수면위에 있으나, 고조시에는 물에 잠기는 자연적으로 형성된 육지지역을 말한다. 간출지의 전부 또는 일부가 본토나 섬으로부터 영해의 폭을 넘지 아니 하는 거리에 있는 경우, 그 간출지의 저조선은 영해기선으로 사용될 수 있다(협약 제13조제1항). 그러나 간출지 전부가 본토나 섬으로부터 영해의 폭을 넘는 거리에 위치한 경우, 그 간출지는 자체의 영해를 가지지 않는다(협약 제13조제2항).

간출지가 영해 내에 있을 때에는 영해기선으로서의 효과가 인정되지만, 간출지가 영해의 폭을 넘어 위치하는 경우 영해기선으로서 효과를 인정하지 않는다. 또한 어떤 간출지가 영해 폭 안에 있는 다른 간출지의 영해 폭 안에 위치해 있는 경우 그 간출지로부터 다시 영해를 획정하는 「개구리 도약효과」(effect of leapfrog)는 허용되지 않는다. 이것은 간출지로부터 과도한 영해 확장을 방지하기 위한 것이다.

---

7 M. W. Reed, 「Shore and Sea Boundaries: The Development of International Maritime Boundary Principles through United States Practice」 vol. 3, (U.S. Government Printing Office, 2000).

내수제도

1 의의

직선기선을 설정하는 경우 직선기선에 둘러싸이는 육지 쪽 만, 항구, 강어귀 등은 내수를 구성한다. 내수는 영해, 배타적 경제수역 등 해양구역 기선의 육지 쪽 수역을 말한다. 내수는 연안국의 완전하고 배타적 주권이 미치는 수역으로서 타국의 무해통항권이 인정되지 않는다. 예외적으로 직선기선의 설정으로 종전에 내수가 아니었던 수역이 내수로 포함된 경우 그 수역에서 무해통항권이 계속 인정된다(협약 제8조제2항).[8] 또한 내수에서는 연안국의 허가 없이는 외국 항공기의 상공비행, 어로 기타 자원채취, 과학조사 등이 허용되지 않는다. 연안국의 배타적 주권이 미치는 내수에서 연안국의 주권과 관련하여 (1) 외국선박의 항만 입항권, (2) 항만에 있는 외국선박에 대한 연안국의 사법관할권 행사 등이 문제된다.

2 입항권 및 내수 접근권

연안국은 국제무역을 위해 자국의 일부 항만을 다른 국가의 선박에 개방하고 있지만, 입항권은 관습법상의 권리의 지위로서 인정되지 않고 있다. 다만 연안국의 완전한 주권이 미치는 내수로서 항만의 지위를 훼손하지 않으면서 무역을 위한 항만개방 필요성을 절충하는 국가관행이 발전해 왔다.

---

8 스코틀랜드 본토 북서쪽 지역과 Outer Hebrides 섬 사이의 Minches가 그 예다.

- 연안국은 국제무역을 위해 개방될 항구를 지정할 권리를 가진다.[9] 연안국은 자의나 조약에 의해 의무적으로 항구에 들여 놓아야 할 선박들에 개방하여야 한다. 외국 상선의 관습법상의 입항권은 없지만, 많은 경우 통상우호조약 등 양자, 다자간 조약에서 입항권을 부여하고 있다.
- 연안국은 입항에 대한 조건을 부과할 광범위한 권리를 가진다. 해양오염, 선박안전 등 환경, 항행 안전, 보안 등 연안국이 공통적으로 중요한 사항은 「SOLAS」, 「MARPOL」 등 다자간 조약에 의해 입항거부 조건이 규정되고 있다.
- 조난선박의 입항권은 관습법상의 권리로 인정된다. 탑승자의 생명을 보호하기 위해 내수나 항만으로 피난하는 것은 관습국제법상의 권리이다. 그러나 생명이 위험에 처한 경우가 아니고 선박이 적재 화물을 보호하기 위해 항만이나 내수로 진입할 수 있는 권리가 있는지 여부는 명확하지 않다.[10]
- 입항권의 존재는 항만을 떠날 권리를 어느 정도 내포하고 있다. 그러나 항만을 떠날 권리에는 제한이 있다. 예컨대 항만국은 입항한 외국 선박이 관세, 위생 등 의무를 위반하거나 민사상 의무를 이행하지 않는 경우에 선박을 억류하거나 선박의 출항을 저지할 수 있다.[11]

+사례 감수보존 선박

출항권의 예외로서 감수보존(監守保存) 선박은 항만에 입항한 외국 선박이 각종 채무를 해결하지 못해 채권자가 항만국의 법원을 통해 선박을 압류하고 채무이행 시까지 항만을 떠날 수 없게 된 선박을 말한다. 선박 감수보존 이유는 유류대금·선박수리비용·부식비용 미지급 등 채무불이행이 대부분이다. 채권자는 채무자를 상대로 법원에 선박에 대한 감수보존을 신청하고 법원이 이를 받아들이면 감수보존 결정이 내려진다.

---

9 한국은 「선박의 입항 및 출항 등에 관한 법률」 시행령 제2조에서 부산항, 인천항, 완도항, 서귀포항, 태안항 등 총 31개의 무역항을 지정(2022년 기준)하고 있다.
10 R. R. Churchill, A. V. Lowe, 전게서, p. 63.
11 위의 책, p. 64.

❸ 내수에서의 사법관할권

연안국의 완전한 주권이 미치는 항만이나 기타 내수에 있는 외국 선박에 대한 「사법관할권」이 문제된다. 외국 선박이 연안국의 내수에 들어감으로써 외교적 특권이 있는 경우를 제외하고 선박과 승선자는 연안국의 완전한 영토주권 하에 놓이게 되고 연안국은 자국의 사법권을 행사할 수 있다. 그러나 연안국의 내수에 들어와 있는 외국 선박은 「기국」(flag state)의 법 개체이자 선장이나 영사를 통하여 기국의 법을 집행할 수 있는 특수한 개체로서 연안국은 자국의 이익이 관련될 경우에만 사법권을 행사하고 선박 내의 내부적 질서는 기국의 사법적 관할에 일임하는 예외성이 인정된다.[12]

- 연안국들은 범법행위가 「항만의 평화와 양속」(peace and good order of the port)에 영향을 미칠 때는 사법관할권을 주장한다. 「Tempest 사건」(1895)에서 프랑스법원은 살인과 같은 범죄는 항만에서의 소란 여부를 떠나 본질적인 중대성으로 인하여 연안국이 사법관할권을 행사한다고 결정했다.
- 연안국은 사건 선박의 선장이나 기국 영사의 요청이 있을 때 사법관할권을 행사한다.
- 항내에 있는 외국 선박의 승조원이외의 자가 관련된 사건에 있어서 연안국들은 공통적으로 개입한다. 일본과 같은 국가들은 자국민이 관련된 사건에 대하여 개입할 권리를 주장하고 있고, 항만 내에 있는 외국 선박으로부터 수배자를 확보할 권리를 주장한다.
- 외국 선박의 내부질서에 관련되지 않은 문제에 대하여는 연안국은 당연히 관할권을 행사한다. 연안국은 자국의 오염, 도선, 항해 관련 법령을 위반한 외국 선박에 대하여 관할권을 행사하고, 민사사건이 진행 중인 경우에도 외국선박을 체포, 억류할 수 있다.

연안국은 위에서 살펴본 예외적인 경우를 제외하고 자국의 항만 내에 있는 외국 선박에 대하여 선박의 내부 일에 관할권을 행사하지 않는다. 기국 정부와

---

12 위의 책, p. 66.

내부규율 문제에 대한 관할권을 유보하는 양자 영사협정을 체결하는 것이 통상적인 관행이다. 불가항력이나 조난에 의해 연안국의 내수로 들어온 외국 선박에 대하여는 연안국의 관할에 관한 일반원칙을 적용하지 않고 국제법에 의하여 연안국의 관할권에 대한 면책특권의 정도가 결정된다. 예컨대 외국 선박이 조난으로 연안국의 항만으로 긴급피난을 하는 경우 입항으로 발생하는 화물에 대한 수입관세 등 책임으로부터 면제된다. 조난선박은 안전한 항구에 도착하면 연안국의 법규를 준하여야 한다고 보는 것이 합리적이다.[13]

---

13 Churchill & Lowe, 전게서, p. 68.

1 영해의 의의

앞 장에서 살펴보았듯이 해양이 본격적으로 이용되기 시작한 이래 해양자유의 원칙이 지배했으나, 16, 17세기를 거치면서 연안국은 안보 등의 목적으로 「영해」(territorial sea)[14]라고 불리는 연안의 좁은 수역에 대한 배타적 주권과 통제권을 주장하기 시작했다. 영해는 영토(land territory)와 내수 이원의 인접벨트에 주권 또는 영토적 관할권이 미치는 해역을 말한다.

자유해 주창론자들도 해안으로부터 좁은 수역에 대한 연안국의 주권행사의 필요성은 인정했다. 그럼에도 영해 폭의 설정 기준과 폭을 얼마나 허용할 것인가에 관하여 논란이 많았다. 연안국이 영해에 대하여 가지는 권리의 정확한 법적 성질에 대하여도 의견 대립이 있었으나, 1930년 「헤이그 국제법 편찬회의」를 기점으로 연안국이 영해에서 주권을 가지는 것으로 정리되었다.

2 영해 폭

영해 폭은 16, 17세기에는 통제 가능한 수역의 범위를 정하기 위하여 가시거리와 같은 모호한 기준이 사용되었고, 그로티우스와 바인케르스후크(Bynkershoek)는 해안에 설치한 대포에 의해 통제 가능한 수역까지 연안국의 주권이 미친다고 주장했다. 이 같은 「착탄거리 원칙」(cannon-shot rule)은 네덜란드, 지중해 국가의 당시 관행과 일치하는 것으로서 해안에 설치된 포대에 의한 실질적인 통제가 가능한 구역의 범위를 인정하는 것이다.

1792년 갈리아니(Galiani)는 영해는 특정한 위치에 연안포의 설치 여부에 상관없이 전 해안을 따라 3해리로 하는 것이 합리적이라고 주장했다. 3해리는 실

---

14 이와 함께 내수는 territorial waters, marginal sea, littoral sea 등으로 불리고 있다.

제 정확한 착탄거리에 바탕을 둔 것이 아니라 합리성과 편의성 차원에서 선택되었고, 3해리 주장은 빠르고 폭넓은 지지를 받았다. 함포 사정거리가 늘어났음에도 불구하고 3해리 주장이 19세기 내내 통용될 수 있었던 것은 상선대와 군함의 항해자유를 최대한 보장하고자 했던 해양강대국의 이익과 부합되었기 때문이다.[15]

영해 폭을 둘러싼 논쟁은 20세기에 들어와서도 계속되었다. 1958년 제네바에서 열린 「제1차 유엔해양법회의」에서는 4개의 협약을 합의했으나 영해 폭에 관한 합의가 이루어지지 않은 채 종결되었다. 이후 1967년과 1975년 사이 12해리 영해 주장은 결정적인 전기를 맡게 된다. 1975년까지 12해리 영해를 주장하는 국가들의 수는 56개국으로 증가했다. 동시에 12마일 이상의 영해 폭을 주장하는 국가들도 1967년의 12개에서 1975년에는 22개국으로 늘어났다.

미국은 「제3차 유엔해양법회의」에서 국제해협의 「자유로운 통과통항」 보장을 위한 「일괄타결」 안으로서 전통적인 3해리 정책을 수정할 수 있다는 의지를 표명하였다. 1967년 미국과 소련은 「통과통항」이 보장된다는 것을 전제로 12해리 영해를 위한 국제협약 협상에 들어갔다. 「제3차 유엔해양법회의」가 소집된 1973−74년 연안국들 사이에 12해리 영해 폭에 대한 공감대가 형성되었다.[16] 이러한 과정을 거쳐 「유엔해양법협약」은 영해 폭에 대하여 "모든 국가는 12해리를 초과하지 않는 영해를 가질 권리가 있다"고 규정(유엔해양법협약 제3조)하고 있다.

③ 한국의 영해

한국은 「유엔해양법협약」을 수용하여 「영해 및 접속수역법」에서 12해리 영해제도를 채택하고, 일정한 수역에서는 12해리 이내에서 영해를 따로 정하도록 하고 있다.[17] 영해에 관한 규정은 1948년 5월 「군정법령 제189호」(해안경비대의

---

15 Churchill & Lowe, 전게서, p. 78

16 James C. F. Wang, 전게서, p. 97.

17 영해 및 접속수역법 제1조: "대한민국의 영해는 기선으로부터 측정하여 그 외측 12해리의 선까지에 이르는 수역으로 한다. 다만 대통령령이 정하는 바에 따라 일정수역에 있어서는 12해

직무)에서 영해를 3해리로 한다는 것이 처음이었다. 1962년 1월 「구법령 폐기에 관한 특별조치법」에 의하여 군정법령이 실효되었기 때문에 그때부터 1977년 「영해법」이 제정되기까지 한국의 영해는 불확정적이었다. 다만 1965년에 체결되었던 「한·일어업협정」에 의하여 「12해리 어업수역」 형태로 존재했을 뿐이었다.[18]

그 후 1977년 12월 「영해법」을 제정·공포(1978. 4. 시행)함으로써 현대 해양법상의 영해제도를 확립하였다. 그리고 「유엔해양법협약」의 발효와 함께 1995년 「영해법」을 「영해 및 접속수역법」으로 개정하여 접속수역제도를 도입하는 등 「유엔해양법협약」 체제에 맞게 보완을 하였다. 1977년 「영해법」 제정 이후 대한해협에서는 영해의 범위를 3해리로 축소하여 규정하고 있다. 한국과 대마도 사이의 해협인 서수로[19]는 최단거리가 22.75해리다. 한국은 서수로에서 1.5미터 암, 생도 및 홍도를 직선기선으로 연결하여 기선으로부터 3해리를 영해로 하고 있다.

일본도 마찬가지로 대한해협 서수로에서 영해의 폭을 3해리로 축소하고 있다. 이것은 「한·일어업협정」상의 전관수역 획정시 대한해협 서수로에 대하여 한·일간에 12해리의 폭을 그대로 적용하고 중첩된 부분은 중간선으로 택한 것과 비교된다.[20] 양국이 영해 폭을 3해리로 제한하고 나머지 수역은 공해로 남겨둔 것은 24해리가 안되는 대한해협에서 양국이 12해리 영해를 주장할 경우 예상되는 영해의 중첩, 주변국 군함의 무해통항 문제, 국제해협으로서 통과통항의 문제 등 여러 가지 국제법적인 문제, 주변국과의 관계 등을 고려한 것으로 분석된다.[21]

한국의 영해 설정에서 있어서 주목되는 점은 「영해 및 접속수역법」에서 서해안의 직선기선은 어청도, 서격렬비열도를 이어 소령도까지만 규정되어 있어 서해 5도를 포함한 「북방한계선」(NLL) 부근 수역에서 영해의 범위가 모호하다는 것이다. 이것은 남북관계를 고려하여 휴전협정체제에 영향을 주지 않으려는 의

리 이내에서 영해의 범위를 따로 정할 수 있다."

18 최종화, 「현대국제해양법」(두남, 2004), p. 406.
19 동수로(東水路)는 대마도와 일본 본주 및 큐슈 사이에 형성된 해협으로 최소 폭은 대마도와 이끼섬까지 25해리다.
20 김영구, 「한국과 바다의 국제법」(21세기 북스, 2004), p. 124.
21 위의 책, pp. 125-129.

도인 것으로 해석되지만 이 지역의 영해의 범위가 모호하여 외국 어선들의 불법 조업 단속 등에서 어려운 문제를 제기하고 있다.[22]

▶ 그림 1 한국의 직선기선 및 영해

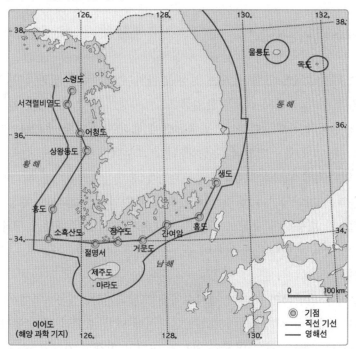

22 위의 책, pp. 130 - 131.

SECTION 05 접속수역

1 접속수역의 의의

접속수역은 영해에 인접해 있는 일정 범위의 수역으로서 연안국이 영토나 영해에서 외국 선박의 관세·재정·출입국 또는 위생에 관한 법령위반을 방지하거나 영토나 영해에서 발생한 이들 법령위반에 대하여 처벌할 수 있는 수역을 말한다(협약 제33조제1항). 연안국은 영해기선으로부터 24해리까지 접속수역을 설정할 수 있다(협약 제33조제2항).

접속수역은 연안국이 12해리 영해만으로는 빈번히 발생되는 특정 위반상황에 효과적으로 대응하여 자국의 국익을 보호하기가 어렵기 때문에 영해 밖 일정 수역에 연안국의 권한행사가 이루어 질 수 있도록 설정된「기능적 수역」이라고 볼 수 있다.

접속수역은 연안국의 배타적 경제수역에 포함되지만, 접속수역에서의 연안국의 통제권은 배타적 경제수역에서의 천연자원에 대한 주권적 권리 행사 또는 관할권과 다르다. 접속수역은 영해의 일부는 아니고 항해의 자유가 적용된다.[23] 접속수역이 영해 또는 공해 어느 쪽에 속하는 지 여부에 대한 논란이 있으나 오늘날 공해의 일부라는 것이 1958년「영해 및 접속수역에 관한 협약」및「유엔해양법협약」의 규정으로 확인되고 있다.[24]

---

23 Center for Oceans Law and Policy, University of Virginia School of Law, 「United Nations Convention on the Law of the Sea 1982, A Commentary」 Vol. II, p. 267.

24 山本草二, 「海洋法」(三省堂, 1992), p. 69.

② 접속수역 제도의 형성

접속수역의 개념은 18세기 초 영국이 밀수 방지를 위한 일련의 「배회법」 (Hovering Acts)을 시행하면서 발전했다. 밀수 선박은 연안을 배회하면서 세관당국의 눈을 피해 해안상륙을 노렸다. 배회법에 따라 세관원들은 항만당국이 결정한 해안으로부터 다양한 거리에서 승선 및 검색을 할 수 있는 권한이 부여되었다.

밀수가 증가하자 영국의회는 관세관할을 24마일까지 확대하고 1802년에는 약 300마일 수역에까지 확대했다. 「배회법」은 1876년에 폐지되고, 영국의회는 「합동관세법」(Custom Consolidation Act)에서 관세관할권을 영국 선박에 대해서는 9해리, 외국 선박은 3해리로 제한했다. 영국은 항해의 자유라는 이유로 12해리 수역을 채택하기를 거부하고 3해리를 고수하였다.[25]

미국에서 접속수역에 관한 실행은 1919년 「주류금지법」(Prohibition Act), 1922년 「관세법」(Tariff Act), 1935년 「반밀수법」(Anti-Smuggling Act) 및 진주만 기습 전에 태평양에서의 방위를 위한 「방어해역」(Defensive Sea Area)설정 등에 의해 형성되었다. 1935년 미국 의회는 「반밀수법」에서 연안의 50내지 60해리 수역에서 배회하는 선박에 대하여 검문·나포할 수 있는 「관세집행구역」 (customs enforcement areas)을 설정하였다.[26]

이와 같이 1930년대 이전에 각국은 특정한 단속목적을 위해 특별법령에 의하여 자국의 관할 수역을 확대했다. 「접속수역」이라는 용어는 1930년 「헤이그 법령편찬회의」에서 사용되었다. 헤이그회의 후 다수의 국가가 일방적으로 자국의 특별한 필요성에 따라 접속수역 또는 보완구역을 선포하거나 입법화하였다.

---

25 James C. F. Wang, 전게서, p. 52.
26 위의 책.

③ 접속수역의 법적 성질

접속수역에서 행사되는 연안국의 통제권은 자원에 대한 주권을 창출하지 못한다. 접속수역은 영토나 영해 내의 자국의 관세·재정·출입국·위생법령 위반 방지 및 처벌 등 특정한 목적을 위하여 설정되는 수역이기 때문이다.

연안국이 배타적 경제수역을 선포하면 접속수역은 배타적 경제수역에 포함된다. 그러나 연안국의 접속수역에서의 통제권은 배타적 경제수역에서의 천연자원의 주권적 권리 및 관할권에 관한 권리와 성질이 다르다. 접속수역에서 외국 선박의 법령위반은 동시에 연안국의 접속수역과 배타적 경제수역 법령위반이 될 수 있다. 「유엔해양법협약」 제60조는 배타적 경제수역에서 인공섬, 시설·구조물에 대하여 관세·재정·위생·안전 및 출입국에 관한 관할권을 연안국에 부여하고 있다.

「유엔해양법협약」 제111조의 연안국의 추적권은 접속수역에서도 시작될 수 있다. 추적권이 방해받지 않는다면 추적은 접속수역 이원으로 계속될 수 있다. 다만 접속수역에서의 추적은 접속수역 권리의 보호를 위해 법령위반이 있는 경우에만 행해진다.[27]

---

27 Center for Oceans Law and Policy, University of Virginia School of Law, 전게서. p. 275.

SECTION 06 무해통항

연안국의 완전한 주권이 미치는 「영해」와 국제항해에 이용되는 「국제해협」에서 해양주권, 해양안전·안보, 해양 환경보전 등 연안국의 이익을 보장하고, 해양국들이 자국 선박들이 연안국의 영해에서 방해받지 않고 자유롭게 항행할 수 있는 통항자유를 어떻게 조화시킬 것인 가하는 문제는 해양제도 발전에서 주요한 쟁점이 되어왔다. 연안국의 영해에서 「무해통항」(Innocent Passage)제도와 국제해협에서의 「통과통항」(Transit Passage), 군도국가의 「군도수역 통과통항」제도는 연안국의 권리와 선박통항의 자유 보장을 원하는 해양국과 타협으로 발전되어 온 제도들이다.

1 무해통항

가. 무해통항의 의의

공해에 대한 자유로운 접근권과 공해에서 항해의 자유는 관습국제법에서 유래되는 중요한 원칙이지만, 바텔(Vatte)의 주장 이후 방해 없이 외국 영해를 통항할 수 있는 모든 국가의 선박의 권리 또한 항행의 핵심적인 규칙이 되고 있다.

1958년 「영해 및 접속수역에 관한 제네바 협약」(제14조제1항)은 "연안국이나 내륙국이거나 관계없이 모든 국가의 선박은 영해에서 무해통항권을 향유한다"고 하여 타국 선박의 「무해통항권」(right of innocent passage)을 규정하고 있다. 「유엔해양법협약」은 무해통항에 관한 1930년 헤이그회의의 성과와 「제네바협약」의 규정을 수용하고 있다.

무해통항의 개념에 대하여 「유엔해양법협약」(제18조 및 제19조)은 「통항」(passage)의 의미를 먼저 규정하고 이에 따라 무해한 통항의 의미를 설명하고 있다. 「통항」은 다음 두 가지 목적으로 타국 영해를 항행하는 것을 말한다. (1) 내수에 들어가지 아니하거나 내수 밖의 정박지나 항구시설에 기항하지 아니하고 영해를 횡단하는 것, (2) 내수를 향하여 또는 내수로부터 항진하거나 이러한 정박지나 항구시설에 기항하는 것. 이러한 통항의 방식은 "계속적(continuous)이고 신속(expeditious)하여야 한다."

영해를 항행하면서 정선(stopping)이나 닻을 내리는 행위(anchoring)는 허용되나, (1) 행위가 통상적인 항행에 부수적인 경우, (2) 불가항력(force majeure)이나 조난을 당한 경우, (3) 조난상태에 있는 인명·선박 또는 항공기를 구조하기 위한 경우에 한정되고 있다. 「유엔해양법협약」(제19조)은 「제네바협약」을 수용하면서 아래와 같은 「유해통항」의 사례를 구체적으로 규정하고, 타국 영해의 통항이 이러한 유해통항에 해당하지 않는 한 무해한 통항이라고 본다.

- 연안국의 주권, 영토보전 또는 정치적 독립에 반하거나 무력의 위협이나 무력의 행사
- 무기를 사용하는 훈련이나 연습
- 연안국의 국방이나 안전에 해가 되는 정보수집행위 및 선전행위
- 항공기 및 군사기기의 선상 발진·착륙 또는 탑재
- 연안국의 관세·재정·출입국관리 또는 위생에 관련되는 법령에 위반되는 물품이나 통화를 싣고 내리는 행위 또는 사람의 승선이나 하선
- 고의적이고 중대한 오염행위
- 어로활동 및 조사활동이나 측량행위
- 연안국의 통신체계 또는 그 밖의 설비·시설물에 대한 방해 행위
- 통항과 직접 관련이 없는 그 밖의 행위

「유엔해양법협약」에 무해통항에 대한 구체적인 기준의 수용은 연안국과 해양국사이의 대립적인 이익의 이념적, 정치적인 대결 맥락에서 이해되어야 한다. 대부분 신생독립국들인 제3세계 연안국들은 영해 및 접속수역에서 해양주권, 안전보장 확보가 최우선 이익인 반면, 해양국은 자국 군함의 방해 받지 않은 항해와 해군기동력, 원양어업 선단의 대양에서 조업을 중시하고 있다. 무해통항은 이러한 다른 이익간의 미묘한 균형을 대표하고 있다.[28]

---

28 James C. F. Wang, 전게서, p. 82.

나. 선박 유형에 따른 무해통항

1) 잠수함과 그 밖의 잠수 항행기기

「유엔해양법협약」(제20조)에 따라 "잠수함과 그 밖의 잠수 항행기기(underwater vehicle)는 영해에서 국기를 게양하고 해면 위로 항행해야 한다." 잠수함의 부상 항행 규정이 의무규정이기는 하나, 이 규정이 연안국을 위한 규정이기 때문에 연안국이 타국 잠수함의 부상 항해의무를 면제하는 것은 상관없다.[29] 장소적으로 "영해에서"라고 강조한 것은 국제해협 및 군도수역에서 잠수함이 잠수하여 통항할 수 있는 무해통항과 구별하기 위한 것이다.

군함인 잠수함이 영해내 잠항 시 「유엔해양법협약」상 퇴거 요구를 할 수 있을 뿐 그 이상의 구체적 절차를 진행하기 어려운 것이 현실이다. 특히 잠수 항행하는 잠수함은 탐지가 어렵고, 따라서 그 행위 예측이 어렵기 때문에 연안국으로서는 치명적인 공격을 당할 위험성이 항상 존재하고 있다. 따라서 일부 국가들은 국내법령으로 영해 내에서 탐지된 적 잠수함은 즉시 공격한다고 규정하는 경우도 있다.[30]

2) 핵추진 선박 등 특수선박

핵추진 선박과 핵물질 또는 본래 위험하거나 유독한 물질을 운반 중인 선박은 국제협정이 정하는 바에 따라 필요한 서류와 특별 예방조치를 하는 조건으로 무해통항이 가능하다(협약 제23조). 이 규정은 유조선, 핵추진 선박 및 위험물 운반 선박에 통항의 특별한 요건을 부과하는 목적으로 이들 선박에 대하여 지정 항로대의 통항을 요구하는 제22조제2항의 보충적 규정이다. 이와 관련한 국제조약은 「해상에서 인명안전에 관한 협약」(SOLAS) 및 그 부속서와 「위험 액화 화학물질 및 가스 수송 선박의 장비 및 구조에 IMO 규정」 등을 포함한다.

---

29 Center for Oceans Law and Policy, University of Virginia School of Law, 전게서, pp. 181
   -182.
30 김현수, 「국제해양법」(연경문화사, 2007), p. 50.

3) 상선 및 어선

상선은 유해한 행위를 하지 않는 한 완전한 무해통항권이 인정된다. 외국 어선은 영해 내에서 어로활동을 하지 않고 통항하는 하는 경우 무해통항권이 인정된다.

4) 군함

군함의 무해통항의 문제는 해양법의 가장 오래된 논쟁거리의 하나다. 「유엔해양법협약」은 군함의 무해통항에 관하여 명확한 규정을 두지 않아 해석상의 혼란을 낳고 있다. 이 문제는 미국, 영국, 프랑스, 구소련 등 해양국들에게는 아주 중요한 전략적인 문제였다.

1850년대 중반 이전에는 국가 관행상 영해통항에 있어서 상선과 군함에는 특별한 구분이 없었다. 당시 군함은 국가주권의 「떠다니는 확장」(floating extension)으로 인식되었고, 타 국가의 관할권으로부터 면제된다고 보았다. 그러나 19세기말 연안국이 군함에 대하여 무해통항권을 인정하는 것은 관습권이라고 주장하는 「관할론자」(jurisdictionalist)와 연안국은 군함의 무해통항을 거부할 수 있다고 보는 「영토론자」(territorialist) 사이에 논쟁이 있었다.[31]

자국 해군의 신속한 기동력을 원하는 미국, 영국, 프랑스, 독일 등 강력한 해군력을 가진 서방국가들과 같이 군함의 무해통항을 지지하는 입장의 논리적 근거는 다음과 같다.

* 군함이 연안국의 영해 통항 관련 법령을 따르지 않거나 무시하는 경우 영해를 떠나도록 요구할 수 있는 연안국의 권리를 정하고 있는 1958년 「영해 및 접속수역에 관한 협약」(제23조) 및 「유엔해양법협약」의 관련 조항(제30조)은 통항을 개시한 군함이 국내법 규정의 준수를 거부하는 경우를 대비해 만들어졌다.
* 「유엔해양법협약」(제17조)에서 무해통항의 대상으로 「모든 선박」으로 하고 있고, 군함을 제외한다는 규정이 없다는 점과 "잠수함은 부상하여 통항하

---

31 James C. F. Wang, 전게서, p. 84.

여야 한다"는 「영해 및 접속수역에 관한 협약」(제14조)과 「유엔해양법협약」 (제20조)의 규정은 잠수함은 대부분 군함이라는 사실을 고려하면 군함은 무해통항권을 가진다는 것을 의도한 것으로 볼 수 있다.

한편 군함의 무해통항을 인정하지 않는 연안국의 논리는 "상선은 위협이 되지 않기 때문에 영해를 통항할 수 있으나, 군함은 위협이 되기 때문에 동의 없이는 통항할 수 없다."[32]

이와 같은 이유로 국가들은 외국 군함의 자국 영해 통항 시 사전허가나 통고를 요구하고 있다. 사전허가를 요구하고 있는 국가는 40여 국가에 이르고 있다. 그러나 이들 국가의 사전허가나 통고 요구에도 불구하고 많은 경우 서방의 주요 해군세력들은 연안국에 통고나 사전허가 없이 이들 국가의 영해에서 무해통항하고 있다. 미국과 구 소련은 1989년 「영해에서 무해통항에 관한 국제법 단일해석 규범에 관한 협정」을 맺어 모든 군함은 영해에서 사전허가나 통고 없이 무해통항권을 향유한다고 합의하였다.[33]

군함의 무해통항권은 국제법 해석상 문제를 떠나 상당수의 국가와 권위 있는 학자들은 연안국의 안보에 직접적인 위협에 된다는 이유로 평화시 군함의 무해통항권을 부인하고 있다. 연안국의 배타적 주권이 미치는 영해에서 막강한 화력을 가진 무기와 전투기를 탑재한 외국 군함의 영해 통항은 그 자체만으로 연안국에 무력시위의 효과를 줄 수 있고, 안보에 직접적인 위협이 된다. 이러한 이유로 연안국의 안보이익이 타 국가의 통항이익과 군함의 기동력 확보 등 군사적 이익에 우선되어야 한다는 점에서 평화시 군함에 대한 무해통항권의 제한은 타당하다고 본다.

---

32 Churchill & Lowe, 전게서, p. 88.
33 동 협약 제2조: "화물, 무장, 추진방식에 상관없이 모든 군함은 사전통보나 허가 없이 국제법에 따라 영해 통항시 무해통항권을 향유한다."

② 연안국의 권리

가. 입법권

「유엔해양법협약」(제21조)은 연안국에 무해통항과 관련하여 법령 제정권을 부여하고 있다. 연안국은 다음의 사항에 대하여 무해통항에 관한 법령을 제정할 수 있다(제21조제1항).

- 항행의 안전과 해상교통의 규제
- 항행보조수단과 설비 및 그 밖의 설비나 시설의 보호
- 해저전선과 관선의 보호
- 해양생물자원의 보존 및 연안국의 어업법령 위반 방지
- 연안국의 환경보전과 환경오염의 방지, 경감 및 통제
- 해양과학조사와 수로측량
- 연안국의 관세·재정·출입국 관리 또는 위생에 관한 법령의 위반 방지

이들 법령은 외국 선박의 설계, 구조, 인원배치 또는 장비에는 적용하지 아니한다(제21제2항). 외국 선박은 영해에서 무해통항권을 행사하는 경우 이러한 법령들과 해상충돌방지를 위한 국제규칙을 준수해야 할 의무가 있다(제21조제3항).

나. 항로대 지정과 통항분리제도 실시

연안국은 항행의 안전을 위하여 외국 선박에 대하여 지정된 「항로대」(sea lane)와 「통항분리 방식」(traffic separation scheme)을 이용하도록 요구할 수 있다(제22조1항). 특히, 유조선, 핵추진 선박 및 본래 위험하거나 유독한 물질이나 재료를 운반중인 선박에 대하여는 지정된 항로대만을 이용하도록 요구할 수 있다(제22조제2항). 연안국은 항로대를 지정하고 통항분리방식을 규정함에 있어서 권한 있는 국제기구의 권고, 국제항행에 관습적으로 이용되고 있는 수로, 특정한 선박과 수로의 특성, 선박교통량 등을 고려하여 한다(제22조제3항). 연안국은 이러한 항로대와 통항분리 방식을 해도에 명시하고 공표하여야 한다(제22조제4항).

③ 연안국의 의무

관습법과 조약에서 발견할 수 있는 연안국의 의무는 (1) 통항에 대한 위험을 공표하여야 하고, (2) 등대 및 구조시설과 같은 기본적인 항해 서비스를 제공해야 한다. 또한 (3) 연안국은 영해에서 외국 선박의 무해통항을 방해하지 않아야 한다(제24조제1항).

즉 연안국은 (1) 외국 선박에 실질적으로 무해통항권을 부인하거나 침해하는 요건을 부과하거나, (2) 특정국의 선박이나 특정국으로 화물을 반입·반출하는 선박에 대하여 형식상 또는 실질상 차별을 해서는 안 된다. 또한 (3) 연안국은 단순히 무해통항하는 외국선박에 대하여 어떠한 수수료도 징수해서는 안 된다(제26조제1항). 그러나 (4) 특별히 제공된 서비스에 대한 대가는 부과할 수 있으나 부과에 차별이 있어서는 안 된다(제26조제2항). 이외에도 (5) 연안국은 해양경계획정 분쟁의 평화적인 해결, 영해 내 외국선박에 대한 권리행사 시 불필요한 실력사용 금지 등 영해에 관련된 다른 국제규칙상의 의무를 준수해야 한다.

④ 항공기의 상공비행

영해 상공에서는 당사국 간 특별협정이 없는 한 군용항공기의 「무해비행권」이 인정되지 않기 때문에 연안국은 자국 영역 상의 공간에 있어서 완전하고도 배타적인 주권을 행사한다. 그러나 민간 항공기는 1944년 「국제민간항공에 관한 시카고협약」에 의하여 당사국 간 특별협정 또는 기타 방법에 의한 허가를 받고 비행권을 인정받을 수 있다.[34]

⑤ 연안국의 관할권

타국의 영해를 항해 중인 선박이 항행·관세·출입국·보건위생 등에 관한 연안국 법령을 위반했거나, 타 선박 사이에 발생한 충돌사건과 같은 대외적 효과

---

34 김현수, 전게서, pp. 55-56.

를 초래하는 사건에 대하여 연안국이 형사관할권을 행사하는 것은 국제법상 확립된 원칙이다. 그러나 선원의 규율과 직무에 관한 사항, 선내의 민·형사사건 등 내부적 사건에는 원칙적으로 선적국이 관할권을 갖는다.[35]

가. 형사관할권

연안국은 국제 예양상 영해를 통항 중인 외국 선박 내에서 발생한 범죄에 대하여 형사관할권을 행사하지 않으나, 다음 경우에 한하여 형사관할권을 행사할 수 있다(협약 제27조제1항).

- 범죄의 결과가 연안국에 미치는 경우
- 범죄가 연안국의 평화나 영해의 공공질서를 교란하는 성질의 경우
- 선장이나 영사가 현지 당국에 지원을 요청한 경우
- 마약이나 향정신성 물질의 불법거래를 진압하기 위한 경우

그러나 연안국의 내수에 들어오지 않고 단순히 영해를 통과하는 경우, 영해에 들어오기 전에 발생한 범죄는 연안국의 형사관할권이 배제된다(협약 제27조제5항).

나. 민사관할권

연안국은 영해를 통항 중인 외국 선박이 스스로 부담하거나 초래한 책임을 제외하고 민사관할권을 행사하기 위하여 선박을 정지시키거나 항로를 변경하거나 민사소송절차를 위하여 선박에 대한 강제집행이나 나포를 할 수 없다(협약 제28조제1항 및 제2항). 그러나 영해에 정박하고 있는 선박이나 내수를 떠나 통항 중인 선박에 대하여는 자국 법령에 따라 민사소송을 위한 강제집행이나 나포를 할 수 있다(협약 제27조제3항).

---

35 최종화, 전게서, p. 62.

6 동북아 국가의 무해통항제도

한국은 「영해 및 접속수역법」에서 "외국 선박은 대한민국의 평화·공공질서 또는 안전보장을 해하지 아니하는 한 영해를 무해통항할 수 있다(제5조제1항)"라고 명시하여 「유엔해양법협약」상의 무해통항권을 보장하고 있다. 그러나 "외국의 군함 또는 비상업용 정부 선박이 영해를 통항하고자 할 때에는 대통령령이 정하는 바에 따라 사전 통고하여야 한다"(제5조제1항)고 하여 군함 및 비상업용 정부선박에 대하여는 「사전 통고제」를 시행하고 있다.

영해에서 무기를 사용한 훈련, 항공기·군사기기의 이·착함, 탑재, 잠수항행, 조사 또는 측량, 기타 통항과 직접 관련 없는 행위 등은 관계 당국의 허가나 승인을 받은 경우에는 유해하지 않은 것으로 본다(제5조제2항). 군함 및 비상업용 정부 선박을 제외한 외국 선박이 유해한 행위를 한 혐의가 있을 때에는 관계당국은 정선·검색·나포 등 필요한 조치를 할 수 있고, 안전보장을 위하여 일정한 수역을 정하여 외국 선박의 무해통항을 일시적으로 정시킬 수 있다(제5조제3항).

한국의 영해를 통과하고자 하는 군함은 대통령령(제4조)이 정하는 바에 따라 (1) 당해 선박의 선명·종류 및 번호, (2) 통항목적, (3) 통항항로 및 일정을 통항일 3일 전까지 외교부장관에게 통고하여야 한다. 다만 국제해협에서 공해대가 없을 경우에는 예외로 한다. 또한 군함이나 비상업용 정부 선박이나 승무원이 법령을 위반한 경우 시정이나 영해로부터 퇴거를 요구할 수 있다(제8조).

중국은 1958년 9월 선포한 「영해선언」에서 군함 통항에 사전허가를 분명히 요구하였다.[36] 중국은 「제3차 유엔해양법회의」의 협의 과정에서 일관성 있게 사전허가 입장을 주장하였다. 1984년 1월부터 시행된 중국의 「해상교통안전법」에서도 중국 영해로 진입하는 모든 외국 군함에게 사전허가를 요구하였다. 이러한 태도는 중국의 1992년 「영해 및 접속수역법」 제6조에서도 그대로 유지되고 있다.[37]

일본의 경우 「영해 및 접속수역에 관한 법률」에서 무해통항 및 군함의 영해 내 통항에 관한 아무런 규정을 두고 있지 않다. 일본은 「유엔해양법협약」을 비

---

36 당시 이 선언의 목적은 대만에 물자를 지원하는 미국 군함이 중국 연안에 접근하는 것을 막는 것이었다.

37 김영구, 전게서, p. 176.

준하고 있으므로 무해통항에 관하여 「유엔해양법협약」이 그대로 적용된다고 할 수 있을 것이나, 군함의 영해내 통항에 대해서는 입장이 명확하지 않다.

7 긴급피난

선박의 긴급피난이란 무해통항 조건의 예외적인 경우로서 외국 선박이 불가항력 또는 조난에 의하여 타국의 영해 또는 내수로 들어가는 것을 무해통항으로 인정하는 제도이다. 긴급피난 선박은 피난국의 관할권으로부터 면제되지만 체재 중 피난국의 법령을 위반했을 경우에는 피난국의 관할권으로부터 면제가 인정되지 않는다.

외국 선박의 긴급피난은 「유엔해양법협약」에 근거를 두고 있지만 절대적인 권리는 아니다. 피난국은 위험물 적재 선박과 같이 선박은 조난상태가 피난처를 구하는 과정에서 피난국의 항만에 중대한 위험을 미칠 수 있기 때문에 그 선박의 입항을 거절할 수 있다. 긴급피난을 하고자 하는 선박은 먼저 현실의 긴급성, 해당 피난항 이외에 다른 용이한 피난 가능한 장소가 없었던 사실 및 피난이유를 조작하여 제출하지 않았다는 사실을 피난국에 입증하여야 한다. 긴급피난의 요건은 다음과 같다.

- 선체 및 기관의 중대한 손상 등의 사고에 의하여 선박에 급박한 위험이 있는 경우
- 태풍 등의 황천 때문에 선박에 급격한 위험이 있는 경우
- 연료, 청수 또는 식료품 등이 불의의 사태로 결핍되어 선박의 안전 또는 승무원의 생명에 급박한 위험이 있는 경우
- 해적 및 폭동 등의 위험으로부터 피난할 경우
- 선박 내에 있는 사람이 중상 또는 위급한 병으로 인해 신속한 전문의의 치료를 요하는 경우
- 긴급피난은 아니지만 이에 준하여 피난이 인정되는 경우(예: 조난선 구조, 공해상 구조 조난자의 인도)

우리나라는 주변국과 별도의 협약으로 선박의 긴급피난을 규정하고 있다. 일본과 「해상에서의 수색·구조 및 선박의 긴급피난에 관한 협정」(1990. 5. 25 발효), 중국과 「한·중어업협정」(2001. 5. 16 발효) 및 「해상 수색·구조에 관한 협정」(2007. 5. 16 발효)에 의하여 우리나라 항만에 상대국 선박의 긴급피난을 허용하고 있다. 긴급피난 중인 선박의 「영해 및 접속수역법」, 「출입국관리법」, 「해양환경관리법」, 「관세법」 등 관련 법령의 준수의무가 있다.

SECTION 07 국제해협의 통과통항

① 국제해협제도의 형성

앞의 논의에서 보았듯이 해양제도는 연안에서 배타적 관할권을 확대하려는 개발도상국과 해양이용의 자유를 최대한 확보하려는 선진해양국들의 대립되는 이익의 타협의 결과로 성립되었다. 이 중 가장 첨예하게 대립되었던 것은 국제 해협에서 해협연안국의 주권과 해협이용국의 통항권에 관한 것이었다.[38] 타협의 결과로서 「유엔해양법협약」에 의해 새로이 등장한 제도가 국제해협에서 「통과 통항」(transit passage)과 군도수역에서 「군도항로통항」(archipelagic sea lane passage) 의 두 가지 제도였다.

국제해협의 통항과 관련하여 「국제사법재판소」(ICJ)의 1949년 「코르푸(Corfu) 해협사건」[39] 판결은 「유엔해양법협약」의 국제해협제도의 형성에 많은 영향을 미쳤다. ICJ는 동 판결에서 "통항이 무해한 이상 평화 시 공해의 두 부분 사이의 국제해협에서 군함을 연안국의 사전허가가 없이 보낼 수 있는 것은 인정된 국제관 습"이라는 점을 명확히 했다. ICJ의 판결은 1958년 「영해 및 접속수역에 관한 협약」에 반영되었다.

「유엔해양법협약」에 의해 12해리까지 영해를 확대할 수 있게 됨에 따라 116 개의 국제해협 중 106개 해협에서 3해리 영해 시 공해로 남겨졌던 수역이 연안 국의 영해로 막혀버리거나 영해가 중첩되었다. 이에 따라 국제해협에서의 통항

---

38 Mary George, 「Transit Passage and Pollution Control in Straits under the 1982 Law of th e Sea Convention」(2002) 33, *Ocean Development and International Law*, p. 189.

39 1946년 코르푸해협 사건은 영국이 그리스섬 코르푸와 그리스와 알바니아 해안 사이의 수역 에서 자국 군함의 자유로운 통과통항을 주장함으로써 야기되었다. 두 척의 영국 군함이 해협 의 알바니아 쪽 수역에 진입했을 때 알바니아의 연안 포대로부터 포격을 받았다. 영국은 무 해통항권을 주장했고, 알바니아는 사전통고나 허가를 주장했다. 또한 영국 군함이 알바니아 의 태도를 탐지하기 위하여 해협을 통항하는 도중 알바니아가 설치한 수중 기뢰가 폭발해 인 명이 살상되고 군함이 파손되었다. 이 사건은 알바니아의 책임문제, 기뢰부설 미통보, 군함의 무해통항권 등에 대한 판결을 위해 국제사법재판소에 제소되었다.

을 둘러싼 연안국과 해양국간의 이익을 어떻게 조정할 것인가 하는 문제가 유엔 해양법회의 시작부터 중요한 현안이 되었다.

국제해협에서 방해받지 않은 통항은 1970년대 「제3차 유엔해양법회의」에서 중요한 이슈로 논의되었다. 해양국들은 자국 선박, 항공기의 자유로운 통항과 해군의 기동력 확보를 위해 모든 해협에서 방해받지 않은 통항의 자유를 주장했다. 77그룹을 중심으로 한 제3세계국가들은 국가안보와 유조선에 의한 해양오염 등을 이유로 국제해협 통항에 대한 연안국의 통제권을 주장했다.

미국은 12해리 영해 경계가 중첩되는 모든 국제해협에서 해면, 해저, 상공에서 방해받지 않은 통항이 보장되면 12해리 영해안을 수용하겠다는 「일괄타결」 (package deal) 방안이 제기되었다. 또한 미국은 대다수의 개발도상국들이 요구했던 200해리 어업구역도 수용의사를 밝혔다.[40]

② 통과통항의 의의

「통과통항」(transit passage)이란 "공해 또는 배타적 수역의 한 부분과 공해 또는 배타적 경제수역의 다른 부분 사이의 해협에서 「계속적」이고 「신속한」 통과를 위한 목적만으로 항행 및 상공비행의 자유를 행사하는 것"을 의미한다(협약 제38조제2항). 「계속적이고 신속한 통과」의 요건은 해협연안국의 입국조건에 따라서 그 국가에 입국·출항·귀항을 목적으로 하는 해협통항을 배제하지 않는다. 국제해협을 통과통항 중인 선박과 항공기는 공통적으로 다음의 의무를 진다(협약 제39조제1항).

- 해협 또는 그 상공의 지체 없는 항진
- 해협연안국의 주권, 영토보전 또는 정치적 독립에 반하거나 무력의 위협이나 무력행사의 자제
- 불가항력 또는 조난으로 인한 경우를 제외하고 계속적이고 신속한 통과의 통상적인 방식에 따르지 아니하는 활동의 자제
- 그 밖의 관련 규정의 준수

---

40 James C. F. Wang, 전게서, pp. 89-90.

이에 더하여 선박은 다음의 의무를 진다(협약 제39조제2항).

- 「국제해상충돌예방규칙」을 포함하여 해상안전을 위하여 일반적으로 수락된 국제규칙, 절차, 관행의 준수
- 선박에 의한 오염방지·경감·통제를 위하여 일반적으로 수락된 국제규칙, 절차 및 관행의 준수

또한 해양과학조사선과 수로측량선을 포함한 외국 선박은 통과통항 중 해협연안국의 허가 없는 조사활동이나 측량활동은 금지된다(협약 제40조). 통과통항 중인 항공기는 민간 항공기에 적용되는 「국제민간항공기구」(ICAO)가 제정한 항공규칙을 준수하여야 하며, 권한 있는 항공관제기구가 지정한 무선주파수나 국제조난 주파수를 상시 청취하여야 한다(협약 제39조제3항).

③ 해협연안국의 권리

국제해협연안국은 해협에 접한 연안국으로서 다음의 권리를 행사한다(협약 제41조).

- 연안국은 선박의 안전통항을 촉진하기 위하여 해협 내 「항로대」를 지정하고 「통항분리방식」을 설정할 수 있다.
- 이미 지정되거나 설정되어 있는 항로대나 통항분리방식을 다른 항로대나 통항분리방식으로 대체할 수 있다. 대체에 앞서 연안국은 이런 사실을 적절히 공표하여야 하고 항로대와 통항분리방식은 일반적으로 수락 된 국제규칙에 따라야 한다.

해협연안국은 항로대를 지정·대체하거나 통항분리방식을 설정·대체하기에 앞서 권한 있는 국제기구가 이를 채택하도록 제안해야 한다. 국제기구는 해협연안국과 합의된 항로대와 통항분리방식만을 채택할 수 있다. 해협연안국은 자국이 지정하거나 설정한 모든 항로대와 통항분리 방식을 해도에 명시하고 이 해도를 적절히 공표하여야 한다.

4 무해통항과 통과통항의 관계

「무해통항」과 「통과통항제도」의 관계는 「유엔해양법협약」상 장소, 법적 성질 등 여러 가지 면에서 뚜렷이 구별되는 별개의 제도이다. 양 제도의 협약상 차이는 다음과 같이 정리될 수 있다.[41]

- 무해통항권은 타국의 영해에서 행사되는 반면, 통과통항권은 국제항행에 이용되는 해협에서 행사된다.
- 무해통항은 연안국, 내륙국에 관계없이 모든 국가의 선박에 적용되지만(협약 제17조), 통과통항은 그러한 명시적 규정이 없다.
- 무해통항에서 통항은 바다를 횡단하거나 내수, 정박지 또는 항구시설로 부터 항진하거나 그곳을 향하여 항진하는 것으로 정의되고 있으나(협약 제18조), 통과통항제도는 통항 자체에 대한 정의 규정을 두지 않고 있다.
- 영해 통항 시 잠수함이나 그 밖의 잠수항행기기는 부상하여 국기를 게양하고 항행하여야 하나(협약 제20조), 통과통항은 유사한 규정이 없다.
- 외국 핵추진 선박이나 다른 유사한 선박은 서류를 휴대하고 국제협정에서 규정한 필요한 조치를 준수하도록 하고 있으나(협약 제23조), 통과통항은 그러한 요구조건이 없다.

양 제도의 비교를 통해 내용상 양자의 가장 주요한 차이는 다음과 같이 정리될 수 있다. 무해통항은 특정 상황에서는 정지될 수 있고, 항공기에는 적용되지 않으며 잠수함은 무해통항시 부상하여 항행하여야 한다. 반면 통과통항 선박은 정지되지 않고 항공기에도 적용된다. 잠수함은 잠수항행이 가능하다. 통과통항은 다른 대체항로나 동일한 편의를 제공하는 항로가 없을 경우에 가능하다.

---

41 위의 책, pp. 195 – 197.

제주해협의 법적 지위와 관련하여 통과통항이 적용되는 국제해협의 인정 여부를 둘러싼 논란이 있다. 제주해협의 입구 최대 폭은 45해리 (우도-상백리)이나 해협 수역의 최소 폭은 14해리(제주-화도)로서 제주해협에는 공해대가 존재하지 않는다.

「유엔해양법협약」상 공해(또는 배타적 경제수역)와 공해(배타적 경제수역)사이의 통과통항이 적용되는 국제해협(협약 제37조)의 예외 해협으로서 해협이 해협연안국의 섬과 본토에 의하여 형성되고, 항행ㆍ수로특성상 유사한 편의가 있는 공해나 배타적 경제수역 통과항로가 그 섬의 바다 쪽에 있으면 통과통항이 적용되지 않는다(협약 제38조제1항). 이러한 해협은 정지되지 않은 무해통항이 적용된다(협약 제45조).

제주도와 본토에 의하여 형성된 제주해협은 (1) 제주해협은 지리적으로 공해(또는 EEZ)와 공해(또는 EEZ)를 연결하고, (2) 외국 선박의 통항 빈도ㆍ이용국가의 수 또는 대체항로 유무 등을 고려할 때 충분히 국제해협에 해당한다고 볼 수 있다. 한편, 유사항로의 존재여부에 대하여 「유사항로」라는 개념은 단순한 지리적 요소보다 정치적 안전도ㆍ항행시기ㆍ거리[42] 등에 따라 달라질 수 있으므로 다소 불명확한 기준이나 제주해협의 경우 지리적 특성으로 보아 유사편의 항로가 존재한다고 있다고 판단하기에 충분한 조건을 갖추고 있다. 그러나 이러한 제주해협의 법적 지위에 대하여 의견이 대립되고 있다.[43]

결론적으로 제주해협은 유사편의항로가 존재하는 국제해협으로서 완전한 통과통항은 적용되지 않고 무해통항이 적용된다. 외국 군함의 경우 사전통고를 면제해주는 체제이다. 통과통항제도가 연안국의 이익보다는 전략적 해협에서 통항의 자유를 최대한 보장하기 위한 「유엔해양법협약」의 취지에 비추어 이용국의 입장이 충분히 고려될 필요가 있다.

---

42 제주도 남쪽 항로를 이용할 경우 약 30-35 해리 정도의 운항거리가 추가된다.

43 박춘호 재판관은 제주해협은 통과통항이 적용되는 전형적인 국제해협으로 보아야 한다고 주장하였고, 김영구 교수는 제주해협은 국제해협이지만 섬의 바다 쪽에 유사편의항로가 존재하므로 통과통항이 아니라 무해통항권이 적용되어야 한다고 주장한다.

CHAPTER 16

해양제도론 -배타적 경제수역, 공해

SECTION 01 배타적 경제수역

1 의의

「배타적 경제수역」(Exclusive Economic Zone)은 영해기선으로부터 200해리 이내의 수역으로서 연안국이 그 수역 내의 천연자원에 대하여 배타적 권리를 갖는 수역을 말한다. 즉 배타적 경제수역은 연안국이 해면, 해저, 해상(sea-bed), 하층토(subsoil)의 생물, 무생물 등 천연자원에 대한 탐사·개발·보존·관리와 그 밖의 경제적 개발과 탐사를 위한 활동에 대하여 「주권적 권리」(sovereign right)를 행사하고, 인공섬·시설·구조물의 설치와 이용, 해양과학조사, 해양환경의 보호와 보존에 관한 「관할권」(jurisdiction)을 행사하는 수역을 말한다(유엔해양법협약 제55조 및 제56조).[1]

2 제도의 생성

배타적 경제수역의 개념은 다른 해양제도에 비하여 역사가 짧다. 배타적 경제수역 제도 생성의 결정적인 계기는 1945년의 미국 트루먼 대통령의 「대륙붕에 관한 트루먼 선언」(Truman Proclamation on the Continental Shelf)이었다. 트루먼 선언에서 미국은 석유 및 기타 미네랄자원의 새로운 공급원에 대한 필요성을 지적하고 연안국의 해저 및 하층토에 대한 관할권의 확대를 주장하였다. 트루먼 선언 이후 칠레, 페루를 중심으로 한 라틴아메리카 국가들은 자국 해양관할권의 확대를 선언하였다. 이후 1952년 칠레, 에콰도르, 페루는 「해양구역에 관한 선

---

1 전 세계 국가가 200해리 배타적 경제수역을 선포할 할 경우, 그 수역은 전 세계 바다의 36%에 해당한다. 200해리 배타적 경제 수역은 상업적으로 이용 가능한 어군의 90% 이상, 전 세계 해저 유전의 87%, 해저 망간단괴의 10%를 포함한다. 또한 해양과학조사의 대부분이 해안으로부터 200해리이내에서 이루어지고 전 세계 주요 해운로는 출항지와 목적지가 위치한 곳을 제외하고 각국의 EEZ를 통과하고 있다.

언」(Declaration on the Maritime Zone)에서 해안으로부터 최소 200해리에 대한 배타적 주권과 관할권을 주장했다.

배타적 경제수역의 개념은 케냐에 의해 1971년 「아시아－아프리카 법률자문위원회」(Asian－African Legal Consultative Committee)에서 처음으로 제안되었고, 그 다음 해 「유엔해저위원회」(UN Sea Bed Committee)에서도 제기되었다.[2] 미국, 소련, 일본 등 선진국들은 「경제수역」(Economic Zone) 개념의 도입을 연안국의 권리가 전통적인 영해 이원으로 과도하게 확장되어 통항의 자유와 해군기동력을 저해할 수 있다는 이유로 반대했다. 선진국들이 반대하는 가운데 1974년 카라카스(Caracas)회의에서 「경제수역」의 개념은 제3세계 국가들의 많은 지지를 받았다.

「제3차 유엔해양법회의」에서 제시된 타협안은 영해로부터 200해리를 넘지 않는 경제수역 내에서 연안국은 모든 천연자원의 탐사·이용·관리에 대한 주권적 권리, 과학조사 및 오염통제에 관한 관할권을 가지되, 다른 나라들은 항해, 상공비행, 전선 및 관선 부설권과 같은 전통적인 공해에 대한 권리를 향유하는 것이었다. 유엔해양법회의에서 「배타적」(Exclusive)이란 용어가 추가되고 EEZ 개념이 생성되었다.[3]

배타적 경제수역을 선포한 국가는 120여 개국에 이르고 있다. 미국은 심해저 개발에 대한 이견으로 아직까지 「유엔해양법협약」에 가입하지 않고 있으나 1983년 3월 200해리 EEZ를 선포하였다. 이와 같이 전 세계 다수 국가가 선포한 EEZ는 관습국제법의 일부가 되었다고 볼 수 있다.[4] 국제사법재판소(ICJ)도 「리비아/몰타 대륙붕 사건」 판결에서 "EEZ는 국가실행에 의해 관습국제법의 일부가 되었다"고 판결하고 있다.[5]

2 R. R. Churchill, A. V. Lowe, 「The Law of the Sea」, 3rd ed. (Manchester University Press, 1999), p. 160.
3 위의 책, p. 68.
4 위의 책, p. 161.
5 ICJ Report, 1985, p. 33.

❸ 법적 특성

가. EEZ의 범위

공간적으로 EEZ는 수면을 포함한 「수중」(water column)과 수중 아래의 「해저」(sea-bed)와 「하층토」(subsoil)의 두 개의 대상을 포함한다. 연안국은 연안으로부터 200해리까지 수중의 해양생물자원과 해저 및 하층토의 광물자원에 대한 주권적 권리를 향유한다. 따라서 200해리 이내에서 해저 및 하층토에 대한 권리는 대륙붕에 대한 권리와 중첩된다. 그러나 200해리를 넘는 수역에서는 대륙붕의 개념만 적용된다.

나. 법적 지위

EEZ의 법적 지위에 관한 개념적 논란이 있다. 이러한 논란은 「유엔해양법협약」 제55조에서 EEZ에 관한 명확한 정의가 없기 때문이다. 해양국가들은 연안국들에게 배타적 경제수역 내의 천연자원의 탐사·개발에 관한 특별한 권리가 부여되지만, 그 수역은 여전히 공해의 일부라는 주장을 한다. 반대 입장에서는 협약이 연안국들에게 실질적인 권한을 부여하기 때문에 EEZ를 공해의 일부로 보는 것은 인정할 수 없다고 주장한다.

EEZ는 공해 원칙의 특징이 많다는 점에서 전통적인 영해는 아니다. 따라서 EEZ는 영해도 공해도 아닌 양자 사이에 위치한 「특별한」(*sui generis*) 성격의 별개의 「기능적 해역」으로 인정되어야 한다.[6]

다. 연안국의 권리·의무

연안국이 배타적 경제수역 내에서 가지는 권리는 「주권적 권리」(sovereign rights)와 「관할권」(jurisdiction)으로 나누어진다.

---

6 R. R. Churchill, A. V. Lowe, 전게서, p. 166.

1) 주권적 권리

연안국은 다음의 대상에 대하여 「주권적 권리」를 행사한다(협약 제56조제1항).

- 생물 또는 비생물자원 등 천연자원의 탐사·개발·보존·관리를 목적으로 하는 권리
- 해수, 해류 및 해풍을 이용한 에너지 생산과 같은 해당 수역의 경제적 개발과 탐사를 위한 활동에 관한 권리

「유엔해양법협약」은 "해저와 하층토에 관한 권리는 대륙붕 제도에 따라 행사 한다"(제56조제3항)고 규정하여, 비생물자원의 탐사·개발에 관한 연안국의 권리의 행사는 대륙붕제도를 따르도록 하고 있다.

2) 관할권

연안국이 관할권을 가지는 대상으로는 다음과 같다(제56조제1항).

- 인공섬·시설·구조물의 설치와 사용
- 해양과학조사
- 해양환경의 보호와 보전

3) 의무

연안국은 이러한 권리를 행사함에 있어서 다른 나라들의 권리와 의무를 적절히 고려해야 하고, 「유엔해양법협약」의 규정에 합당한 방식으로 권리를 행사해야 한다(협약 제56조제2항). 연안국은 EEZ에서 인공섬·시설 및 구조물을 설치하는 경우 적절히 공시해야 한다. 그러한 경우 주위에 최대 500미터의 「안전수역」(safety zone)을 설치할 수 있고, 안전수역의 범위는 적절히 공시해야 한다(협약 제60조제5항). 인공섬·시설 및 구조물은 섬의 지위를 가지지 아니하고 자체의 영해를 가지지 않는다. 이들은 영해, EEZ나 대륙붕의 경계획정에 영향을 미치지 않는다(협약 제60조제8항).

앞에서 설명한 바와 같이 「유엔해양법협약」 제56조는 연안국의 EEZ에 대한 권리는 기본적으로 경제적 성격임을 잘 보여 주고 있다. 자원의 개발과 이용, 에너지 생산 등 경제적 이익과 직접 관련이 있는 사항에 대해서만 연안국이 주권적 권리를 행사하도록 하고 있다.[7]

➕사례　중국관공선의 「중·일잠정조치수역」 한국해양조사선 감시

2010년 6월 9일 한국 해양조사선 「온누리」호(한국해양연구원 소속, 1009 톤)가 「중·일 잠정조치수역」(이어도 남서 206마일)에서 해양조사 중 중국 관공선 2척이 동 수역에서 해양조사가 허가가 없음을 이유로 조사중단을 요구하며 근접 감시하였다. 한국해양연구원은 외교경로를 통해 중·일 양국에 해양조사를 사전 통보하고 동의를 요청하였다. 이에 일본 측은 동의하였으나 중국 측으로부터 답변이 없는 상태에서 5개월이 경과한 시점에 조사를 하였다. 「유엔해양법협약」은 "EEZ와 대륙붕에서의 해양과학조사는 연안국의 동의를 얻어 수행한다"(제246조제2항)고 규정하고 있고, "해양과학조사국은 연안국에 조사개시 6개월 전에 관련 정보를 제공하고 6개월 경과 시 묵시적 동의로 간주하고 해양과학조사를 실시할 수 있다"(제248조)고 규정하고 있다.

---

4 다른 국가의 권리·의무

연안국, 내륙국에 상관없이 모든 국가는 EEZ에서 다음의 권리를 향유한다.

- 항행·상공비행의 자유
- 해저전선과 관선부설의 자유
- 선박·항공기·해저전선·관선 운용의 자유

내륙국과 지리적 불리국은 동일 지역에 인접한 연안국의 EEZ 내에서 형평에 맞는 조건으로 적절한 양의 잉여 생물자원의 개발에 참여할 권리를 갖는다(협약 제69조제1항 및 제70조제1항). 모든 국가는 EEZ 내에서 권리를 행사하고 의무를 이행함에 있어서 연안국의 권리와 의무를 적절하게 고려해야 한다. 그리고 연안

7　오윤경 외, 「21세기 현대 국제법 질서」(박영사, 2001), pp. 357.

국의 법령이 「유엔해양법협약」상의 배타적 경제수역제도와 배치되지 않는 한 준수되어야 한다(협약 제58조제3항).

5 군사활동

「유엔해양법협약」에 EEZ 내에서의 군사활동에 관한 연안국의 명확한 규제 규정이 없어 외국의 군사활동 허용 여부에 대한 혼란이 있다. 해양군사 강국들은 허용설의 입장을 취하는 반면, 그렇지 않은 연안국들은 사전동의설의 입장을 취하고 있다. 이와 관련하여 만약 일본 해군함정이 우리나라의 EEZ에서 기동훈련을 하려고 한다면 우리나라의 사전동의를 받아야 하는지 문제시 된다. 「유엔해양법협약」과 마찬가지로 우리의 EEZ법에도 관련 명시조항은 없지만, 사전동의는 아니더라도 최소한 사전통보는 필요하다는 것이 우리나라가 취하는 입장이다.[8]

> **+사례** 　미군 정찰기의 중국 EEZ 상공 정찰비행
>
> 2001년 4월 1일 남중국해 해남도 인근 중국의 EEZ 상공에서 정찰업무를 수행 중이던 미 해군소속 EP-3 정찰기가 감시 중이던 중국의 전투기와 충돌하여 기체손상을 입고 중국의 승인 없이 해남도 군용비행장에 불시착하였다. 이 사건에서 미국과 중국은 EEZ에서의 군사활동에 관한 상반된 견해를 보이고 있다. 미국은 충돌이 발생한 지점이 EEZ 상공이고 「유엔해양법협약」 제58조에 따라 상공비행의 자유가 있으므로 미군 정찰기의 활동은 적법하다는 것이다.
>
> 이에 대해 중국은 외국 비행기의 EEZ 상공비행이 「유엔해양법협약」상 인정되고 있으나, 외국 비행기는 연안국의 권리를 고려해야 하고 연안국의 주권과 안보 및 국가이익을 위해하는 일을 할 수 없다는 입장이다. 따라서 제58조의 「EEZ 상공비행의 자유」와 제87조의 「공해 상공비행의 자유」는 다르므로 미군 정찰기가 중국 EEZ 상공에서 군사정찰 활동을 하는 것은 중국의 주권에 대한 도전행위에 해당된다는 것이다[9]

8　위의 책, p. 358.
9　인민일보, 2001년 4월 4일 자 논평기사.

2009년 3월 12일 남중국해 하이난다오(海南島)에서 120km 떨어진 중국의 EEZ 해역에서 중국 해군함정 등 5척이 미국의 비무장 정보수집 함정 「임페커블」(Impeccable)호에 8m까지 접근하여 항해를 방해하였다. 이 사건을 둘러싸고 미·중 양국은 EEZ에서 선박의 항행의 자유와 군사활동 여부를 놓고 외교적 대결을 벌였다.

미국 국방부는 "중국 선박의 행동은 공해의 합법적인 사용자에 대한 안전과 권리를 존중하도록 한 국제법을 위반한 것"이라며 중국의 행위를 비난하였다. 이에 대해 중국 외교부는 "미국 선박은 중국의 EEZ 내에서 중국의 핵잠수함 관련 정보를 수집하고 있었고, 중국 당국의 허가도 받지 않고 활동한 것은 국제해양법과 중국법 위반"이라고 주장했다. 이 사건에서 미국은 「유엔해양법협약」상 EEZ에서 보장된 항행의 자유를 주장한 반면, 중국은 자국 EEZ 내에서 외국 선박이 허가 없이 정보수집 활동을 한 것은 국제해양법과 국내법 위반이라는 입장이었다.[10]

⑥ 동북아 국가의 EEZ 제도 수용

한·중·일 등 동북아 국가들은 1996년 「유엔해양법협약」을 비준하고 이후 배타적 경제수역 관련 국내법을 제정·공포하였다. 동북아 국가들이 200해리 배타적 경제수역 제도 채택이 늦어진 가장 직접적인 이유는 이들 세 국가가 200해리 EEZ를 선포할 주변해역이 협소한 「반폐쇄해」(semi−enclosed sea)이고, 독도, 센카쿠열도 등 영유권 분쟁이 있어 해양경계획정을 어렵게 하고 있기 때문이었다.[11]

1994년 11월 「유엔해양법협약」이 발효된 후 이들 세 국가는 1996년 「유엔해양법협약」을 비준하였다. 해양생물자원의 보존·관리를 위하여 새롭게 발전한 「유엔해양법협약」 체제의 적용을 더 이상 미룰 수 없게 되었다는 점과 인접해양의 지속가능한 개발과 환경보존 등에 있어서 해양법상 법적 체제를 조속히 도입·적용해야 한다는 단계에 이르렀다는 점 등이 200해리 EEZ를 실시하도록 한 요인이었다.[12] 동북아 국가들은 동 협약을 이행하기 위한 국내법을 제정·공포하였

---

10 조선일보, 2009년 3월 11일.

11 김영구, 「한국과 바다의 국제법」(21세기 북스, 1998), p. 414.

12 위의 책, p. 415.

다(표 1 참조). 우리나라의 경우 1996년 8월 「배타적 경제수역법」을 제정하였다. 동 법에서 배타적 경제수역의 범위를 영해기선으로부터 200해리까지의 수역 중 영해를 제외한 수역으로 규정하고 있다.[13]

가. 한국

배타적 경제수역이 다른 국가의 EEZ와 중첩되는 경우 별도의 합의가 없으면 「중간선」을 기준으로 하여 내측으로 권리행사를 제한하고 있다. 배타적 경제수역의 경계획정에 있어서 다른 국가와 합의 없는 경우 「중간선 원칙」의 적용을 규정하고 있다.[14] 또한 EEZ에서 우리나라의 법령을 위반한 자에 대하여는 「유엔해양법협약」 제111조가 규정한 추적권, 정선·승선·검색·나포 및 사법절차를 시행할 수 있다.[15]

「배타적 경제수역에서의 외국인 어업 등에 대한 주권적 권리의 행사에 관한 법률」(EEZ 어업법)에서 우리나라의 EEZ에서 행해지는 외국인의 어업 활동에 관한 주권적 권리행사 등에 관한 사항을 규정하고 있다. 동 법에서는 외국인의 「특정금지구역」의 어업금지,[16] EEZ 내 어업활동에 대한 허가, 입어료, 위반 선박에 대한 사법절차 등을 규정하고 있다. 위반 선박을 나포·억류한 경우에는 위반 선박의 선적국에 그 사실을 통보해야 하며, 담보금 납부나 그 보증이 있는 경우 지체없이 선장 기타 위반자를 석방하고 압수물을 반환해야 한다.[17]

나. 북한

북한은 1977년 6월 경제수역을 선포하고 같은 해 1월 1일부터 실시한다고 발표하였다. 북한 경제수역의 범위는 영해기선으로부터 200해리로 하고 중첩수역은 중간선으로 한다고 하였다. 이 수역에서는 수중·해저·지하의 생물 및 비

---

13 배타적 경제수역법 제2조 내지 제4조.
14 위의 법, 제5조제2항.
15 위의 법, 제5조제3항.
16 「배타적 경제수역에서의 외국인 어업 등에 대한 주권적 권리의 행사에 관한 법률 시행령」에서 배타적 경제수역 중 어업자원의 보호 또는 어업조정을 위하여 외국인의 어업을 전면금지하는 "특정금지 구역"을 설정하고 있다.
17 배타적 경제수역에서의 외국인 어업 등에 대한 주권적 권리의 행사에 관한 법률 제23조제3항.

생물 자원에 대한 자주권을 행사한다고 하고, 사전승인 없는 외국인 선박 및 항공기에 의한 어로·시설물의 설치·탐사개발·오염행위 등을 금지하고 있다.[18]

▌표 1 동북아 국가의 EEZ 관련법령

국가	유엔해양법협약 비준	EEZ 관련 법령
한국	96. 1. 29	배타적 경제수역법(96.8), 배타적 경제수역에서의 외국인 어업 등에 대한 주권적 권리의 행사에 관한 법률(96.8), 배타적 경제수역에서의 외국인어업 등에 대한 주권적 권리의 행사에 관한 법률시행령(97.8), 해양과학조사법(95.1)
일본	96. 6. 20	배타적 경제수역 및 대륙붕에 관한 법률(96.1), 배타적 경제수역에서 어업 등에 관한 주권적 권리의 행사 등에 관한 법률(96.6), 배타적 경제수역에서 어업 등에 관한 주권적 권리의 행사 등에 관한 법률시행령(96.7), 해양생물자원의 보존 및 관리에 관한 법률(96.6)
중국	96. 6. 7	배타적 경제수역 및 대륙붕에 관한 법률(98.6), 외국인 해양과학조사의 관리에 관한 중화인민공화국 규정(96.6), 중화인민공화국 해양환경보호법(82.8)
북한	82. 12. 10 협약 가입하였으나 아직 비준하지 않고 있음	배타적 경제수역 선포(77. 6)

---

18 외교통상부, 「동북아 해양법령과 유엔해양법협약집」(일조각, 2006), p. 500.

SECTION 02 대륙붕 제도

1 대륙붕제도의 의의

지질학적으로 연안에 인접한 해저는 일반적으로 다음 세 가지 구역으로 이루어진다. 첫째, 저조선으로부터 평균 130미터 깊이까지 완만한 경사를 이루다 경사가 현저히 증가하는 구역을 「대륙붕」(Continental Shelf Proper)이라 한다. 둘째, 대륙붕에 접하면서 급경사를 이루어 수심 1,200−3,500미터까지 내려가는 구역을 「대륙사면」(Continental Slope)이라 한다. 셋째, 해저가 더 완만하게 기울어지는 대륙사면 이원의 지역으로서 대륙으로부터 씻겨 내려온 퇴적물로 이루어지는 수심 3,500−5,000미터의 구역을 「대륙대」(Continental Rise)라고 한다. 이들 세 구역을 합쳐 「대륙변계(Continental Margin)라 하며, 해저의 약 1/5을 형성하고 있다.[19]

「유엔해양법협약」은 제76조에서 대륙붕을 다음과 같이 정의하고 있다. "대륙붕은 영해를 넘어서 육지영토의 자연적 연장을 통하여 대륙변계의 외측한계(outer edge of the continental margin)까지 또는 대륙변계의 외측한계가 200해리까지 미치지 못하는 경우에는 영해의 폭을 측정하는 선으로부터 200해리까지의 해상(sea−bed) 및 하층토(subsoil)를 포함하는 지역"을 의미한다. 한편 대륙변계의 범위가 영해기선으로부터 200해리 밖까지 확장되는 경우 다음 선 중 어느 하나로 대륙변계의 외측 선을 정하여야 한다.[20]

- 퇴적암의 두께가 최외곽 고정지점으로부터 대륙사면의 끝까지를 연결한 가장 가까운 거리의 최소한 1퍼센트인 최외곽 지점을 따라 연결한 선
- 대륙사면의 끝으로부터 60해리를 넘지 않은 고정지점

---

19 R. R. Churchill, A. V. Lowe, 전게서, p. 141.
20 유엔해양법협약, 제76조제4항.

그러나 대륙붕의 외측한계는 영해기선으로부터 350해리를 넘거나 2,500미터 등심선으로부터 100해리를 넘을 수 없다.

제76조의 대륙붕 조항은 1958년 제1차 유엔해양법회의의 「대륙붕협약」의 내용을 큰 수정 없이 수용하고 있다. 양 협약의 가장 큰 차이는 대륙붕 정의에 있어서 대륙붕에 대한 법적 권한과 대륙붕의 외측한계에 관한 것이다. 「대륙붕협약」은 대륙붕을 200미터 등심선과 개발가능성(exploitability) 기준에 따라 대륙붕의 외측한계를 정하지 않고 있다. 이에 비하여 「유엔해양법협약」의 대륙붕 정의는 대륙붕의 한계를 확고히 하는 규칙과 절차상의 제도를 규정하고 있다.[21]

연안국은 200해리를 넘는 대륙붕의 한계에 관한 정보를 제2부속서에 따라 설립된 「대륙붕한계위원회」(Commission on the Limits of the Continental Shelf)에 제출하여야 한다. 위원회는 대륙붕의 바깥한계 설정 사항에 대하여 연안국에 권고를 한다. 이러한 권고를 기초로 연안국이 확정한 대륙붕의 한계는 최종적이며 구속력이 있다.[22]

② 대륙붕제도의 형성

대륙붕에는 석유, 천연가스 등 전 세계 매장량의 40% 이상 및 대량의 광물자원이 매장되어 있다. 연안국은 채굴이 기술적으로 가능하게 되면서 대륙붕의 개발·이용을 독점하여 타국의 조업을 배제하려고 시도하였다.

1958년 제네바회의에서는 연안국이 대륙붕에 대한 특정한 권리를 가져야 한다는 주장이 받아들여졌다. 동 회의에서 채택된 「대륙붕협약」(제2조)에서 연안국의 권리는 대륙붕의 자원을 탐사·개발하기 위한 목적의 「주권적 권리」라고 규정하였다. 동 협약에서는 일반의 공해제도와 분리해서 대륙붕의 해저와 천연자원의 탐사·개발에 관한 연안국의 주권적 권리를 인정했다.[23]

---

21 Alex G. Oude Elferink, 「Article 76 of the LOSC on the Definition of the Continental Shelf: Questions concerning its Interpretation from a Legal Perspective」(2006), 21(3), *The International Journal of Marine and Coastal Law*, p. 270.

22 유엔해양법협약, 제76조제8항.

23 위의 협약, p. 73.

제네바회의 이후 대륙붕에 관한 원칙은 국제법에서 굳건히 뿌리를 내렸다. 「제3차 유엔해양법회의」에서 200해리 배타적 경제수역 제도의 형성으로 대륙붕제도의 원칙 자체는 약해지지는 않았지만 양 개념의 중복과 혼선이 일어났다. 「유엔해양법협약」에 따라 연안국은 해저 자원을 포함한 EEZ의 천연자원에 대한 주권적 권리를 가진다. 이들 두 가지 제도는 기원 등에서 별도의 기반을 가진다.[24] 연안국의 대륙붕에 대한 권리는 육지에 대한 주권에 의해서 「당연히」(ipso facto), 「당초부터」(ab initio) 존재[25]하기 때문에 대륙붕에 대한 권리를 선언할 필요는 없다.

이에 비해 EEZ에 관한 연안국의 권리는 선언해야 한다는 점에서 중요한 차이가 있다. 「유엔해양법협약」은 "연안국은 대륙붕을 탐사하고 그 천연자원을 개발할 수 있는 대륙붕에 대한 주권적 권리를 보유"하지만 "대륙붕에 대한 연안국의 권리는 실효적이거나 관념적인 점유 또는 명시적인 선언에 의존하지 않는다"라고 규정하고 있다.[26]

③ 대륙붕 정의 기준의 변화

대륙붕의 국제법상 정의는 위에서 본 바와 같이 지형학·지질학상의 개념을 사용하지 않고 독자적으로 이루어졌지만, 그 기준은 당초의 수심·인접성으로부터 오늘날은 「거안거리」(距岸距離)·「자연연장」으로 변하였다.[27]

1958년 「대륙붕협약」상의 대륙붕은 "해안에 인접한(adjacent) 해저와 그 하층토이고, 영해 바깥의 지역은 수심 200미터나 그 이원의 수역에서는 천연자원의 개발이 가능한 곳"으로 정의되고 있다(제1조). 이 같은 정의에 대하여 수심 200미터를 넘어서 자원개발이 기술적으로 가능한 경우 연안국은 대륙붕의 범위를 무제한적으로 확대시킬 수 있다는 우려가 제기되었다. 이러한 우려 때문에 지구물리학·지질학상의 연관성을 강조하는 「인접성」(adjacency)의 기준이 중시되어

---

24 R. R. Churchill, A. V. Lowe, 전게서, pp. 142−145.

25 ICJ Rep 22, para. 19

26 유엔해양법협약, 제77조제1항 및 제3항.

27 山本草二, 「海洋法」(三省堂, 1992), p. 73.

야 한다는 주장이 제기되었다.

그러나 이후 「국제사법재판소」(ICJ)는 1969년 「북해대륙붕 사건」 등과 같은 판결에서 대륙붕을 연안국 영토의 해저지역으로 자연연장·계속으로 간주하는 이른바 「자연연장론」(natural prolongation)의 기준을 중시하였다. 연안국이 국제법상 대륙붕에 관한 법적 권원을 갖는 것은 연안국의 지배권이 미치는 영토의 연장 또는 계속으로 보고, 「근접성」(proximity)은 연안국의 권능을 정하는 유일한 기준이 아니라고 하였다.

「제3차 유엔해양법회의」에서 많은 국가들이 이 같은 자연연장의 기준에 의하여 대륙붕을 정의하자고 주장하였다. 「자연연장론」은 「유엔해양법협약」에서 공식적으로 수용되어 대륙붕의 새로운 정의의 기준이 되었다. 즉 대륙붕은 연안국의 영해 이원의 해저와 하층토로서 대륙변계까지 또는 대륙변계가 200해리에 미치지 못하는 경우 200해리까지이다.

이 같은 기준에 의하여 태평양 연안의 라틴아메리카 국가들과 같이 좁은 대륙붕밖에 가지지 못한 국가들도 지형학적 여건에 상관없이 일률적으로 해안으로부터 200해리까지 대륙붕을 주장할 수 있게 되었고 배타적 경제수역의 범위와 일치한다. 또한 대륙변계가 200해리를 초과하는 경우에는 자연연장론을 적용해서 해저 지형학·지질학상의 개념과 일치시키고 있다.

4 대륙붕의 자원

대륙변계, 특히 대륙붕에는 천연자원이 풍부하다. 그 중에서 가장 중요한 것은 광범위한 석유 및 천연가스 매장이다. 이들 자원은 해저 광물자원 개발의 90% 이상을 차지한다. 해저 천연자원에 대한 개발은 2차 세계대전 이전까지는 상업적 규모로 이루어지지 않다가 전후 해양기술의 발전과 에너지 수요의 확대와 함께 급격히 증가했다.

1990년대 연안 석유 및 천연가스 생산은 전 세계 에너지 생산량의 1/3을 차지했다. 아직 발견되지 않은 전 세계 석유 매장량의 약 70%는 연안에 있는 것으로 추정된다.[28] 석유와 천연가스 외에 새롭게 주목받고 있는 것이 메탄 하이드레이트(methane hydrate)이다. 천연자원과 더불어 대륙붕에 서식하는 조개, 굴,

바다가재, 게 등 정착성 어종의 어업도 중요한 자원이다. 특히 일부 태평양 연안 국들에게 이들 정착성 어종에 대한 어업은 국가경제의 중요한 일부분을 차지한다. 이 같이 대륙붕 자원의 중요성은 대륙붕에 관한 법적 문제를 중요하게 만든다.

28 위의 책.

SECTION 03 공해제도

1 공해제도의 의의

연안국의 연안수역에 대한 관할권과 대비해서 「공해」(high seas)제도는 전통적으로 「해양자유 원칙」과 「기국 관할권의 배타성」으로 특징된다. 「유엔해양법협약」(제86조)은 공해를 "어느 한 국가의 배타적 경제수역·영해·내수 또는 군도국가의 수역에 속하지 않는 바다"로 정의하고 있다. EEZ와 군도수역제도의 생성과 함께 공해가 아닌 수역에 양 수역을 추가하여 공해의 범위를 축소하고 있다. 「유엔해양법협약」상 공해자유의 내용은 1958년 「공해협약」상의 네 가지 자유에 더하여 (1) 인공섬·시설 설치의 자유, (2) 과학조사의 자유를 새롭게 규정하고 있다.

공해의 법적 개념은 수중, 상공과 EEZ 이원의 외측 대륙붕의 경우 천연자원을 탐사·개발할 수 있는 연안국의 주권적 권리에 제약을 받지만, 해저와 하층토에까지 확대된다. 또한 국제심해저 지역의 천연자원의 탐사·개발활동의 경우 「유엔해양법협약」 제11장의 규정에까지 미친다.[29]

2 공해자유의 원칙

공해는 연안국이거나 내륙국에 관계없이 모든 국가에 개방된다(협약 제87조). 어느 국가라도 유효하게 공해의 어느 부분을 자국의 주권하에 둘 수 없다(협약 제89조). 즉 공해는 각국의 자유로운 사용에 개방되고 어떠한 국가도 국제법상 공해를 영유할 수 없다. 이러한 공해 자유의 보편성을 강조하기 위하여 「유엔해양법협약」에서는 「공해협약」과 달리[30] "연안국이나 내륙국에 관계없이"라고 규

---

29 위의 책, p. 204.
30 공해협약 제2조에서는 "연안국과 비연안국(coastal and non-coastal states)"이라고 규정하

정하여 공해자유의 보편성을 강조하고 있다.[31] 이와 관련하여 「유엔해양법협약」 제90조는 내륙국도 "공해에서 자국 국기를 게양한 선박을 항행시킬 권리를 갖는다"고 하여 이러한 성격을 뒷받침하고 있다. 또한 제10부(제124조 내지 제132조)에서 내륙국의 해양 접근권과 통과자유를 규정하고 있다. 연안국과 내륙국이 향유하는 공해의 자유는 「특히」(*inter alia*) 다음의 자유를 포함한다.

- 항행의 자유
- 상공비행의 자유
- 해저전선과 관선부설의 자유
- 인공섬·시설 건설의 자유
- 어로의 자유
- 과학조사의 자유

이들 자유의 행사는 「유엔해양법협약」상의 다른 규정과 해저전선과 관선부설의 자유(제6부), 인공섬·시설 건설의 자유(제6부), 어로의 자유(제2절), 과학조사의 자유(제6부 및 13부)는 해당 규정 및 다른 국제규칙에 의하여 제한을 받는다.[32]

③ 항행의 자유

「항행의 자유」는 공해자유의 원칙의 가장 중요한 부분이며, 국제법상 특별한 제한이 없는 한 통항의 의도나 목적이 어떠하든지 포괄적으로 인정된다.

- 항행의 자유는 통항 선박의 기국이 가지는 절대적 권리로서 타국은 선박에 의한 공해의 부적절·위법 사용에 대하여 그 기국의 국가책임을 묻거나 제

고 있다.

31 Center for Oceans Law and Policy, University of Virginia School of Law, 「United Nations Convention on the Law of the Sea 1982, A Commentary」, Vol. Ⅲ, p. 80.

32 유엔해양법협약, 제87조제1항.

재·대응조치를 하는 것은 가능해도 국제법상 특별한 근거가 없는 한 외국 선박의 통항을 방해하는 것은 허용되지 않는다(기국주의).[33]

• 공해의 항행자유에 있어서 선박의 성질과 자격을 결정하는 권능은 기국에 속하고 다른 국가는 원칙적으로 그 효력을 다툴 수 없다. 선박은 이와 같이 이중의 기국 관할권에 놓이고 선박 항행의 이익을 상호 존중하는 것이 국제법상 각국의 의무로 되어있다.[34]

항행의 자유와 함께 모든 국가는 국제법상의 의무를 준수해야 한다. 이들 의무는 선박충돌 및 해난구조에 관한 규칙과 해양환경을 보호·보전하기 위한 일반적 의무 및 해양오염의 예방·통제·감소에 관련되는 책임을 포함한다.

③ 상공비행의 자유

「상공비행의 자유」는 공해자유의 원칙을 직접적으로 따르고 있다. "어느 국가라도 유효하게 공해의 어느 부분을 자국의 주권하에 둘 수 없다"(제89조)는 규정은 영해 이원의 상공에도 그대로 적용된다. 민간항공기의 비행에 관한 모든 사항은 1944년 「국제민간항공협약」(Convention on International Civil Aviation, Chicago Convention)에서 다루고 있다. 「유엔해양법협약」 제58조는 제87조의 상공비행의 자유는 동 협약의 규정에 따를 것으로 조건으로 EEZ에서도 똑같이 적용된다고 하고 있다.

④ 해저전선과 관선부설의 자유

모든 국가는 공해 해저에 해저전선이나 관선을 부설하고 사용할 권리를 갖는다. 타국의 EEZ 해저나 대륙붕상에도 자유로이 부설할 수 있다. 연안국은 대륙붕 천연자원의 탐사·개발 및 관선에 의한 오염방지·경감 및 통제를 이유로 전

---

33 山本草二, 전게서, p. 102.
34 위의 책.

선·관선부설을 방해할 수 없다. 그러나 타국의 대륙붕에서 관선 부설경로의 설정은 연안국의 동의를 받아야 한다.[35]

5 어로의 자유

모든 국가의 국민은 공해상에서 자유로이 어업에 종사할 권리를 갖는다. 공해상 조업을 위하여 타국으로부터 허가나 승인을 받을 필요가 없다. 그러나 공해 어업권은 「유엔해양법협약」 자체뿐만 아니라 별도의 조약을 통해서도 엄격한 조건을 부과하고 있다.[36] 어업의 자유는 공해이용의 자유 중에서도 엄격한 규제조건하에서만 행사될 수 있는 자유이다. 이것은 어업 및 수산자원의 보호를 필요하기 때문이다.

6 인공섬·시설건설 및 해양과학조사의 자유

두 가지 공해의 자유는 「유엔해양법협약」에 기존의 공해의 자유에 더하여 새롭게 추가되었다. 모든 국가는 공해에서 인공섬 및 기타 시설물을 건설하고 사용할 권리를 갖는다. 경제수역 및 대륙붕에서는 인공섬과 시설물에 대하여 당해 연안국의 관할권이 행사되므로 연안국의 허가를 받아야 한다. 모든 국가는 공해에서 자유로이 해양과학조사를 수행할 권리를 가지지만 마찬가지로 배타적 경제수역 및 대륙붕에서는 연안국의 동의를 받아야 한다.[37]

---

35 유엔해양법협약, 제79조.
36 위의 협약, 제87조.
37 위의 협약, 제246조.

SECTION 04   선박의 국제법상의 지위

1 의의

선박은 선적국의 특수한 법적 개체로서 연안국에 대하여 특별한 법적 지위를 가진다. 타 국과의 관계에서 선박의 국적이 중요한 기준으로 고려되는 것은 다음 같은 경우이다. 통상의 선박에 관한 범죄 및 그 밖의 위법행위에 관한 형사·민사상의 관할권의 귀속이나 그 적용, 항만 및 수역에 입출입과 화물의 수송에서 외국선박에 내국민·최혜국 대우, 연안어업 및 연안무역 규제의 경우, 선박에서 일어난 인명, 재산상의 손해에 대하여 기국이 외교보호권을 행사하는 경우 등이다.[38] 선박에 대한 일반적인 정의는 실정 국제법상에는 없고 개별적인 조약 또는 사법에서 목적이 규율 사항에 따라 개별적으로 다른 정의를 두고 있다.

2 선박국적의 의의

선박의 국적은 그 선박이 어느 국가에 소속하는가를 나타내는 법적 관계를 말한다. 선박의 국적문제는 1890년대부터 국제법학회에서 본격적으로 논의되어 왔고 1929년 「해상인명안전협약」(SOLAS) 채택 시에도 논의되었지만 결국 「등록주의」에 의하는 것을 원칙으로 하였다.[39]

「유엔해양법협약」은 "모든 국가는 선박에 대한 자국 국적의 부여, 자국 영토에서 선박의 등록 및 자국기를 게양할 권리를 가진다"고 하고, "모든 국가는 그 국기를 게양할 권리를 부여한 선박에 대하여 서류를 발급한다"고 규정하고 있다 (협약 제91조). 따라서 선박에 국적을 부여하는 절차와 조건은 전적으로 기국의 국내법으로 결정되며 원칙적으로 국내 관할 사항이다. 이에 따라 자국 선박의

---

38 山本草二, 전게서, p. 105.
39 최종화, 「현대국제해양법」(두남, 2004), p. 144.

국적을 부여하는 기준은 국가에 따라 다르다.

선박소유자와 마찬가지로 국내회사의 임직원에 대하여도 자국민을 요건(일본, 영국, 미국)으로 하거나 일정 비율 이상 자국민을 요건(벨기에, 덴마크, 그리스, 네덜란드)으로 한다. 또한 선장 및 고급선원의 전원과 선원의 일정 비율이상을 자국민으로 해야 한다는 조건을 부과하는 국가(영국, 프랑스, 미국, 구소련)가 있다.

그 밖에 자국 영토 내에서 선박의 건조를 요구하는 엄격한 조건을 부과하는 국가(미국)도 있다. 반대로 외국인이 소유하여 운항하는 선박이라도 일정한 선박의 등록세를 납부하는 한 자유롭게 등록을 인정하여 국적을 부여하는 「편의치적선」(flag of convenience)과 같은 「개방등록제」(open registry)를 시행하는 국가도 있다.[40]

③ 편의치적선

편의치적선은 실제로는 타국의 국민이 소유·지배하고 외국인 선원을 태우는 선박으로서 국적 부여의 조건이 느슨한 법률을 가진 국가에 등록하는 것이다. 선주가 「편의치적선」을 선호하는 이유는 과세의 부담이 적고 임금, 노동조건, 사회보장 등 선원의 고용에 관한 법령과 노동계약의 적용이 엄격하지 않기 때문에 운항비가 싸다는 점과 선박의 운항·장비·안전기준에 관하여도 행정기관의 규제가 느슨하기 때문이다.

편의치적선이 국제해운업계의 오래 관행으로 실행되고 있지만 「편의치적국」은 선적을 대여하고 세금을 징수하는 목적이기 때문에 자국적 선박의 안전에 대한 실효적인 관리·감독이 되지 않고 있다. 이러한 실정 때문에 편의치적선들은 선박안전관리의 사각지대에 있는 경우가 많다. 선박조난, 해양오염사고 선박의 다수가 편의치적선이 차지하고 있으며, 편의치적선은 밀수·밀입국·해적 등 선박을 이용한 국제성범죄에 이용되고 있다.

충돌 등 해난사고와 해적 등 국제성 범죄의 경우 선박의 소유국과 선적국이 달라 외교·법적 문제 해결에 어려움을 겪는 경우가 많다. 특히 해적 사건의 경

---

40 山本草二, 전게서, p. 106.

우 편의치적선은 선적국의 신속한 대응과 외교적인 협력을 기대할 수 없고 사법적 처리와 관련한 복잡한 법적 문제가 제기된다.

선박에 대한 국적 부여는 각국의 재량에 의하지만 국적이 부여되면 기국의 관할권, 외교보호권과 국가책임 등 국제법상의 일정한 효과를 발생시킨다. 따라서 국적 부여에 관하여 최소한의 기준과 조건을 정해 각국의 자유재량을 제한해야 한다는 주장이 19세기 말 이래 계속되었다.[41]

1958년 「공해협약」에서는 국적 부여, 등록 및 국기게양 권리에 관한 조건은 각국에 맡겨져 있다는 것을 확인하면서도 기국과 기국의 국적을 부여하는 선박 간에 「진정한 연계」[42](genuine link)가 있어야 한다는 점을 규정하였고, 「유엔해양법협약」도 동일한 내용을 규정하고 있다(협약 제91조). 진정한 연계의 의미에 대하여 의견이 대립하고 있다. 「유엔해양법협약」은 모든 국가는 자국의 국적 부여, 등록 및 국기게양 조건을 정하고(협약 제91조제1항) 있는 바, 기국의 기준과 조건 부과를 존중하는 입장에 서있다고 볼 수 있다.

4 기국의 의무

「유엔해양법협약」은 기국에 자국적 선박에 대하여 행정·기술·사회적 사항에 실효적인 관할권과 통제의무를 부여하고 있다(제94조). 이를 위해서 기국은 (1) 선박등록대장 유지, (2) 자국 선박, 선장, 사관, 선원에 대한 관할권 행사 등의 행정적 의무를 진다. 해사안전을 확보하기 위한 기국의 의무는 (1) 선박의 건조·장비 및 감항성, (2) 선박의 인원배치·선원의 근로조건 및 훈련, (3) 신호사용·통신유지 및 충돌방지 등을 규정하고 있다.

---

41 위의 책, p. 108.
42 진정한 연계의 개념은 1955년 「노체봄사건」(Nottebohm Case: Liechtenstein vs. Guatemala)에서 국제사법재판소(ICJ)는 "개인의 국적의 존재는 그 개인과 국가간에 「사실상의 실효적 관계」(real and effective link)가 있어야 한다"고 판결하였다. 이의 영향으로 1958년 「공해에 관한 제네바협약」에서 선적국과 선박에는 「진정한 연계」가 있어야 한다고 규정하고 유엔해양법협약도 동일한 내용을 규정하였다.

1 공해에서 금지행위

가. 해적행위

안전한 항해와 해상무역을 위협하는 해적행위는 「인류 공동의 적」으로 규정되어 있다. 「유엔해양법협약」상 해적행위는 "민간선박 또는 민간항공기의 승무원이나 승객이 사적 목적으로 공해상이나 국가의 관할권 밖의 다른 선박·항공기 또는 그 선박이나 항공기 내의 사람이나 재산에 대하여 행해지는 불법적 폭력행위·억류 또는 약탈행위"를 말한다(협약 제101조).

해적행위는 반드시 민간선박·항공기를 사용하여서만 행해질 수 있다. 군함·정부선박 또는 정부항공기의 승무원이 반란을 일으켜 이를 지배하고 해적행위를 하는 때에는 그 선박은 민간선박으로 간주된다(협약 제102조). 공해에서 민간선박 또는 항공기를 실효적으로 통제하고 있는 자가 해적행위를 목적으로 그 선박이나 항공기를 사용하려는 경우 및 해적행위를 위하여 사용된 경우로서 해적행위자의 지배하에 있는 한 그 선박 또는 항공기는 「해적선」 또는 「해적항공기」로 간주된다(협약 제103조).

해적행위는 「보편적 범죄」(universal crime)로서 모든 국가의 군함·군용항공기 또는 정부선박·항공기는 공해 또는 국가관할권 밖의 어떤 곳에서도 해적선·해적항공기 또는 해적의 지배하에 있는 탈취선박·항공기를 나포할 수 있다(협약 제105조). 해적선·항공기를 나포한 국가는 해적행위의 보편적 관할권에 의하여 자국의 법령에 따라 「재판관할권」을 행사할 수 있으며, 압류한 재산에 대하여도 적절한 조치를 결정할 수 있다(협약 제105조). 다만, 해적혐의 선박·항공기의 나포가 충분한 근거 없이 행해진 경우, 선박·항공기 국적국에 나포로 인한 손실·손해에 대하여 배상할 책임을 진다(협약 제106조).

나. 노예수송

모든 국가는 자국적 선박에 의한 노예수송을 방지·처벌하고 자국 선박이 그러한 목적으로 불법 사용되는 것을 방지하기 위한 실효적 조치를 취하여야 하며, 국적에 관계없이 타 선박에 피난한 노예는 사실상 자유를 회복한다고 규정하고 있다(협약 제99조). 「유엔해양법협약」의 규정은 해적행위 진압과 같은 강력한 보편적 관할권을 인정하기 보다는 매우 소극적 차원에서 다루어지고 있다. 즉 공해에서 노예수송 혐의가 확실한 경우에 한하여 선적국만이 그 선박을 나포하여 조사할 수 있다. 타국의 군함이 노예수송 혐의를 인지했을 때에는 당해 선박의 선적국에게 그러한 정보를 통보해 줄 수 있을 뿐이다.

다. 마약 및 향정신성 물질의 불법거래

모든 국가는 공해에서 선박에 의한 마약과 향정신성 물질의 불법거래를 진압하기 위하여 협력한다(협약 제108조제1항). 아편 등 마약에 국한된 규제대상의 범위가 대마초·환각제 등 향정신성 의약품으로 발전되었으며 더 나아가 향정신성 물질로 확대된 것이다.

모든 국가는 마약 및 향정신성 물질의 불법거래를 진압하기 위하여 협력할 의무는 있으나 해적행위·노예수송 금지를 위한 실효적 조치인 「임검권」을 가지는 것은 아니기 때문에 실효성이 불확실하다. 마약 등 향정신성 물질의 규제가 인류의 정신과 건강의 보존을 위해 중요한 문제로 대두되고 불법거래의 대부분이 해상을 통해 이루어진다는 것을 감안하면 임검권의 대상에 포함시키지 않은 것은 입법적 미비점이라 할 수 있다.

라. 무허가 방송

모든 국가는 공해로부터 무허가 방송을 진압하는데 협력할 의무가 있다. 무허가 방송(unauthorized broadcasting)은 「국제무선통신규칙」에 위반하여 일반대중을 목적으로 공해상의 선박이나 시설로부터 송신되는 라디오 또는 텔레비전 방송을 말하며, 조난신호의 송신은 제외된다(협약 제109조제1항 및 제2항). 무허가 방송에 대한 관할권은 방송 선박의 기국·시설의 등록국·종사자의 국적국·방송 수신국·허가된 통신이 방해받는 국가가 행사한다. 관할권을 갖는 국가의 군함은 무허가 방송에 종사하는 사람이나 선박에 대하여 「임검권」 및 「나포권」을 행사할 수 있다(협약 제109조제3항 및 제4항).

2 자국 선박에 대한 관할권

선적국은 공해상에서 자국 선박에 대한 입법·행정적 사항에 대한 배타적 관할권을 행사한다. 공해에서 선박은 1개의 국기만을 게양해야 하며 기국의 배타적 관할권에 종속된다. 선박은 소유권 이전이나 등록변경의 경우를 제외하고는 항해나 기항 중에 국기를 바꿀 수 없으며 2개국 이상의 국기를 편의에 따라 게양하는 선박은 무국적선으로 취급될 수 있다(협약 제92조).

공해상 선박 충돌사건에 관하여 1952년 부뤼셀 국제회의에서 「선박 충돌시 형사재판 관할권에 관한 협약」은 가해선의 기국에만 재판관할권을 인정하였고, 동 협약의 내용은 1958년 「공해에 관한 제네바협약」에도 그대로 수용되었다. 「유엔해양법협약」도 「제네바협약」을 수용하여 공해에서 충돌이나 항행사고로 인한 선장 및 선원의 형사책임이나 징계책임은 가해선박의 기국이나 관련자의 국적국에 의해서만 제기될 수 있다고 규정하고 있다(협약 제97조제1항). 기국의 관할권과 관련자의 국적국이 경합되는 경우에는 「유엔해양법협약」 규정의 취지상 기국의 관할권이 우선하는 것으로 보인다.[43] 민사사건 재판관할권의 경우 가해선박의 기국뿐만 아니라 피해선박의 기국도 관할권을 행사하는 경합적 관할권이 인정되고 있다.

---

43 R. R. Churchill, A. V. Lowe, 전게서, p. 209.

+사례　페스카마호 사건

1996년 8월 2일 남태평양 공해상에서 다국적 선원(한·중·인니)을 태우고 조업 중이던 온두라스 선적 원양 참치어선「페스카마 15」호에서 선원간 갈등에 의한 하선이라는 징계조치에 불만을 품은 중국인 선원 6명이 한국인 선원 7명, 인도네시아 선원 3명, 중국인 선원 1명 등 11명의 선원을 살해하는 사건이 발생했다. 8월 21일 1등 항해사와 나머지 인도네시아 선원에 의하여 선상난동은 진압되었고 8월 24일 일본 영해를 표류 중 일본 해상보안청 순시선에 의하여 구조되었다.

이 사건의 처리에 있어서 한국(선장 및 선원), 중국(선원), 인도네시아(선원), 온두라스(선적국), 오만(회사의 주된 사무소), 일본(해당 선박 보호) 등 관련 이해당사국의 형사재판 관할권이 대립될 수 있었다. 국제법상 이 사건의 형사재판권은 1차적으로 속지주의원칙에 따라 선적국인 온두라스가 가지며, 그 외에도 속인주의 및 보호주의에 입각하여 한국, 중국, 인도네시아에게도 있다. 선적국인 온두라스가 재판관할권을 포기함에 따라 당해 어선에 대한 실질적인 권리권을 갖고 있으면서 최대 피해국인 한국이 가해자들에 대한 형사재판관할권을 행사하였다.

+사례　98 금양호 사건

2010.4. 2, 20:30경 인천 대청도 서방 30해리 해상에서 천안함 실종자 수색작업 지원 후 복귀 중이던 우리 어선(98금양호, 99톤)이 조난신호 발신 후 조난당한 사건으로 승선인원 총 9명(우리국민 7명, 인도네시아 국적자 2명) 가운데, 2명(우리국민 및 인도네시아 국적자 각 1명)의 사체를 인양하였으며, 나머지 7명은 실종되었다. 해양경찰은 동 어선과 충돌하여 침몰시킨 혐의로 캄보디아 선적 화물선 (TAIYO Ⅰ, 1,472톤)을 백령도 서방 75마일 지점에서 붙잡아 조사하였다. 화물선에는 선장 포함 중국인 선원 8명과 미얀마 선원 1인 승선하고 있었다.

인천지방검찰청은 "이 사건은 공해상에서 발생한 사고로서 가해선박이 캄보디아 국적이고 가해선박의 선원도 모두 외국인이므로「유엔해양법협약」이 형법(제6조)에 우선 적용되고, 동 협약 제97조에 의해 가해선박 기국인 캄보디아에 우선 관할권이 있고, 캄보디아가 이를 포기할 경우에는 당직항해사의 국적인 미얀마에 관할권이 있다 할 것이다.", "기국법 관할주의'는 확고한 국제관습법이고 위 협약도 국제관습법을 명문화한 것이고, 이 사건이 국제적인 선박충돌 사건인 이상 당연히 국제관습법이 형법에 우선 적용된다할 것이므로 캄보디아에 관할권이 있다"고 하여 "공소권 없음"으로 결론지었다.

❸ 외국선박에 대한 관할권

공해상의 선박은 선적국의 배타적 관할권에 속하지만, 타국은 공해상의 법질서 확보를 위해 해적행위·노예무역·무국적선·무허가방송 등 위반선박에 대하여 「기국주의」의 예외로서 일정한 경찰권을 행사하는 것이 인정된다. 다만, 군함과 비상업적 정부업무에 사용되는 선박은 기국 외의 다른 국가의 관할권으로부터 완전히 면제된다(협약 제95조).

가. 접근권(right of approach)

각국 군함은 공해에서 조우하는 선박이 범죄혐의, 그 밖의 의심행위가 있는 경우 국기게양과 선적 확인을 위해 보트를 보내 그 선박에 접근하여 관계서류의 제시를 요구하는 것이 가능하다. 접근권은 어디까지나 용의선박에 접근하여 외부에서 시각에 의한 표식식별과 선내와의 교신에 의하여 국기 및 국적의 동일성을 서류로 확인하는 것이다.

접근권은 공해상 경찰권 중 관습국제법에 의하여 행해지는 것으로서 해역을 특정하지 않고 외국 민간선박 전부를 대상으로 한다. 따라서 용의선박이 국기확인에 응하지 않은 경우에도 관습국제법상 군함은 해적행위 및 해상범죄에 종사하고 있다고 믿을 만한 충분한 근거가 있지 않는 한 단순히 국기확인을 위해 저공비행에 의해 부당히 항행을 방해한다든지 선박에 출입하여 선박서류 검사나 임검 등 강제조치를 할 수 없다. 다만 군함은 이 같은 사실을 군함 본국에 보고하고 군함 본국은 선박의 기국에게 외교상의 경로를 통해 통보하지만, 범죄로서 소추여부 등 사후조치는 전적으로 기국의 판단에 달려있다.[44]

나. 임검권(right of visit)

공해상 배타적 기국주의의 가장 예외적인 것이 군함의 「임검권」이다. 군함의 임검권은 일반 관습국제법으로 인정된 제도이다. 군함의 임검권은 관습국제법상 해적혐의가 있거나 군함과 동일한 국적여부에 상관없이 외국 국기를 게양하거

---

44 山本草二, 전게서, pp. 226－227.

나 국기 제시를 거절하는 등의 국기남용의 혐의가 있을 경우 주로 인정된 제도였으나 후에 노예거래·무허가방송·무국적선박에도 인정되게 되었다(협약 제110조).

임검권의 주체는 원래 군함이었으나 군용항공기·정부선박·항공기에도 임검권이 부여되고 있다. 이들 정부선박·항공기는 정부업무에 종사하고 있는 것이 명백히 표시되어 식별이 가능하여야 한다(협약 제110조제4항 및 제5항). 공해에서 군함은 범죄혐의 선박에 대하여 그 선박이 적법한 국기게양권을 행사하고 있는 확인하기 위하여 「국기심사권」(verification of flag)을 가진다.

국기심사권은 대상선박의 혐의 정도에 따라 국기의 심사·임검·승선검색·나포·구인으로 이어지는 임권권의 초기단계이다. 군함의 임검권은 민간선박에 한정되며 군함·비상업용 정부선박은 「주권면제」(sovereign immunity)에 의해 타국 군함의 임검권으로부터 완전히 면제된다(협약 제95조). 임검권 시행 선박의 국가는 임검 대상선박이 혐의가 없는 것으로 밝혀진 경우 임검에 의하여 초래된 손실이나 피해에 대하여 보상할 책임을 진다(협약 110조제3항).

다. 추적권

1) 의의

「추적권」(right of hot pursuit)은 연안국의 내수, 영해, 군도수역, 접속수역, 배타적 경제수역, 대륙붕 상부수역에서 연안국의 국내법령을 위반한 경우 범법선박을 공해에까지 추적하여 나포할 수 있는 연안국의 권리이다. 추적권은 본래 연안국의 관할수역에 대한 주권적 권리의 행사를 실질적으로 보장하기 위해 영토주권에 속하는 내수·영해 내에서 시작된 관할권 행사의 계속을 인정한다고 하는 취지이다.

추적권은 기국의 공해상 자국적 선박에 대한 배타적 관할권 원칙의 중요한 예외이다. 1958년 「공해협약」은 추적권이 발동되는 연안국의 수역을 내수·영해·접속수역으로 하고 있었지만(제23조), 「유엔해양법협약」 제111조는 군도수역·배타적 경제수역·대륙붕 등 새로운 수역 개념의 생성을 반영하여 추적권의 발동수역을 확대하고 있다.

2) 추적권 성립요건

연안국이 추적권을 행사하기 위해서는 다음과 같은 요건이 성립되어야 한다.

- 연안국은 외국 선박이 자국의 법령을 위반했다고 믿을 만한 「충분한 이유」 (good reason)가 있어야 한다(협약 제111조제1항). '충분한 이유'에 대하여 구체적인 규정을 하고 있지 않지만 법령위반을 의심할 가시적인 증거나 이유가 있어야 한다.[45]
- 법령위반 정도에 관하여 협약상 아무런 제한이 없으나 공해상으로의 추적과 나포는 심각한 행위인 만큼, 추적권 행사의 대상이 되는 행위는 연안국의 안보·관세·출입국·어업·환경법령 위반 등과 같이 연안국의 주권 및 관할권 행사에 직접 영향을 미치는 행위로 본다. 따라서 사소한 항행규칙 위반·선박서류 불비 또는 출입항 절차의 위반과 같은 경미한 법령위반은 추적권 행사의 대상이 되지 않는다.[46]
- 추적은 외국 선박이나 그 자선이 추적국의 내수·군도수역·영해·접속수역·배타적 경제수역 또는 대륙붕의 상부수역 안에 있을 때 개시되어야 한다. 그러나 추적선이 영해 또는 접속수역 내에 존재할 필요는 없다(협약 제111조제1항).
- 추적선이 정선명령을 내렸지만 이에 불응하면 추적은 즉각 개시되어야 하고 추적은 계속적이고 중단되지 않아야 한다. 「The I'm Alone」호 사건에서 추적의 계속성이 문제되었다.[47] 추적선 또는 항공기의 형태가 기술적으로 발전되고 있는 만큼 당초의 추적선·추적 항공기로부터 다른 군함·군용항공기 등이 인계받는 것으로 추적권의 긴급성이나 계속성이 상실되지 않는

---

45 Center for Oceans Law and Policy, University of Virginia School of Law, 전게서, p. 256.

46 D.W. Greg, 「International Law」 2nd ed.(1976), p. 312, 김영구, 전게서, p. 654; 최종화, 전게서, p. 162.

47 1929년 3월 20일 캐나다 선적 「The I'm Alone」호는 미국 연안 6.5해리 해상에서 미국 해안경비대 경비정 「Walcott」호의 정선명령을 받고 도주하였기 때문에 즉시 추적이 개시되었다. 그 후 다른 경비정 「Dexter」호에 의하여 연안으로부터 200해리 공해상에서 격침되었다. 이 사건에 대하여 양국 합동조사위원회는 1935년 1월 최종보고서에서 미국에 의한 추적권 행사의 정당성은 인정하되, 선박을 나포하지 않고 격침시킨 것은 조약 및 일반국제법의 위반이므로 미국은 사죄하고 2만 5천 달러의 배상금 지불을 결정하였다.

다고 해석된다.[48]

- 추적권은 군함·군용항공기 또는 정부업무에 사용 중인 정부선박이나 항공기만이 행사할 수 있으며, 추적은 시각적 또는 청각적 신호가 외국 선박이 보거나 들을 수 있는 거리에서 발신된 후에만 개시될 수 있다(협약 제111조 제4항 및 제5항). 따라서 무선에 의한 정선명령의 통고만으로 부족하다.
- 추적권은 공해에서만 행사될 수 있으며 추적당하는 선박이 그 국적국 또는 제3국의 영해에 들어가면 종료된다.

+사례 **일본 순시정의 과잉 추적권 행사**

2008년 5월 16일 홍도 남방 13마일 해상(한국측 EEZ 내측 3마일)에서 일본 해상본안청 순시선 3척이 일본 EEZ내 무허가 조업단속을 위해 우리나라 대형기선저인망 「97세진」호에 계류하였다. 동 선박은 보안관 18명을 승선시킨 채 도주하면서 도움을 요청하였다. 홍도 동남방 9.5마일 해상에서 한국 해양경찰청 경비함 5척과 일본 순시정 5척이 상호 대치하는 상황이 발생하였다. 한·일 양국은 합동으로 「97세진」호의 GPS 플로터 및 레이더상 항적과 일본측 비디오 촬영화면을 조사한 결과 동 선박이 일본 EEZ를 침범하지 않은 것으로 결론짓고 일본 해상보안청은 과잉 추적권 행사에 대하여 사과하였다.

---

48 Burdic H. Brittin, 「International Law for Sea—Going Officers」, 3rd. ed.(Naval Inc. Press, 1977), P. 102; 김영구, 전게서, p. 656.

ㅅ

ㅇ

기타

김석균

한양대학교 행정학과 (행정학사)
서울대학교 행정대학원 (정책학 석사)
Indiana 대학교 (행정학 석사)
한양대학교 대학원 (행정학 박사)
Duke 대학교 (객원연구원)
Naval War College (객원연구원)

제37회 행정고시
법제처 사무관
완도해양경찰서장
남해지방해양경찰청장
해양경찰청 기획조정관
해양경찰청 차장
해양경찰청장

현) 한서대학교 해양경찰학과 교수

저서
- Coast Guards and International Maritime Law Enforcement(Cambridge Scholars Publishing, 2020)
- The History of Piracy and Navigation(Novum, 2020)
- Global Maritime Safety & Security Issues and East Asia(Brill, 2018)
- Maritime Disputes in Northeast Asia: Regional Cooperation and Challenges(Brill, 2017)
- 바다가 우리의 미래다(오션 & 오션, 2017)
- 해양안전 · 해양보안(바다위의 정원, 2016)
- 바다와 해적(오션 & 오션, 2014)

논문
- 'An International Law Perspective on the China Coast Guard Law and Its Implications for Maritime Security in East Asia'(2022), 37(1), International Journal of Marine and Coastal Law
- 'The Senkaku Islands Dispute Between Japan and China: A Note on Recent Trends'(2021), 52(3), Ocean Development and International Law
- 'A History of and Recent Developments Concerning the Korean Peninsula Northern Limit Line (NLL)'(2019), 50(4), Ocean Development and International Law
- 'The Expansion of and Changes to the National Coast Guards in East Asia'(2018), 49(4), Ocean Development and International Law
- 'Maritime Boundary Negotiations between China and Korea: Factors at Stake'(2017), 32(1), International Journal of Marine and Coastal Law
- 'Maritime Pollution Response in Northeast Asia and the NOWPAP Regime'(2015),46(1), Ocean Development and International Law 등 다수

해양경찰학개론

초판발행   2022년 7월 25일

지은이   김석균
펴낸이   안종만 · 안상준

편 집   양수정
기획/마케팅   오치웅
표지디자인   BEN STORY
제 작   고철민 · 조영환

펴낸곳   (주) **박영사**
             서울특별시 금천구 가산디지털2로 53, 210호(가산동, 한라시그마밸리)
             등록 1959. 3. 11. 제300-1959-1호(倫)

전 화   02)733-6771
f a x   02)736-4818
e-mail   pys@pybook.co.kr
homepage   www.pybook.co.kr
ISBN   979-11-303-1560-7   93350

정 가   37,000원